Daniels' RUNNING Formula

丹尼爾斯博士跑步方程式

從中長跑、馬拉松、越野跑、超馬到鐵人三項

全球最佳跑步教練的訓練全指南

傑克・丹尼爾斯 Jack Daniels 著

徐國峰 譯

全新第4版

目次

譯者序

能成爲這本跑步體能訓練經典著作的譯者，是我的榮幸

徐國峰

我會知道這本書，是因爲我在二〇一一年剛接任東華大學鐵人三項校隊的教練時，碰到一個很大的問題。當時隊上有些人是從小讀體育班的選手，有些人是完全沒有運動背景，單純只是對耐力運動感興趣的一般學生，每位隊員的程度差距很大，對於該如何爲他們設定訓練強度，我很頭疼。我記得有次的課表是節奏跑十公里，學生問我「該跑多快？」我記得當時只能憑感覺說出一個配速，背後沒有任何依據，完全憑直覺，所以一點都不科學。

那時我有一位朋友Jamie正在美國的運動科學研究所唸書，我把這個困擾跟他說，他跟我分享了《丹尼爾斯博士跑步方程式》（*Daniels' Running Formula*）這本書，說這是他們研究所的必讀書單之一，應該可以解決我的問題。剛好他要返臺，我請他幫我把書帶回臺灣，一讀之下，如獲至寶，書中提出的「跑力表」（VDOT Table）完全解決了我的問題。

跑力表不會因爲時代的演進而改變

跑力表最早的版本出自一九七九年由丹尼爾斯博士和吉爾伯特所著的《攝氧功率》(*Oxygen Power*)一書，裡頭的跑力表有八十一頁，包括四十種不同的比賽距離，也包括一小時的計時賽。到了將近二十年後的一九九八年才出版了本書的初版，第二版於二〇〇五年發行，第三版於二〇一三年發行，正體中文版於隔年二〇一四年在臺灣出版，已是十年前的事了。

原文書的最新版(第四版)於二〇二一年出版，此次的中文新版也是以這個版本爲主。

第四版新增了三個獨立的章節，分別是：第十五章〈十五到三十公里〉、第十七章〈超馬〉與第十八章〈鐵人三項〉。另外，原本〈在跑步機上進行訓練〉是放在第四章中的一個小節，但在新版中額外獨立成第七章，作者把跑步機訓練的優缺點、校正距離的方式、適合訓練的情境以及各種注意事項，都清楚地寫在這一章裡面。

新版中還有比較大修改的部分是把〈休息期及其他補強訓練〉移動到第九章；原本在第六章的〈週期化訓練〉改成第十章的〈訓練的個人化與週期化〉。第五章的章名〈跑力值〉改成〈跑力訓練系統〉，我認爲作者是想要更加強調這是一套完整的訓練體系，事實上也的確如此，但我想趁此說明：這是一本專門探討跑者「體能」訓練的專書，其中雖略有觸及一些力量的補強訓練和與技術要領，但並沒有在後面的訓練計畫中說明該如何在不同週期中進行。

最重要的是「跑力值」與「成績對照表」中的數值在此次新版中皆無更動，這也代表，其中的數值並不會因爲時代的演進而改變。從一九七九年到二〇二一年(歷經四十二年)，跑力表上的數值幾乎維持不變，我個人也從不同的理論與跑者的成績去驗證書中的數值。在長期的檢驗過程中，我發現可以修正的空間極小，這代表丹尼爾斯博士在四十多年前就找到了跑步各距離成績之間的關聯性，這是很了不起的！

最實用的跑步體能訓練專書

體能好比一台汽車的引擎與供油系統，對比到跑者身上卽是「能量代謝系統」。它跟身體裡能量儲存的量以及代謝的速度與效率有關，包括心肺能力、有氧或無氧代謝能力、肌肉端微血管密度與產生ATP的能力等。當能量供應系統出了問題，此時不論跑者的意志力再強大、身體再強壯、技術再高超，身體就會跟沒油或引擎故障的汽車一樣動彈不得。體能是跑步表現的基礎，尤其對長跑而言更是如此；但也因爲體能是基礎，所以當基礎打穩後就應向上發展，不應過度執著於體能訓練；體能只是跑步訓練的一部分，並非全部。

既然體能是基礎，那它受到哪些因素的限制？又該如何訓練？《丹尼爾斯博士跑步方程式》這本書把有關體能訓練的前因後果，包括學理、工具及訓練法都談得非常透徹，手把手地教你如何使用這些學理和工具，而且最後還附上了各種距離的訓練計畫與詳細的使用說明。

關於「跑步體能訓練」此一主題，目前市面上還沒有任何一本書談得比《丹尼爾斯博士跑步方程式》還要簡潔易懂，而且更難得的是，它不只談理論，還很實用，把它稱爲跑步體能訓練的寶典，一點都不爲過。如果你想要提升自己的跑步成績，或是對跑步訓練很感興趣，都應該好好地研讀這本書。

因爲這本書很重要，所以我才會花這麼多時間進行重新翻譯，並將書中課表轉化成臺灣跑者比較易讀的格式。此外，除了第十六章有一份特別強調「以英里呈現的課表」保持「英里」的單位外，其他課表中的「英里」我皆改爲了「公里」，以符合臺灣跑者們的習慣。希望這本書的中譯本，能讓更多華人跑者與教練學習利用「跑力系統」這套工具，來提升訓練品質，創造更好的成績。

中文版導讀

跑步訓練個人化的關鍵在於「量化強度」

徐國峰／KFCS書系主編

在KFCS書系中有關訓練的專著皆可被拆解爲四個元素，它們之間的關係爲「心→體能→力量→技術→心」。有些訓練書談得比較廣，四元素全都會涉及；但有些書談得比較深入，只會專門探討其中一個元素，像是本書系中的《Pose Method 鐵人三項技術全書》專談游、騎、跑三項運動的「技術」以及一些運動心理學的知識（因爲技術與心是相連的），本書《丹尼爾斯博士跑步方程式》則是專精在跑者的「體能」訓練上，作者所追求的是：用最小的訓練壓力來達到最大的體能訓練效果。

本書共分爲兩大部，第一部的前三章談的是理論，作者先詳細講解了有關跑步訓練的一些重要原則與科學知識。第一章先談跑者之所以能成功的四項要素，其中除了人生無法改變的「才能」與「機遇」之外，「內在動機」與「訓練方向（方法）」則是我們可以努力的部分，所以作者在開始談科學與訓練法之前，先列出十二條「跑步訓練基本原則」來調校跑者的「心態」，我認爲「體能訓練」與「練心」之間密切相關，所以這些原則有助跑者能夠長期維持在訓練的正軌上。

接著作者在第二章〈訓練的原理與重點〉先談自己過去在準備

「現代五項」時所執行的極端訓練法，那時的訓練使他的前脛骨痛到無法站立。他希望自己的學生和讀者不要再犯相同的錯誤，所以他在本章中提出了八種跟生理適應有關的訓練原理，外加他對「步頻」與「呼吸」兩種節奏的長期觀察。我認爲只要是跑者，讀來都會非常受用。

第三章是全書中最學理的一章，如果你對最大攝氧量、跑步經濟性與乳酸閾值的定義感興趣，或是想了解跑者進步時的生理變化，這一章就值得你深入研究。

第四章與第五章是全書的核心，談的是整套「跑力系統」（VDOT System）該怎麼用，以及**E**、**M**、**T**、**I**、**R**這五級強度的生理意義與訓練方式。

跑力：跑者實力的綜合指標

「跑力」是針對課表進行「個人化」的關鍵。但什麼是跑力？這在第五章中有詳細論述，爲了讓讀者能有個初步認識，這邊先引用作者的說明：

> VDOT這個詞過去是被用來作爲「最大攝氧量（$\dot{V}O_2max$）」的簡稱。當有人提到攝氧量（$\dot{V}O_2$），正確的英文發音都是「V dot O_2」，字母「V」代表「容量」，再加上「一點」代表「一分鐘的容量」。……爲了比較不同的數值，實驗數據都必須先轉換成以一分鐘爲單位時間的數值來比較才有意義。「單位時間內氧氣攝取量」的專業術語正是：「VDOT O_2」。

因此，「VDOT」是「VDOT O_2」的簡稱，但經過丹尼爾斯博士的轉化，它已經跟攝氧量的意義不同了，它代表的是一位跑者的心、體能、力量與技術在某個距離上所跑出來的最佳表現，此次表現對應了特定的跑步實力，因此我把它譯爲「跑力」。

「跑力」是身體在跑步狀態下的最大攝氧量與跑步經濟性結合後的綜合指標。假設兩個人擁有相同的最大攝氧量，其中一位的跑步技術較爲高明，那他的跑力就會比較高，因爲他有比較好的效率把身體產生的能量轉換成跑步的速度。

每位跑者都不用進實驗室就能透過書中第五章〈跑力訓練系統〉中的表5.1直接查到目前的跑力是多少。但要提醒各位，在找自己目前的跑力和各級配速時，必須用最近比賽（或測驗）的結果，不能使用你希望達到的目標或數年以前的成績。

在第二版之前的跑力最小都只到「30」，但因爲有許多入門跑者反應他們也想知道自己的跑力與各級配速，所以後來作者在第三版之後加入了跑力20～30及其相應的配速區間，請見表5.3。該表格中的距離只有兩種，分別是「一英里」與「五千公尺」，入門跑者可以用這兩種距離的比賽或測驗成績來確定自己的跑力值。

跑量≠訓練量

過去有不少跑者問我：在安排訓練計畫時的「跑量」上限應該設定在多少爲佳？他們在詢問時，通常心裡爲跑量所設定的單位大都是「距離」，但我很淸楚知道，以距離爲單位的跑量，跟運動科學中所謂的「訓練量」（Training Volume）所代表的意義是不同的。比如說：兩位跑者的月跑量同樣是300km，跑者A全都是用可以聊天的速度在慢跑，而跑者B有一半的里程都在練高強度間歇，其中還有42.195km 是全力跑了一個全馬。很明顯，跑者B在這個月的訓練壓力一定比較大。

訓練壓力的大小除了距離，也跟你所訓練的強度與時間有關。「時間」的重要性更高於「距離」，因爲身體其實不會知道你跑了多少距離，我們比較能感知到自己跑了多少時間（距離是定義出來的，生理時鐘則是天生就存在身體裡的），尤其是不同強度分別持續了多少時間，也就累積了不同的壓力。

因此，在安排訓練計畫時，我們最需要知道的變數有兩個，分別是「訓練量」（Training Volume）與「訓練強度」（Training Intensity），這兩個變數之間可用一個簡單的公式來連結：

訓練量＝訓練強度 × 時間

由此可知，「強度」是設計課表時最重要的一項變數；然而，訓練強度一直是最難個人化的，這本書的價值正在於它設計了一套系統，可以協助跑者把跑步訓練的強度分爲五級，從低至高分別爲E強度、M強度、T強度、I強度與R強度，這五級強度的意義與訓練方式也成爲貫穿全書的核心。在第四章中作者詳述了上述五種強度分別在強化哪些生理能力？該如何練？該練多長？以及該如何計算訓練壓力？（可參考書中的圖4.5，教導跑者記錄強度和訓練量。）

個人化課表

第二部的第九到十八章是課表，作者把跟跑步相關的比賽項目分成八類，分別是八百公尺、一千五百公尺到兩英里、五公里到十公里、田徑越野跑、十五到三十公里、全馬、超馬和鐵人三項。除了超馬之外，其他都有提供課表範例，尤其是全馬，提供了六種不同類型的訓練計畫。

第十章是週期化訓練計畫的總論，主要是在回答各級強度分別「該何時練？」的問題，作者仔細說明了不同時期的關鍵強度該如何設定，並且提供了「一週的訓練計畫模型」與各週期的課表範例。當你透過跑力表確認自己的當前跑力之後，接著就可以透過表5.2中找出當前跑力所對應的五種強度配速（E配速、M配速、T配速、I配速與R配速），這些配速可以直接套用在第二部的訓練計畫中。

舉例來說，我們假設某位剛在5km比賽中跑出21分50秒的跑者想使用第十三章的訓練計畫來提升成績，在第一週的課表中有L長跑，也有八趟R配速的間歇。從表5.1中可以利用21分50秒的5km成績找出他的跑力是45，接著再用表5.2比對出跑力45的五級訓練配速分別是：

E配速：5:23-6:03/km，適合L長跑與E日，這應是該位跑者非常舒服而且可以聊天的速度。

M配速：4:57/km，接近該跑者在全馬比賽中的配速。

T配速：4:38/km或1:51/400m，可以有效強化耐乳酸能力的巡航間歇或節奏跑配速。

I配速：4:16/km或1:42/400m，最有效提升他最大攝氧量的配速，但需要維持兩分鐘以上。

R配速：94秒/400m或47秒/200m，意指他的200公尺R強度間歇的訓練目標是47秒。

有了明確的配速區間之後，本書第二部之後的訓練計畫都跟著有了個人化的差異，而且就算是同一份計畫，課表中的配速也會依據跑力的提升有了相應的調整。所以當跑步的強度有了明確的量化標準之後，跑步課表的個人化工作也因此完成了大半。這是這本書最大的價值，也是丹尼爾斯博士被《跑者世界》(*Runner's World*)這份雜誌譽爲全世界最佳教練的主要原因。

這本書所提供的訓練系統絕對不是最完美的，但它能有效幫助跑者與教練運用教科書上那些艱澀難懂的科學知識，使跑者可以依據個人的目標與跑量，選擇一份適合自己的課表。這些課表不但有明確的量化指標，也依據週期化原則來設計，對想要提升成績的跑者而言幫助很大，我和我的學生就是跑力系統最大的受益者。我十分肯定，只要你開始使用這本書，你的訓練不只會變得更科學，你也將體驗到更多跑步的樂趣。

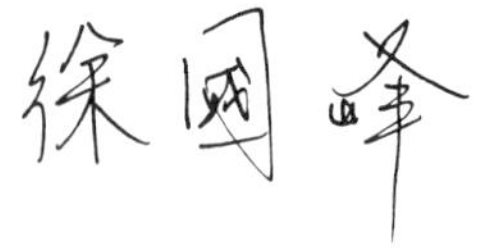

2024年2月花蓮筆

獻辭

我很榮幸，能以此書獻給我的妻子南茜(Nancy)。她是我最好的朋友以及世界上我最感激的人，也是我們兩個漂亮女兒奧德拉(Audra)和莎拉(Sarah)的母親。

南茜和我曾一起環遊世界，一起會見皇室成員，並在泰國旅行期間一起跳下行駛中的火車。在這些令人興奮的時刻中，南茜還曾贏過十次新英格蘭冠軍頭銜，獲得兩次奧運選拔賽資格。她在兩次與乳癌對抗的過程中，曾面對過可怕的創傷後壓力症候群，隨後取得護士資格，並站上第一線爲病人服務。我的妻子極富同情心，每位見過她的人，心中都只會想到她的好。

《丹尼爾斯博士跑步方程式》爲跑者的成功提供了基礎，但如果沒有南茜在我身邊，這本書就不可能問市。過去所有對我個人成就的認可，包括被《跑者世界》(*Runner's World*)評爲世界最佳教練，都是因爲南茜的協助，就她的個人成就而言其實她並沒有獲得應有的認可。擔任教練這麼多年來，我跟許多單位有過很成功的合作，像是Nike、紐約州立大學科特蘭分校、布里瓦德學院(Brevard College)和威爾斯學院(Wells College)，跟這些單位合作之所以能成功，都是因爲有南茜在我身邊。南茜是上述這些團隊和跑者的靈魂人物，除了她自己本身就是一名優秀的跑者，她懷有一顆共感他人的心，總是能夠適當評估不同比賽項目、路線和天氣條件並給予適當的建議。若要描述我那才華橫溢的好妻子，我唯一想到的形容詞是：「無可取代」(不論對我和我們團隊的成功都是)。

前言

第一版的《丹尼爾斯博士跑步方程式》（原文書）於一九九八年出版。書出版後，我又學到更多關於跑步以及跑者的知識。你可能會覺得很奇怪，爲什麼一個長年研究跑步與擔任跑步教練的人會這樣說，但事實上的確如此，在研究跑步的過程中我仍不斷找到更新、更實用與更簡單的方式來設計訓練和比賽課表。許多跑者與教練跑來跟我說，他們利用我的訓練方法取得了相當大的成功，這讓我深受鼓舞，他們的回饋激勵我繼續尋找新的概念與更簡單的方法來改善體能與提升成績。我想進一步分享這些新的想法，並向各位說明我是如何在幾個不同方面取得進展。

多年來與菁英跑者（或有些還不到菁英等級的跑者）一起工作和研究他們是一段有趣的旅程。爲了提升跑步成績，我們自然會想去尋找那些被認爲是最佳的方法與課表來訓練。儘管方法與課表有很多，但所有的訓練法都可歸納成一些基本的原則，像是根據個人需求調整課表、制訂出有效卻又能將運動傷害機率減到最低的課表。我總是一再強調盡量用最小的訓練壓力來達到最大的訓練效果，不要天眞地以爲成績進步是透過不斷增加訓練壓力所達成的。

我們很容易會認爲世界上存在某些跑者比其他跑者更具天生的運動生理或生物力學優勢，但其實我們很難將跑者生理上的差異與他的心理與身處的社會文化環境差異給區分開來。例如：在一些相對比較不發達的社會中，贏得比賽可以讓跑者受到全國乃至全世界的關注，這種關注會鼓勵該社會中的年輕跑者走向菁英的道路以獲得個人認可與經濟利益。

哪一種訓練法最好，並沒有標準答案，更沒有任何一套特定的訓練系統可適用於所有人。我的目標是希望透過這本書讓教練和選手們都能瞭解、領會與運用這些科學訓練知識。你可以自己去判斷書裡面提到的這些知識、訓練方式和比賽課表對你、選手或是教練是否眞的有用。

我覺得再次強調我所說的「跑步訓練基本原則」很重要，其中許多原則不但可以被跑者用來更充分地準備比賽，也有助於幫助隊友提升表現。雖然我的教練工作除了田徑項目，也已擴及越野跑、鐵人三項、超馬或超鐵比賽的跑者，但我仍覺得自己在中長跑的訓練法上，最有一定的資格提出我認爲最好的訓練方式。

這個版本將全書分爲兩部。第一部介紹有助於跑者取得成功的訓練資訊、考量重點與選項。第二部更適合那些想要參加比賽的人，他們可以根據不同的比賽距離來找到針對性的建議和訓練計畫。章節的順序經過安排，每一章節的論述都是以前面的內容爲基礎，所以每一個新的章節都能夠讓你運用前面幾章所學到的知識，設計出一個有效且完整的跑步計畫。

第一章在說明我所認爲的跑步成功要素（才能、動機、機緣與訓練方向）以及先前提到我所設定的跑步原則。

第二章將談到各種訓練的關鍵原則。教練和跑者常常依據當前國家冠軍、世界紀錄保持者或奧運選手的訓練課表來擬定訓練計畫，但很多人在用他們的課表時，並不瞭解爲何他們可以達成這些成就。這一章在提醒所有的跑者堅守訓練的重要原則，包括身體對壓力反應與各類訓練的效益。

第三章深入探討個人生理資訊，尤其針對有氧能力與乳酸特別說明。這些資訊有助於你了解一個人的跑步強度（速度）與生理需求間的關係，因爲當某些身體系統上的壓力改變時（像是配速改變），生理的需求也會跟著變動。

第四章介紹了各種類型的跑步訓練，以及它們被這樣設計的目的。讀完這章後，你應該能夠回答這個簡單的問題:「這份課表的目的是什麼?」雖然許多跑者已經進行過各種不同類型的訓練，像是多次反覆的速度訓練、高強度間歇訓練、乳酸閾値訓練與低強度的長跑，但很少人能夠明確地說出這些訓練背後的目的以及身體對它們的反應爲何。

第五章談論跑力系統的細節，該系統已被證實能有效爲各種跑步距離的目標賽事設定訓練配速。在跑力系統中，我新增了跨年齡層的比較方式，使各年齡的跑者（六至五十歲以上）在互相比較實力時能夠有個依據。

第六章主要介紹在不同環境（包括高海拔、熱和冷）中訓練和比賽時需要考慮和適應的所有事項。

第七章是爲跑步機的使用者提供各種跟訓練相關的資訊。

第八章爲體能程度相異的跑者提供不同階層的訓練選項：有專爲入門跑者所設計的白色計畫，有適合進階跑者的紅色與藍色計畫，以及爲菁英跑者打造的黃金計畫。本章適合想要透過跑步變得更健康的人，也適合最近一年沒有打算參加比賽只想透過訓練維持體能的跑者。

第九章爲長時間休息後的跑者提供重返訓練的建議。不論你重練的原因是運動傷害、生病或單純只是計畫性的休息，本章會告訴你如何在休息一段時間後重新回到訓練步調，包括一些有用的動作、較短的跑步課表以及一些特別的補強訓練。

第十章爲本書第二部的第一章。第二部以比賽爲導向，每一章都會針對某一項特定的賽事提出定製的賽季訓練計畫，每份計畫都包含不同的週期（週期化課表），每個週期的課表內容都會詳細列出。

第十一章提供各種專爲八百公尺所設計的課表。八百公尺屬於無氧運動，因此相較於其他競賽項目，它需要特別強調無氧能力的訓練。

第十二章則特別針對一千五百公尺到兩英里（1.5～3.2公里）的訓練方式來說明。偏好此種競賽距離的跑者，需要八百公尺選手所練的部分課表，也需要練一些長跑者所從事的力量課表，才會有比較完善的準備。

第十三章專爲那些以五公里與十公里爲目標的跑者所設計。這兩種距離的訓練對於強度與耐力的要求都非常嚴格，通常在訓練與比賽期間都需要高度的專注力。

第十四章在探討越野跑訓練。很多跑者都會練越野跑，特別是短距離跑者。事實上，眾多跑者常常在越野跑賽季期間才決定他們在接下來的田徑賽季中要參加何種距離的比賽。[1]

第十五章是專爲準備參加半程馬拉松（或是距離在21公里附近）的跑者所設計。通常它的訓練距離會比大多數的徑賽項目更長，所以需要特別看重里程數與耐力訓練，（速度）間歇的重要性相對較低。

第十六章在探討馬拉松訓練的細節，在這一章裡安排了各種不同的訓練計畫，其中有專爲入門者與初馬跑者所設計的課表。另外，也有許多進階的馬拉松訓練計畫，有些比較強調跑量（里程數），有些則會加入各種質量課表。因爲跟其他距離比較起來，對全馬訓練感興趣的跑者相當多，所以這一章中的全馬訓練計畫會說明得比其他章詳細。

第十七章是我跟瑪格達蓮娜．雷維－鮑萊特（Magdalena Lewy-Boulet）在討論超級馬拉松的訓練。她在準備奧運馬拉松時，我是她的教練，後來她在超馬賽中的表現非常好，所以這裡特別參考她的意見。

第十八章專門討論鐵人三項的訓練。因爲有許多跑者在跑了幾年之後會轉戰鐵人三項，這幾年我也收到許多訓練的需求，所以我根據

1　譯注：這是指美國跑步選手的習慣。

自己多年在現代五項(modern pentathlon)訓練的經驗[2]來評估鐵人三項運動員的需求。

在幫助入門跑者進步的過程,我真的感覺很享受,那種感覺跟看著我所訓練出來的選手取得奧運資格一樣。我堅信在這段跑步旅程中,經驗比你可能實現的任何成就都重要得多。所以,我的希望是使這本新版的《丹尼爾斯博士跑步方程式》能改善你的跑步之旅,使你在跑步的訓練和比賽中能變得更加享受並取得更高的成就。

2 譯注:丹尼爾斯博士曾是「現代五項」的國家隊選手,曾兩度奪得團體賽獎牌,第一次是在一九五六年的墨爾本奧運中獲得團體項目的銀牌,在一九六〇年羅馬奧運獲得團體銀牌。

致謝

各專項的跑步教練和跑者都是我的老師，他們的成功發生在不同的階段，有些人是年輕時就有很高的成就，有些人則是在年紀稍長後才獲得成功。直到現在，我仍持續從他們身上學到新東西。在長達六十年的教練和教學工作生涯中（我將教練視同教學工作），我非常幸運，不但遇到了頂尖的導師，也有幸能和許多優秀的學生與選手們合作。這麼多年來有些合作仍在持續中。

要列出在我教練與教學生涯當中所有幫助過我的人是不可能的，但有少數幾位對我的學習影響很大，我想要藉著這個機會向他們一一道謝。首先要感謝在我攻讀博士時的指導教授布魯諾．鮑克博士（Dr. Bruno Balke），我們曾一起在美國聯邦航空管理局共事，亦在一九六八年的墨西哥奧運會前一起從事高地訓練的研究。我非常幸運，有機會到瑞典斯德哥爾摩的皇家體操中央研究所接受佩－奧拉夫．奧斯特蘭德博士（Dr. Per-Olaf Åstrand）爲期一年的指導，並與他成爲朋友。他是全世界最偉大的運動生理學家之一，持續在世界各地致力推廣體能訓練。

多年來，我與許多菁英跑者合作研究計畫，很多人都樂意付出他們的時間讓我在他們身上進行多項試驗。在此，我特別想要感謝那些當我需要他們協助研究時，總是毫不猶豫前來的選手們，這些菁英選手包括吉姆．萊昂（Jim Ryun）、湯姆．馮魯登（Tom Von Ruden）、克里斯．麥克賓斯（Chris McCubbins）、瓊．本瓦（Joan Benoit）、約翰．梅森（John Mason）、湯姆．海諾寧（Tom Heinonen）、奧斯卡．摩爾（Oscar Moore）、戴維．奇澤姆（Dave Chisholm）、康拉德．南丁格爾（Conrad Nightingale）與許多來自美西田徑俱樂部和Nike職業隊（Nike Farm Team）的跑者們。

我分別在一九六八年、一九九三年和二〇一三年對相同的二十六位菁英跑者進行測試，包括前面提到的那些選手，這項四十五年的縱向研究可能是有史以來對菁英長跑運動員進行過最長的研究。研究的結果確實很有意思，目前已發表在科學期刊上。

這些年來，我很榮幸能擔任一些頂尖跑者的教練，尤其是以下這些成績優異的選手，身爲教練的我，從他們身上學到的比我付出的還多，這些選手包括：加拿大籍一千五百公尺奧運選手——佩妮．魏娜（Penny Werthner），以及馬拉松可以跑到2小時9分的長跑選手——肯．馬丁（Ken Martin）與傑瑞．勞森（Jerry Lawson）、全馬成績分別爲2小時24分的莉莎．馬丁（Lisa Martin）與2小時26分的瑪格達蓮娜．雷維－鮑萊特，這兩位也都是奧運代表隊選手；還有彼得．吉爾摩（Peter Gilmore）與傑佛瑞．埃格爾斯頓（Jeffrey Eggleston），他們的全馬成績都能跑到2小時12分；以及在二〇一二年代表美國參加倫敦奧運10km比賽的跑者——珍娜．夏洛本－鮑康（Janet Cherobon-Bawcom）。

在紐約州立大學科特蘭分校任教的十七年間，我要特別感謝那些被我帶過的大學選手，這些年輕選手們的進步，讓我充分感受到發揮「教練」功能時的那種成就感。特別感謝薇琪．米契爾（Vicki Mitchell）在高中時就以2分39秒的800m成績贏得七屆全美大學體育協會第三分部（NCAA Division III）全國田徑與越野賽的冠軍，以及在賓州田徑賽（Penn Relays）的10km項目中以33分01秒完賽，這場比賽的最後一項800m還創下她個人最佳成績，跑出2分31秒。

我還要謝謝卡爾．福斯特（Carl Foster）長期支持我的研究，還有吉米．吉爾伯特（Jimmy Gilbert）投注大量時間與精力將我研究的跑步相關數據，轉換成一個能夠普遍被大家接受的「跑力表」（VDOT table），如今它已成爲不同實力的跑者在設定訓練配速時的有效工具。這邊我應特別提一下吉爾伯特對跑步訓練的堅持，他從大學畢業以後的五十年持續練跑並計算自己的跑量，他在這半百的歲月中已累計跑量160,934公里（平均每週跑62公里）。另外，也要感謝鮑勃．瑟芬（Bob Sevene）、馮．拉那納（Vin Lananna）與法蘭克．加利亞諾（Frank Gagliano）讓我觀察他們跟菁英跑者之間的合作情況；另外還要謝謝布萊恩．羅塞蒂（Brian Rosetti）與聰明跑計畫（Run SMART Project）的工作人員，因爲他們的努力才能使我們的線上課表系統變得如此成功。

謝謝安東尼．加洛（Anthony Gallo）、「黑仙人掌」（Black Cactus）阿朴迪．阿布迪拉曼（Abdi Abdirahman）、安東尼．法米格力耶堤（Anthony Famiglietti），他們現在都是我的好朋友，也與我的太太和女兒們成爲摯交好友。我之所以能成爲一位成功的教練，以上提到的人都扮演著很重要的角色，我非常感謝他們。

最後，要感謝我的老婆——南茜和兩位優秀的女兒。南茜本身就是一位非常成功的跑者，贏得多次新英格蘭大學錦標賽的冠軍，千五和馬拉松這兩個項目都曾入選過美國奧運代表隊。奧德拉和莎拉這兩位女兒一直都在我身邊。奧德拉曾完成過全馬、鐵人三項和160km的自行車公路賽。莎拉雖然也是很有速度的跑者，但她後來朝音樂界發展，在紐約的歌劇圈裡發光發熱。這三位傑出的女士使我的人生變得既美滿又豐富。

PART I

了解丹尼爾斯博士的跑步訓練公式

CHAPTER 1

成功跑者的元素

每個人都應該善用他們已有的才能。

想要判斷一位跑者可以有多成功，我認爲可以從四個基本的元素來分析。這些元素依重要性排序分別是：❶天生才能、❷內在動機、❸機遇、❹訓練方向。我認爲其中最重要的是「才能」，因爲那是他與生俱來的，你無法控制你的身高或是心血管系統的機能，有些人天生就適合跑步。「內在動機」反應個人的欲望，它跟運動員個人的內在追求有關；如果缺少這項因素，即使是才華非凡的跑者也可能無法發揮他眞正的潛力。每位跑者的「機遇」會有很大差異，簡單來說像是你住的地方，你的所作所爲都會受到居住環境週遭的人影響。而你遇到過的教練、老師或者是你讀過的雜誌與書籍都將影響你的「訓練方向」。當我從事教練工作愈久（不論是當面指導選手或是藉由信件、傳眞或電子郵件），我就愈加意識到這四種元素的重要性，無論在任何賽場上它們都將決定你是否成功。

天生才能

不論是何種運動，我們都可以清楚看出，遺傳因素（即天生的才能）對於決定哪些運動員可以成功，扮演了非常重要的角色。想像一下，當你想到一位女子體操選手、籃球中鋒、鉛球選手或賽馬騎師時，你腦海中出現的應該分別是身材嬌小的女孩、高大的運動員、強壯的人以及輕盈的男生或女生。想在上述運動中取得較高成就，就必須符合這些體型特質，特定的體型並無法透過訓練而達成，那是天生的。

現在，想像一下一位理想的長跑選手。你心中所想的形象可能會因當前的冠軍或紀錄保持者而略有不同。當然，成功跑者的體型仍有胖瘦高矮的差異，並沒有特定的標準。從解剖結構上來看，他們之間差異很大，但從生理和生物力學的角度來看，優秀的長距離跑者有一些共同點，例如：肌腱與關節的距離、心臟大小和心輸出量等心血管系統的效率，皆具有先天的優勢。

由於一位優秀的長跑選手所需要的眾多素質並不明顯，因此你很難藉由外表去判斷誰有成爲頂尖長跑者的潛力，你可以從外在的身高與體格看出某位運動員具有成爲奧運體操選手或鉛球選手的潛能，但你很難光從外表判斷出誰可以成爲奧運長跑選手。事實上，就算有兩位跑者身高體重都相同，一樣吃得好睡得飽，依照相同的計畫進行訓練，但由於生理與生物力學（或甚至是心理素質）上看不見的因素，在短短一英里的比賽中兩人的成績可能就會相差30秒。其中一個深深影響運動表現卻看不到的生理因素是「每公升血液所能攜帶的氧氣量」。不同跑者體內血紅蛋白（Hemoglobin，它是一種蛋白質，能把氧氣運送到運動中的肌肉）的含量會對跑者的表現造成很大的影響，我曾看過兩位跑者的血紅蛋白量只差一點，但在五公里比賽中的成績卻差超過一分鐘。

很明顯，在某項運動中並非所有的體型都有相同的成功機會。此種情況在奧運會場中更是爲突出，例如：拳擊、摔跤、舉重等運動需要依體重分級。如果你很常看拳擊比賽，就會知道一位身高5呎5吋（1.6公尺）體重115磅（52公斤）絕不會想和一個身高6呎6吋（2公尺）體重265磅（120公斤）的對手比賽。如果我們沒有意識到每個人之間都有天生的差異，這種情況就有可能會發生。

內在動機

成功的第二個關鍵要素是跑者的內在動機，也就是一個人內心深處想要在跑步中獲得成功的渴望。你要能區分激勵你練跑的動力來自他人，還是源於自身的熱情，這對想要成功的跑者來說相當重要。像是某些高中會收一些跑步成績優異的體保生，他們的天份當然沒話說，能收到這樣的跑者會讓學校的教練很興奮，但如果這位跑者心裡只想當畫家或鋼琴家，就算他的長跑天份再高，也很難成爲教練心中所期待的傑出跑者。

就前兩個成功要素（才能和動機）而言，跑者可分爲下列四類：

一. 同時兼具天份與高度訓練動機並且能善用自身天賦的跑者。
二. 具有優異的跑步才能，是天生的好手，但內在動機薄弱，不夠投入的跑者。
三. 本身沒什麼跑步天份卻對跑步充滿熱情，一心只想變強的跑者。
四. 缺乏跑步才能而且對跑步沒興趣。

我們可以先不考慮第四類，因爲他們對跑步沒有興趣，也不會加入跑步社團，我把他們稱爲「跟跑步無緣的人」。第一類跑者就是我們在賽場上的常勝軍，因爲他們不只是天生就具有優異的生物力學與生理特質，也具有強烈的動機。他們想變強的動機源自於想要追上當前的冠軍，或是希望能在同齡組中跑贏其他選手。

第二類跑者最容易讓教練感到沮喪，因爲教練看得出他們是天生好手，但他們對跑步並不熱衷，缺乏變強的渴望。有些教練常忍不住對第二類跑者喊道「要全力以赴」或是「不要保留」，或是用一些貶抑跑者的評語，然而這些方法不但無法讓這類跑者投入這項運動，反而只會讓他們更想離開。

就算教練爲了讓這類跑者做得更好，或者是因爲他們缺乏教練認爲應有的動機，都不應該在訓練時對他們大聲咆哮。我個人在面對他們的處理態度是「提供適合的訓練環境」，讓資質不同的跑者都能在我這裡發揮他們的潛能。我認爲教練應該提供能激勵選手的訓練環境，而非一再使選手感到洩氣。爲跑者們建立一個具有激勵性質的訓練環境時，需要遵循一些跑步的基本法則，這在本章稍後會仔細說明。我發現，如果跑者能受到尊重而不只被視爲團體的一部分，他們就能持續地進步並增加實現個人跑步目標的機會。當跑者每次進步時都應即時給予正面的鼓勵，因此在訓練時我比較喜歡把注意力放在個人的進步上，而非不斷把某位跑者拿來與其他人進行比較。

這麼多年來，我經常到高中田徑隊的訓練營中去指導，碰見過衆多高中跑者，我經常問他們一個問題：「你爲何開始練跑？」他們可以從下列四個答案中選擇其一：

一. 爲了另一項運動，想先透過跑步來提升體能。
二. 原本從事的運動停下來了。
三. 有人推薦或鼓勵我開始練跑。
四. 我想要成爲一位跑者。

一般來說，我們發現這些高中的跑者，只有12%的人會選擇第四個答案。這種情況很令人難過，因爲這代表「跑步」這項運動並非大部分年輕人想要嘗試的運動，而我們現行學校系統的體育課程中，也缺乏讓原本有長跑才能的青年們能夠一展長才的機會，使他們的天份被埋沒。更糟的是，跑步常被當作體罰。常聽到校隊的教練命令表現不當的選手去「跑操場一圈」。

一個深謀遠慮的教練會把眼光放遠，先爲第二類的跑者建立練跑的動機，再追求成績。先鼓勵跑者把更多時間與精力放在他所熱衷追求的未來生活，也算是教練的工作之一。面對有天份但訓練動力不足的跑者，有心的教練能幫助他發現跑步的樂趣並更投入這項運動。實現的方法有很多種，其中我特別強調的是「去感受課表」，尤其在加大訓練壓力（增加訓練量）之前，我會先確定他們在相同分量的課表中的確有感覺變輕鬆。如果太過於執著跑量，只是想藉由增加訓練量來提升體能，跑步就會帶來太多壓力。

至於第三類跑者我可以舉個案例來說明，有些選手在高中時代並不出色，但經過持續訓練後，最終進入奧運代表隊。我曾參與過一項早期的研究計畫，有位選手在高中時期最好的一英里成績才不過4分34秒，但這位跑者後來卻在室內的中距離賽事打破了世界紀錄，在奧運1,500m的項目中跑出第九名的成績。還有位跑者在我的隊伍中一直表現不佳，一直到大學一年級才在隊上排到第七名，但在接下來的幾年，他連續贏得七次全國大學冠軍，還在畢業當年於賓州田徑賽（Penn Relays）[3]的10K項目中奪得冠軍。

成功可能會發生在跑者生涯的不同時期，不同跑者的進步過程皆不盡相同。一位用心的教練不會讓進步較慢的跑者因爲某些人進步較快而感到洩氣，他總能替跑者指出不同進程的正向因素，並協助每位跑者確立自己的短期和長期目標。

就第三類跑者而言（他們雖沒有天份卻充滿熱情），只要他們願意加入，不論何時我都願意擔任他們的教練。雖然他們可能會對自己的表現感到沮喪，但是他們通常會非常支持隊友，也會讓隊上的訓練氣

---

3. 譯注：這場比賽從一八九五年起由賓州大學所舉辦，是聞名北美的田徑賽事。

氛很好。他們也會聽從教練的所有吩咐。但太認眞也會有負面效果，因爲無論教練要求什麼他們都會完成，有時甚至練更多。這時教練的工作就是要讓他們不要過度訓練，以免受傷。有一個好方法可以避免過度訓練，就是維持在某一固定的訓練量和強度至少四個星期，目的是在訓練壓力增加前先讓身體適應同等負荷的課表一段時間。

不論跑者屬於哪一類，教練該把每位跑者視爲優缺點各不相同的獨立個體，目標是引導跑者成爲一個樂觀的人，協助他們把注意力放在比賽或訓練中正向積極的一面，別太在意那些令人遺憾的事情。

機遇

想成爲一位優秀的運動員，從許多方面來看都需要有一定的機遇，像是生長與訓練環境的氣候、訓練設施、跑者養成過程中所接受到的訓練方法、互相競技的夥伴，以及個人的經濟狀況等。比方說，如果你對高山滑雪（downhill skiing）的技能與表現有強烈的渴望和追求，但你住在永不下雪的溫暖地區，成功的機會就有限了。並非每個地區都有游泳池，所以就算該地出了一位具有游泳天賦的選手，居住地若沒有泳池可下水訓練，也很難進步到具有冠軍的實力。

對跑者來說，比較幸運的是，不管在任何氣候與路面上都可以跑步。但還是有例外，在我的教練生涯中曾指導過一位不是那麼自由的跑者，他在州立監獄裡服刑七年，多年來我只能透過郵件指導他。雖然被關在監獄裡，爲了準備馬拉松，他仍在監獄的廣場上平均每週練跑40英里（64公里），出獄後和妹妹一起參加了馬拉松比賽。

有些運動項目的成功機會可能與一個人的經濟基礎有關。例如馬術比賽需要接觸馬匹，而帆船比賽需要船和可讓船行駛的水域，這些都所費不貲。在高爾夫球場打球可能需要高額的費用才能加入俱樂部會員，而那些能夠經常打網球的人也大都財務有餘裕。比較起來，跑步這項運動確實不需要花太多錢。有些跑者就算不花錢聘教練，自主進行訓練也表現得很好，有時他們還會以黑馬之姿贏得比賽，讓其他專業的教練和選手大吃一驚。

毫無疑問，某些幸運的跑者有著比其他跑者更多的機會。像那些生活在寒冷氣候環境下的跑者，因爲戶外的訓練環境比較糟，大都只能在室內靠器材或跑步機訓練。其他生活在酷熱氣候環境下的跑者在訓練時也是如此，相對涼爽的室內訓練環境可說是這些跑者的救星。

當我住在瑞典的時候，經常在酷寒的氣候下獨自進行訓練，我很享受其中，但也常在想那些居住在氣候宜人環境下的跑者是否也願意（或能夠）容忍在這種惡劣的環境下訓練。在缺乏良好訓練環境的情況下訓練，雖然看似成功的機會不大，但也很可能因此激發了運動員追求卓越的鬥志，反而得到更高的成就。

有人也許會問爲什麼美國有各種適合跑步的氣候和地型，訓練環境這麼好，卻無法成爲跑步界的霸主呢？我的答案很簡單：因爲我們學校體制中缺乏一種能幫助那些有天份跑者的教學系統，而且跑步在美國並非主流運動。在我們一般正規的體育教學系統裡面，有很多潛力十足的跑者被埋沒，有天份的跑者在其他種類的運動比賽也很容易成爲注目焦點，因而失去在跑步領域大放異彩的機會。因爲許多年輕人只能透過電視觀看運動賽事，而電視上主流的運動賽事主要是美式足球、曲棍球、籃球和棒球，所以大多數的年輕人們想要從事的運動也以這些爲主。如果學童們從未見過偉大跑者，他們又怎會夢想變得跟他們一樣呢？

在美國，大部分的年輕跑者都是在學校接受訓練，而不是在跑團裡，不像有些國家的跑團或跑步俱樂部很普遍，有許多頂尖跑者在年輕時就是在這類跑團中打下基礎的。在校隊裡訓練有好有壞，其中一個缺點是年輕選手因爲升學的關係會一直換教練，先是國中教練，再來換成高中教練（有時甚至在賽季中同時參加越野跑和田徑賽事，因此教練也會跟著變動），到大學時又再換一或兩次教練。

接受多位教練的指導有時行得通，但常見的情況是：由於不同的教練各有不同的訓練方法，每位教練的訓練和比賽方式都有自己的一套，還沒有判斷力的年輕跑者在換教練的過程中就會不知所措。舉例來說，有些教練的訓練法非常科學化，另外有些教練則比較少用到運動科學的知識，屬於經驗主義，但可能他們跟跑者的關係很好，這類的方法反而會被一些不相信（或不了解）科學化訓練的跑者所接受。對選手來說，最希望的是每位新教練都能爲目前訓練方式補足缺陷之處，讓整個訓練計畫更加完善。身爲一個教練，本來就要面對具有各種訓練哲學的跑者，最好要先瞭解跑者過去的經歷才能決定要用哪一種訓練方式。接受衆多不同的教練指導雖然有其優點，但會讓選手失去接受一連貫完整訓練計畫的機會，這就跟接著要討論的第四個成功元素——訓練方向有關了。

訓練方向

訓練方向這項元素指的是一位老師、教練或訓練計畫的引導，這邊把它列在最後一項，是因爲我認爲它在四項元素中的重要性最低。爲何訓練方向最不重要呢？因爲其實練跑也可以完全不依任何計畫，或是只循著簡略的訓練方針即可，但有時方向錯誤比沒有計畫更糟。舉例來說，某位跑者要我當他的馬拉松教練，我的第一個問題會是：「你最近的跑量是多少？」如果他回答：「我最近都沒有跑步。」那我會接著問：「從出生到現在你做過哪些跟跑步相關的活動？」如果跑者回說：「我從未練跑過。」我會接著問他：「那你過去做過哪些運動？」如果他回答：「什麼運動都沒做過。」對於這位想挑戰全馬的新手，如果我跟他說：「從現在開始，我要你每週都跑240公里。」這樣的建議無疑是在害他，這種話不說還比較好。並不能因爲我帶了很多馬拉松跑者都是每週練跑240公里，就代表初馬跑者也要練那麼多。

從運動員的角度來看，他們一定比較希望接受正向的指導方式（有時從教練的觀點來看也是如此），雖然積極正向的教練不一定保證進步，但大都可以改善選手的訓練態度。時間是關鍵，我之所以能時常教出成功的跑者，主要是因爲我特別強調要拉長進步的時程。例如：我會告訴跑者我的期望是在未來幾年看到進步，而不會要求他們每個賽季都要進步。有些跑者進步很快，但某些人進步比較慢。如果教練能有同理心，也能正向思考，跑者訓練起來會比較安心，也才能持久。教練的沉穩心態將爲跑者提供一個理想的訓練環境。

我認識一些極爲優秀的跑者，因爲教練很嚴厲，以致他們與教練的關係很緊張，但有些跑者仍能達到高水準的成就，這其實讓我感到滿驚訝的，當然其中也有些跑者一直練不出好成績，我認爲如果他們能夠依照更合理的方法進行訓練，就能取得更好的成績。

有時很難去衡量一位教練的眞正價值所在，因爲評價一位教練的成就時基本上是根據選手的表現。此外，在美國的大學體制中，教練的成就高低往往取決於教練招募頂尖運動員的能力，而非取決於他所設計的課表能使選手進步多少。如果「教練」這項工作的任務是引導跑者精進的方向，那一位好的教練應該能回答一個最基本的問題：「此次訓練的目的是什麼？」以及「爲何今天要練這份課表？」好的教練能夠促使每一份課表的效益達到最高，使選手在賽場上獲得最佳的表現，透過他所設計的課表使選手變成一位更好的跑者，以及更好的人。

有天份、動機十足而且福緣深厚的跑者，時常可以在賽場上表現得很好，就算教練能力不太行也會被選手的光芒掩蓋住。從另一面來看，眞正厲害的教練，可能無法訓練到有天份或動機強烈的選手，因而受到忽視，但日久見眞章，有眞材實料的教練終將有所成就。

另外，很重要的一點是教練要能隨時被跑者找到。教練需要先把選手先當成「人」，而後才是「跑者」。每當一個新的訓練季開始時，我都會跟大學校隊裡的跑者談一談，每次我都會跟他們說：「你的第一個身份是人，第二個身份是學生，第三個身份才是跑者，當你還在學校時絕不能本末倒置。」

教練在訓練整個團隊時，常常會忽略很重要的一點，那就是個別選手的需求，沒有什麼能取代教練的鼓勵和貼心的話語！想要成爲一位菁英跑者，需要有完善的訓練系統支持，這個系統必須以運動員的最大利益爲中心。

丹尼爾斯的跑步訓練基本原則

除了上述關於成功的四大要素之外，下面我還想提出幾點跑步訓練基本原則。我設計這些大原則是希望所有不同程度的跑者都能使訓練產生最大的效果。因爲就算是由同一個教練指導，並且在相同的課表或環境中進行訓練，跑者的反應也不可能完全相同，因此下面這些大原則就是爲了幫助你去評估訓練的成效以及提高個人的訓練品質。

1. 每位跑者都有獨特的能力

每位跑者都有自己的強項與弱項。有些跑者天生就有適合跑步的肌肉組織，肌肉裡佈滿了高比例的耐力型慢縮肌纖維，高比例的慢縮肌會加大跑者的有氧引擎（最大攝氧量較高）。另一方面，某些最大攝氧量本身就不高的跑者，也可能由於身體各部優異的力學結構而展現出卓越的跑步經濟性。我認爲跑者應該花多一點訓練時間來改善已知的弱點，但在接近重要的比賽時，主要的訓練重點則應反過來加強個人的優勢。舉例來說，如果某位跑者速度較差但耐力表現出色，那他初期（甚至到中期）的訓練重點都應該以提升速度爲主，到最後幾週再把訓練重點移回本來就擅長的耐力，對他的幫助會比較大。

2. 跑者必須保持正向思考

跑者不應老是沉溺在負面想法中，試著找出所有訓練課表中對你有正面幫助的部分。比方說今天練習完後覺得狀況不好，如果教練、隊友或訓練夥伴還跟他說「你今天看來跑得很糟！」，原本跑不好心情已經很糟了，一聽到你這麼說更是打擊他之後訓練的信心。比較好的方式是從正面的觀點來看待他今天的表現，比如你可以說：「雖然你今天的狀況不佳，但從擺臂的動作看得出你一直努力想跑好。」

3. 跑者的狀況本就起起伏伏，有時表現好，有時又不怎麼好

即使是世界紀錄保持人和奧運金牌選手也偶爾會在比賽日失常。通常，距離愈長的比賽，只要跑者狀況不好，表現就會差很多。我們都知道完成一場全程馬拉松會比五公里的比賽花費更長的時間恢復。所以如果跑者在賽前感覺狀況很糟，我一定會勸選手先放掉這場比賽，而不要讓他們在比賽中掙扎，因爲掙扎完賽的結果會拉長低潮時間，後續反而需要更長時間才能重新回到優質的表現。

4. 訓練要有彈性以應付突發狀況

有時課表可以機動調整到比較適合訓練的天氣。比如說星期一原本排好要訓練，但當天下雨又很冷、風也很大，天氣預報說星期二天氣會變好很多，那你就可以先暫緩星期一的課表，改到星期二再練。

5. 設定中程目標

各種中程目標累積起來將逐步鋪成一條通往長程目標的道路。長期目標很重要，但可能需要數年的時間才能實現，因此必須在途中先設立更小、更容易實現的目標。我喜歡讓我訓練的跑者爲他們參加的比賽設定目標；如果跑者設定的目標相對容易達成，那絕對是好事。目標不一定是具體的成績，比方說今天比賽的目標可能是：用較慢的

配速開始，看在整場比賽中能超過多少其他跑者。或是改用不同的熱身方式來準備比賽。跑者可能會因爲新的嘗試而犯錯，但不只是成功有助學習，從錯誤中也可以學到許多。

6. 專注於手邊的任務

跑者需要學會專注於自己在做的事情，不要花太多時間擔心其他人。如果你已盡力完成了自己的計畫，但最後卻被別人打敗輸了比賽，那麼你就要接受這個事實，那些人今天就是表現得比你更好。你在賽後的工作是「反省」，好好想一想：如果同一場比賽你再跑一次，你會做出哪些改變。我們從落敗中學到的東西跟從獲勝的比賽中一樣多，甚至可能更多。

7. 比賽中大多數的錯誤都是在初期犯下的

很多頂尖跑者在比賽剛開始起跑時衝太快，到了後半段就明顯掉速，尤其是年輕的跑者很常這麼跑比賽。那些領跑者雖然後面會掉速，但有時候他們仍可贏得比賽；但如果跟跑的人是程度較差的跑者，對他們來說壓力就更大了，跟跑將使他們表現得更差。領先集團中大約只有三分之一到四分之一的跑者能以較平穩的配速起跑，比賽的冠軍通常就在裡面。就算是全場比賽中最強的跑者，如果前面失速，也很有可能被打敗。

8. 訓練中應該給自己一些獎賞

訓練大都不怎麼有趣，有時很枯燥，所以你更應該給自己一點獎賞。有時某些訓練在當下感覺可能不太好，但只要你瞭解每次課表訓練背後的目的，你就能了解到進步正在發生中，而那絕對就是你最佳的獎勵品。你應該要從每次的課表和比賽之後學到對你有用的東西。

9. 好好吃飯和睡覺

休息和營養充足的飲食都是訓練的一部分，而非訓練以外的事。我聽說有一位男性跑者，他的妻子在凌晨五點生下他們的第一個孩子，孩子的爸一夜沒睡，但就在同一天，這位新手老爸竟在比賽中打破了世界紀錄。我可以想像他平常就睡得很好，生活習慣中就養成睡眠充足的習慣。可以這樣想：如果你平常就很規律地吃飯和睡覺，一頓飯沒吃或一晚沒睡好對你就不會有太大的負面影響。同樣地，如果你經常吃得不好或很少睡覺，一頓好飯或一晚好眠也不會對你有太多幫助。

10. 生病或受傷時不要訓練

如果沒有確實遵守此條法則的話，可能會導致長期的退步；如果你在生病或受傷當下就休息個幾天，你就不會因爲太過勉強而退步那麼多。

11. 長期的健康困擾應由醫療專業人士檢查

偶爾感覺不舒服還好，但持續感覺不適通常就需要特別尋找醫療照顧了。

12. 好成績絕非僥倖

有時你跑不好可能是因爲運氣不好，但要跑好一場比賽絕不可能只靠運氣，能跑出好成績完全是因爲你已經擁有相應的能力才辦得到，跟運氣無關。

請在訓練和比賽過程中牢記這些基本法則。記得保持訓練的平衡，保持積極的態度，設立合理且可以達成的目標，這將使你通往跑者的成功之路。

從跑者的立場來看，持續訓練是通往成功的不二法門。要持續訓練，關鍵是專注在眼前的任務上，不要好高鶩遠或老是想著過去的成績。你唯一可以控制的就是現在。把握當下，持續訓練，有天你將發現成就已超乎自己的想像。

利用這些原則的方法是把他們當成你生活的一部分，過一段時間之後，就不用再去記這些原則了，那時它們已經成爲你跑步生活的一部分。從比賽成績你也會看出這些原則所帶來的效益。換句話說，如果沒有遵守這些法則的話，可能會使你對自己的成績感到失望，甚至影響你與其他跑者之間的關係。

這個運動員屬於哪一類，其實無法被明確地區分開來。我提出的四種成功要素，在每位跑者身上都會依各種不同的比例組合在一起，所以每位跑者都有其獨特性。不論你是一位跑者或教練，要學會珍惜你現有的一切，然後盡量把你所擁有的能力發揮到極致。接下來在第二章我會介紹訓練的基本原理，當你成功時，千萬不要害怕改變。每個人成功的途徑都不盡相同，試著去找出適合每位跑者的最佳訓練課表，這也是跑步有趣的地方。定期重新審視這些練跑的大原則，可以深化這些有助訓練和比賽的重要觀念，也能協助跑者避免過度訓練和運動傷害的發生。

CHAPTER 2

訓練的原理與重點

吃得好，休息充足，而且要讓身體維持在平衡與不缺水的狀態中。

大多數跑者會遵循什麼樣的訓練計畫呢？或者應該這麼問：大部分的跑者都是如何訓練的？很多教練以前也是選手，他們很常會按照自己過去接受訓練時的方式來指導自己的學員，這是普遍現象。雖然有些跑者和教練會去研究運動心理學、生物力學或生理學，因而能在他們過往的實務訓練經驗中再加上科學化的訓練背景。儘管如此，還是有很多人會直接按照冠軍選手的方法來練，直接複製別人的訓練法是很普遍的現象。問題是：跑者們是否都了解他們在練什麼？還有爲什麼要這樣練？

當然我們都知道，有些跑者是自己訓練，而有些跑者是由教練提供專屬的訓練計畫，這些計畫每一份都很不一樣，但都有其成效。對每位跑者而言，可能並不存在一份特定的最佳訓練方式；然而，在改善各種身體機能方面的確存在一些基本原理。毫無疑問，如果隊伍裡的跑者夠多，任何訓練系統都會帶來不錯的效果，就算只有一部分的隊員認眞訓練，都會比獨自訓練的效果好。不過，我關心的是那些在特定訓練系統中無法撐下去的跑者，他們如果沒有因爲受傷或被認爲抗壓力不足而退出的話，可能會比那些繼續留在團隊的人更好。

在這一章我將提出好幾個關於訓練法和跑步技術的主題，其中包括八個很重要的訓練原理以及如何安排訓練計畫、什麼是符合跑步力學的動作，以及呼吸節奏的重要性。瞭解每一種訓練元素是很重要的，瞭解之後訓練計畫的設計才具有整體性，體能也才能夠全面提升。

極端的訓練法

身為一位退役的「現代五項」（modern pentathlete）[4]運動員，我的第一位跑步教練是我們的擊劍教練；他是很厲害的擊劍大師，但他不太會教跑步，那時我還只是個跑步新手，他叫我練什麼我就跟著做，那時我也以為跑者們該做的訓練就是他教的那些。

我跟著這位教練進行了六週的訓練，每次課表剛開始都是先熱身跑一英里，接著在細煤渣跑道上跑十趟四百公尺的間歇。每趟四百我都竭盡所能地全力跑（試著跟上其他已經練跑多年的其他選手），每趟之間的休息是慢跑四百。這份課表每週會練五次，連續六週都不變。到了現在我自己也是一位教練了，如果我的目的是為了製造痛苦和傷害，這種練法正好可以達到這個目標。那時我的前脛骨非常痛，痛到不知該用哪隻腳站著。

每天跑四百公尺間歇所產生的另一種負面效果是隊上沒人還有精神費心教我如何在四千公尺的比賽中配速（當時現代五項中的跑步距離是四千公尺）[5]，所以我對該距離的比賽技巧和策略一無所知，每次比賽我都是一開始就全力以赴。當然，每次那樣跑到大約八百公尺左右就會開始衰竭，我大都只能拖著步伐跑完剩下的距離，這的確不是

4. 譯注：「現代五項」於一九一二年夏季奧林匹克運動會被列入比賽項目之一，五項內容跟斯巴達人的「古代」五項全能——鐵餅、標槍、跳遠、角力以及跑步不同，所以特別強調「現代」，項目包括：馬術、擊劍、射擊、越野跑和游泳。

一種好的比賽方法。

我們多多少少都曾聽聞一些頂尖跑者所做的訓練內容，一般會認爲這類選手的方法都是好的。以下是一位十七歲的跑者在高中三年級的春天的一週課表。一週七天都要練跑，除了週日之外，其他六天都是一天兩練。星期天的課表內容是：在64分鐘左右完成16公里的長跑。其他六天早上的課表都一樣：路跑6.4公里，下午則是在操場進行訓練。下面是他在四月的其中一個星期，下午的訓練課表：

- 星期一：3.2公里（以9分55秒完成）＋2×1.6公里（每趟5分15秒完成）＋3×800公尺（每趟2分28秒完成）＋6×400公尺（每趟65秒完成）＋重量訓練以及緩和跑6.4公里

譯注：以上課表內容詳細說明如下，後續其他課表皆同：

❶以9分55秒跑完3.2公里
❷以5分15秒跑完1.6公里×2
❸以2分28秒跑完800公尺×3
❹以1分05秒跑完400公尺×6
❺重量訓練
❻緩和跑6.4公里

- 星期二：6×400公尺（每趟64秒完成）＋10×140公尺（每趟18秒完成）＋5×200公尺（每趟31秒完成）
- 星期三：50×400公尺（每趟69秒完成，之後休息3分鐘）
- 星期四：18×800公尺（每趟2:45完成）

---

5. 譯注：二〇〇〇年奧運以前，現代五項中的跑步項目距離都是 4 公里。之後，跑步項目縮短爲 3 公里的越野跑。到了二〇〇九年，跑步和射擊項目被合起來比，選手要完成三趟 1,000 公尺，每趟跑步前有 70 秒（或更短的時間）進行五次射擊。從二〇一三年開始，距離改成四趟 800 公尺（總距離增加到 3.2 公里），每趟前有 50 秒或更短的時間進行五次射擊。

- 星期五：3.2公里熱身＋1,200公尺＋800公尺＋600公尺＋400公尺＋4.8公里輕鬆的緩和跑
- 星期六：比賽日

這位中距離跑者參加過三次奧運而且打破了多次的世界紀錄，因此我們可以就可認定他的課表是最好的，應該被我們所訓練的中距離跑者所採用嗎？有一天我問這位選手的教練，他的團隊中是否有其他人也能跑50趟400公尺間歇。他說隊上有24個人能跑到，但其中一位只跑了40趟，針對這位只跑了40趟的跑者，教練特別強調：「我就知道他不會表現得太好。」

另一位國家紀錄保持者的訓練計畫中有許多106公里的長跑課表，一星期的跑量高達611公里，其中有六週連續的平均週跑量更高達515公里，一年的平均週跑量爲386公里。我嚴重懷疑有多少跑者在完成這些跑量後還能還能安然無恙。所以，我們到底需要什麼？我認爲：我們眞正需要遵循的是一些重要的訓練原理而非某人的課表，我要介紹的訓練原理如下。

訓練原理

先去瞭解訓練如何影響你的身體，以及各類型訓練如何刺激體內不同系統是個很好的想法。因爲每次你對身體施加特定的壓力時，身體的不同部分會立即產生反應。當你施加相同的壓力，你就會得到相同的反應，但經過一段時間，特定的壓力重覆多次之後，身體會開始出現不同的反應，那即是身體自主調節後「變強」的現象。

人體非常善於適應各種不同壓力，但對某些類型的壓力身體需要花一段滿長的時間才能充分適應（例如：肌纖維就要好幾個月的時間才能完全適應規律跑步所帶來的壓力）。因此了解不同的訓練原理很

重要，如此一來你就能利用這些原理來調控訓練量、強度或訓練頻率，以避免施加給身體過多壓力。

原理一：身體對訓練壓力的反應

不論你決定參加哪一種類型的比賽，你都值得花時間去瞭解身體在不同生理壓力下的反應。相信我，身體的確會對外在的不同壓力做出反應。就算是簡單地在操場跑上一圈，身體也會產生一些反應，例如：你的心跳會快一點，呼吸也會稍微加重，可能會覺得腿部肌肉有點不適。如果你此時量血壓，也會發現它略微上升，更何況血流量已從你身體的某些部分轉移到其他部位，如此才能調節你爲身體帶來的壓力。你的身體對於施加其上的壓力能自動調控得非常好，你甚至察覺不到其中已經發生的轉變。

原理二：專一性

第二個原理與第一個有直接關聯。專一性的原則只是說明你訓練身體哪裡，同一部位的組織或系統就會產生反應。如果你施壓於心臟肌肉，心臟就會作出反應；如果你施壓於呼吸肌群，呼吸所需的肌肉就會作出反應；如果你施壓於跑步相關肌群，那些肌肉就會作出反應。每次你跑步或甚至走路時，腳掌的某些部位皆會對你施加其上的壓力作出反應。

除了立卽的生理反應外，還會形成第二類反應機制。只要身體當前處於健康的狀態，過去被施壓的身體部位會爲了對未來卽將面臨的壓力預作準備，它會變強以應付卽將到來的壓力。所以當你施壓於心臟肌肉上，它爲了應付將來可能發生的壓力就不得不變得更強；施壓於跑步肌群上久了它們也會跟著變強；施壓於呼吸系統也是一樣。這種自動預作準備的反應機制發生在所有的肌肉、肌腱、骨頭和其他受到壓力的組織上。

原理三：超負荷

更多的訓練壓力將帶來更強的適應力是沒錯，但另一個訓練原理也發生在更多壓力的情況下，那就是「超負荷」原理。如果你對身體的某部分施加過度的壓力，該部分可能不會變得更強；事實上，反而會變弱或甚至完全失去原本的功能。這就要先瞭解「施壓」與「回饋」兩者間的平衡。對身體施加壓力後變強發生在何時？答案是在你恢復或休息的時候，變強的機制發生在兩次訓練之間。

休息與恢復並非企圖偷懶，他們是訓練計畫中極爲重要的部分。有時候休息確實比你外出練跑的效果更好，所以不一定總是要練得很辛苦，輕鬆的課表反而會帶來更好的訓練效果。訓練前若有兩份課表不知道該選擇哪一份時，選擇其中較輕鬆的一個。承認自己不確定哪一份課表比較好，那爲何不直接取消比較累人的那一份呢？比如說，現在有兩份課表，一份是比較硬的一千公尺高強度間歇，另一份是比較沒那麼累的「法特雷克變速跑」(Fartlek Session，詳細說明見第七章「定速跑與間歇訓練」一節)。當天的天氣並不好，還吹起強風。因爲風很大，所以一千公尺的間歇可能會跑得比平常慢，那可能會讓你有點沮喪。另一方面，法特雷克變速跑並不要求在固定距離跑多少時間，但它整體的訓練效果跟一千公尺間歇跑一樣好。

成功的跑步訓練需要讓身體花時間適應新的訓練強度，特別是在訓練一群年輕跑者時更是如此。比如說，某高中田徑隊上有位明星選手鮑伯是全隊最強的，隊上的教練在某次訓練時對全體跑者說：「今天我要你們全都跑八趟四百公尺，每趟跑在75秒，每趟跑完恢復跑四百公尺。如果你們想跑得像鮑伯一樣好，你們也要練跟他一樣的課表。」過去鮑伯已經練過幾次類似的課表，所以對他來說並不難。隊上其他人第一個四百公尺都跑到75秒內，之後幾趟鮑伯也都維持在75秒，但其他人無法維持同樣的配速，開始掉到78、80秒，接下來幾趟甚至更慢。不久後，那些跟不上的人只能全力掙扎向前跑，原本四百公尺慢跑的恢復時間根本不夠，跑步的技巧也全都亂了套。

這項訓練的目的是什麼？如果原本的目的是爲了發展速度和跑步的經濟性，但隊上大部分的跑者都在極差的跑姿中掙扎，那麼不但技巧沒練到，速度在配速愈來愈慢的情況下也沒機會獲得適應與發展。所以誰會從這份課表中獲得最佳訓練效果呢？只有鮑伯。其他人只會覺得練得很糟，並沒有因爲這次訓練獲得多大的進展。

教練必須能調整隊上每一位選手的課表，讓他們都能吃得下也消化得了。你永遠無法知道隊上最慢的選手將來是否會變成最厲害的一個，如果他每次都很認眞訓練，但卻因無法進步而放棄，或者更糟的是練過頭受傷以至於無法再繼續跑步，那他永遠也沒有機會認淸自己的潛力。

我敢自信地說美國從來沒有把國內最頂尖的跑者送去奧運參賽，因爲在選拔隊員時，有些最佳選手就受傷了。就我在越野跑步隊當教練的經驗，我個人寧願讓隊上最強的七位選手表現得略比他們的水準差一些並保持健康，也不願硬把他們練到最佳狀態，這樣做的確可能會讓其中三位選手達到巔峰，但也很可能造成另外四位選手受傷而無法參加比賽。如果爲了培養優秀運動員而毀了其他可能成爲偉大選手的前途，那是沒有意義的。最好的結果是讓每位隊上的成員，不論程度如何都能發揮各自的潛能。

在準備參加關鍵比賽前最好能減少身心的壓力。我過去在文章和演講中提到好幾次湯姆．馮魯登的例子，他是我的好朋友，在一九六八年奧運前夕他正爲在南太浩湖（South Lake Tahoe）舉辦的選拔賽做最後的準備時，請我提供一些建議。他跟我說他一直覺得還沒準備好，離選拔賽只剩下幾週，他不知道現在最該做什麼，請我提供意見。雖然只有天知道我的答案是否正確，總之那時我要他離開訓練營，前往美國科羅拉多州的城市萊德維爾（Leadville, Colorado），我知道他在那邊能好好獨自訓練，也能讓身心都獲得放鬆。他聽了我的建議，最後他很意外地被選進了美國隊，在當年的墨西哥奧運一千五百公尺的徑賽項目中獲得第九名。或許當時只是減少了他心理上的壓力，但它確實有效。

原理四：訓練反應

從圖2.1可以看到身體如何回應一個新的壓力。假設你正打算開始執行一份訓練計畫，雖然你的體能並不是很好，但連續跑30分鐘還不是問題，而且能夠完成數趟1.6公里的間歇訓練，每趟在8分鐘完成都不會感到過度的壓力。我們假設你目前的體能狀態就如同圖2.1中「訓練初期的體能狀態」，並開始執行一個訓練計畫，其中包括1.6公里的間歇，每趟要以8分鐘完成（訓練配速5:00／km），每次練三趟，每趟之間休息10分鐘。這份課表每週練三天。因爲這個新的訓練計畫比你之前所練的內容更具挑戰性，使你的體能狀況提高到了一個新的水準。

新的訓練所帶來的效果會隨著時間而減緩，因此，如果你持續好

圖2.1　新的訓練壓力帶來新的體能水準

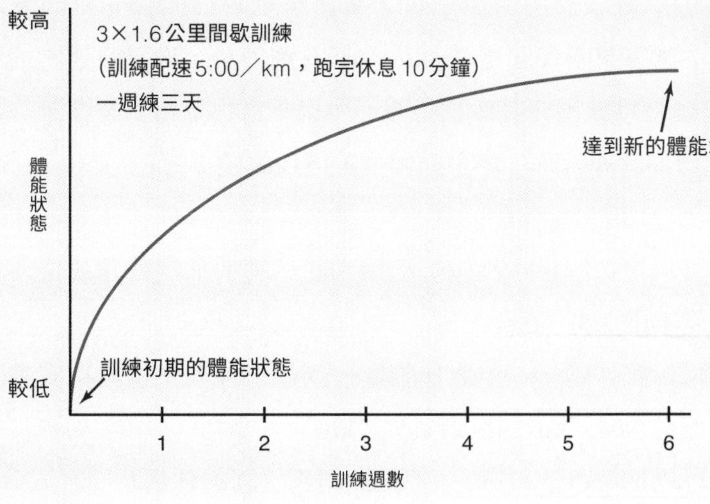

幾週都練相同的課表，你的體能將不再進步。如果你想要更高的體能水準，通常需要增加訓練壓力。新壓力所帶來的效益大約能夠持續六到八週。有時，某些跑者會希望維持一個穩定的體能水準就好，等到賽季快到時才增加訓練壓力。總之，想要達到更高的體能水準，就必須增加訓練壓力。

對跑步這項運動來說，有好幾種方式來增加訓練壓力。我們先回頭看一下之前提到的「3×1.6公里間歇」課表，配速五分速，跑完休息十分鐘，每週練三天。在這份課表中有四個訓練變數：

- 跑量（workload）：你單次訓練所完成的總里程數，在上述例子中即為4.8公里。
- 強度（intensity）：可以配速為單位，在上述例子中為5:00／km。
- 恢復（recovery）：指每一趟中間的休息時間，在上述例子中為十分鐘。
- 頻率（frequency）：在上述訓練計畫中的例子中為每週訓練三天。

所有的訓練課表中的每一道主菜都至少有這四種元素的其中三種：跑量、強度和頻率。若訓練內容只有跑一趟，像是定速跑或低強度的長跑（LSD）就不會有休息時間。所以，當你覺得需要在某一份訓練課表中增加訓練量時，你有四個變數可以調整：

- 你可以增加跑量。例如：把原本的三趟增加到四趟或更多，其他變素則保持不變。
- 你可以維持跑量，但增加強度。例如：課表一樣維持三趟，但配速從5:00／km加快到4:47／km。
- 你可以維持跑量和強度，但縮短兩趟之間的休息時間至五分鐘。

• 你也可以維持跑量、強度和休息時間，只增加訓練頻率至每週四或五天。

一次更動一項以上的訓練變數並不是個好主意。許多跑者都會根據目前的跑量來當作調整課表的基礎值。在課表中某一特定距離的反覆次數，應該要根據「週跑量」（每週的總里程數）來調整。假設某位跑者每週的訓練里程數都很穩定（週跑量固定），那同一份課表中的間歇趟數通常就不會改變，比較可能會調升的是每趟的速度，恢復時間則維持跟之前差不多。不論調整這四個變數中的哪一個，只要調整後使得施加於身體上的壓力變大，體能也就會跟著再向上提升到新的層級，這種體能的提升方式跟之前很類似，都是一開始進步很快，接著幾週後就會趨緩。從圖2.2中我們可以看到新的體能水準是如何達到的。

原理五：個人限制

有時候，增加訓練壓力可能不會使體能有更進一步的提升，在圖2.2中你會看到我在第三次體能提升後打了一個問號，意思是第三次新增的訓練壓力可能不會帶來體能的進步。這並不代表這個人已達

圖2.2　身體面對一個新的壓力，體能也會跟著提升到一個新的水準。

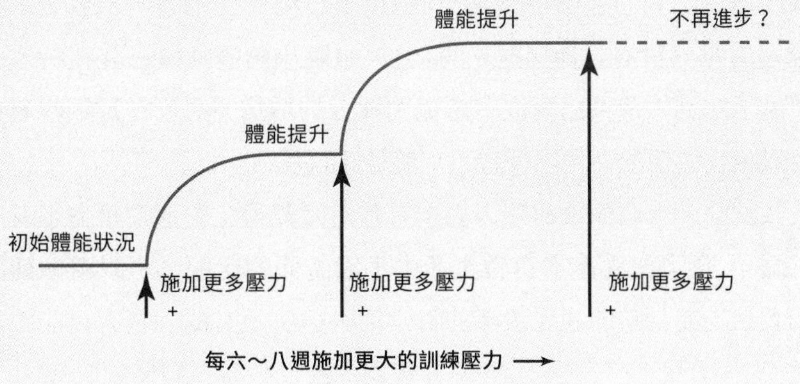

到體能的巔峰，談到此我們可以引進另一項原理，那就是：每個人都有其極限。這絕不是說人人都會達到自己極限的絕對值，但這確實反映了每個人都能達到階段性的巔峰狀態。我之所以稱它爲階段性的巔峰，是因爲每個人在特定時期的不同生活方式限制了他的訓練與休息時間，所以體能表現就有階段性的限制。

即使跑者不是大學生，各季節的生活方式必然也都有所不同。考慮到每個人在各個生命階段，對於工作、家庭和日常生活的需求都不同，訓練的難易度也會因此而改變。

在「個人限制」這項原理中，最顯而易見的例子是大學運動員，因爲在大學裡每個人選的課都不同，所以上課時間和作息都不一樣。舉個例子來說，某位大學生那學期的每天早上八點到下午兩點都有課，每週二與週四的14:15～17:15要做實驗，所以每到那兩時段都會因爲實驗課而無法參加下午的團練，只能額外找時間一個人練。到了下個學期，同一位跑者在早上十點以前都沒課，實驗課也沒了，最晚的一堂課頂多上到下午兩點，那他早上就會有足夠的時間練跑，下午也有很多時間訓練，這樣的作息對訓練來說當然比較好。

在練跑時絕對要避免的是過度訓練，預防過度訓練的最佳方式是跟教練保持良好的溝通。訓練強度應該根據目前的體能來決定，最佳的評估方式是透過比賽中的表現。有鑑於此，當有跑者認爲應該提升訓練配速時，我的標準答案是：「請在下一場比賽中證明給我看，你已經準備好更快的訓練配速。」當然，如果一個運動員已經在特定強度下練了四到六週，已經沒有感覺到壓力的增加，那麼在近期沒有比賽可以驗收的情況下，訓練也可以略微提高強度。

我設計了一個簡單的壓力表，有些跑者覺得它對追蹤壓力很有用（表2.1）。透過追蹤跑者日常生活中不同方面的狀態，可以幫助運動員和教練判斷當前的表現跟哪些日常活動與壓力有關，也有可能跟訓練法或生活的改變有關，這些都要透過追蹤比較容易發現關聯性。

表2.1　壓力追蹤表

下面有八個項目，每天都要給分，給分的依據是：

- 1分：很好
- 2分：好
- 3分：還好
- 4分：不太好
- 5分：很糟

第❶項和第❷項在起床後的兩小時內給分；
第❸項到第❻項在下午時給分；
第❼項和第❽項在當天結束時給分。

第一週							
	星期一	星期二	星期三	星期四	星期五	星期六	星期日
❶昨晚睡眠狀況							
❷疼痛和生病情況							
❸今天訓練和恢復狀況							
❹柔軟度如何							
❺能量和營養補充狀況							
❻今天身體上的壓力							
❼今天精神上的壓力							
❽其他							
今日壓力指數總計							

第二週							
	星期一	星期二	星期三	星期四	星期五	星期六	星期日
❶昨晚睡眠狀況							
❷疼痛和生病情況							
❸今天訓練和恢復狀況							
❹柔軟度如何							
❺能量和營養補充狀況							
❻今天身體上的壓力							
❼今天精神上的壓力							
❽其他							
今日壓力指數總計							

第一週日期：＿＿＿＿＿＿　第一週壓力指數總計：＿＿＿＿＿＿

第二週日期：＿＿＿＿＿＿　第二週壓力指數總計：＿＿＿＿＿＿

這兩週的壓力總計為：＿＿＿＿＿＿

關於訓練，請把整體的意見寫在下面：

＿＿＿＿＿＿＿＿＿＿＿＿＿＿＿＿＿＿＿＿＿＿＿＿＿＿＿＿＿＿

＿＿＿＿＿＿＿＿＿＿＿＿＿＿＿＿＿＿＿＿＿＿＿＿＿＿＿＿＿＿

在填表2.1時，請先思考下面的問題：

- 昨晚睡得怎麼樣？
- 有受傷或生病嗎？或是異常的疼痛？
- 你認爲昨天訓練完後，今天恢復的狀況如何？
- 你的柔軟度如何？
- 評估前二十四小時的休息、能量和營養補充情況。
- 評估今天訓練課表對身體的壓力指數。
- 跟一般平常的精神與情緒狀態相比，今天的精神上的壓力有多大？
- 每天的壓力量表中都可以隨意增加對你造成壓力的項目與指數。

原理六：效益遞減

有兩種訓練的原理常被拿來相提並論，分別是「效益遞減原理」與「衰退加速原理」，這兩條曲線都畫在圖2.3之中。上方的實線代表努力訓練換得體能進步效益的百分比，下方的虛線代表體能衰退的百分比；該圖呈現在「訓練強度」不斷增加的情況下，這兩條曲線的變化情況。

讓我們先來探討什麼是進步幅度遞減。從這張圖中，我們可以看到隨著訓練強度的增加，體能也會跟著進步，但進步的幅度會隨之減緩（實線）。該圖中曲線變化的時間軸不是以週數，而是以年來計算的。若你是處在剛開始訓練的階段，相對於付出的努力，你所獲得的效益會相當可觀，但隨著訓練難度增加，你的體能愈來愈好，每次訓練的效益也會跟著遞減，如果你仔細思考一下，你會瞭解到這條曲線的變化是相當合理的。

舉例來說，入門跑者一開始不用練得太辛苦，一英里成績就能從6分10秒進步到5分40秒，但要再進步三十秒到5分10秒，可能就要辛苦一點。以同樣進步三十秒來說，一英里成績從4分30秒進步到4

圖2.3　在訓練壓力增加時，體能會跟著進步，但潛在的衰退風險也會跟著增加。此圖比較了體能「進步效益」與「衰退風險」的比率。當強度增加太多時，退步的機率也將大幅增加。

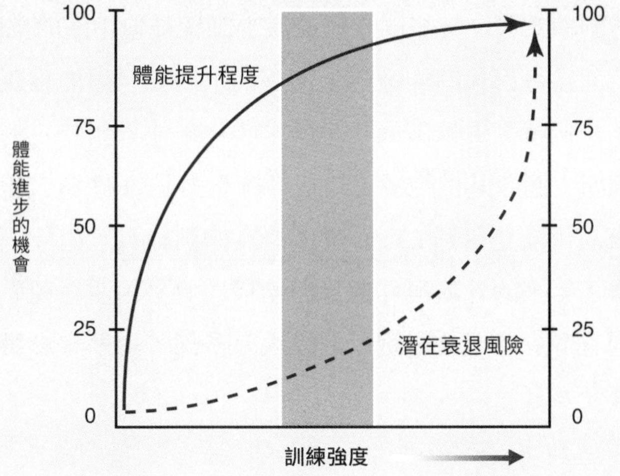

分整絕對比6分10秒進步到5分40秒還要更努力才有可能達到。

試想看看，如果有位跑者的全馬最佳成績是2小時8分，要多努力的訓練才能進步一分鐘到2小時7分；另一位跑者則想要從3小時的成績進步四分鐘到2小時56分，拿這兩位跑者相比，他們的訓練辛苦程度是差很多的。再來，體能愈好的人，從高強度訓練中所獲得的效益愈少。從另一個角度來說（比較吸引人的說明）：體能狀況愈差的人，只要適度的訓練就能取得很好的效果。當你因爲生病或受傷而體能變差時，這項事實可以讓你比較安心。

原理七：衰退風險加速

現在我們已經看過了「進步效益遞減曲線」，接著我們來看看「退步風險加速曲線」，它在圖2.3中是以虛線表示。這條虛線所代表的意義是：當跑者在訓練強度不高時，退步的機率相對低；但在訓練過程中的某個時刻，隨著訓練強度的增加，退步的風險將開始快速提升。

在考慮這兩條曲線時，你必須知道是：大部分的訓練最好要落在圖2.3中的灰色陰影區域，在這個理想的訓練強度區間裡不只可以獲得相當不錯的訓練效果，又能同時盡量減少訓練被迫中斷的風險。

請注意，因爲每個人的訓練經驗都不同，所以不可能爲灰色區域中的強度給予一個特定數值區間，也就是說你不能只以特定的絕對強度來訓練。例如：適合某位跑者的最佳訓練壓力是每週48公里，但對另一位跑者來說可能是每週193公里。優質的訓練量該由什麼內容組成，這要依據多年來的經驗與你的身體結構，更不用說還要看每位跑者可練的時間有多少，以及對跑步的投入有多深，這都會影響跑者所能消化的訓練量多寡。

原理八：維持訓練成果

訓練的最後一項原理是「維持成果」，維持現有的體能水準比過去追求進步的過程容易許多。部分原因來自於**心理上的適應**，因爲對跑者來說重複過去已經能達到的表現通常比第一次達到時簡單。

比如說，如果你爲了能以五分鐘跑完一英里這個目標努力了好一陣子，最後也終於達成了，那之後要再達到一樣的目標時應該就不會像第一次那麼痛苦。從生理學上來說，你的體能已經提升到新的境界，你的心臟也變得比較強壯，跑步肌肉中的微血管變得密度更高，而且肌肉中能把燃料轉化爲能量的細胞也會變得更有效率。

從賽前減量的例子中我們也可以瞭解維持體能並不像第一次達成那麼困難，在減量期你會減少訓練壓力，以追求更好的比賽成績。減量訓練能維持或甚至增強體能這件事實，就直接印證了這項原理。

當你在規畫一個長期的訓練計畫時，「維持成果」就變得特別重要，因爲它允許你在訓練過程中把訓練重點轉移到另一種類型，同時又保有前一種訓練的效益。例如：你原本專注在最大攝氧強度的間歇訓練好幾週了，接著你想減少該強度的訓練比重，把訓練重點轉移到乳酸閾值強度。為了維持效果，你仍可保留少量前一週期的課表。

如果是學生，通常在越野賽季和田徑賽季之間會有時間休息，此時也可以看到「維持原理」在起作用。在這段休跑期，跑者可以做一些補強訓練、打打籃球或從事一些其他運動，這些運動不只有助於維持之前練跑時所建立的體能，也有助於刺激身體的不同部位。該原理也對那些因為受傷、生病或停練一陣子的跑者來說特別重要。

設計訓練計畫的關鍵

在討論訓練的重要原則時，我已經提過好幾次：沒有一條專為跑者設計的成功之道。某種方法可能對某位跑者會比較有效果，很快就練出成績，但對其他人的效果就比較慢。因此，在面對眾多跑者時，使他們在同一季的訓練中接觸各種不同的訓練方式絕對是個好主意。你必須隨時保持開放的態度，多方嘗試，並在整季的訓練過程中調整優先順序。不論當前訓練的最高優先級為何，你要確定自己能很快地回答這個關鍵問題，那就是：「本課表的訓練目的何在？」

好幾年前，有些高中教練問我要怎麼面對他們校隊的比賽日程表（在越野跑的賽季，每週二和週六都有比賽）。他們的問題是：「如果我們每週二和週六都要比賽，那什麼時候可以訓練？」我的回覆分成兩個方面：

第一：必須先認清比賽也是訓練的一部分，只是它屬於比較嚴厲的一種訓練。跑者能從比賽中獲得的效益不只生理上還包括心理上的。除此之外，當你每週跑完兩場四到五公里的比賽後，那個星期你幾乎不用再做任何「I強度」的間歇訓練，也就是說當比賽持續時間落在15到20分鐘之間，正是刺激最大攝氧系統的最佳壓力，這跟「I強度」間歇訓練所受的效果是幾乎是一樣的。

第二：最好能在週二比賽隔天（週三）也進行訓練。這個方法我用了這麼多年一直都很有效。當我還在帶大學校隊時一直都是用這種方法，效果很好。那時候在帶隊，倒不是說每週二都有比賽，但我常在週二進行比較艱苦的訓練，緊接著週三再安排另一次質量課表。確實，在高強度訓練或比賽後的48小時會比24小時後的肌肉體驗到較強烈的不適感；因此，星期三進行高質量訓練通常會比推遲到星期四的表現更好。

把高強度課表連續排在週二和週三還有其他額外的好處。首先，這表示你在週六的比賽前後兩天（週五與週日）都是輕鬆日，下週二比賽日前也有兩天輕鬆日可以休息。再者，有些跑者喜歡在比較有速度的質量課表中，跑得比我要求的配速還快，但如果連續兩天都是有強度的課表，就能解決這個問題。比如說當我告訴其中一位跑者：「週二的課表是一千公尺跑六趟，每公里配速是3分20秒，每趟中間休息3分鐘。」再接著跟這位跑者說：「週三的課表是1.6公里六趟，每公里配速5分44秒，中間休息1分鐘。」週三也是一次很有壓力的課表，所以他在週二練習時就不太可能每公里還跑到3分15秒（對他來說太快了）。道理很簡單，當他知道隔天還要再做另一次質量課表，就能有效制止他在第一天就操過頭。第三，當進入田徑賽季時，很可能連續兩天都有比賽，那麼連續安排兩天質量課表可以讓跑者的身體先預先作準備。

了解訓練原理能讓你降低過度訓練的風險，還能把你所做的訓練效益發揮到最大。請記住，訓練並非只是不斷辛苦操練以達到最佳訓練效果，訓練的最高境界是：盡可能以最少的訓練量達到最佳的成果。

當增加訓練壓力時，記得在調整前先在同樣的壓力下維持六到八週。絕對不要每週都調高一次，或是在某個特定的課表中每次都要求跑得比上次更好或更快，這是錯誤的課表安排方式。我總是希望我所訓練的跑者在練了一段時間後都能跑過來跟我說：「這份課表我開始覺得變輕鬆了！」而不是每次都爲了跑得更快而在痛苦中掙扎。

訓練並不是一直都那麼有趣，但每次訓練應該都要有收獲，所以不要操過頭了！教練和跑者們應該在增加訓練壓力時保守一點。我的方式是讓跑者在賽場上的表現來告訴我何時該調整訓練量，我不會爲了追求更好的成績頻繁地調整訓練壓力，先後順序要搞清楚。

下面要談的並非訓練時必須一定要遵守的原則，但這兩個主題很特別，先有認識的話會有助於你訓練，這兩個主題分別是「腳掌落地的方式與頻率」以及「跑步時如何呼吸」。

步頻

在一九八四年洛杉磯舉辦奧運那段時間，我和我太太每天在跑步比賽的會場觀看不同跑者跑步，並計算他們的步頻，有時預賽和決賽都看見同一位跑者，所以該位跑者的步頻也算了好幾次。那次奧運，我們總共記錄了五十多位男女選手的步頻，距離從八百公尺到馬拉松都有。

經過統計，所有的跑者當中只有一位選手的步頻每分鐘低於180步。八百公尺比賽的步頻最好能每分鐘超過200步，有時千五選手的步頻也會超過200步，但從三千公尺[6]到全程馬拉松，步頻都很接近，差別只在於比賽距離愈長時，步幅會跟著縮短。

有一次在我們的實驗室，有位馬拉松奧運金牌得主前來當受試者。他在每英里跑七分速（每公里4分22秒）時步頻爲184；加速到每英里六分速（每公里3分45秒）時步頻提高到186；再拉高到每英里五

6. 譯注：在一九八四年奧運會只有女性才有三千公尺的比賽項目。

分速(每公里3分07秒)時步頻拉到190。這代表跑者的速度的增加率比步頻高得多(上述跑者的速度增加16.5%，步頻卻只增加 3%)。很明顯，跑者似乎在某個特定的步頻時會感到最自在，在不同的比賽提升速度時，通常是步幅變大，步頻的變化很小。

每分鐘180步

我總是強調步頻要維持在每分鐘180步，最重要的理由在於減少落地衝擊。要記住：雙腳轉換支撐的速度愈慢，停留在空中的時間愈久；在空中停留的時間愈久，身體質心離開地面的距離愈高；身體質心離地愈高，下一步落地衝擊就愈大。相信我，許多運動傷害的起因都來自於落地時的衝擊。

那麼，跑步時該如何減少落地的衝擊呢？用比較直白的方式解釋是假裝你的雙腳像是從地面滾過去一樣，而不是用雙腳輪流往下踏。每次腳掌落地時都應避免腳掌跑到身體前面，那是減速剎車時的動作，每次腳掌落到重心前方時都會增加衝擊力。試著讓腳掌的落地點靠近身體的重心，如此一來你的身體就會像是透過雙腳流暢地在路面上向前滾動。

腳掌的落地方式

另一個議題是應該用腳掌的哪個部位先著地？以及腳掌接觸地面時與身體重心的相對位置爲何？還有你的腳掌是如何與地面接觸的？

關於腳掌落地的部位，不只跑者間變化很大，訓練的項目也會影響落地的方式。參加較短比賽距離的跑者(例如短跑選手和中距離跑者)普遍來說都以腳掌前緣的蹠球部先著地，好像他們只用腳尖在跑步。另一方面，很多長距離跑者，當然包括那些馬拉松跑者，他們都傾向於用腳跟或中足先著地。

這麼多年來，我測試了各種不同實力的跑者後，很明顯有跑者會覺得用某種特定的腳掌落地方式會感覺比較舒服。所以我認爲剛入門的跑步者應該多嘗試不同的落點技術，並從中選擇最舒適的方式，但不論落地方式爲何都要知道：最不容易疲勞、感覺腳步較快較輕的步頻是每分鐘180步。

特別是當你的小腿或前脛感覺到不舒服時，可以試著改以中足或腳跟先著地的跑法，看幾週後是否能解決你的問題。很多時候，只要專心把步頻練到每分鐘180步，就能自然而然地找到最適合你的腳掌落地方式。

關於腳掌落地的問題還有最後一點要提醒的是，盡量避免在落地時腳尖向外轉。可以請人在你的正前方看你跑步（或幫你錄影），請他確認你的腳掌在落地時腳尖是指向正前方，而非向外轉。腳掌落地時朝向外側，時常是導致小腿內側前脛疼痛的原因。

當你的步頻能達到每分鐘180步，並且學會用最少的力氣使雙腳在地面上快速轉換支撐，這樣跑起來不但會比較愉快，也更能避免受傷。有時我會要跑者想像自己跑過一片布滿生雞蛋的田野，目標就是不能打破任何一顆，所以腳步要放輕，落地時要放鬆。還有一點要注意：當你在計算步頻時不要同時兩腳一起算，只要算右腳（或左腳），每分鐘單腳離地90次即爲步頻爲180（因爲左腳的落地次數和右腳會是一樣的）。

跑步的呼吸

了解自己的呼吸以及跑步時呼吸該有的感覺都很重要。本身若有哮喘和其他呼吸問題的跑者，需要在訓練前先跟醫生討論，這樣才能盡量排除可能會因壓力而引起的呼吸問題。

在正常大氣環境下，高強度運動時（特別是跑步）呼吸困難通常都不是因爲缺乏氧氣，很想要大口呼吸的感覺是因爲肺部裡的二氧化碳濃度升高。大氣中（不論在室內或戶外環境）二氧化碳的比率非常低，大約只有0.04%而已。

二氧化碳對身體的衝擊

因爲血液一直從全身正在運作的組織中把二氧化碳運送到肺部，所以肺部裡的二氧化碳濃度必然比你所吸進來的空氣還高。事實上在任何時刻，就算在休息時，肺部中的二氧化碳濃度也有4%～5%。就算肺部裡有這麼多二氧化碳，你的感覺還相當舒服，但是當你開始跑步，運動中的肌肉開始產生比靜止時更多的二氧化碳並經由血液快速運送到肺部後，裡頭的二氧化碳濃度就會增加。

當你的身體察覺到肺中二氧化碳的濃度超過正常的4%或5%，爲了排掉多餘的二氧化碳，呼吸就會開始加快。所以跑步時呼吸加快的原因不是爲了增加氧氣量，主要是爲了要加速排除增加的二氧化碳。事實上，只要你所呼吸的是一般正常大氣壓力下的空氣，其中的氧氣絕對夠你用。

有一個極端的例子可以用來說明二氧化碳的積累是如何增加呼吸的需求，那就是在游泳時看你憋住一口氣可以游多遠。在水中憋住氣時，想要吸一口新鮮空氣的強烈需求是來自於體內的二氧化碳濃度提高無法排出，而不是因爲缺乏氧氣。事實上如果你眞的達到「缺氧」的地步，你不會只是很想呼吸，你會直接「暈倒」，因爲腦部氧氣供應不足時是會直接暈過去的（腦缺氧）。我們很幸運有這樣的機制可以透過二氧化碳濃度增加來驅使我們在暈倒前先大口呼吸。

所以這一切在我們跑步時是如何運作的呢？跑得愈用力，運送到肺部的二氧化碳愈多，肺部中所增加的二氧化碳會驅使你呼吸得更用力，才能快點把肺中的廢氣排除；用力吐氣的動作也保證也吸進更多的氧氣，使氧氣濃度高過你在跑步時的需求量。

呼吸的節奏

你在一分鐘內的呼吸總容量，可以用每分鐘呼吸次數與每一口吸氣量相乘取得。當你開始跑步時，通常每一口的吸氣量與呼氣次數兩者都會一起增加，但呼吸的頻率通常跟著步頻走。

當你跑得沒有很用力時，你可能每跑三步吐氣再跑三步吸氣，強度提高時呼吸頻率可能還是維持不變，只是得吸更大口氣。跑得更用力時，你要趕快把肺中大量累積的二氧化碳排出去，所以可能會改成節奏更快的呼吸方式。很多跑者通常在較高強度下是採用跑兩步吐一次，跑兩步吸一次的呼吸節奏(簡稱2吐2吸)。

大部分訓練有素的跑者都採用2吐2吸的呼吸節奏，特別是在有一定強度的時候，因爲這種方式比較舒服，也可以使較多的空氣通過肺部(較大的通氣量)。我強烈建議跑者使用2吐2吸的方式來練習與比賽，在中距離比賽中至少在前三分之二的距離中使用該節奏來呼吸會有較佳的表現，這在本章稍後我會解釋理由。跑比較慢時，呼吸頻率的確可以跟著變慢，但我建議最好能在平時練習時就維持2吐2吸的節奏，不論你是在輕鬆跑(E配速)、閾值配速跑(T配速)、間歇跑(I配速)或快步跑(R配速)都一樣，用相同的呼吸節奏來跑，這樣比較容易習慣成自然。

當你在思考呼吸的頻率時，必須先了解一個重要的觀念：呼吸的目的是爲了用新鮮的空氣使肺部保持暢通。讓我舉幾個例子，用不同的情況來說明。如果你呼吸的節奏是4吐4吸，因爲跑八步才吸一口氣，那必然每一次都會吸進較大量的空氣，但4吐4吸也表示你每分鐘只能呼吸22次(這是假設你的步頻是每分鐘180步，跑八步才完整的呼吸一次，所以每分鐘呼吸次數爲180÷8=22.5)，假定你每次可以吐納4公升的空氣，這表示每分鐘你的肺部可以有90公升的空氣流通量，相信我，如果用力跑的話，這樣的量絕對不夠。

現在，讓我們來看看3吐3吸的情況，因爲頻率加快，每一次吐納的空氣量可能會減少到3.5公升，這表示每分鐘有3.5公升的外部空氣進出肺部30次（180÷6=30），每分鐘就總共有105公升（3.5×30=105）的空氣進出肺部，也就是說從4吐4吸改成3吐3吸，每分鐘進氣量增加了16%。接著，我們再來看看2吐2吸的情況，每分鐘呼吸45次，每次呼吸的通氣量約3公升，所以在2吐2吸時每分鐘進出肺部的空氣提升爲135公升（3×45=135），對於「暢通肺部」這個任務來說，2吐2吸的節奏的確比較能有效減少二氧化碳堆積，以及增加肺部空氣的含氧量。

我們再更進一步來看1吐1吸的情況（這是許多跑步新手在進終點前的呼吸方式），這種呼吸節奏很快，所以每次呼吸的通氣量會大幅縮減，空氣進出身體的總量可能還不如慢跑時較深的呼吸方式。此外，要知道嘴巴和鼻子是空氣進出的死角，呼吸太短促的話，新鮮空氣沒辦法抵達肺部，那就無法交換二氧化碳和氧氣。呼吸的頻率愈快，這片氧氣與二氧化碳交換的死角就愈大。

很明顯，呼吸節奏愈快，耗費在呼吸肌肉的能量也會愈多，若考慮到換氣係數和能量消耗係數，通常最佳的呼吸頻率是落在2吐2吸或2吐1吸。三步呼吸一次（可分爲2吐1吸或1吐2吸兩種情況），也就是每分鐘呼吸60次（每秒一次），可能會使跑者每分鐘的吐納空氣量來到最大，但跑者平常大都不太會用三步呼吸一次的方式，這通常是在五公里或十公里比賽的最後階段才會用到的呼吸節奏。在過去所有我曾經在實驗室測過的菁英跑者中有86%很自然都會採用2吐2吸的節奏，除非在最高強度的訓練或比賽時他們才會改用2吐1吸或1吐2吸。這種最有效率的呼吸方式，有可能是菁英跑者經過多年的經驗才學到，也可能是有人特別指點過，但不論是何種情況，現在你知道2吐2吸的方式最有效率，就不用再花更長時間等它變成自然習慣，我建議你在跑步生涯的初期就透過刻意練習，把呼吸節奏調整成2吐2吸的方式，盡量早點養成習慣。

有一種方法可以讓我的跑者瞭解不同呼吸節奏所造成的效果，我讓他們在田徑場跑五圈（只是中等強度，並非比賽），第一圈要求他們採取4步吐4步吸的節奏來呼吸，接著第二圈改成3步吐3步吸，第三圈改成2步吐2步吸，第四圈改成1步吐1步吸，第五圈再回到4步吐4步吸，跑完後問他們哪種呼吸方式感覺最有壓迫感，哪一種最舒服。

這對年輕跑者特別有效。我會要求他們用2吐2吸的方式完成比賽的前三分之二（例如：五公里越野賽的前三公里），最後三分之一再用2吐1吸或1吐2吸，如果他們在比賽中的前三分之二無法用2吐2吸的方式維持住，那代表他們前面跑太快了，下次他們就知道前半段的強度該再調輕鬆一點。

每分鐘有多少空氣進出你的肺部，每位跑者間可能有很大的差別。我曾檢測過兩位奧運選手，他們體型和成績都相似，但在最大攝氧量的測試過程，其中一位每分鐘的平均吐納量爲160公升，另一位每分鐘有224公升。第一位每口氣剛好超過2.6公升，另一位則剛好超過3.6公升。所以我們知道，每個人單次呼吸的容量和每分鐘肺部的空氣流通量本來就會有很大的差異，這是天生的。

有另一種情況是高頻率的呼吸會比較輕鬆，那就是當你在高地跑步時。高地的空氣密度比較低，空氣流動的阻力較小，相對比較容易在身體的氣管中流動。我至少認識兩位頂尖跑者在高地進行高強度訓練時使用1步吐1步吸的方式。

關於呼吸節奏的知識也可以被跑者拿來決定訓練強度。如果你用3吐3吸練長距離定速跑時仍可以自在呼吸，這表示這份課表的強度還不太高，但如果你必須用到2吐2吸才能吸到足夠的空氣，那就代表這次訓練並不容易。這並不表示我建議你用3吐3吸的方式練E配速長跑（2吐2吸應該是你主要的呼吸方式），但在練跑過程中試著改用3吐3吸的方式維持幾分鐘，可以讓你判斷現在的訓練強度。這種方式也可以讓你在練T強度時判斷自己是否跑得太用力（比如說你無法用2吐2吸維持T配速，而必須調整成2吐1吸或1吐2吸)。我並不建議你一直注意自己的呼吸節奏，但你最好要知道該如何用這個資訊來判斷訓練和比賽過程中自己的費力程度。

CHAPTER 3

個人的生理與訓練能力指標

學習從逆境和不理想的比賽成績中找學習和成長的方法。

在這一章我會詳加說明身體裡不同的生理系統如何在不同強度的壓力下作出反應。換句話說，當你跑得更用力或是跑得更快時，你可以看到訓練當下的強度與心跳率、耗氧量、血乳酸累積量之間的關係，你也能夠藉由這些知識，想像自己在某種訓練強度下的身體感受。某些情況下，速度提升後有些生理反應的上升反應是線性且可以預測的，但也有其他反應是非線性的。線性上升的例子比如像是攝氧量，在平地上它會隨著跑步速度一起穩定上升；但血乳酸的累積量並不具有可預測性，它對速度作圖（跟速度的關係）並非線性而是曲線型。

跑者的有氧能力指標

圖3.1是一位頂尖菁英跑者的數據，過去我曾替他檢測過，從他的數據中我們可以看到他在提升速度時（X軸加大）有氧系統如何穩定地做出反應。這邊要特別提一下，在檢測過程中的跑步速度是每五分

鐘等量增加一次，設定五分鐘的時間是讓跑者有時間能在新的刺激下重新回到穩定狀態。每次速度提升後，氧氣需求量會快速增加，但在第二或第三分鐘後，攝氧量的需求就不再改變了。換句話說，縱軸的數值代表每個速度在有氧方面的需求。

從圖 3.1 可以很明顯地看出，攝氧量（$\dot{V}O_2$）（Y 軸）對於跑步速度（X 軸）增加的反應是線性的，在這個座標圖中，我們稱「攝氧量」這個數值的變化曲線爲「經濟曲線」，因爲它代表了氧氣消耗量和跑者速度之間的關係。有些跑者被認爲比其他人的動作更經濟，是因爲他們在相同的速度下使用較少的氧氣。

我們可以從圖 3.2 中清楚地看到兩位訓練有素的跑者在跑步經濟性會有多大的差異。圖 3.2 描繪了兩位跑者的攝氧量曲線，他們是隊友，在各項比賽中的成績一直都很相近。我們先來比較最大攝氧量($\dot{V}O_2max$) 跑者一比跑者二高了 15% 以上，單從這個數據來看，我們很

圖 3.1　跑步經濟曲線

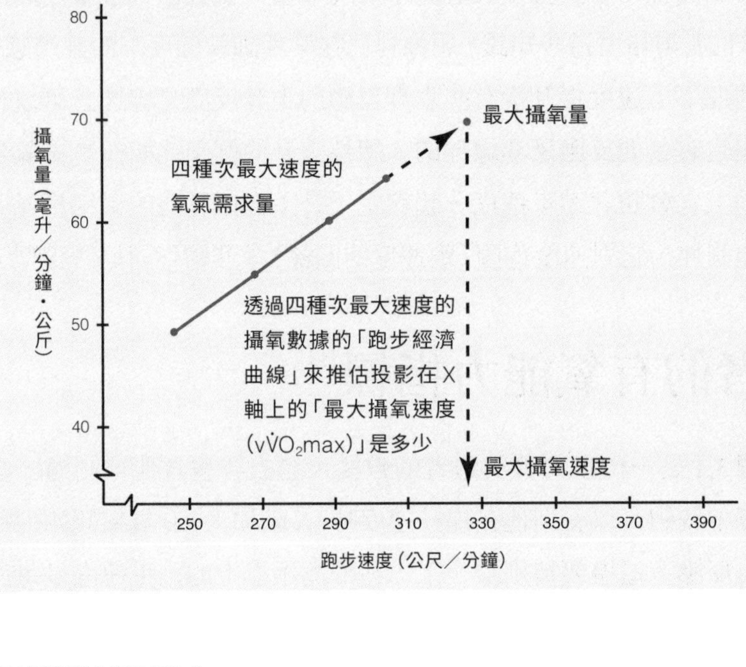

容易會認爲跑者一比較厲害，但當你也把經濟曲線考慮進去時，就很容易看出爲何跑者二能夠跟跑者一不相上下。當我們把這兩位跑者的經濟曲線以線性的方式延伸到他們的最大攝氧量，再向下投影到X軸上的「最大攝氧速度」（虛線箭頭），就可以清楚地看出他們兩位在有氧系統最大輸出時的速度是相等的，大約是325m／min，這個速度被稱爲「最大攝氧速度（v$\dot{V}O_2max$）」，它跟跑者的最大攝氧量和跑步經濟性有關。「最大攝氧速度」這個名詞是我在多年前首創，當時我就曾仔細說明它的意義與價值並推廣給跑步界。因爲「最大攝氧速度」這個數據比攝氧量或跑步經濟性更能有效呈現一位跑者的潛在跑步表現。

圖3.3和圖3.4是顯示個別跑者在不同跑步條件下，其經濟性可能有所不同的例子。圖3.3顯示我在幾年前測試的三位菁英女跑者。很容易看出，這三位女性的最大攝氧量和跑步經濟性有很大的差異，但

圖3.2　這兩位跑者的最大攝氧量和經濟性明顯不同，卻有著相近的最大攝氧速度和比賽成績

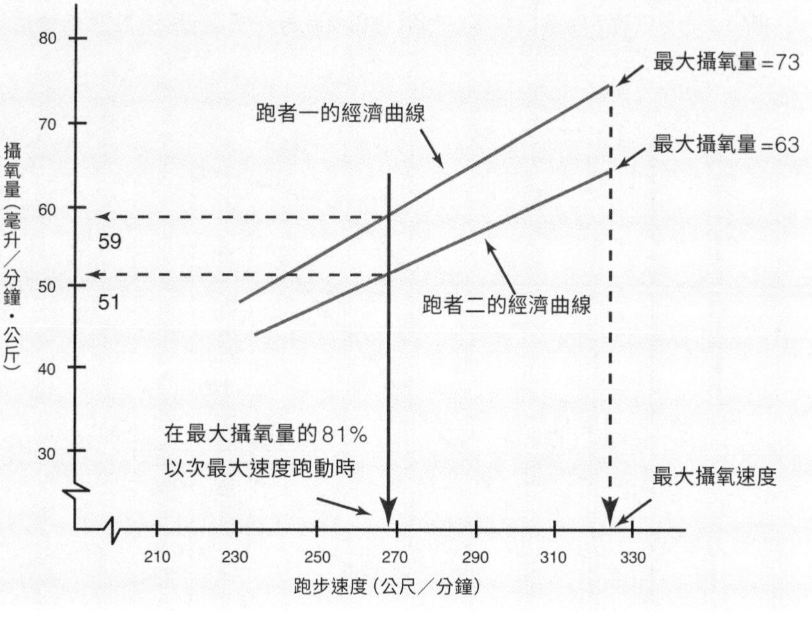

圖 3.3　三位女性菁英跑者，她們的最大攝氧量和跑步經濟性都不同，但不論是預測或實際的3,000公尺成績都很相近。

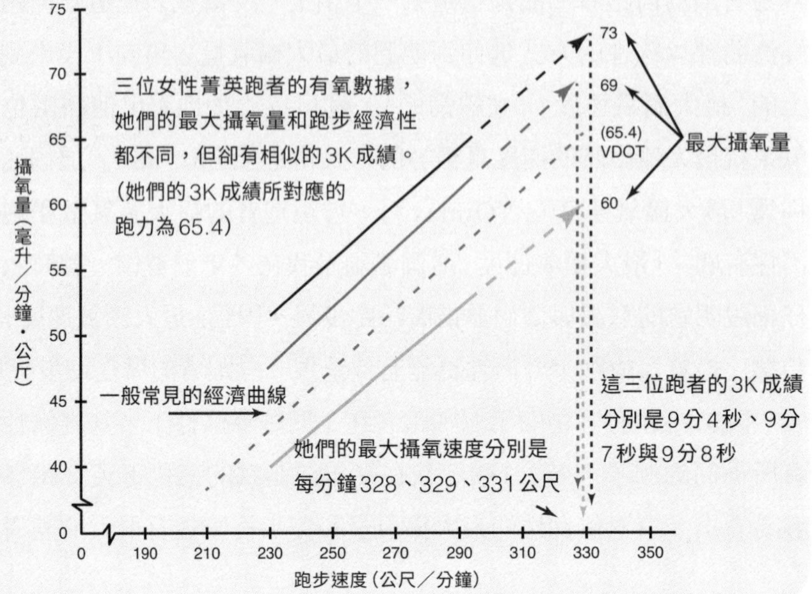

(授權且摘錄自：J. Daniels et al., "Elite and Sub-Elite Female Middle- and Long-Distance Runners," in D. Landers, ed., Sport and Elite Performers)

圖 3.4　一位菁英跑者的心率、攝氧量和血乳酸在賽季初期和中期的變化

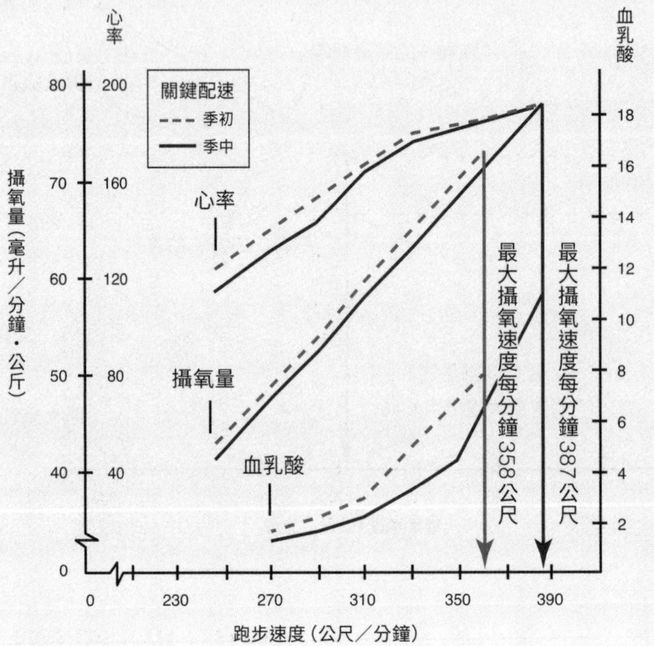

所有三人的最大攝氧量值幾乎相同，且在三千公尺的賽事中跑出幾乎相同的時間。有趣的是，最大攝氧量最低的跑者曾是美國大學全國一萬公尺冠軍，而最大攝氧量最高的跑者在國際比賽中也非常成功。

圖3.4是一位菁英選手分別在田徑賽季的初期和中期，針對攝氧量、心率和血乳酸濃度的曲線變化示意圖。如圖3.4所示，這位選手在兩次測試中的最大心率均爲196，但他的最大攝氧量從初期的73增加到接近78，在幾個月內增加了將近7%。隨著跑步經濟性的提高，他的最大攝氧速度從每分鐘358公尺提高到387公尺，增加了8%。

他的血乳酸數據也有了很大的改善：初期血乳酸濃度在5.0 mmol時的速度只能跑到每分鐘330公尺，後來上升到大約355公尺，增加了7.5%。在兩次測試期間，這位選手的血乳酸累積達到4.0 mmol／L，氧氣需求量來到最大攝氧量的85～87%，這是訓練有素長跑選手的典型表現。

在不同海拔高度中跑步經濟性會有變化嗎？

跑步經濟性可依跑步地點而有所不同。圖3.5展示了一群訓練有素的跑者在四種狀況下的測試結果：❶海拔高度爲0的跑步機上、❷海拔高度爲0的田徑場上、❸海拔2,000公尺的跑步機上、❹海拔2,000公尺的田徑場上。圖3.5明確顯示高海拔的最大攝氧量都會比較低（不論在跑步機或田徑場上都一樣）；但在高海拔的環境下跑步，有氧需求會比較低。這代表在高地上有些人的跑步能力會降低，因爲最大攝氧量變低了，不過也會因爲在高海拔有較低的空氣阻力和更好的經濟性而獲得補償。

再仔細觀察一下圖3.5，我們會發現跑者在高海拔地區最大攝氧量降低約13%，但由於高海拔的空氣密度較低（跑步時的阻力較小），因此跑步經濟性也得以改善，以至於最大攝氧速度（以及運動表現）僅約6%的差距。

圖 3.5　在跑步機和田徑場上測出的最大攝氧量都一樣，但在跑步機上的跑步經濟性會比較好，這兩種結果都跟海拔高度無關

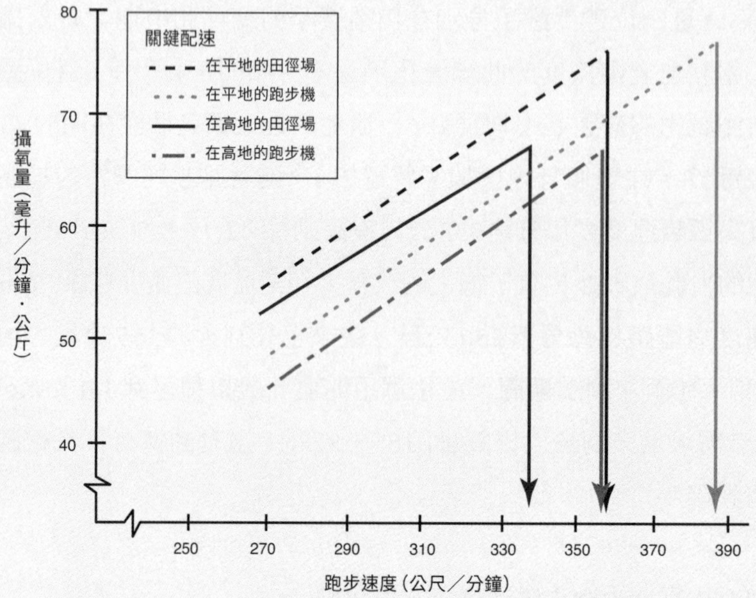

最大攝氧量和跑步經濟性會有男女之別嗎？

在長距離比賽中男性比女性厲害的其中一個根本的原因是：世界上攝氧量最大的男性比攝氧量最大的女性還高得多，所以世界頂尖的男性和女性運動員之間有一道鴻溝。我已經檢測過許多奧運等級的男性跑者，他們的最大攝氧量大都落在68～86（毫升／分鐘・公斤）之間。那些攝氧量較低的跑者通常都是八百和一千五百公尺的好手，因爲這些短距離賽事比較需要無氧能力。在較快的速度下，這些八百和一千五百公尺跑者的跑步效率比那些長距離選手還要好，很可能是因爲他們花很多時間調整高速下的跑步動作。

若是比較男女之間的跑步經濟性呢？我過去曾有幸測試了爲數衆

多的男女菁英跑者，結果大多是男性的跑步效率比女性好，但差別不大。有些研究者之所以會認爲女性的跑步效率不如男性，部分理由是因爲在他／她們處於相同速度（非最大速度）的情況下拿兩者來比較，由於女性的耗氧量（每分鐘每公斤體重所消耗的氧氣量）大都比男性多，所以他們下此結論，但這對女性很不公平，因爲女性的最大攝氧量相對較低，所以在相同的速度下女性動用了更高比率的最大攝氧量。

比較實際可行的方法是在相同比率的最大攝氧量下進行比較，所以比較男性與女性跑步經濟性的最好方式是計算每公斤體重下每跑一公里所耗費的氧氣量。例如，男女兩位都在每分鐘300公尺的速度（每公里3分20秒）下進行攝氧量測試，男性的每公斤體重每分鐘的攝氧量是57，女性則是60，兩者在經濟性上有5%的差距。但如果從另一個角度看，女性的最大攝氧量是67，而男性是73，所以在每公里3分20秒的配速下男性處在最大攝氧量的78%，而女性已經高達89.5%；而且速度愈快，兩者在跑步經濟性的差距愈大，所以比較合理的方式應該也讓女性在她最大攝氧量的78%進行測試。

經過測試後這位女性在最大攝氧量78%時的速度爲每分鐘268公尺，在該速度下她的攝氧量只有50毫升／公斤。你需要先算出她在跑步時每公斤體重的耗氧量。先計算一公里所花的時間，對她來說是1000÷268=3.73分鐘／公里，也就是說她在最大攝氧量78%時的配速是每公里3分44秒。在該配速下她每公里每公斤體重消耗的氧氣量爲：3.73×50=187毫升。

對男性來說，在最大攝氧量78%時的速度爲每分鐘300公尺，也就是他要花3.33分鐘的時間跑完一公里（配速3分20秒）。在這個配速下他每分鐘每公斤體重的攝氧量爲56毫升，接著可以算出每公里每公斤體重他消耗的氧氣量爲：56×3.33=187毫升，也就是說他們兩位在78%最大攝氧量的情況下具有相同的跑步經濟性。

跑者進步時的生理變化

對於每位想要進步的跑者而言，重要的是盡量讓上述提到的每一種生理指標都往上提升。只要看看圖3.1和3.2就能明顯看出，想要提升跑步成績，你的訓練中必須要能同時提升有氧引擎的容量（也就是最大攝氧量）與跑步的經濟性，只要其中之一進步，關鍵的最大攝氧速度也會跟著變快。

要記住，任何人都能爲任何特定長度的時間，跑在不同百分比的最大攝氧速度。比如說，你在比賽中能以最大攝氧速度的93%維持約30分鐘，所以當最大攝氧速度提升了，你在這段限定的30分鐘內所能跑出的速度也會因此提升。我在第五章會詳加解釋我是如何利用這些資訊開發出受到廣大歡迎的跑力表。

用「血乳酸」對「速度」對作圖的方式也很常見，就像我前面用「攝氧量」對「速度」對作圖一樣，測試跑者在數種不同的速度（低於最大速度）下的血乳酸濃度，也可以繪製血乳酸分析曲線。

我曾多次測試一位跑者的血乳酸在不同速度下的變化，數據繪製成圖3.6，該圖顯示了這位跑者在賽季的兩個不同時期的乳酸濃度曲線。我們期望藉由訓練讓耐力變好，而耐力進步所呈現的變化是圖中的「曲線向右偏移」，這代表在血乳酸達到較早期測試的濃度時，能跑出更快的速度。曲線右移的現象在於身體排乳酸的能力增加；同樣地，當最大攝氧量和跑步經濟性進步時，身體在達到特定乳酸濃度時的速度也會提升。

有一個方法來了解不同因素的變化如何影響乳酸指數，我們先追蹤最大攝氧量在86%時特定的血乳酸濃度爲何。在這個例子中，血乳酸濃度固定，最大攝氧量卻提升了，那表示最大攝氧速度也提升了。關於跑步經濟性也一樣，經濟性改善之後的最大攝氧速度也會跟著提升，而且在提升最大攝氧速度時乳酸還能始終保持在相同的濃度，這

圖 3.6　同一位跑者在數週訓練後的血乳酸濃度曲線變化

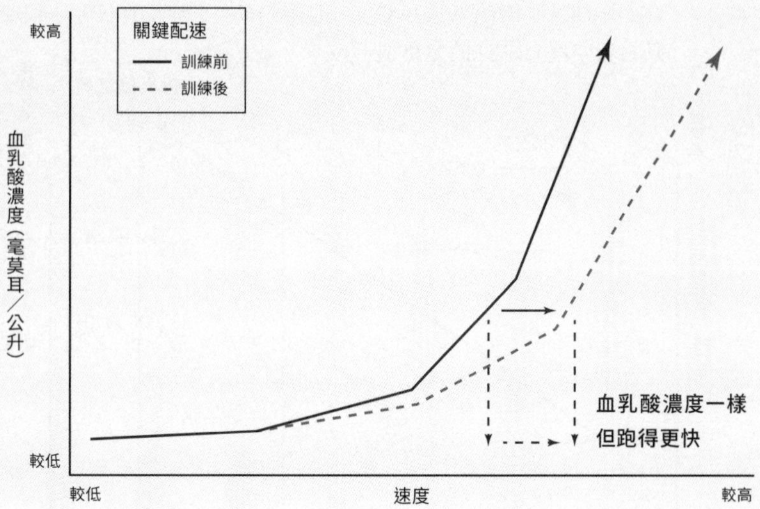

就代表你實實在在地進步，變得比訓練初期更強了。

要瞭解自己是否有變強也可以靠監控心率來完成。對於那些已經很熟悉自己心率的跑者，也可以用相同的方法來觀察心率的變化。如果你很清楚自己各種心率與攝氧量或速度間的關係，那你也能找到與每種心率相對應的乳酸濃度。

讓我們假設你的心率在血乳酸濃度爲4.0毫莫耳時爲164，而這個心率也大約是你最大心率的88～90%。請記住，心率跟你的費力程度以及你在任何特定跑步速度下的耗氧量密切相關。跑步速度變快，有可能是最大攝氧量變大或是跑步經濟性改善，只要其中之一提升，最大攝氧速度變快就會進步，而且進步的幅度會跟之前在相同心率時速度進步的比例相當。

你還可以更進一步找到你主觀感受到的壓力與最大心率、有氧引擎和血乳酸濃度之間的關係。方法是替你的不舒服感設定一個數字（一般稱爲「運動自覺強度」，簡稱「RPE」）。例如：你可以把輕鬆跑定

圖 3.7　在不同速度下的攝氧量（$\dot{V}O_2$）、心率（HR）、血乳酸（BLa）和運動自覺強度（RPE）的變化情形

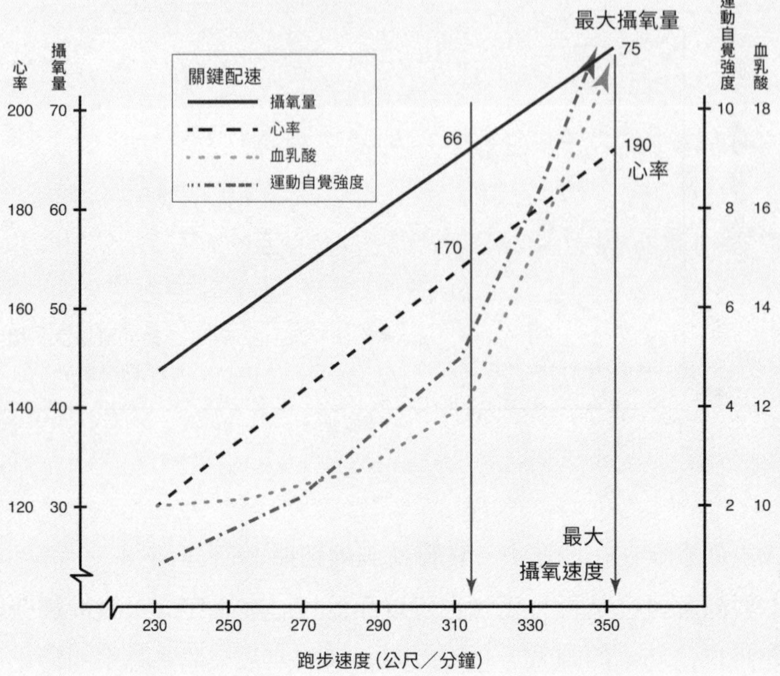

義爲1～3；既痛苦又爽快的強度定義爲4～5，再把不同的高強度訓練分別定爲6～8，把9～10定爲最艱苦的訓練強度。或是你也可以改用五級量表：1代表最輕鬆，5代表最艱苦的訓練。從圖3.7中可以看到同一位跑者在特定配速下，他的心率、攝氧量、血乳酸濃度和PRE之間的關係。

圖3.7也呈現一位跑者的血乳酸濃度爲4.0毫莫耳時，攝氧量爲66（毫升／分鐘．公斤），心率爲170（次／分）。因爲它是一個突然向上的轉折點，所以對這位受試者而言這個強度被稱爲是「乳酸閾值」（lactate threshold）。

跑步時的心率

現在我們可以開始來討論如何利用心率來確定跑步訓練的強度。現在已有許多設備可以在練跑期間顯示心率、呼吸節奏和步頻，只要這些數據與科學研究具有合理的關聯，它們就會很有用。

你必須先瞭解跑步的強度跟配速並非總是可以直接對應。例如在炎熱的氣候下，心臟必須比在涼爽環境下更用力跳動才能維持相同的速度。因爲身體裡的血液被分配到皮膚去執行散熱任務，當你有愈多的血液流往皮膚，此時跑步肌肉中所需的血量相同時，總血流量和心率就必然跟著增加才能應付跑步所需。這意味著，如果跑者試圖用心率來監控跑步速度時，在炎熱的環境中，速度將比預期來得慢。

相同的情況也會發生在風大的日子、丘陵地形、崎嶇的路段或泥濘的地面上。相同的心率會跑出較慢的速度，但即使在這些不太理想的條件下跑步速度慢很多，你還是達到了目標的訓練強度。

所以，你總要能夠回答一個最關鍵的問題：「這次訓練的目的何在？」如果這次訓練的目的是爲了把時間花在特定的速度上，那就不用在意心率；但如果你當次訓練所追求的是費力程度，那心率就非常管用。我認爲在訓練時監控跑者心率很好，只是要先瞭解心率跟配速不絕對相關，它會因應環境而變化。

最大心率

在使用心率監控訓練強度時，最重要的一件事是要先知道你的最大心率是多少，因爲一般都是以最大心率的百分比來決定訓練強度。[7] 有些公式可以用來決定最大心率，基本上是根據年齡，但這些公式的精準

---

7. 譯注：儲備心率的百分比會更貼近跑者個人的費力程度。

度不高。舉例來說，最常被拿來使用的公式是：最大心率＝220－年齡。所以如果你現在是50歲，推算出來的最大心率會是170（220－50）。

類似這樣的公式只能用在一群人身上，推算出這群年紀相當的跑者中最大心率的平均值，但如果用在特定的個人身上就可能產生很大的誤差。我可以舉出兩個實際的案例，這兩個人我都進行過多次測試，他們用公式計算出來的最大心率都跟實測值相去甚遠。其中一位三十歲的男性跑者，以最嚴謹的方式測出的最大心率爲148，他到了五十五歲時測出來的最大心率爲146。你可以想像這跟用公式推估出的差距有多大，如果你告訴這位跑者在三十歲時用公式推估出來的最大心率190（220－30）的86%來訓練，那代表他需維持163的心率，這對實際最大心率只有148的他來說根本不可能。

另一位受試者在二十五歲時所測出的最大心率是186，比公式推估的195低（220－25），他到五十歲時測出的最大心率反而提高到192，比公式推估的170高很多（220－50）。我的意思是如果你要用心率來監控相對的訓練強度，你必須很清楚你個人目前的最大心率爲何。

對跑者來說，最簡便的方法莫過於戴上心率錶，找段陡坡跑個幾趟，每趟兩分鐘。跑完第一趟你會得到一個心率數值，慢步下坡後再跑一次，如果第二趟比較高，就再跑第三次，如果第三趟又比第二趟高，就再跑第四次，只要你看到這趟跑完的心率比上一趟高就繼續跑，直到心率沒再上升爲止。[8]如果附近無坡道可測，你也可以在平地上改跑八百公尺，如同上述的步驟，重複多趟後，直到心率不再上升爲止。

安靜心率

另一項值得注意的心率指標是早上起床時量測到的「安靜心率」。

---

8. 譯注：最大心率會出現在倒數第二趟。

起床時的心率可以看出你的體能的進展；經過一段時間的訓練後，安靜心率會下降，因為心臟變強壯後每搏動一次都能打出更多的血液（心搏量增加）。當你的心肌變得更強壯時，為了把相同的血液量運輸到不同部位，心臟就不必跳動得那麼頻繁，因為每跳一下都能運送更多血液。起床時的安靜心率也可以評判是否有過度訓練的情形，如果早上量測的心率比平常來得高很多，代表你需要休息，或是重新檢查一下目前的健康狀況。

血紅素含量

影響心率的另一項因素是血液的攜氧能力。氧氣由血液中的血紅素攜帶和運送，對耐力運動員來說，「血紅素含量是否足夠」這個問題值得你特別關心。

當血紅素低於正常值時，你會感覺很不舒服，跑步的表現當然也會不盡理想。另一方面，故意把血紅素的含量提升太高也非明智之舉，因為這會增加血液的黏稠度，使心臟的負擔增加，導致整體的循環下降。

想要擁有正常的血紅素含量主要取決於良好的營養以及充足的含鐵食物。一般來說，血紅素的正常值是每一百毫升的血液中含有12～18克（具體取決於年齡和性別）。當血紅素低於13.5（男性）或12（女性）時，就會被認為是貧血。從跑步表現來看，每一百毫升的血液中血紅素含量是12還是13，五公里成績大約就會有30～40秒的差距。我們知道血紅素太低，表現會不好；然而，試圖把血紅素含量往上拉太高一樣是不可取的。

個人的訓練和比賽基本資料

在設定任何訓練計畫之前，跑者或教練都應該先收集一些過去或近期體能狀況與成績表現的基本資料。每次訓練前我都會先收集跑者的詳細資料（參見圖3.8），這讓我能比較容易去擬定個人化的訓練計畫。如果是用email線上指導的跑者，這些資訊就變得相當關鍵；不只是線上教練，對所有的高中、大學或跑團教練來說也很重要。

了解最近的訓練里程和內容，會讓你或你的教練比較能夠明確地決定之後的訓練量和訓練強度，訓練量和強度要剛好，才能讓跑者在關鍵的比賽前有最妥善的準備。當然你也必須先知道在接下來幾個月中最重要的比賽是何種類型。

即使你是學校的教練，對可用的訓練設施都已經很熟悉了，我還是希望你把它們列出來，這將有助你先想好不同天氣條件下的替代訓練方案。要規畫出一整個賽季的訓練計畫並不容易，擁有個人（或整個團隊）的基本資料比較可能規畫出最佳的訓練計畫，我自己在為跑者擬定訓練計畫時一定會先參考他的個人資料，本書後面幾章還會再介紹一些重要的資料。

圖 3.8　跑者的個人資料表

姓名：		日期：	手機：
地址：		電子信箱：	
年齡：	身高：	體重：	性別：

1. 過去六週你的平均跑量多少？每週______公里，每週______分鐘
2. 過去六週最長一次跑多少？______公里______分鐘
3. 過去幾個月曾參加過比賽嗎？如果有請寫下時間和距離。________________
4. 你每天有多少時間可跑步？______小時／天　______分鐘／天
5. 你每週有多少天可以訓練？______天／週
6. 你家附近有什麼樣的設施或場地可以訓練？（例如：操場、草皮、泥土路、山徑、跑步機或室內跑道）________________________________
____
7. 過去六週你做過哪些訓練，試著描述訓練細節。
____
____
8. 把你在未來四個月當中打算參加或是你想要參加的跑步比賽列出來：
____
____
9. 在未來六到十二個月當中，哪一場是你最重要的比賽？
日期：______　距離：______　地點：______

其他意見（像是健康狀況或受傷問題）：
____
____
____

CHAPTER 4

跑步的訓練強度

專注於眼前的任務。

正如我經常提到，你必須總能回答一個關鍵性的問題，那就是「這份課表的訓練目的爲何？」如果你在被問到這個問題時無法回答清楚，那你最好先不要再練這份課表。在這一章，我將針對跑者所從事的各種不同訓練課表的類型與其對跑者的效益進行仔細說明。

E、M、T、I、R指的是不同的訓練強度，也代表不同的訓練類型（如圖4.1所示）。大部分的訓練計畫都是由這五種強度所組成。代號E是「Easy」的意思，意指輕鬆跑；代號M是馬拉松配速（Marathon-pace）的簡稱；代號T是乳酸閾值配速（Threshold-pace）的簡稱；代號I意指強度會達到最大攝氧量附近的間歇（Interval）訓練；代號R是指強度大於最大攝氧速度的反覆（Repitition）訓練。

圖4.1所呈現的是這五種訓練強度的典型持續時間（單位爲分鐘），有的是用固定的配速連續跑一段固定時間（配速跑或長跑課表），有的是反覆進行數趟的間歇訓練（間歇課表，會設定明確的「訓練長度」與「休息長度」）。圖中也顯示了每一種訓練的目的與效用，至於週跑量（每週的總跑步里程數）則跟每一份訓練課表的類型有關，每一種訓練類型的直線圖左方，也都分別以最大攝氧量的百分比來表示強度大小，若該強度的課表適合間歇訓練的話，就會標註「訓／休時間比」

圖4.1　此圖顯示了五種不同類型的訓練，分別以最大攝氧量（$\dot{V}O_2max$）的百分比表示其強度區間，每種訓練的直條圖下方說明了訓練的持續時間、效益、訓／休時間比和每週里程數相對於一週總跑量的百分比。

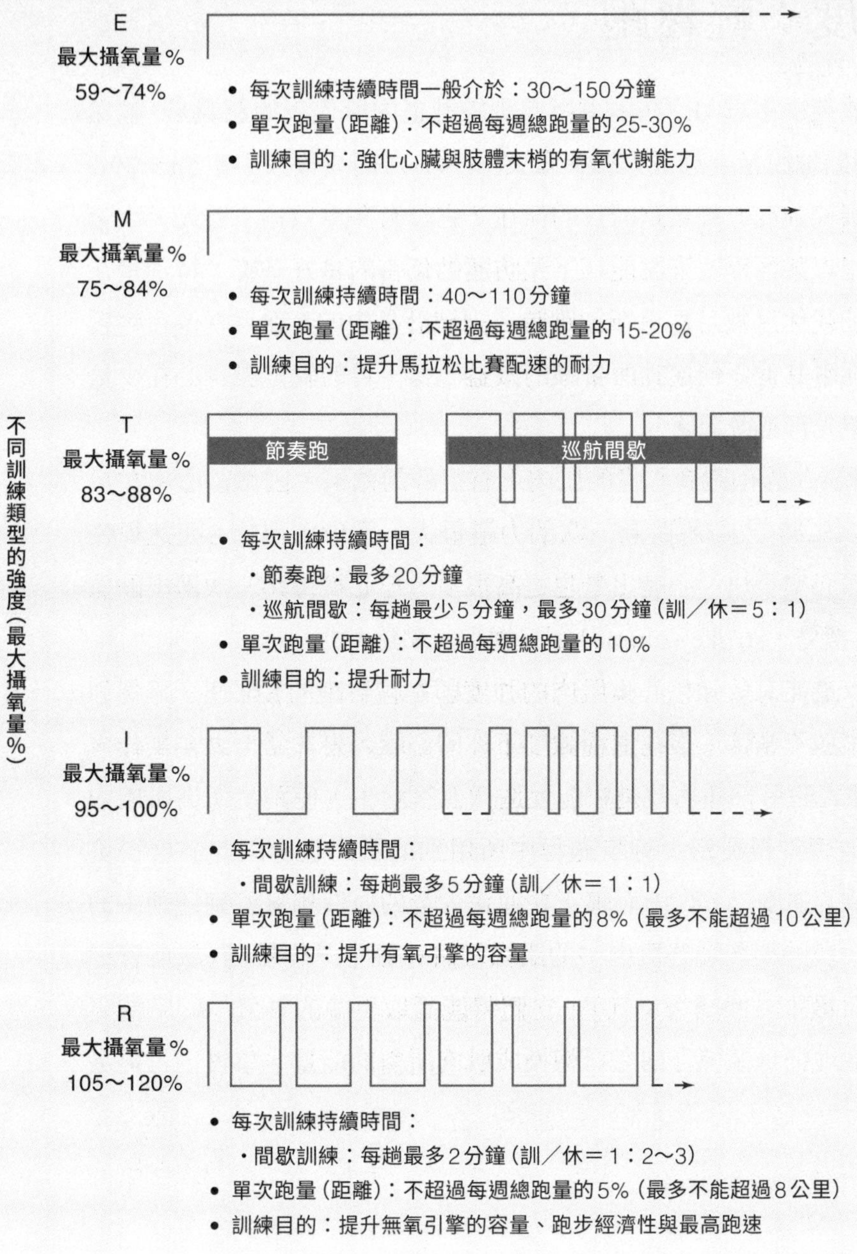
不同訓練類型的強度（最大攝氧量%）
E
最大攝氧量%
59～74%
• 每次訓練持續時間一般介於：30～150分鐘
• 單次跑量（距離）：不超過每週總跑量的25-30%
• 訓練目的：強化心臟與肢體末梢的有氧代謝能力
M
最大攝氧量%
75～84%
• 每次訓練持續時間：40～110分鐘
• 單次跑量（距離）：不超過每週總跑量的15-20%
• 訓練目的：提升馬拉松比賽配速的耐力
T
最大攝氧量%
83～88%
節奏跑
巡航間歇
• 每次訓練持續時間：
・節奏跑：最多20分鐘
・巡航間歇：每趟最少5分鐘，最多30分鐘（訓／休＝5：1）
• 單次跑量（距離）：不超過每週總跑量的10%
• 訓練目的：提升耐力
I
最大攝氧量%
95～100%
• 每次訓練持續時間：
・間歇訓練：每趟最多5分鐘（訓／休＝1：1）
• 單次跑量（距離）：不超過每週總跑量的8%（最多不能超過10公里）
• 訓練目的：提升有氧引擎的容量
R
最大攝氧量%
105～120%
• 每次訓練持續時間：
・間歇訓練：每趟最多2分鐘（訓／休＝1：2～3）
• 單次跑量（距離）：不超過每週總跑量的5%（最多不能超過8公里）
• 訓練目的：提升無氧引擎的容量、跑步經濟性與最高跑速

此資料來源且授權自：J. Daniels and N. Scardina, 1984, “Internal training and performance,” Sports Medicine 1 (4) : 327-334.

（訓練與休息時間的比例，例如「訓／休5:1」代表的意思是「每趟練跑」與「每趟休息」時間的比例是5比1）。

E強度：輕鬆跑

粗體英文字母「**E**」在本書所有訓練計畫中所代表的意義是「輕鬆跑」，明確地說是介於最大攝氧量59～74%之間或最大心率65～79%之間的訓練強度。輕鬆跑的目的何在？它具有多重效益。首先，大量的輕鬆跑以某種程度來說能打下預防運動傷害的良好基礎，特別是在訓練初期或休息數月再重新練跑時。訓練計畫中的**E**課表就像在輕鬆狀態下從事其他任何運動所帶來的效益一樣，目的就是讓身心在少量的壓力下先行獲得適應。

E課表在強化跑者心臟的肌肉上有很好的效果，因為當心率在最大值的60%時[9]，心臟跳動一次的力道最大。當你跑得比**E**配速更快時，雖然心率變快、心輸出量也提高很多，但心臟每跳一次送出的血流量（心搏量，stroke volume）卻只增加一點點。[10]

所以最能有效強化心臟肌肉的強度即是輕鬆跑的**E**配速，雖然你感覺起來並不辛苦，但在這種強度下你的心臟可是非常努力在工作。**E**強度課表的另一種功效是它能促進微血管增生，使跑步所需肌肉內部的微血管長得更密，跑步過程中所用到的肌肉也會因此發展得更好。在練**E**強度時，你的心臟正在運送大量的血液和氧氣到運動中的肌肉，一段時間後這些肌肉中的肌纖維將會發生一些轉變（微血管變密代表肌纖維外觀變得更紅），它們將能攝取更多的氧氣，同時能更快更有效地把身體儲存的燃料轉換成肌肉所需的能量。事實上，更多

---

9. 譯注：約是儲備心率的70%。
10. 譯注：心輸出量＝心搏量×心率。

實際效益將從上述這種轉換的結果而來，效益的高低將看你花多少時間把E的刺激施加在肌纖維上，也唯有E這種強度的刺激才能帶來上述的成效，那是因爲E強度很舒服，可以讓你維持得比其他配速來得久。不要懷疑花這麼多時間練輕鬆跑會有什麼效果，它將帶你完成看似不可能的目標。

關於E課表的訓練建議

因爲持續跑30分鐘就能帶來相當多的效益，所以我建議E強度的訓練時間至少要維持30分鐘。我常告訴跑者，如果他們連30分鐘的跑步的時間都安排不出來，那他們練跑後洗澡和換衣服的時間可能比跑步的時間還要長。此外，我建議E強度課表最長不要超過150分鐘（2.5小時），即使是在準備馬拉松時也是如此，除非你準備參加的是超馬賽。在準備大部分的比賽時，E強度的長距離訓練課表（本書中簡稱爲「L」）最多練到兩個半小時就夠了。某些跑者在準備馬拉松期間以跑／走交替的方式進行訓練就另當別論，因爲有走路，所以總訓練時間不在此限，可以超過150分鐘。但不管是新手還是菁英跑者，所有的L課表都不能一下就拉得太長，訓練時數一定要「逐漸」增加。

我們常常聽到這樣的說法：在剛開始從事跑步訓練時，每週跑步的里程數應該逐漸增加（例如：每週增加10%跑量）。這意味著，如果你在第一週總共跑了16公里，在第二週你就要增加到17.6公里（增加10%），到了第四週你就要跑到21.3公里。但我比較希望看到的情況是這位跑者可以在最初四週，使週跑量維持在16公里一段時間，讓身心都有時間適應它，然後再增加跑量。我建議你在增加「週總訓練時數」之前，先至少維持相同的時數三到四週。此外，一旦你或你的教練已將每週的跑步訓練時間增加到本季的最大量，你可以根據天氣或其他因素進行增減。請記住，當訓練品質稍微降低時，光是遵守「維持原狀」的原則就會對你很有幫助。

毫無疑問，大多數跑者必然把大部分的練跑時間放在E配速上，因爲這種配速是每位跑者都能輕鬆掌控、可以互相聊天的速度。當我爲不同實力的跑者設計訓練計畫與課表時，我除了以「E」這個字母表示「輕鬆跑」，有時我會用「E日」來說明那天的訓練應該特別放輕鬆；如果那天是E日，跑者自覺身心還很疲累的話也可以直接停練一天。此外，「L課表」是指用E配速穩定跑一段長時間；「E強度」也被用來當作主課表前的熱身與最後的緩和訓練，或是作爲高強度間歇之間的恢復跑。

E日是累積每週目標里程數的好機會。舉例來說，如果你那個星期週跑量想達到64公里，你已排好三天的課表，其中一天是16公里的L課表，另外兩天課表的內容包括熱身、速度較快的Q課表和緩和跑，總里程數都是25.6公里。三天加起來是41.6公里，這表示剩下的22.4公里就用其他四天E日來補。

這四天你可以有許多選擇，例如：❶每天以E強度練跑4.8～8公里，或是❷挑其中兩天跑8～9.6公里，第三天跑4.8公里，第四天完全休息。能在每週的訓練計畫中設定一天全休日是最好的（也許是因爲天候不佳或突如其來的會議可以選擇休息），你千萬不要覺得休息就是少練一天，反而應該把休息日當作訓練的一部分。切記：E日必定要排進每週的訓練日程中，如此你才能從較高強度的Q（quality）課表中恢復過來，所以如果當天原本是E課表，你臨時用Q課表來取代，絕非好主意。[11]

E配速課表

雖然E強度是介於最大攝氧量的59～74%，或介於最大心率的

---

11. 譯注：Q課表是指一週當中較重要的幾次課表。

65～79%，但你偶爾還是可以自在地跑快一點（或放慢）。輕鬆跑時仍要保持良好的跑步力學結構，特別是當你的速度降到比E強度區間還慢的時候，就會很難維持跑步力學上的經濟性，有可能會增加受傷風險。切記此點：當你那天感覺很疲累或是跑起來怪怪的，此時需要的就是休息，而不是強迫自己完成該次課表，若最終帶著微小的創傷結束，反而是得不償失。

在第五章的跑力表中，你會注意到 E 配速比你一英里的比賽配速大約每公里慢了1:15～1:55分鐘，所以很明顯，E強度的訓練對身體的負擔並不大。

L課表該跑多長？

課表中的「長跑訓練課表」我都以「L」表示[12]，這類課表一般來說即是以E配速來訓練。依我的經驗，對週跑量爲64公里的跑者來說，單次長跑的距離最好不要超過週跑量的30%。但如果跑者的當週跑量爲64公里以上，單次長跑的距離則以週跑量的25%或150分鐘（2.5小時）爲限，看距離和時間哪一個先到，以先到者爲準。

週跑量至少維持四個星期再增加里程數會比較好[13]，這也代表L課表的距離在數週內不能變化太大。如果這個星期你覺得狀況不好，雖然是同樣的L課表但感覺壓力很大，或是因爲比賽即將來臨需要減量，此時都可以隨時刪減L課表的時間。

我常跟其他教練熱烈地討論：對速度較慢的馬拉松跑者來說，L課表中的距離該練多長才適合？某些馬拉松已變得非常受歡迎，像是某些公益募款馬拉松，來參加的跑者很多是爲了公益或其他目的才來

---

12. 譯注：臺灣一般俗稱爲Long Slow Distance，簡稱LSD的課表。

13. 譯注：加量的原則之後會提到。

參加，並非長年練跑，所以他們需要五小時以上的時間才能完成馬拉松。所以滿常聽到某些跑者或教練會說：「爲了能完成42.195公里的馬拉松，必須先練過幾次32公里的長跑訓練才行。」

某些跑者要花6～7小時才能跑完馬拉松，這表示32公里的訓練要長達5小時。對初學者來說練跑5小時實在是太長了，如此大的訓練量他們也吸收不了。我懷疑很多馬拉松菁英跑者也無法用E配速連續跑5小時，他們用E配速跑5小時等於跑64～80公里之遠，這個量實在太大了。既然連菁英跑者都做不到，要求剛入門的跑者去練那麼長的時間當然也很不合理。

也許你會感到疑惑，頂尖跑者的確會一次練跑32公里以上，但你必須瞭解到他們用E配速完成32公里的時間大約就落在2～2.5小時，那正是我認爲L課表最長不超過2.5小時的主要理由，即使某些跑者用E配速跑2.5小時只能跑24公里，那也就夠了，練太久（超過2.5小時）反而有害無益。

總結來說，E課表主要的目的增強對抗受傷的能力、強化心臟肌肉、改善血液運輸能力以及強化某些肌纖維的特性，這些都有助你跑得更好。此外，增加E強度的訓練時數能使跑者對於長跑更有信心，因爲E配速很輕鬆，所以比較容易增加里程數和延長訓練時數。但要小心，絕不要在訓練的過程中忽視心理層面的感受。

M強度：馬拉松配速跑

在本書所有訓練計畫中我用粗體英文字母「**M**」代表馬拉松的比賽強度；而「**M**配速」是指「馬拉松配速」（Marathon-pace），顧名思義，**M**配速是你在跑全程馬拉松時預計的比賽配速。如果從未跑過馬拉松，當然要先問：適合我的**M**配速爲何？這當然就是第五章跑力表的功用所在了。表格中列出不同比賽距離的相對成績，以及對應的馬拉松完賽時間。要找出最恰當的M配速，最好用你近期的比賽成績，而且距離愈長愈好(例如：半馬的成績比一英里成績更適合拿來預測M配速)。另一種方法是用你近期的十公里比賽成績來推算，直接用十公里的比賽成績加3分鐘再除以10即爲每一公里的M配速，但拿來計算的成績必須是比賽時認眞跑出來的成績才準確。

我們可以從前面的圖4.1中看到M強度是在落最大攝氧量的75～84%，用心率來估算的話是在最大心率的80～89%。正如我在L課表所建議的上限跑量與訓練時數一樣，我也建議M課表中的單次訓練時數不要超過110分鐘或29公里，看時數或距離哪個先到，以先到者爲準。我也喜歡在M課表中混入E和T的配速，在這種混合式的課表中，M強度的累計時數不能比單次以M配速穩定跑的時數還長。我也建議在單次的訓練中M配速課表的訓練量不要超過29公里或週跑量的20%，只要達到其中一個就停止當次訓練。我在表4.1中提供了許多M配速課表。

一樣回到關鍵性問題：「M課表的訓練目的何在？」對於以全程馬拉松作爲目標賽事的人來說，M課表可以讓跑者學會適應跑全馬比賽時的配速，也可以練習在這個配速下喝水。因此，你可以說M課表的主要好處是心理上的，在面對即將到來的比賽前熟悉比賽配速，可以幫助你增強信心。事實上，M配速在生理上所帶來的效益跟E配速沒什麼不同，但有些不打算參加全馬的跑者也喜歡用M代替E來訓練，因爲他們覺得M配速比E配速快，用更快的速度練長跑可以建立信心。

在練跑過程中補給碳水化合物(醣類)可以教會身體省著用肌肉中的糖原，也可以強化身體代謝脂肪的能力。在某些E配速的長跑訓練時，建議不要喝能量飲品，藉此訓練身體使用脂肪的能力以及學會節省醣類消耗。不過，練習時仍應不時飲水(在馬拉松比賽時補充一些能量對成績是有幫助的，因此M課表就是訓練補給的最好時機)。

表 4.1　M配速課表

課表編號	課表內容	總訓練時數
訓練課表A：**E強度時數達 25～70分鐘／M強度時數達50分鐘**		
A1	15分鐘**E**＋50分鐘**M**＋10分鐘**E**	75分鐘
A2	35分鐘**E**＋50分鐘**M**＋10分鐘**E**	95分鐘
A3	60分鐘**E**＋50分鐘**M**＋10分鐘**E**	120分鐘
訓練課表B：**E強度時數達30～70分鐘／M強度時數達60分鐘**		
B1	15分鐘**E**＋60分鐘**M**＋15分鐘**E**	90 分鐘
B2	35分鐘**E**＋60分鐘**M**＋15分鐘**E**	110分鐘
B3	55分鐘**E**＋60分鐘**M**＋15分鐘**E**	130分鐘
訓練課表C：**E強度時數達30～60分鐘／M強度時數達75分鐘**		
C1	15分鐘**E**＋75分鐘**M**＋15分鐘**E**	105分鐘
C2	35分鐘**E**＋75分鐘**M**＋15分鐘**E**	125分鐘
C3	45分鐘**E**＋75分鐘**M**＋15分鐘**E**	135分鐘
訓練課表D：**E強度時數達 25～45分鐘／M強度時數達 55～70分鐘／T強度時數達10～15分鐘**		
D1	15分鐘**E**＋30分鐘**M**＋5分鐘T＋30分鐘**M**＋5分鐘T＋5分鐘**M**＋10分鐘**E**	100分鐘
D2	15分鐘**E**＋5分鐘T＋40分鐘**M**＋5分鐘T＋15分鐘**M**＋5分鐘T＋10分鐘**M**＋10分鐘**E**	105分鐘
D3	15分鐘**E**＋50分鐘**M**＋5分鐘T＋20 分鐘**M**＋5分鐘T＋30分鐘**E**	125分鐘
訓練課表E：**E強度時數達40～70分鐘／M強度時數達30～80分鐘**		
E1	60分鐘**E**＋30分鐘**M**＋10分鐘**E**	100分鐘
E2	60分鐘**E**＋40分鐘**M**＋10分鐘**E**	110分鐘
E3	60分鐘**E**＋50分鐘**M**＋10分鐘**E**	120 分鐘
E4	60分鐘**E**＋60分鐘**M**＋10分鐘**E**	130分鐘
E5	30～40分鐘**E**＋80分鐘**M**＋10分鐘**E**	120～130分鐘
E6	40～60分鐘**E**＋70分鐘**M**＋10分鐘**E**	120～140分鐘

「總訓練時數」是指此課表所累計的跑步時間（不包括休息時間），有些課表也包括T配速的訓練時間。

此表格由傑克・丹尼爾斯跑步計算器所創建，該計算器出自Run SMART項目。

T強度：乳酸閾值配速跑

「T強度」在本書所有訓練計畫中所代表的意義是「閾值強度」，在這個強度跑步時的感覺應是痛快的（comfortably hard），意思是有點痛苦但還可以維持一段時間（在訓練時絕對可以維持20～30分鐘）。一般來說，在經過休息或狀況好的時候，跑者可以在比賽中用T配速維持大約60分鐘，菁英跑者則可以全程用T配速跑完20公里或一個半馬。

對於訓練有素的跑者來說，M和E通常不是那種他們會想趕快練完的強度，相對來說在練T配速時你就會這麼想，你會想要快點結束，但通常還是可以撐個20～30分鐘。

T課表最重要的目的是提高身體清除乳酸的能力，使體內血乳酸的濃度維持在身體能正常運作的範圍之內。當我們思考T強度的訓練目的時，最常想到的就是它能「增強耐力」；T課表可以教會身體如何在更嚴苛的配速下維持一段長時間，或是在某個特定的配速下維持得比之前更久。**正如E和M強度能使你在一種舒服的配速下提升身心的耐力，而T課表則是爲了讓你能在臨界速度下維持更久的時間**。

對訓練有素的運動員來說，閾值配速（T）在生理上的界定是落在最大攝氧量的85～88%，或是在最大心率的88～92%，但對訓練較少的跑者來說會比較低，大約會落在最大攝氧量的80～86%。

當有一位跑者來找我訓練，若一開始對我這種訓練方式相對陌生，在準備第一次進行T課表的訓練時，我會請跑者先問自己：「跑力表所推估出來的T配速，如果現在要跑的話，能否維持30～40分鐘？」如果答案是「不行」，課表中的T配速就要再放慢一些。切記：恰當的T配速是感覺「痛快」，並非「痛苦」，若跑到只剩痛苦的感覺那已經是I配速的強度了。

如同圖4.1所示，T配速課表中我推薦兩種不同的訓練類型，其一是「節奏跑」(tempo run),其二我稱爲「巡航間歇」(cruise intervals)。這兩種訓練的差別在於節奏跑是用T配速定速跑20分鐘,而巡航間歇是一連串好幾趟T配速,每趟中間會進行短暫的休息。這兩種訓練方式都各有好處。因爲節奏跑是要求你在嚴格的配速下維持一段相當長的時間,若你在練習時能做到,將能大大提升比賽的信心;但如果你想得到更多T強度的刺激,就可以採用巡航間歇的練法。

即使每趟巡航間歇中間都有短暫的休息時間,但並不代表你要跑得更快。實際在訓練時,若你覺得巡航間歇的刺激不足,感覺沒練到,請不要加速,而是減少一點休息時間。節奏跑和巡航間歇的配速要一樣,皆以第五章跑力表所指定的T配速爲準。

如同L和M課表,在此也要爲T課表的跑量設限,我建議單次訓練中的T配速最好不要超過當週總里程數的10%。然而,對那些已經可以用T配速連續跑20分鐘的跑者而言,如果當天的課表是把T強度拆成好幾趟變成巡航間歇,那T強度的總時數至少要達到30分鐘。畢竟,如果連續定速跑20分鐘都做得到,那麼用同樣的配速,拆成5或10分鐘的間歇,累積到30分鐘應該不會太難才對。

關於節奏跑該多長的爭議不斷,主要徵結點在於「節奏」一詞的定義。有些教練與跑者會認爲節奏跑最長要練到60分鐘或16公里,但只要你瞭解菁英跑者最多在比賽中也只能維持T配速60分鐘,而且是在有計畫的休息和減量訓練之後才能做到,所以我很難想像一般人可以在訓練中維持1小時的節奏跑。

我發現有些教練和跑者會說他們很常進行16公里的節奏跑訓練,但在瞭解了他們的訓練內容後才知道那類課表不算是節奏跑。比如說他們在前8~10公里先用比T配速慢的速度,過程中逐漸加速,直到課表剩下最後5~6公里時才用眞正的T配速。所以這份課表僅有一部分才以眞正的T配速進行訓練,並非整份課表都是節奏跑。

再次強調,我所定義的「節奏跑」是:在整個跑步過程中都在T配速的區間中前進，當跑者從較爲輕鬆的配速加速到T時，只有用T配速前進的部分僅可被稱爲「節奏」，要用T配速穩定維持達20分鐘才能稱爲「節奏跑」。如果T配速的練跑時間少於20分鐘，而且進行好幾趟，兩趟之間還有休息，那當天的課表只能被歸類爲「巡航間歇」。下面列舉幾個巡航間歇的典型課表，例如：

- 5×（1.6公里T＋1分鐘休息），意指：5趟1.6公里T強度的巡航間歇，每趟中間休息1分鐘。
- 3×（3.2公里T＋2分鐘休息），意指：3趟3.2公里T強度的巡航間歇，每趟中間休息2分鐘。

我曾訓練過一些進階跑者，在單次訓練中就用T配速跑了24公里，這些跑者的每週跑量都高達240公里以上。他們最常練的課表是：

- 8公里T＋5分鐘休息＋6.4公里T＋4分鐘休息＋4.8公里T＋3分鐘休息＋3.2公里T＋2分鐘休息＋1.6公里T

當目標賽事是馬拉松，我喜歡採用另一種訓練方式，是把數個1.6公里T配速和不同距離M配速交替混在一起練，例如：

- 12.8公里M＋1.6公里T＋6.4公里M＋1.6公里T＋1.6公里M（中間不休息）

練過這份課表的跑者都會特別提到：他們在M配速跑了一段時間後再加速到T並不會感覺特別難，但要從T配速要降回M配速時反而沒那麼簡單。這份課表的訓練內容很像在馬拉松比賽中的實際情況，有多變的風向與起伏不定的坡道，你可以藉由T與M的變速跑課表來做好準備。

我特別把節奏跑的訓練時數限制在20分鐘，但20分鐘的T配速訓練也可以在同一次訓練中進行一次以上。換句話說，訓練有素的跑者能在同份課表中把「20分鐘的T配速」練習兩趟甚至三趟，但其實對大部分跑者而言20分鐘的T配速通常練一次就很夠了。

我通常把1.6或3.2公里的T配速課表稱爲「巡航間歇」。T配速間歇跑1.6公里時，休息時間我通常定爲1分鐘，比如說我常開的課表爲：五趟1.6公里T配速，每趟間休息1分鐘；上述課表簡寫爲5×（1.6公里T＋休息1分鐘）。如果間歇跑距離爲3.2公里時，休息時間我會建議延長爲2分鐘，像是三趟3.2公里的T配速巡航間歇課表，每趟中間休息2分鐘；上述課表簡寫爲3×（3.2公里T＋休息2分鐘）。如同圖4.1所示，我建議巡航間歇的訓休比爲5:1（T配速跑步時間與休息時間的比例）。

在表4.2中能看到許多我開的T配速課表，可以直接拿來用，也可以依個人需求修改。

表4.2　T配速訓練課表

課表編號	課表內容	總訓練時數
訓練課表A：每週跑量達64公里		
A1	20分鐘**T**配速	20分鐘
訓練課表B：每週跑量為66～113公里		
B1	5～6×（6分鐘**T**＋1分鐘休息）	30～36分鐘
B2	2×（12分鐘**T**＋2分鐘休息）＋2×（5分鐘**T**＋1分鐘休息）	34分鐘
B3	3 ×（12分鐘**T**＋2分鐘休息）	36分鐘
B4	2×（15分鐘**T**＋3分鐘休息）	30分鐘
B5	15分鐘**T**＋3分鐘休息＋10分鐘**T**＋2分鐘休息＋5分鐘**T**	30分鐘
B6	20分鐘**T**＋4分鐘休息＋10分鐘**T**；或是20分鐘**T**＋4分鐘休息＋2×（5分鐘**T**＋1分鐘休息）	30分鐘

課表編號	課表內容	總訓練時數
訓練課表C：每週跑量為114～137公里		
C1	8×（5分鐘**T**＋1分鐘休息）	40分鐘
C2	5×（8分鐘**T**＋1.5分鐘休息）	40分鐘
C3	4×（10分鐘**T**＋2分鐘休息）	40分鐘
C4	20分鐘**T**＋3分鐘休息＋2×（10分鐘**T**＋2分鐘休息）＋5分鐘**T**	45分鐘
訓練課表D：每週跑量為138～160公里		
D1	8×（6分鐘**T**＋1分鐘休息）	48分鐘
D2	4×（12分鐘**T**＋2分鐘休息）	48分鐘
D3	2×（12分鐘**T**＋3分鐘休息）＋3×（8分鐘**T**＋2分鐘休息）	48分鐘
D4	20分鐘**T**＋3分鐘休息＋2×（12分鐘**T**＋2分鐘休息）＋6分鐘**T**	50分鐘
訓練課表E：每週跑量為163～193公里		
E1	5×（12分鐘**T**＋2分鐘休息）	60分鐘
E2	4×（15分鐘**T**＋3分鐘休息）	60分鐘
E3	2×（15分鐘**T**＋3分鐘休息）＋2×（12分鐘**T**＋2分鐘休息）＋6分鐘**T**	60分鐘
E4	3×（20分鐘**T**＋4分鐘休息）	60分鐘

「總訓練時數」是指此課表所累計的跑步時間（不包括休息時間），有些課表也包括T配速的訓練時間。

此表格由傑克．丹尼爾斯跑步計算器所創建，該計算器出自Run SMART項目。

I強度：最大攝氧速度間歇訓練

接著我們再把訓練強度往上拉高一層，來到了I強度的間歇訓練，此訓練的定義或許是最眾說紛紜的一種。運動科學期刊有次邀我針對間歇訓練寫一篇文章，所以我找了三位跑者，分別問他們如何定義間歇訓練。

其中一位跑者說：「訓練時每趟都要跑『很快』，每趟之間會休息，而且快跑的時間不超過2分鐘。」第二位跑者說：「間歇訓練是反覆『用力』跑好幾趟，每趟最少跑2分鐘才休息，一直休息到跑者覺得準備好才再跑下一趟。」第三位跑者的答案又不一樣。所以我改問這三位跑者的教練，教練對三位選手的定義都不贊同。這四位意見一致的部分似乎只有一點，那就是I強度課表的訓練必須是間歇性的，而且跑動的過程是費力的，也必須有一些休息與恢復的時間。

爲了實現I強度間歇訓練課表的訓練目的，我決定制定自己的定義。根據我在瑞典研究所的研究，我認爲最符合I強度訓練的目的是：使跑者的有氧容量（最大攝氧量）增加至最大限度。我相信，增進身體某項功能的最佳的方式就是不斷地反覆向它施壓，所以當你想提升身體的最大攝氧能力時，你就必須反覆刺激它。所以我個人把I強度定義爲讓身體剛好處在（或非常接近）最大攝氧量發生時（跑者同時也會接近最大心率），而且若想達到有效的刺激，也要設計特定的訓休比來強化這個目的。

在開發跑力表時吉米（Jimmy Gilbert）和我做了許多研究，那時我們研究了跑者處在最大攝氧量的狀態下最長能維持多久，測出來的結果是11分鐘左右。很明顯，你絕不會希望單趟就以I配速練跑那麼長的時間。在研究的過程中，跑者從完全休息狀態開始以I配速前進時，需要90～120秒才會達到最大攝氧量，所以我認爲I配速間歇課表中每趟最佳的訓練時間爲3～5分鐘。有時也可以少於3分鐘，但這種特例我放到下一節再解釋。

我認爲I強度若超過將過於嚴苛，因爲當你每趟都用3～5公里的比賽配速（大約就是你的I配速）定速跑超過5分鐘，你會很難在短時間內用同樣的配速再跑好幾次。此外，該強度的間休時間也不宜太長，那是爲了讓你在下一趟起跑前的攝氧量不要完全恢復，那麼你就能在下一趟以更短的時間達到攝氧量的最大值。如果你在練I配速的課表時，每趟設定的跑步時間低於2～3分鐘，那「短休」就很重要了，它將決定你的訓練成效。

達到最大攝氧量強度

從圖4.2中你可以看到一位跑者是如何從完全休息的狀態以I配速跑到最大攝氧量的過程。我們可以看到他從完全靜止開始以I配速前進後，大約花了2分鐘達到最大攝氧量。每份課表除了要有明確的訓練目標之外，還要學著運用智慧，不斷地思考**如何用最少的訓練量來獲得最大的訓練效果**，這當然比那種只是一味加大訓練量追求進步的方式來得更好。

圖4.3清楚描繪出所謂以較少的努力獲得最大成果的例子。假設某位跑者的I配速爲每英里5分30秒（約等於每公里3分26秒，也就是每分鐘292公尺或每四百公尺82.5秒），如果他今天要練五趟，在練習時的第一趟就跑得比上述的配速還快（比如說四百公尺跑80秒），

圖4.2　所呈現的是當你用I強度跑步時，攝氧量的上升速率（縱軸爲最大攝氧量百分比，橫軸爲分鐘）

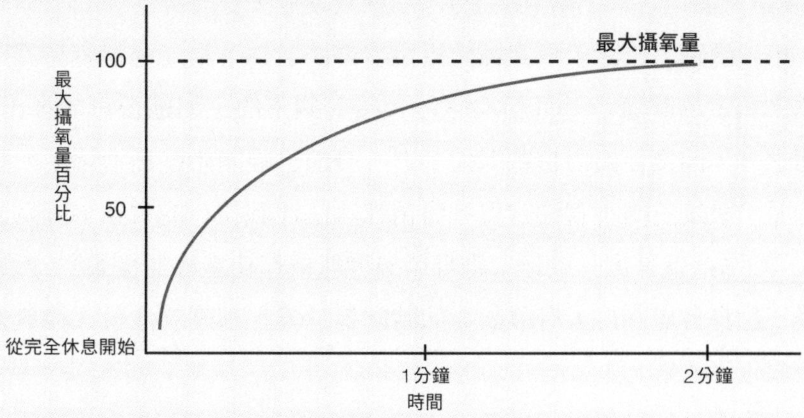

圖4.3　圖中有三條曲線（虛線、實線、點線），虛線與實線呈現兩種不同配速達到最大攝氧量所需的時間，實線是剛好可以達到最大攝氧量的I配速（圖中範例的配速爲5:30／英里，約等於3:26／公里）、虛線是比I還快的配速（圖中範例爲5:20／英里，約等於3:20／公里）。還有一條由點與點所構成的點狀線，代表還未達到最大攝氧量的配速（圖中範例爲5:40／英里，約等於3:33／公里）。

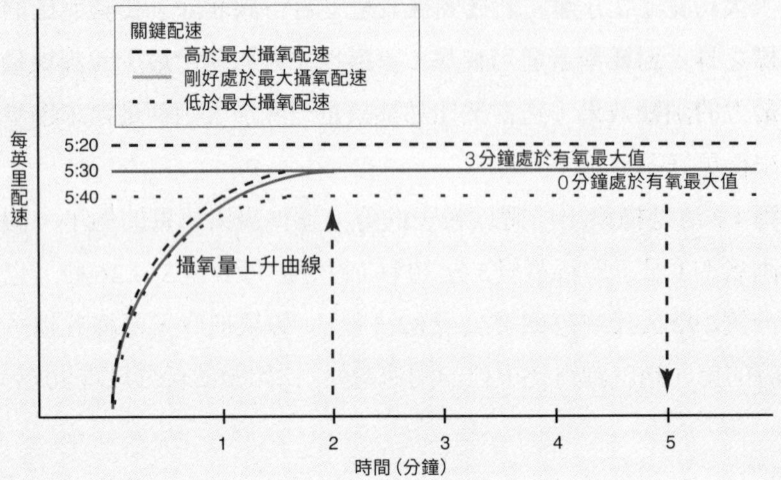

實際上他處在最大攝氧量的時間並沒有增加，也就是說I配速跑得更快（快過身體處在最大攝氧配速），訓練效果並不會變得更好。

第一趟跑太快除了對訓練效果沒有幫助之外，第二趟很容易就降回原本預定的配速——每圈82.5秒，接著剩下的三圈則很可能掉出I配速之外，因爲你頭兩趟跑得太用力，身體已經開始逐漸力竭了。更慘的是，最後三圈不管你跑得多痛苦都無法達到該有的效果，因爲已經太遲了（這就是第一或第二趟身體過度無氧作功造成的後果），所以最後三趟身體處在最大有氧能力的時間等於零，那麼刺激最大攝氧量的效果也等於零。

這次訓練的結果就只有第一、第二趟分別各累積了3分鐘的最大攝氧量[14]，但第三、四、五趟累積的時間等於零。記得I配速課表的訓練目的是什麼嗎？如果是爲了追求痛苦，你的確達到目的了，但這份I配速間歇課表是爲了刺激身體的最大攝氧能力，原本總計能刺激到15分鐘，這次卻只練到了6分鐘，也就是說最後三趟完全沒練到。

如同之前提到的，I課表的間歇課表每趟通常是安排3～5分鐘，因爲這麼一來即使需要1～2分鐘的攝氧量爬升期，還是能保證讓身體處在最大值一段時間。然而，如果再把每趟跑在I配速的時間縮短，同樣也能累積到刺激最大攝氧量的效果嗎？可以的，但前提是兩趟之間的休息時間也要跟著縮短。

透過圖4.4你可以看到跑者如何在十趟1分鐘的間歇訓練中累積到滿大量的最大攝氧量總時間。你會發現第一趟I配速似乎沒有達到

圖 4.4　圖中呈現的是短間歇所獲得的效益，從圖中可以看到休息恢復的時間必須夠短訓練才有效。

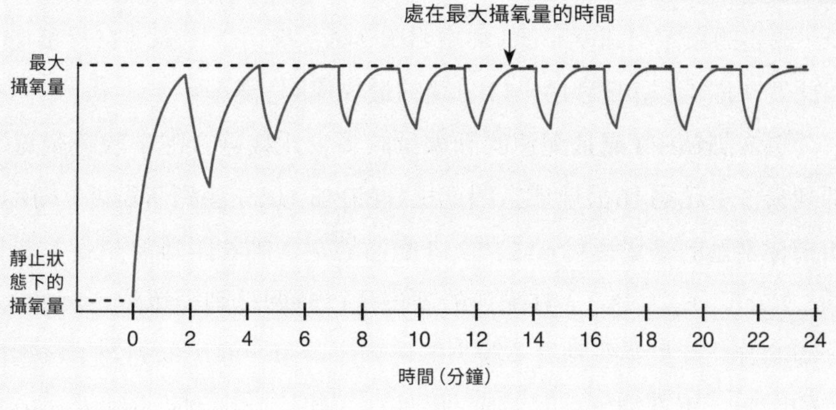

（資料來源與授權自 J. Karlsson et al., *Energikraven Vid Lopning [Energy Requirements When Running]* (Stockholm: Trygg, 1970), 39.）

14. 譯注：因爲身體從靜止狀態的攝氧量爬升到最大值要先花2分鐘。

攝氧量的最大值，所以沒有刺激到它，可是因爲休息時間很短（約45秒），所以第二趟就是從一個相對較高的攝氧量開始，花更少的時間就能達到最大值。接下來的每一趟也都因爲「短休」，所以儘管訓練時間很短，但也都能很快達到最大攝氧量，累積起來身體處在最大攝氧量的總時間還是很可觀。

到現在你應該就比較清楚了，刺激有氧系統的間歇課表具有各種變化，最理想當然是每趟介於3～5分鐘之間，也可以縮短每趟的跑步時間，但休息時間也要跟著縮短（此時休息時間要少於I配速所花的時間）。

H強度：憑感覺用力跑

I強度的訓練也可以藉由H強度的課表來進行——它是以時間而非距離爲訓練單位，舉例來說，你可以跑六趟3分鐘H強度，每趟跑完接著慢跑2分鐘，這份課表可以標示成：6×3分鐘H，每趟中間慢跑2分鐘。當你正在練H課表時，它的長度單位是以時間爲準而非距離，而它的預定配速就不像I那麼明確客觀，你可以主觀地自行拿捏，以比賽時你能「持續跑10～12分鐘的最快速度」爲準。

單次訓練中I或H配速的訓練量該多少比較適合呢？我建議每次訓練最多不超過10公里或當週總里程的8%（以先達到者爲準）。所以如果你當週的總里程爲64公里，I配速的單次訓練距離建議就不要超過5.1公里（64×8%）。H配速的課表是以時間爲訓練單位，例如：5分鐘的H強度對某些跑者來說大約可跑一英里，你可以先記下每趟所跑的距離，再把總里程跟I課表累加在一起。若以週跑量大於120公里的跑者來說，單次課表中I配速的最大量就大約是先前提到的10公里（以菁英跑者的速度而言，H／I強度的週總訓練時數大約是30分鐘）。

我常讓在高地訓練的跑者練H課表，這種課表比嚴格設定好的I

配速更適合高地訓練，因爲當跑者在高海拔地區把有氧引擎的馬力加到最大時，速度絕對會比在平地時還慢，跑不到預定I配速這件事會讓跑者很沮喪。而H課表只要用力跑到你主觀認定的費力程度，就可以有效地對有氧系統的中樞神經部分施加壓力，不用太過擔心實際的配速有沒有刺激到有氧系統，也不用太過在意自己是否跑到特定的配速區間。

很多跑者喜歡另一種I課表，我稱爲「算步伐訓練」。這種課表的標準範例是先以H強度跑，同時計算右腳落地10次後，就改慢跑，接著算慢跑時右腳落地10次後，再以H強度快跑心中默數右腳落地20次，接著再慢跑直到右腳落地20次，接著是30／30、40／40，每循環一次增加10步，以此類推，直到你用H強度快跑到右腳落地100次，再慢跑100次右腳落地。緊接著再重覆一次100／100，再依續減10，以90／90、80／80倒回到右腳快跑10步和慢跑10步爲止。

完成這份課表大約要花24～25分鐘，距離將介於4.8～6.4公里之間，當然較慢跑者的里程數會比較少，優秀跑者的距離就會多一點，但花在H強度和慢跑的時間會差不多。這份課表的好處是進行團隊訓練時，雖然隊友間的程度都不同，但花在特定強度上的訓練量卻不會差太多。

當你在I課表中使用H強度時，你可以調整每趟H的時間，像是下面兩種課表都是以H強度的總訓練時間20分鐘所設計：

- 2×（4分鐘H＋慢跑3分鐘）＋4×（3分鐘H＋慢跑2分鐘）
- 1×（4分鐘H＋慢跑3分鐘）＋2×（3分鐘H＋慢跑2分鐘）+3×（2分鐘H＋慢跑1分鐘）＋4×（1分鐘H＋慢跑30秒）

每趟中間的慢跑主要是恢復用的，我會建議設定的時間要比H強度短一些，最長可以跟H一樣，但絕對不要比H的時間來得長。

另一種I課表在風大的日子也很好用，尤其在不容易以目標I配速連續跑到一公里以上的日子，每趟的跑步加休息時間限定爲一分鐘，比如說今天的課表是：二十趟兩百公尺（20×200mI配速），某跑者每趟兩百公尺大約跑40秒，那他每趟休息20秒後就要開始跑下一趟；這意味著速度較慢的跑者可休息時間也會比較短（跟較快的跑者比起來休息時間可能會差到兩倍，例如：兩百公尺可以跑到30秒的人，那他每趟都可以休到30秒）。表4.3中列出各式各樣的I與H課表。

表4.3　I配速與H配速課表

課表編號	課表內容	總訓練時數
訓練課表A：每週跑量達48公里		
A1	5～6×（2分鐘**H**＋1分鐘慢跑／以法特雷克式進行）	15～18分鐘
A2	4×（3分鐘**H**＋2分鐘慢跑／以法特雷克式進行）	20分鐘
A3	3×（4分鐘**H**＋3分鐘慢跑／以法特雷克式進行）	21分鐘
A4	4～5×（800公尺**I**配速＋2分鐘慢跑）	20～25分鐘
訓練課表B：每週跑量為48～64公里		
B1	7～8×（2分鐘**H**＋1分鐘慢跑／以法特雷克式進行）	21～24分鐘
B2	5×（3分鐘**H**＋2分鐘慢跑／以法特雷克式進行）	25分鐘
B3	4×（4分鐘**H**＋3分鐘慢跑／以法特雷克式進行）	28分鐘
B4	5～6×（800公尺**I**配速＋2分鐘慢跑）	25～30分鐘
B5	4～5×（1,000公尺**I**配速＋3分鐘慢跑）	26～33分鐘
訓練課表C：每週跑量為64～72公里		
C1	6×（800公尺**I**配速＋2分鐘慢跑）	27分鐘
C2	6×（3分鐘**H**＋2分鐘慢跑／以法特雷克式進行）	30分鐘
C3	5×（1,000公尺**I**配速＋3分鐘慢跑）	33分鐘
C4	4～5×（1,200公尺**I**配速＋3分鐘慢跑）	28～35分鐘
C5	3～4×（5分鐘**H**＋4分鐘慢跑） 如果你的**I**配速在3:08／km以內，可以直接把課表改成： 3～4×（1.6公里**I**＋4分鐘慢跑）	27～36分鐘

課表編號	課表內容	總訓練時數
訓練課表D：每週跑量為74～88公里		
D1	5～6×（1,000公尺**I**配速＋3分鐘慢跑）	33～39分鐘
D2	4～5×（1,200公尺**I**配速＋3分鐘慢跑） 或是改成： 5×（4分鐘**H**＋3分鐘慢跑／以法特雷克式進行）	28～35分鐘
D3	4×（1,600公尺**I**配速＋4分鐘慢跑） 或是改成： 4×（5分鐘**H**＋4分鐘慢跑／以法特雷克式進行）	36分鐘
D4	5×（4分鐘**H**＋3分鐘慢跑／以法特雷克式進行）	35分鐘
D5	7×（3分鐘**H**＋2分鐘慢跑／以法特雷克式進行）	35分鐘
D6	10×（2分鐘**H**＋1分鐘慢跑／以法特雷克式進行）	30分鐘
訓練課表E：每週跑量為90～113公里		
E1	6～8×（1,000公尺**I**配速＋3分鐘慢跑）	39～52分鐘
E2	5～6×（1,200公尺**I**配速＋3分鐘慢跑）	35～42分鐘
E3	5×（5分鐘**H**＋4分鐘慢跑／以法特雷克式進行）	45分鐘
E4	4×（3分鐘**H**＋2分鐘慢跑）＋4×（2分鐘**H**＋1分鐘慢跑／以法特雷克式進行）	32分鐘
E5	3×（3分鐘**H**＋2分鐘慢跑）＋ 4×（2分鐘**H**＋1分鐘慢跑）＋5×（1分鐘**H**＋30 秒慢跑）	35分鐘
訓練課表F：每週跑量為113公里以上		
F1	7～10×（1,000公尺**I**配速＋3分鐘慢跑）	45～65分鐘
F2	3×（5分鐘**H**＋4分鐘慢跑）＋ 4×（1,000公尺**I**配速＋3分鐘慢跑）	54分鐘
F3	6～8×（4分鐘**H**＋3分鐘慢跑） 如果速度夠快，可以改用**I**配速練1,200公尺的間歇，課表如下： 6～8×（1,200公尺**I**配速＋3分鐘慢跑）	42～56分鐘
F4	5～6×（5分鐘**H**＋4分鐘慢跑） 如果速度夠快，可以改用**I**配速練1,600公尺的間歇，課表如下： 5～6×（1,600公尺**I**配速＋4分鐘慢跑）	45～54分鐘
F5	2×（5分鐘**H**＋4分鐘慢跑）＋ 3×（3分鐘**H**＋3分鐘慢跑）＋4×（2分鐘**H**＋1分鐘慢跑）	48分鐘
F6	5×（2分鐘**H**＋1分鐘慢跑）＋8×（1分鐘**H**＋30秒慢跑）＋12×（30秒**H**＋30秒慢跑）	39分鐘

課表編號	課表內容	總訓練時數
訓練課表G：跑步機上的爬坡課表，不管週里程數多少的跑者都適用		
G1	20×（30秒**H**強度＋30秒休息） 此處的**H**強度在跑步機上設定坡度為20%，時速設定每小時為8.0～9.6公里	20分鐘
G2	5×（1分鐘**H**強度＋1分鐘休息）＋10×（30秒**H**強度＋30 秒休息） 此處的**H**強度在跑步機上設定坡度為20%，時速設定每小時為8.0～9.6公里	20分鐘
G3	10×（1分鐘**H**強度＋1分鐘休息） 此處的**H**強度在跑步機上設定坡度為20%，時速設定每小時為9.6公里	20分鐘
G4	20×（30秒**H**強度＋30 秒休息） 此處的**H**強度在跑步機上設定坡度為20%，時速設定每小時為11.2公里	20分鐘
G5	5×（1分鐘**H**強度＋1分鐘休息）＋10×（30秒**H**強度＋30 秒休息） 此處的**H**強度在跑步機上設定坡度為20%，時速設定每小時為11.2公里	20分鐘
G6	10×（1分鐘**H**強度＋1分鐘休息） 此處的**H**強度在跑步機上設定坡度為20%，時速設定每小時為11.2公里	20分鐘

G4~G6時速亦可設定至每小時12~12.8公里。

此表格由傑克．丹尼爾斯跑步計算器所創建，該計算器出自Run SMART項目。

R強度：快步跑

R強度訓練的主要目的是為了增進跑者無氧引擎的能力，提升跑步的速度和經濟性。當你在練R課表（或任何課表）時，不要忘記你想要達到的目標。如果你想提升速度，練習時的速度就應該相當快才有意義，為了維持較快的速度與優質的跑步技術，每趟起跑前休息必須足夠，這點特別重要。你也不想在跑出目標速度的同時感到吃力或被迫犧牲技術。

有些跑者（甚至某些教練）認為休息時間愈短愈好。比如說，你最近的課表是十趟四百公尺的間歇訓練，原本每趟跑70秒，中間休息3分鐘，你可能會認為在相同趟數與速度下，若能改成休息2分鐘，訓練效果會更好，然而，其實可能更糟。我們訓練的目標是在提高速度的同時維持良好的跑步技術。然而，如果你縮短恢復時間，你很可能會因為恢復不夠而無法在70秒內以良好的技術跑完四百公尺。你可能還是可以跑到70秒，但跑得很痛苦，這種因縮短時間所造成的痛苦並無法實現我們的訓練目的。

R課表並不適用在大型的團隊訓練中。因為團隊中總有些人跑得比較快，他們結束和出發的時間都會比別人早，如果此時團隊中較慢的跑者被要求每趟都要跟上的話，他們將跑得很痛苦才跟得上，事實上到後面很可能根本跟不上。猜猜這樣的訓練效果如何？速度較快的跑者訓練會有效果，但速度慢的跑者將練得很痛苦卻又無法達到R課表的訓練目標。

我帶領的跑步隊上的長距離跑者，可能在一天中的R配速課表的總量就會達到十公里，我時常告誡他們：不要去取笑短距離跑者怎麼一天的總訓練量只有三公里出頭。短距離衝刺型跑者在訓練時要花很多時間讓身體恢復，才能每趟都跑出速度，能練到預定的速度才能再進步。在氣溫較低的日子，等待恢復的休息期間，最好能多穿上一些衣服才不會凍著。即使是長距離跑者，在寒流來臨時練R配速，最好能在兩趟快跑間穿上夾克才不會在休息時著涼。

對長距離跑者而言，我建議R課表中兩趟間歇的休息時間大約是R配速練跑時間的兩到三倍（以時間爲準，而非距離）。另一種決定R課表中恢復跑的距離，是由你課表設定跑動時間內所跑的公尺數來決定。舉例來說，當你以R配速跑四百公尺時，兩趟之間改以慢跑四百公尺當作動態恢復，慢跑最後的十到二十公尺可改成步行，讓身體充分恢復後再開始下一趟。

我建議單次課表中 R 配速的訓練量最多不要超過8公里或當週跑量的5%（以先達到者爲準）。例如：有位跑者每週跑量48公里，那他R課表中的里程數最多就以2.4公里爲限（5%×48）。然而，有些跑者每星期練跑超過160公里，我還是建議R配速最多不要練超過8公里，比方說每週跑量爲190公里的跑者，R配速也以8公里爲限（雖然190的5%是9.5公里）。另一個R強度訓練中常用的原則是：每趟的跑步時間最長不要超過2分鐘，這意味著大部分跑者會練的R課表大都是由兩百、三百、四百、五百或六百公尺的間歇所組成。如果你的R配速是每四百公尺跑60秒的話，那R課表拉長到八百公尺也是可以的，但在這裡是指是在4分鐘左右可以跑完一英里的跑者才適合拉到那麼長。

在設計團隊的訓練計畫時最好以不同強度的訓練時間爲準，而不要用距離，否則隊上速度慢的會比速度快的跑者花更多時間在同一份課表上。對同一份「8×400公尺R配速」的課表來說，如果你以距離爲單位的話，一位R配速爲90秒的跑者（以四百公尺爲單位）必然比65秒的跑者花更多時間練習，較慢的跑者在這八趟總計會多跑3分20秒（200秒=25秒×8），不只是訓練壓力變大很多，他的腳掌與地面碰撞的次數也會更多。相較之下，一位R配速爲65秒的跑者完成「8×400」的時間會比較短，對身體和下肢的壓力都比較小。愈強的跑者反而訓練壓力較小，這對嗎？試想看看，如果速度較慢跑者的課表調整成「6×400」，每趟以90秒完成，那麼他跟R配速65秒那位跑者完成「8×400」的總訓練時數就會差不多，兩者的訓練量也將較為相稱。

如同之前提供的M、T與I配速課表範例，表4.4中將列出一些R配速課表供大家參考：

表4.4 R配速課表

課表編號	課表內容	總訓練時數
訓練課表A：每週跑量達48公里		
A1	8×（200公尺**R**＋200公尺慢跑）	16分鐘
A2	2×（200公尺**R**＋200公尺慢跑＋200公尺**R**＋400公尺慢跑＋400公尺**R**＋200公尺慢跑）	16分鐘
A3	2×（200公尺**R**＋200公尺慢跑）＋2×（400公尺**R**＋400公尺慢跑）＋2×（200公尺**R**＋200公尺慢跑）	16分鐘
A4	4×（300公尺**R**＋300公尺慢跑）＋1×400公尺**R**	13分鐘
A5	4×（400公尺**R**＋400公尺慢跑）	16分鐘
訓練課表B：每週跑量為50～64公里		
B1	2×｛6×（200公尺**R**＋200公尺慢跑）＋400公尺慢跑｝	27分鐘
B2	3×（200公尺**R**＋200公尺慢跑＋200公尺**R**＋400公尺慢跑＋400公尺**R**＋200公尺慢跑）	24分鐘
B3	4×（200公尺**R**＋200公尺慢跑）＋2×（400公尺**R**＋400公尺慢跑）＋4×（200公尺**R**＋200公尺慢跑）	24分鐘
B4	6×（400公尺**R**＋400公尺慢跑）	24分鐘
B5	2×（200公尺**R**＋200公尺慢跑）＋2×（600公尺**R**＋600公尺慢跑）＋2×（400公尺**R**＋400公尺慢跑）	24分鐘
訓練課表C：每週跑量為66～80公里		
C1	2×｛8×（200公尺**R**＋200公尺慢跑）＋800公尺慢跑｝	37分鐘
C2	4×（200公尺**R**＋200公尺慢跑＋200公尺**R**＋400公尺慢跑＋400公尺**R**＋200公尺慢跑）	32分鐘
C3	4×（200公尺**R**＋200公尺慢跑）＋4×（400公尺**R**＋400公尺慢跑）＋4×（200公尺**R**＋200公尺慢跑）	32分鐘

課表編號	課表內容	總訓練時數
C4	4×（400公尺**R**＋400公尺慢跑）＋8×（200公尺**R**＋200公尺慢跑）	32分鐘
C5	8×（400公尺**R**＋400公尺慢跑）	32分鐘
C6	2×（200公尺**R**＋200公尺慢跑）＋2×（600公尺**R**＋600公尺慢跑）＋4×（400公尺**R**＋400公尺慢跑）	32分鐘
訓練課表D：每週跑量為82～96公里		
D1	2×{10×（200公尺**R**＋200公尺慢跑）＋800公尺慢跑}	45分鐘
D2	5×（200公尺**R**＋200公尺慢跑＋200公尺**R**＋400公尺慢跑＋400公尺**R**＋200公尺慢跑）	40分鐘
D3	6×（200公尺**R**＋200公尺慢跑）＋6×（400公尺**R**＋400公尺慢跑）＋2×（200公尺**R**＋200公尺慢跑）	40分鐘
D4	6×（400公尺**R**＋400公尺慢跑）＋8×（200公尺**R**＋200公尺慢跑）	40分鐘
D5	2×（200公尺**R**＋200公尺慢跑）＋8×（400公尺**R**＋400公尺慢跑）＋2×（200公尺**R**＋200公尺慢跑）	40分鐘
D6	10×（400公尺**R**＋400公尺慢跑）	40分鐘
D7	2×（200公尺**R**＋200公尺慢跑）＋4×（600公尺**R**＋600公尺慢跑）＋3×（400公尺**R**＋400公尺慢跑）	40分鐘
D8	3×（200公尺**R**＋200公尺慢跑）＋5×（600公尺**R**＋600公尺慢跑）＋2×（200公尺**R**＋200公尺慢跑）	40分鐘
D9	2×（200公尺**R**＋400公尺慢跑）＋3×{800公尺**R**＋400公尺慢跑＋2×（200公尺**R**＋400公尺慢跑）}	40分鐘
D10	2×（200公尺**R**＋200公尺慢跑）＋2×（800公尺**R**＋800公尺慢跑）＋2×（600公尺**R**＋600公尺慢跑）＋2×（400公尺**R**＋400公尺慢跑）	42分鐘
D11	2×（200公尺**R**＋400公尺慢跑）＋3×（800公尺**R**＋800公尺慢跑）＋3×（400公尺**R**＋400公尺慢跑）	43分鐘
D12	5×（800公尺**R**＋800公尺慢跑）	40分鐘
訓練課表E：每週跑量為98～120公里		
E1	3×{8×（200公尺**R**＋200公尺慢跑）＋400～800公尺慢跑}	49分鐘
E2	6×（200公尺**R**＋200公尺慢跑＋200公尺**R**＋400公尺慢跑＋400公尺**R**＋200公尺慢跑）	48分鐘

課表編號	課表內容	總訓練時數
E3	4×（200公尺**R**＋200公尺慢跑）＋8×（400公尺**R**＋400公尺慢跑）＋4×（200公尺**R**＋200公尺慢跑）	48分鐘
E4	8×（400公尺**R**＋400公尺慢跑）＋8×（200公尺**R**＋200公尺慢跑）	48分鐘
E5	4×（600公尺**R**＋600公尺慢跑）＋4×（400公尺**R**＋400公尺慢跑）＋4×（200公尺**R**＋200公尺慢跑）	52分鐘
E6	3×（600公尺**R**＋600公尺慢跑）＋3×（800公尺**R**＋800公尺慢跑）＋3×（200公尺**R**＋200公尺慢跑）	51分鐘
E7	2×（800公尺**R**＋800公尺慢跑）＋3×（600公尺**R**＋600公尺慢跑）＋2×（400公尺**R**＋400公尺慢跑）＋3×（200公尺**R**＋200公尺慢跑）＋	51分鐘
E8	4×（200公尺**R**＋200公尺慢跑）＋5×（800公尺**R**＋800公尺慢跑）	48分鐘
E9	2×（800公尺**R**＋800公尺慢跑）＋4×（400公尺**R**＋400公尺慢跑）＋8×（200公尺**R**＋200公尺慢跑）	48分鐘
訓練課表F：每週跑量為122～129公里		
F1	4×（200公尺**R**＋200公尺慢跑）＋4×（400公尺**R**＋400公尺慢跑）＋4×（800公尺**R**＋800公尺慢跑）＋4×（200公尺**R**＋200公尺慢跑）	62分鐘
F2	2×（200公尺**R**＋200公尺慢跑）＋2×（800公尺**R**＋800公尺慢跑）＋2×（200公尺**R**＋200公尺慢跑）＋4×（400公尺**R**＋400公尺慢跑）＋2×（200公尺**R**＋200公尺慢跑）＋2×（800公尺**R**＋800公尺慢跑）＋2×（200公尺**R**＋200公尺慢跑）	64分鐘
F3	2×（200公尺**R**＋200公尺慢跑）＋3×（800公尺**R**＋800公尺慢跑）＋4×（600公尺**R**＋600公尺慢跑）＋2×（400公尺**R**＋400公尺慢跑）	64分鐘
F4	2×（800公尺**R**＋800公尺慢跑）＋3×（600公尺**R**＋600公尺慢跑）＋4×（400公尺**R**＋400公尺慢跑）＋5×（200公尺**R**＋200公尺慢跑）＋	63分鐘
F5	4×{4×（400公尺**R**＋400公尺慢跑）＋800公尺慢跑}	79分鐘
F6	4×{8×（200公尺**R**＋200公尺慢跑）＋400公尺慢跑}	74分鐘

課表編號	課表內容	總訓練時數
訓練課表G：每週跑量為129公里以上		
G1	5×{8×(200公尺**R**＋200公尺慢跑)＋400公尺慢跑}	90分鐘
G2	20×(400公尺**R**＋400公尺慢跑)	80分鐘
G3	16×(400公尺**R**＋400公尺慢跑)＋8×(200公尺**R**＋200公尺慢跑)	80分鐘
G4	4×(200公尺**R**＋200公尺慢跑)＋4×(800公尺**R**＋800公尺慢跑)＋6×(400公尺**R**＋400公尺慢跑)＋1×(800公尺**R**＋800公尺慢跑)＋4×(200公尺**R**＋200公尺慢跑)	80分鐘
G5	3×{5×(200公尺**R**＋200公尺慢跑)＋2×(400公尺**R**＋400公尺慢跑)＋1×(800公尺**R**＋800公尺慢跑)＋5分鐘休息}	88分鐘

此表格由傑克·丹尼爾斯跑步計算器所創建，該計算器出自Run SMART項目。

記錄自己的訓練強度和訓練量

大部分長跑者都會仔細記錄自己每週所跑的里程數，這是很有用的資訊，因爲這有助於避免過度訓練，並且讓跑者有數據可以回顧之前的跑量和表現之間的關係。我之前曾提過：在增加訓練壓力之前，最好能在特定的壓力下維持數週的時間，但除了總量之外，你也應該注意不同訓練強度的壓力在一份訓練計畫中的占比爲何。

關於監控不同強度的訓練壓力，我的第一步是讓其他教練和有經驗的跑者知道如何將不同強度的跑步壓力之間進行量化的比較。比如說I強度要跑多久才會等於T強度的練習時間呢？經過研究，我得出了一些權重值，可以讓跑者(或教練)將不同的跑步強度的訓練量進行比較，這些資訊我匯整在圖4.5的表格中。對於那些在訓練過程中會特別監控心率的跑者，我在紀錄表中特別留下空格，方便跑者記錄不同訓練配速下的心率(HR)。記錄下這些心率數據將有助你更精確地監控訓練強度。

圖 4.5　不同類型課表的訓練壓力指數

訓練強度	訓練強度所帶來的壓力權重（點／分鐘）	心率
E配速區間（輕鬆跑）	0.2	
M配速區間（馬拉松配速跑）	0.4	
T配速區間（閾值配速跑）	0.6	
10K配速區間	0.8	
I配速區間	1.0 （每趟中間休息若為恢復跑，權重值計為0.2點／分鐘）	
R配速區間	1.5 （每趟中間休息若為恢復跑，權重值計為0.2點／分鐘）	
FR配速區間	2.0 （每趟中間休息若為恢復跑，權重值計為0.2點／分鐘）	

每日訓練壓力點數統計

週一：**E**___ ＋**M**___ ＋**T**___ ＋**10K**___ ＋**I**___ ＋**R**___ ＋**FR**___ ＝每日壓力______點

週二：**E**___ ＋**M**___ ＋**T**___ ＋**10K**___ ＋**I**___ ＋**R**___ ＋**FR**___ ＝每日壓力______點

週三：**E**___ ＋**M**___ ＋**T**___ ＋**10K**___ ＋**I**___ ＋**R**___ ＋**FR**___ ＝每日壓力______點

週四：**E**___ ＋**M**___ ＋**T**___ ＋**10K**___ ＋**I**___ ＋**R**___ ＋**FR**___ ＝每日壓力______點

週五：**E**___ ＋**M**___ ＋**T**___ ＋**10K**___ ＋**I**___ ＋**R**___ ＋**FR**___ ＝每日壓力______點

週六：**E**___ ＋**M**___ ＋**T**___ ＋**10K**___ ＋**I**___ ＋**R**___ ＋**FR**___ ＝每日壓力______點

週日：**E**___ ＋**M**___ ＋**T**___ ＋**10K**___ ＋**I**___ ＋**R**___ ＋**FR**___ ＝每日壓力______點

每週訓練壓力點數統計

一週：**E**___ ＋**M**___ ＋**T**___ ＋10K___ ＋**I**___ ＋**R**___ ＋**FR**___ ＝每週壓力______點

雖然**R**和**FR**這兩個強度已高於最大攝氧速度，但如果有心率數據的話，請記錄下每一趟的最大心率值。

- E強度區間（輕鬆跑）：雖然E配速區間很廣，很難以單一權重值代表，但我這邊還是將E區間取平均值，把跑力值的66%的速度當作代表，定爲每分鐘0.2點。我把E強度區間設定在你跑力值的59%～74%之間。
- M強度區間（馬拉松配速跑）：該強度區間是在跑力值的75%～84%之間。爲了簡化M配速的壓力計算，權重值設定爲每分鐘0.4點。
- T強度區間（閾值配速跑）：接下來是比較有強度的T配速，對比較強的跑者而言它的強度落在跑力值的85～88%之間；但對訓練較少的跑者來說大約會落在跑力值的80～86%。T強度是提高身體清除乳酸能力最好的方法，簡而言之，這個強度對於跑者提高耐力非常有效。我把T強度區間的權重值設定在每分鐘0.6點。
- 10K強度區間：有些跑步者很喜歡在十公里比賽強度進行訓練，根據我的觀察，這個強度介於T跟I之間，我把它的強度權重值設定在每分鐘0.8點。
- I強度區間：跑者在I強度時將使身體接近或達到最大攝氧量，所以它最適合提高跑者的有氧容量。在這個區間訓練時，大部分的情況下可以把每分鐘的權重值設定爲1點。跟I強度相關的比賽距離一般落在三到八公里之間。
- R和FR強度區間：當跑者以這麼快的速度奔跑時，不出幾分鐘很快就會達到最大心率。花時間在R區間的訓練有助於跑者提高速度、無氧容量和跑步效率。在這個強度下，可以把R區間的權重值設定在每分鐘1.5點；強度FR（fast repetitons）的權重值設定爲每分鐘2.0點。當你以跑力值的105%～110%訓練或比賽時，已經進入R強度區間，這個速度通常只能持續4分40秒到7分鐘之間，它接近許多選手在一千五百公尺或一英里時的比賽速度。至於**FR**強度，則是落在跑力值115%～120%之間，它比較接近八百公尺比賽時的速度。

即使你在不同強度／配速區間所花的時間可能無法精確記錄，但透過這些數字，已經對了解你過去的訓練很有用處。例如：你可能在這一季訓練中的**I**強度累積了100點的壓力，如果你並沒有過度訓練的感覺，那下一季你將可以試著在同樣的配速區間累積110點的壓力。

你也可以看到每週的總點數（所有強度區間的壓力總和），下一季的訓練你可以試著增加某個百分比的點數。對於剛開始練跑的高中生而言，建議先試著從每週累積50點開始，訓練個一兩年後週總量才能接近100點。

到了大學期間，週總壓力可以增加到150點，畢業後可能會增加到每週200點或更多。毫無疑問，就像每週總里程數一樣，有些跑者就是可以在積累更多的壓力點數下仍可避免受傷。

CHAPTER 5

跑力訓練系統

為你參加的每場比賽設定一個合理的目標。

因為「跑力表（VDOT tables）」簡單易懂、好用又有效，在過去三十五年間受到眾多跑者與教練的肯定，所以很有必要在本書中特別安排一章來說明跑力系統。

「VDOT」這個詞過去是被用來作為「最大攝氧量（$\dot{V}O_2max$）」的簡稱。當有人提到「攝氧量（$\dot{V}O_2$）」（不論使用氧氣的量是否為最大值），正確的英文發音都是「V dot O_2」，字母「V」代表「容量」，再加上一點代表「一分鐘的容量」。

如果「V」上面沒有一點，指的累積容量可能會超過或少於一分鐘，所以為了使不同的容量能互相比較，我們把容量除以時間得到每分鐘的容量單位，例如受試者A在跑步機或操場上進行攝氧量測試時，我用袋子持續收集他在30秒內所吐出的空氣，總共收集了65公升的空氣。經檢測後，袋子中被A消耗了2,000毫升（2公升）的氧氣。下面我們稱這30秒吐出的空氣總量為「V_E」，V_E = 65公升；這30秒內消耗的氧氣量為「VO_2」，VO_2 = 2,000毫升。

然而，如果另一位受試者 B 所吐出的空氣總量是在40秒內收集到的，B的V_E = 75公升，VO_2 = 2,500毫升。如果看到這樣的數據就直接說B的肺活量與攝氧量比A更大就不太合理了，因為收集空氣的時間不同。

因此先把兩位受試者的所吐出的空氣總量與氧氣消耗量先轉換成單位時間（每分鐘）的數值，這樣互相比較才有效力可言。在這個例子中，受試者A每分鐘吐出的空氣量V_E＝130公升／分鐘，而B的V_E＝112.5公升／分鐘。至於每分鐘的攝氧量（VDOT O_2／$\dot{V}O_2$）受試者A為4,000毫升／分鐘，受試者B為3,750毫升／分鐘。

為了比較不同的數值，不論比較的對象是多位受試者，還是同一位受試者在不同情況下的測試結果，實驗數據都必須先轉換成以一分鐘為單位時間的數值來比較才有意義。「單位時間內氧氣攝取量」的專業術語正是：「VDOT O_2」。

因此當初，吉米和我用過去收集來的資料創建跑力表的原型時，在電腦程式中我們就直接把計算出來的「擬最大攝氧量（pseudo $\dot{V}O_2$max）」稱為VDOT（中文版譯為「跑力」）。在這裡我必須提到吉米，因為這個跑力表的程式正是他寫的。吉米是我過去在大學帶過的一位選手，之後在位於德州休士頓的美國太空總署（NASA）當電腦工程師。他現在仍住在那裡，並且剛完成他生命中的第160,000公里，這相當於連續五十年每週跑62.1公里（他非常仔細地記錄每次跑步的里程數）。我們的跑力表正因為吉米著重細節才有可能完成。

用跑力值來設立訓練強度

我們用來建立跑力表的數據是經過好幾年的時間從眾多不同程度的跑者身上收集回來的。其中三個最重要的變數分別是❶「最大攝氧量（$\dot{V}O_2$max）」、❷「以低於最大攝氧量的四種配速跑一分鐘的經濟性」，以及每位跑者在❸「不同比賽距離（或更精確地說是不同距離的比賽時間下）所動用的最大攝氧量百分比」。

圖5.1所呈現的是典型的跑步效率曲線（跑步經濟曲線），這是跑

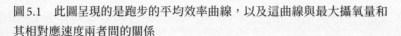

圖 5.1　此圖呈現的是跑步的平均效率曲線，以及這曲線與最大攝氧量和其相對應速度兩者間的關係

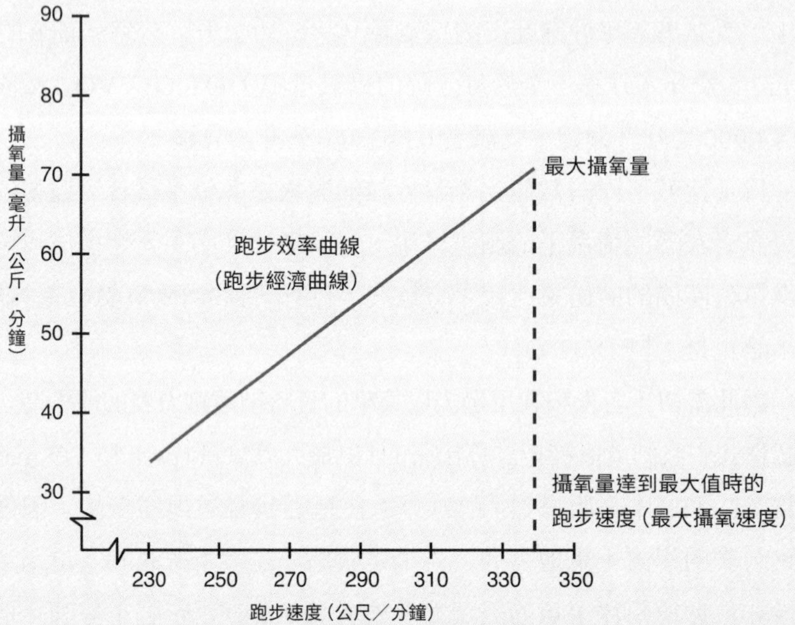

該圖摘自：J. Daniels, R. Fitts+ G. Sheehan. 1978, *Conditioning for distance running: The scientific aspects*（New York, NY: John Wiley and Sons）, 31. By permission of J. Daniels.

者們在低於最大攝氧量下，檢測其跑步速度和攝氧量間的關係曲線，而圖 5.2 的曲線是根據兩個變數所繪出，分別是不同距離的比賽時間與這段時間所動用的最大攝氧量百分比。

下面舉例來說明使用圖 5.1 中曲線所迴歸出來的公式來計算跑力值，我們可以知道這位跑者在每公里 3 分 45 秒（268 公尺／分鐘）的跑速下攝氧量爲 51.7（毫升／公斤體重．分鐘）。現在如果這位跑者以 30 分鐘完成一場 5 英里（8 公里）的比賽（平均配速一樣是每公里 3 分 45 秒），那麼把比賽時間 30 分鐘代入圖 5.2 曲線的迴歸公式可得到他在比賽中使用最大攝氧量百分比爲 93.7%。所以他的攝氧量 51.7 毫升

圖 5.2　最大攝氧量的百分比與比賽時間所作的曲線圖

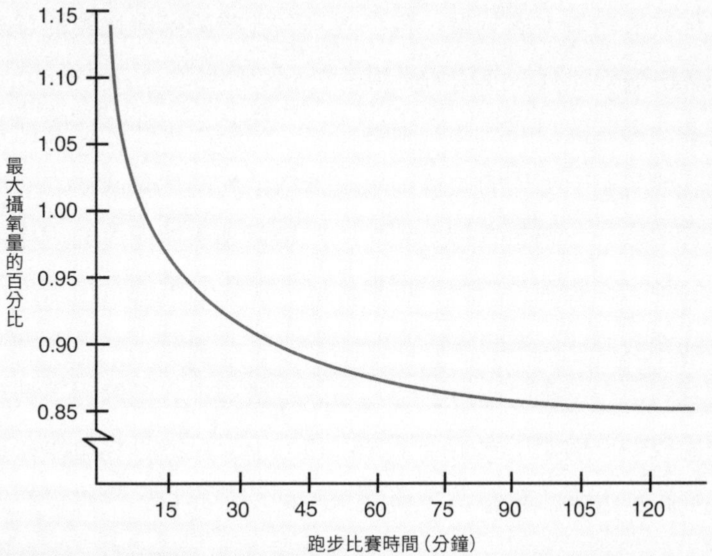

該圖摘自：J. Daniels, R. Fitts+ G. Sheehan. 1978, *Conditioning for distance running: The scientific aspects* (New York, NY: John Wiley and Sons), 31. By permission of J. Daniels.

只佔最大攝氧量的93.6%，因此他的跑力（VDOT，擬最大攝氧量）即爲51.7÷0.936＝55.2。

有時候跑者會跟我聯絡，他們不知道爲什麼用從跑力表得出的跑力值是56.5（假設），但最近在實驗室測出來的最大攝氧量卻是61.6。這其實一點問題都沒有。記得，我們的跑力值是根據跑步效率曲線所推估出來的，所以假若實際上的最大攝氧量比我們判定的跑力來得大，代表他目前的跑步效率不佳，但如果你在實驗室測出的最大攝氧量比跑力值低，這代表你的跑步效率比我們所評定的平均值來得高。跑力值是透過相同的攝氧量以及你在賽場上的實際成績所推算出來的，接著再利用一些相當複雜的公式來計算訓練強度並預測其他比賽距離中的成績。

最好能用你在實際比賽的成績來取得跑力值，如此後續評估訓練強度與其他比賽距離的成績都會比在實驗室的測驗來得準，因爲比賽會反應你眞實的最大攝氧量、跑步效率、乳酸閾值與比賽的意志，這全部都會由最終比賽的成績所呈現。

若拿一場狀況很好的比賽來推估另一場狀況不佳的比賽結果當然不合理，或是拿一英里的比賽結果來推估全馬的比賽成績也不恰當，用半馬會比較好。想想看跑力值之所以是運動生理能力的絕佳指標，是因爲它是直接透過實際的表現來估計，所以它很適合用來推估當前你正在訓練的目標賽事的成績。

當我們過去在創建跑力表時，某些距離的世界紀錄還不到跑力值所預測的成績。例如：女子一千五百和三千公尺的世界紀錄在那時所對應出來的跑力值都超過71，但同一時期女子馬拉松的世界紀錄所對應的跑力值卻相對較低，所以當時我們敢說：「根據不同距離間相對的跑力值，我們可以大膽地預測，在男子馬拉松選手的成績大幅進步之前，女子的成績將很快跑進2小時20分。」當然，事後證明的確如此。

這樣的預測並不會差太遠，所有世界紀錄保持人的成績所對應的跑力值都很近[15]，男性的成績所對應出來的跑力值，稍微比女性多了11%左右。事實上跑力70的女性也會表現得比65左右的男性跑者更好。總之，不論年齡或性別，跑力愈高成績愈好，因爲跑力是以跑者的實際表現爲優先考量。

讓我們從現實面來看，現在已經有很多馬拉松比賽會用參賽跑者過去的成績來決定起跑的區域，速度較慢的跑者會從比較後方的區域起跑。其實我們可以利用「跑力」的概念進行起跑分區；如果有些跑者過去不曾參加過全馬，還沒有全馬的成績，也可以使用其他距離的表

15. 譯注：二〇二三年當下的男子各項跑步世界紀錄的跑力值都很靠近85；女子則大都落在76附近。

現所對應的跑力值來確定起跑區域。

《攝氧功率》(*Oxygen Power*)這本書是我和吉爾伯特在一九七九年時完成的著作，裡頭的跑力表有八十一頁，包括四十種不同的比賽距離，其中有各種以公尺、碼、公里和英里爲單位的比賽，甚至也包括一小時的計時賽。表5.1的跑力值所對應的是目前較爲普遍的比賽距離與成績。

表 5.1　跑力值與其所相對應目前較爲普遍的比賽距離與成績

VDOT	1,500	1英里	3,000	2英里	5,000	10K	15K	半馬	全馬	VDOT
30	8:30	9:11	17:56	19:19	30:40	63:46	98:14	2:21:04	4:49:17	30
31	8:15	8:55	17:27	18:48	29:51	62:03	95:36	2:17:21	4:41:57	31
32	8:02	8:41	16:59	18:18	29:05	60:26	93:07	2:13:49	4:34:59	32
33	7:49	8:27	16:33	17:50	28:21	58:54	90:45	2:10:27	4:28:22	33
34	7:37	8:14	16:09	17:24	27:39	57:26	88:30	2:07:16	4:22:03	34
35	7:25	8:01	15:45	16:58	27:00	56:03	86:22	2:04:13	4:16:03	35
36	7:14	7:49	15:23	16:34	26:22	54:44	84:20	2:01:19	4:10:19	36
37	7:04	7:38	15:01	16:11	25:46	53:29	82:24	1:58:34	4:04:50	37
38	6:54	7:27	14:41	15:49	25:12	52:17	80:33	1:55:55	3:59:35	38
39	6:44	7:17	14:21	15:29	24:39	51:09	78:47	1:53:24	3:54:34	39
40	6:35	7:07	14:03	15:08	24:08	50:03	77:06	1:50:59	3:49:45	40
41	6:27	6:58	13:45	14:49	23:38	49:01	75:29	1:48:40	3:45:09	41
42	6:19	6:49	13:28	14:31	23:09	48:01	73:56	1:46:27	3:40:43	42
43	6:11	6:41	13:11	14:13	22:41	47:04	72:27	1:44:20	3:36:28	43
44	6:03	6:32	12:55	13:56	22:15	46:09	71:02	1:42:17	3:32:23	44
45	5:56	6:25	12:40	13:40	21:50	45:16	69:40	1:40:20	3:28:26	45
46	5:49	6:17	12:26	13:25	21:25	44:25	68:22	1:38:27	3:24:39	46
47	5:42	6:10	12:12	13:10	21:02	43:36	67:06	1:36:38	3:21:00	47
48	5:36	6:03	11:58	12:55	20:39	42:50	65:53	1:34:53	3:17:29	48
49	5:30	5:56	11:45	12:41	20:18	42:04	64:44	1:33:12	3:14:06	49
50	5:24	5:50	11:33	12:28	19:57	41:21	63:36	1:31:35	3:10:49	50
51	5:18	5:44	11:21	12:15	19:36	40:39	62:31	1:30:02	3:07:39	51
52	5:13	5:38	11:09	12:02	19:17	39:59	61:29	1:28:31	3:04:36	52
53	5:07	5:32	10:58	11:50	18:58	39:20	60:28	1:27:04	3:01:39	53
54	5:02	5:27	10:47	11:39	18:40	38:42	59:30	1:25:40	2:58:47	54

(續下頁▶)

VDOT	1,500	1英里	3,000	2英里	5,000	10K	15K	半馬	全馬	VDOT
55	4:57	5:21	10:37	11:28	18:22	38:06	58:33	1:24:18	2:56:01	55
56	4:53	5:16	10:27	11:17	18:05	37:31	57:39	1:23:00	2:53:20	56
57	4:48	5:11	10:17	11:06	17:49	36:57	56:46	1:21:43	2:50:45	57
58	4:44	5:06	10:08	10:56	17:33	36:24	55:55	1:20:30	2:48:14	58
59	4:39	5:02	9:58	10:46	17:17	35:52	55:06	1:19:18	2:45:47	59
60	4:35	4:57	9:50	10:37	17:03	35:22	54:18	1:18:09	2:43:25	60
61	4:31	4:53	9:41	10:27	16:48	34:52	53:32	1:17:02	2:41:08	61
62	4:27	4:49	9:33	10:18	16:34	34:23	52:47	1:15:57	2:38:54	62
63	4:24	4:45	9:25	10:10	16:20	33:55	52:03	1:14:54	2:36:44	63
64	4:20	4:41	9:17	10:01	16:07	33:28	51:21	1:13:53	2:34:38	64
65	4:16	4:37	9:09	9:53	15:54	33:01	50:40	1:12:53	2:32:35	65
66	4:13	4:33	9:02	9:45	15:42	32:35	50:00	1:11:56	2:30:36	66
67	4:10	4:30	8:55	9:37	15:29	32:11	49:22	1:11:00	2:28:40	67
68	4:06	4:26	8:48	9:30	15:18	31:46	48:44	1:10:05	2:26:47	68
69	4:03	4:23	8:41	9:23	15:06	31:23	48:08	1:09:12	2:24:57	69
70	4:00	4:19	8:34	9:16	14:55	31:00	47:32	1:08:21	2:23:10	70
71	3:57	4:16	8:28	9:09	14:44	30:38	46:58	1:07:31	2:21:26	71
72	3:54	4:13	8:22	9:02	14:33	30:16	46:24	1:06:42	2:19:44	72
73	3:52	4:10	8:16	8:55	14:23	29:55	45:51	1:05:54	2:18:05	73
74	3:49	4:07	8:10	8:49	14:13	29:34	45:19	1:05:08	2:16:29	74
75	3:46	4:04	8:04	8:43	14:03	29:14	44:48	1:04:23	2:14:55	75
76	3:44	4:02	7:58	8:37	13:54	28:55	44:18	1:03:39	2:13:23	76
77	3:41+	3:58+	7:53	8:31	13:44	28:36	43:49	1:02:56	2:11:54	77
78	3:38.8	3:56.2	7:48	8:25	13:35	28:17	43:20	1:02:15	2:10:27	78
79	3:36.5	3:53.7	7:43	8:20	13:26	27:59	42:52	1:01:34	2:09:02	79
80	3:34.2	3:51.2	7:37.5	8:14.2	13:17.8	27:41	42:25	1:00:54	2:07:38	80
81	3:31.9	3:48.7	7:32.5	8:08.9	13:09.3	27:24	41:58	1:00:15	2:06:17	81
82	3:29.7	3:46.4	7:27.7	8:03.7	13:01.1	27:07	41:32	59:38	2:04:57	82
83	3:27.6	3:44.0	7:23.0	7:58.6	12:53.0	26:51	41:06	59:01	2:03:40	83
84	3:25.5	3:41.8	7:18.5	7:53.6	12:45.2	26:34	40:42	58:25	2:02:24	84
85	3:23.5	3:39.6	7:14.0	7:48.8	12:37.4	26:19	40:17	57:50	2:01:10	85

此表格由傑克·丹尼爾斯跑步計算器所創建，該計算器出自Run SMART項目。

如果你用不同的比賽成績來找自己的跑力值與其對應的訓練配速時，通常是看哪個比賽距離所對應的跑力值最高就以它爲準。這個跑力值就代表你近期的最佳表現，接著你就可以透過表5.2中找出當前跑力值所對應的五種強度的配速（E、M、T、I、R），這個配速就可以直接套用在你當前的訓練計畫中。

舉例來說，我們假設你是用一英里的最佳成績（5:44）來找出對應的跑力值，從表5.1中找出對應的跑力值爲51，接著利用表5.2比對出適合跑力51的訓練配速。以「輕鬆跑」和「長跑」課表所用的E配速爲例，它是介在每公里4分52秒到5分29秒之間，這應該是該位跑者非常舒服而且可以聊天的速度。

接下來的欄位是適合馬拉松跑者的M配速，仍以跑力51爲例，在表5.2中跑力51的M配速爲4:27／公里。再下一欄來到閾値強度的T配速，T配速有三欄速度，分別表示每四百公尺、每公里、每英里的訓練時間，以跑力51而言，這三種訓練配速分別爲每四百公尺跑1:40、每公里跑4:11和每英里跑6:44（這都是同一種速度，只是單位不同而已）。

接著來到較高強度的間歇訓練I配速，請不要忘記我之前建議在進行I配速的間歇訓練時，每趟的時間不能超過5分鐘。基於這項原則，在表5.2中I配速欄位下方，不論是何種單位距離的訓練時間，最長都不會超過5分鐘。

同樣以跑力51爲例，I強度的間歇訓練可以分別以四百公尺、一公里或一千兩百公尺爲單位，表格中呈現的配速分別是：92秒／400m（若間歇要跑八百公尺的話就乘以二：3:04／800m）、3:51／1000m，以及4:36／1,200m。對跑力51的跑者而言，I強度的課表不適合跑到一英里，因爲那會超過5分鐘。從表5.2的跑力與訓練強度關係表中你會看到，跑力至少要有66才能用I配速跑一英里的間歇課表。

訓練R配速的情況也很類似。表5.2中最後五欄呈現的是R強度課表中常見的五種距離。我們一樣用跑力51爲例，他的R配速爲43秒／200m、64秒／300m、86秒／400m。在R強度的訓練中，每趟間歇的時間最長不超過2分鐘，所以對跑力只有51的跑者來說R強度的課表最好不要練到六百或八百公尺。跑力至少要到56的跑者，每趟R配速的間歇才可以跑到六百公尺，若R配速要練到八百公尺，則跑

表5.2　不同跑力值的訓練配速

VDOT	E（輕鬆跑）／L（長跑）		M（馬拉松配速）		T（閾值強度配速）		
	Km	Mile	Km	Mile	400m	Km	Mile
30	7:27-8:14	12:00-13:16	7:03	11:21	2:33	6:24	10:18
31	7:16-8:02	11:41-12:57	6:52	11:02	2:30	6:14	10:02
32	7:05-7:52	11:24-12:39	6:40	10:44	2:26	6:05	9:47
33	6:55-7:41	11:07-12:21	6:30	10:27	2:23	5:56	9:33
34	6:45-7:31	10:52-12:05	6:20	10:11	2:19	5:48	9:20
35	6:36-7:21	10:37-11:49	6:10	9:56	2:16	5:40	9:07
36	6:27-7:11	10:23-11:34	6:01	9:41	2:13	5:33	8:55
37	6:19-7:02	10:09-11:20	5:53	9:28	2:10	5:26	8:44
38	6:11-6:54	9:56-11:06	5:45	9:15	2:07	5:19	8:33
39	6:03-6:46	9:44-10:53	5:37	9:02	2:05	5:12	8:22
40	5:56-6:38	9:32-10:41	5:29	8:50	2:02	5:06	8:12
41	5:49-6:31	9:21-10:28	5:22	8:39	2:00	5:00	8:02
42	5:42-6:23	9:10-10:17	5:16	8:28	1:57	4:54	7:52
43	5:35-6:16	9:00-10:05	5:09	8:17	1:55	4:49	7:42
44	5:29-6:10	8:50-9:55	5:03	8:07	1:53	4:43	7:33
45	5:23-6:03	8:40-9:44	4:57	7:58	1:51	4:38	7:25
46	5:17-5:57	8:31-9:34	4:51	7:49	1:49	4:33	7:17
47	5:12-5:51	8:22-9:25	4:46	7:40	1:47	4:29	7:09
48	5:07-5:45	8:13-9:15	4:41	7:32	1:45	4:24	7:02
49	5:01-5:40	8:05-9:06	4:36	7:24	1:43	4:20	6:56
50	4:56-5:34	7:57-8:58	4:31	7:17	1:41	4:15	6:50
51	4:52-5:29	7:49-8:49	4:27	7:09	1:40	4:11	6:44

力至少要達到77以上才適合。

老實說，有時稍微超過我們建議的限制範圍也完全沒有問題，以跑力70的人來說，他以R配速跑完八百公尺的時間爲2分10秒，其實並沒有超過2分鐘太多，所以他的R強度課表眞要拉長到八百公尺也不會有什麼大問題。

I（間歇配速）				R（快步跑配速）					VDOT
400m	Km	1,200m	Mile	200m	300m	400m	600m	800m	
2:22	—	—	—	67	1:41	—	—	—	30
2:18	—	—	—	65	98	—	—	—	31
2:14	—	—	—	63	95	—	—	—	32
2:11	—	—	—	61	92	—	—	—	33
2:08	—	—	—	60	90	2:00	—	—	34
2:05	—	—	—	58	87	1:57	—	—	35
2:02	—	—	—	57	85	1:54	—	—	36
1:59	5:00	—	—	55	83	1:51	—	—	37
1:56	4:54	—	—	54	81	1:48	—	—	38
1:54	4:48	—	—	53	80	1:46	—	—	39
1:52	4:42	—	—	52	78	1:44	—	—	40
1:50	4:36	—	—	51	77	1:42	—	—	41
1:48	4:31	—	—	50	75	1:40	—	—	42
1:46	4:26	—	—	49	74	98	—	—	43
1:44	4:21	—	—	48	72	96	—	—	44
1:42	4:16	—	—	47	71	94	—	—	45
1:40	4:12	5:00	—	46	69	92	—	—	46
98	4:07	4:54	—	45	68	90	—	—	47
96	4:03	4:49	—	44	67	89	—	—	48
95	3:59	4:45	—	44	66	88	—	—	49
93	3:55	4:40	—	43	65	87	—	—	50
92	3:51	4:36	—	43	64	86	—	—	51

（續下頁▶）

VDOT	E（輕鬆跑）／L（長跑）		M（馬拉松配速）		T（閾值強度配速）		
	Km	Mile	Km	Mile	400m	Km	Mile
52	4:47-5:24	7:42-8:41	4:22	7:02	98	4:07	6:38
53	4:43-5:19	7:35-8:33	4:18	6:56	97	4:04	6:32
54	4:38-5:14	7:28-8:26	4:14	6:49	95	4:00	6:26
55	4:34-5:10	7:21-8:18	4:10	6:43	94	3:56	6:20
56	4:30-5:05	7:15-8:11	4:06	6:37	93	3:53	6:15
57	4:26-5:01	7:08-8:04	4:03	6:31	91	3:50	6:09
58	4:22-4:57	7:02-7:58	3:59	6:25	90	3:46	6:04
59	4:19-4:53	6:56-7:51	3:56	6:19	89	3:43	5:59
60	4:15-4:49	6:50-7:45	3:52	6:14	88	3:40	5:54
61	4:11-4:45	6:45-7:39	3:49	6:09	86	3:37	5:50
62	4:08-4:41	6:39-7:33	3:46	6:04	85	3:34	5:45
63	4:05-4:38	6:34-7:27	3:43	5:59	84	3:32	5:41
64	4:02-4:34	6:29-7:21	3:40	5:54	83	3:29	5:36
65	3:59-4:31	6:24-7:16	3:37	5:49	82	3:26	5:32
66	3:56-4:28	6:19-7:10	3:34	5:45	81	3:24	5:28
67	3:53-4:24	6:15-7:05	3:31	5:40	80	3:21	5:24
68	3:50-4:21	6:10-7:00	3:29	5:36	79	3:19	5:20
69	3:47-4:18	6:06-6:55	3:26	5:32	78	3:16	5:16
70	3:44-4:15	6:01-6:50	3:24	5:28	77	3:14	5:13
71	3:42-4:12	5:57-6:46	3:21	5:24	76	3:12	5:09
72	3:40-4:10	5:53-6:41	3:19	5:20	76	3:10	5:05
73	3:37-4:07	5:49-6:37	3:16	5:16	75	3:08	5:02
74	3:34-4:04	5:45-6:32	3:14	5:12	74	3:06	4:59
75	3:32-4:01	5:41-6:28	3:12	5:09	74	3:04	4:56
76	3:30-3:58	5:38-6:24	3:10	5:05	73	3:02	4:52
77	3:28-3:56	5:34-6:20	3:08	5:02	72	3:00	4:49
78	3:25-3:53	5:30-6:16	3:06	4:58	71	2:58	4:46
79	3:23-3:51	5:27-6:12	3:03	4:55	70	2:56	4:43
80	3:21-3:49	5:24-6:08	3:01	4:52	70	2:54	4:41
81	3:19-3:46	5:20-6:04	3:00	4:49	69	2:53	4:38
82	3:17-3:44	5:17-6:01	2:58	4:46	68	2:51	4:35
83	3:15-3:42	5:14-5:57	2:56	4:43	68	2:49	4:32
84	3:13-3:40	5:11-5:54	2:54	4:40	67	2:48	4:30
85	3:11-3:38	5:08-5:50	2:52	4:37	66	2:46	4:27

I（間歇配速）				R（快步跑配速）					VDOT
400m	Km	1,200m	Mile	200m	300m	400m	600m	800m	
91	3:48	4:32	—	42	64	85	—	—	52
90	3:44	4:29	—	42	63	84	—	—	53
88	3:41	4:25	—	41	62	82	—	—	54
87	3:37	4:21	—	40	61	81	—	—	55
86	3:34	4:18	—	40	60	80	2:00	—	56
85	3:31	4:14	—	39	59	79	1:57	—	57
83	3:28	4:10	—	38	58	77	1:55	—	58
82	3:25	4:07	—	38	57	76	1:54	—	59
81	3:23	4:03	—	37	56	75	1:52	—	60
80	3:20	4:00	—	37	55	74	1:51	—	61
79	3:17	3:57	—	36	54	73	1:49	—	62
78	3:15	3:54	—	36	53	72	1:48	—	63
77	3:12	3:51	—	35	52	71	1:46	—	64
76	3:10	3:48	—	35	52	70	1:45	—	65
75	3:08	3:45	5:00	34	51	69	1:43	—	66
74	3:05	3:42	4:57	34	51	68	1:42	—	67
73	3:03	3:39	4:53	33	50	67	1:40	—	68
72	3:01	3:36	4:50	33	49	66	99	—	69
71	2:59	3:34	4:46	32	48	65	97	—	70
70	2:57	3:31	4:43	32	48	64	96	—	71
69	2:55	3:29	4:40	31	47	63	94	—	72
69	2:53	3:27	4:37	31	47	63	93	—	73
68	2:51	3:25	4:34	31	46	62	92	—	74
67	2:49	3:22	4:31	30	46	61	91	—	75
66	2:48	3:20	4:28	30	45	60	90	—	76
65	2:46	3:18	4:25	29	45	59	89	2:00	77
65	2:44	3:16	4:23	29	44	59	88	1:59	78
64	2:42	3:14	4:20	29	44	58	87	1:58	79
64	2:41	3:12	4:17	29	43	58	87	1:56	80
63	2:39	3:10	4:15	28	43	57	86	1:55	81
62	2:38	3:08	4:12	28	42	56	85	1:54	82
62	2:36	3:07	4:10	28	42	56	84	1:53	83
61	2:35	3:05	4:08	27	41	55	83	1:52	84
61	2:33	3:03	4:05	27	41	55	82	1:51	85

此表格由傑克・丹尼爾斯跑步計算器所創建，該計算器出自Run SMART項目。

丹尼爾斯的六秒原則

當我們在決定R配速時，我們特別感興趣的是R配速與一英里或一千五百公尺之間的關係，還有T配速、I配速與R配速之間的關係也耐人尋味。比方說，一位跑力爲60的跑者，應該在一英里的比賽中跑出4分57秒的成績（見表5.1中跑力60中一英里的成績），平均速度是每四百公尺75秒，表5.2中「75／400m」的速度正是跑力60跑者的R配速。

現在，你再倒回去看表5.2中跑力60的I配速與T配速，你會發現I配速是「81／400m」，比R配速慢了六秒。再往回看T配速是「88／400m」比I配速再慢了七秒。接著你再往下看跑力大於60的欄位，你會發現幾乎全部的T配速都比I配速慢了「六秒」（每四百公尺），I配速也都比R配速慢了「六秒」（每四百公尺）。我把這稱爲「六秒訓練配速原則」，但這僅適用於實力較佳的進階跑者身上（跑力60以上）。然而，對於跑力50的跑者而言，你可以把這個原則改爲七秒；如果是跑力40的跑者則可以改爲八秒。

若能在訓練前瞭解不同訓練強度間的關係，就能直接用近期一英里或一千五百公尺的比賽成績來推算較適當的訓練配速。你可以把一英里或一千五百公尺比賽成績，換算成每四百公尺的平均時間，作爲你的R配速。這樣一來，就算沒有跑力表，你也能很輕易地把R配速轉換爲I配速和T配速。另外還有比R配速更快的「FR配速」，那主要是爲了專練八百公尺的跑者所設計，稍後在第十一章我會詳細說明。

入門跑者和跑力低於三十者的訓練強度

最近不管是半馬和全馬都愈來愈熱門，參加路跑比賽似乎變成一種全民運動，愈來愈多人開始訓練並參加半程和全程馬拉松比賽。我在這本書的後面幾章專爲不同程度的跑者規畫了不同的訓練計畫與建議（全馬訓練計畫請見第十六章），這些計畫適合各種程度和體能狀況的人，包括剛入門或甚至完全沒有經驗的素人跑者。但過去很多人跟我反應，在使用上述的表格時找不到自己的跑力與訓練強度，所以我再把跑力表從30往下延伸到20（請見表5.3）。

這個表格的檢測距離只有兩種，分別是「一英里」和「五千公尺」。入門跑者可以用這兩種距離的比賽時間來確定自己的跑力值。因爲範圍區間較廣，使用時可以看你的成績介於哪兩個跑力值的範圍內，就可以找到建議的訓練配速。你應該會注意到最後的欄位是M配速，裡頭包括該跑力值所對應的全馬時間與配速。比如說，假設你的跑力值是「28」，目前正在準備全馬比賽，那你的M配速卽爲每公里7分27秒，用這個配速跑完一場全程馬拉松正好就是5小時15分。

表 5.3　下面列出剛入門或速度較慢跑者的訓練強度

比賽時間			R		I		T			M		
Mile	5K	VDOT	200 m	300 m	200 m	400 m	400 m	Km	Mile	時間（小時：分）	每km	每mile
9:10	30:40	30	1:08	1:42	1:11	2:24	2:33	6:24	10:18	4:57	7:03	11:21
9:27	31:32	29	1:10	1:45	1:14	2:28	2:37	6:34	10:34	5:06	7:15	11:41
9:44	32:27	28	1:13	1:49	1:17	2:34	2:42	6:45	10:52	5:15	7:27	12:02
10:02	33:25	27	1:15	1:53	1:19	2:38	2:46	6:56	11:10	5:25	7:41	12:24
10:22	34:27	26	1:18	1:57	1:22	2:44	2:51	7:09	11:30	5:35	7:56	12:47
10:43	35:33	25	1:21	2:02	1:24	2:48	2:56	7:21	11:51	5:45	8:10	13:11
11:06	36:44	24	1:24	—	1:27	2:55	3:02	7:35	12:13	5:56	8:26	13:36
11:30	38:01	23	1:27	—	1:30	3:01	3:08	7:50	12:36	6:08	8:43	14:02
11:56	39:22	22	1:30	—	1:33	3:07	3:14	8:06	13:02	6:19	8:59	14:29
12:24	40:49	21	1:33	—	1:36	3:13	3:21	8:23	13:29	6:31	9:16	14:57
12:55	42:24	20	1:37	—	1:40	3:21	3:28	8:41	13:58	6:44	9:34	15:26

此表格由傑克・丹尼爾斯跑步計算器所創建，該計算器出自Run SMART項目。

根據跑力值和年齡來替跑者的實力分級

很多教練和年輕的選手（甚至有些是老經驗的跑者）會跑來跟我說他們很享受在比賽或測驗中跑得更快些來挑戰更高的跑力值，所以我很常聽到有人跟我說類似這樣的話：「我們越野隊前五名的跑力都在50以上。」那表示他們隊上的前五名，都能在20分鐘內跑完5公里。也有人跟我說他們隊上前五名都有60或更高的跑力（表示他們的5公里成績在17分03秒內）。

下面的表格中我替不同跑力的男女分級，這麼做的目的只是爲了讓這些年輕的跑者們覺得有趣一點。分級的方式是跑力每增加5就升一級，共分十級。表5.4中列出各等級中男女跑者的跑力值和不同距離的相應成績。透過這個表格，教練現在可以直接說「我們隊上有七位等級六的女選手」，或是說「我們隊上有七位等級六的男選手」。當然，隊上若有一群等級七或等級八的跑者就相當了不起。同一個隊上可能不會有很多九級的跑者，十級的跑者更是極爲罕見。

近年來我的研究課題是去比較不同年齡跑者之間的表現，我研究的年齡範圍很廣，從青年到七十多歲的長者都有。爲了能將這樣的比較擴展到我所測試的年齡之外，我做了一些推論：表現下降的速率在各個年齡段上是相對穩定的。如此一來，年紀較大和較小的跑者就能把自己的表現跟跑者的巔峰年紀（18～38歲）相比。表5.5列出最後的成果，從其中可以看出6～18歲的男性與女性在同等級中（第一到十級）的跑力爲何，以及相對應的一千六百公尺最佳成績。除了一千六百公尺之外，你還可以再從5.1的跑力表中去找其他距離的對應成績。因爲表5.5中的跑力值有小數點位數，對應到表5.1時每種比賽距離的成績可能還要自己計算一下。表中我沒有顯示許多年輕跑者在較高等級下的跑力值（以「－」表示），你會在6～13歲的年齡段看到

表5.4　根據不同性別的跑力與比賽成績來定義你目前的跑步等級

等級	1	2	3	4	5	6	7	8	9	10
女性VDOT	31.4	35.8	40.2	44.6	49.0	53.4	57.8	62.2	66.6	71.0
男性VDOT	35.0	40.0	45.0	50.0	55.0	60.0	65.0	70.0	75.0	80.0
800 m										
女性	3:59	3:33	3:12	2:55	2:41	2:29	2:19	2:10	2:02	1:56
男性	3:37	3:13	2:54	2:38	2:26	2:14	2:05	1:57	1:50	01:44.4
1,500 m										
女性	8:10	7:17	6:34	5:59	5:30	5:05	4:44	4:26	4:11	03:57.2
男性	7:25	6:35	5:56	5:24	4:57	4:35	4:16	4:00	3:46	03:34.0
1 mile										
女性	8:49	7:52	7:05	6:28	5:56	5:30	5:07	4:48	4:31	04:16.2
男性	8:01	7:07	6:25	5:50	5:21	4:57	4:37	4:19	4:04	03:51.1
1.5 mile										
女性	13:41	12:14	11:03	10:05	9:17	8:36	8:00	7:30	7:03	06:40.1
男性	12:28	11:06	10:01	9:07	8:22	7:45	7:13	6:45	6:21	06:00.4
3K										
女性	17:15	15:27	13:59	12:46	11:45	10:54	10:10	9:31	8:58	08:28.0
男性	15:45	14:02	12:40	11:33	10:37	9:50	9:09	8:34	8:04	07:37.6
2 mile and 3,000 m 障礙賽										
女性	18:36	16:39	15:04	13:46	12:41	11:46	10:58	10:17	9:41	09:08.8
男性	16:58	15:08	13:40	12:28	11:28	10:37	9:53	9:16	8:43	08:14.4
4K										
女性	23:22	20:57	18:59	17:22	16:01	14:54	13:52	13:00	12:15	11:35
男性	21:21	19:04	17:14	15:44	14:29	13:25	12:31	11:44	11:03	10:27
5K										
女性	29:32	26:29	24:01	21:59	20:17	18:50	17:36	16:31	15:34	14:44
男性	26:59	24:07	21:49	19:56	18:22	17:02	15:54	14:55	14:03	13:18
6K										
女性	35:46	32:04	29:05	26:38	24:35	22:50	21:20	20:02	18:54	17:53
男性	32:41	29:13	26:26	24:10	22:16	20:40	19:18	18:06	17:04	16:09
8K										
女性	48:27	43:25	39:22	36:02	33:15	30:54	28:52	27:07	25:35	24:14
男性	44:15	39:32	35:46	32:41	30:07	27:58	26:07	24:31	23:08	21:54
10K										
女性	1:01:24	55:00	49:51	45:37:00	42:04	39:05	36:31	34:17	32:20	30:37
男性	56:03	50:03	45:16	41:21	38:06	35:21	33:01	31:00	29:14	27:41

(續下頁▶)

等級	1	2	3	4	5	6	7	8	9	10
女性 VDOT	31.4	35.8	40.2	44.6	49.0	53.4	57.8	62.2	66.6	71.0
男性 VDOT	35.0	40.0	45.0	50.0	55.0	60.0	65.0	70.0	75.0	80.0
15K										
女性	1:34:35	1:24:44	1:16:46	1:10:13	1:04:44	1:00:05	56:06	52:38	49:37	46:58
男性	1:26:22	1:17:06	1:09:41	1:03:36	58:34	54:18	50:40	47:32	44:48	42:25
10 mile										
女性	1:41:57	1:31:21	1:22:46	1:15:42	1:09:47	1:04:46	1:00:28	56:44	53:28	50:36
男性	1:33:07	1:23:07	1:15:07	1:08:34	1:03:07	58:32	54:36	51:13	48:17	45:41
20K										
女性	2:08:26	1:55:10	1:44.24	1:35:30	1:28:02	1:21:42	1:16:15	1:11:32	1:07:25	1:03:46
男性	1:57:22	1:44:50	1:34:46	1:26:30	1:19:38	1:13:49	1:08:51	1:04:34	1:00:49	57:33
半馬										
女性	2:15:55	2:01:54	1:50:31	1:41:06	1:33:13	1:26:30	1:20:45	1:15:45	1:11:22	1:07:31
男性	2:04:13	1:50:59	1:40:19	1:31:36	1:24:19	1:18:09	1:12:54	1:08:21	1:04:23	1:00:55
25K										
女性	2:42:30	2:25:53	2:12:21	2:01:09	1:51:44	1:43:43	1:36:49	1:30:49	1:25:35	1:20:57
男性	2:28:39	2:12:55	2:00:14	1:49:48	1:41:05	1:33:43	1:27:24	1:21:57	1:17:11	1:13:00
30K										
女性	3:16:33	2:56:40	2:40:27	2:26:59	2:15:38	2:05:57	1:57:37	1:50:22	1:44:00	1:38:22
男性	2:59:59	2:41:07	2:25:52	2:13:18	2:02:47	1:53:52	1:46:13	1:39:36	1:33:48	1:28:43
全馬										
女性	4:39:07	4:11:26	3:48:49	3:30:00	3:14:05	3:00:29	2:48:43	2:38:27	2:29:26	2:21:25
男性	4:16:02	3:49:45	3:28:26	3:10:49	2:56:01	2:43:25	2:32:35	2:23:10	2:14:55	2:07:39

此表格由傑克·丹尼爾斯跑步計算器所創建，該計算器出自Run SMART項目。

「－」的符號，那是因爲我不想鼓勵年紀很小的跑者過度努力追求進步。

從表5.5中可以看到十歲的女孩要符合六級的水準，一千六百公尺的最佳成績要跑到7分18秒；如果是十八歲的女跑者也要達到六級的話，她的一千六百公尺成績則要達到5分26秒；如果是十八歲的男性跑者則要跑到4分55秒。以上，他／她們的水準都同樣是六級。

表5.6所呈現是年齡18～80歲的跑力和等級一到十之間的關係。我把18～38歲放到同一類，從39歲以後每增加一歲我都會做些微調整。一般來說，VDOT爲3.5時代表身體處於平躺狀態，VDOT爲10時大約是散步時的狀態。從這個表中你可以看到一位58歲能用7分鐘跑完一千六百公尺的女性跑者，她的水準是第七級，等同於另一位年紀較輕（18～38歲）能在5分04秒跑完一千六百公尺的女性。我目前的水準也是第七級，正好跟十五年前一樣，我猜我這輩子註定無法晉升到第八級了。

表 5.5　6～18歲的男性和女性跑力等級表與相對應的一千六百公尺成績

	初階				中階					
等級	1		2		3		4		5	
年齡	男性	女性	男性	女性	男性	女性	男性	女性	男性	女性
18	35.0 7:58	31.4 8:46	40.3 7:03	35.8 7:49	45.0 6:22	40.2 7:03	50.0 5:47	44.7 6:24	55.0 5:19	49.1 5:53
17	33.5 8:17	30.2 9:04	38.4 7:20	34.6 8:03	43.3 6:35	38.9 7:15	48.2 5:59	43.2 6:36	53.1 5:29	47.5 6:04
16	32.0 8:37	29.0 9:23	36.8 7:37	33.3 8:19	41.5 6:51	37.5 7:30	46.2 6:13	41.7 6:49	50.9 5:42	45.9 6:15
15	30.5 8:59	27.8 9:44	35.1 7:57	31.9 8:39	39.7 7:07	36.0 7:46	44.3 6:27	40.1 7:04	48.9 5:55	44.2 6:28
14	28.9 9:25	26.5 10:08	33.3 8:19	30.5 8:59	37.7 7:28	34.5 8:04	42.1 6:46	38.5 7:19	46.5 6:11	42.5 6:42
13	27.3 9:53	25.2 10:35	31.5 8:44	29.1 9:22	35.7 7:50	33.0 8:23	39.9 7:05	36.9 7:36	44.1 6:29	40.8 6:57
12	25.7 10:24	23.9 11:03	29.8 9:10	27.7 9:46	33.8 8:13	31.5 8:44	37.8 7:26	35.3 7:54	41.8 6:48	39.0 7:14
11	24.1 10:59	22.6 11:34	28.0 9:40	26.2 10:14	31.8 8:40	29.8 9:10	35.6 7:51	33.4 8:18	39.4 7:10	37.0 7:35
10	22.5 11:37	21.3 12:09	26.2 10:14	24.8 10:43	29.8 9:10	28.3 9:35	33.4 8:18	31.8 8:40	37.0 7:35	35.2 7:56
9	20.9 12:20	20.0 12:46	24.3 10:54	23.3 11:17	27.7 9:46	26.6 10:06	31.1 8:50	29.9 9:09	34.5 8:04	33.2 8:21
8	19.3 13:08	18.7 13:28	22.5 11:36	21.8 11:55	25.7 10:24	24.9 10:41	28.9 9:25	28.0 9:40	— —	— —
7	17.7 14:03	17.4 14:14	20.7 12:26	20.3 12:37	23.6 11:10	23.2 11:20	— —	— —	— —	— —
6	16.1 15:06	16.1 15:06	18.8 13:25	18.8 13.25	— —	— —	— —	— —	— —	— —

	優等						菁英				
	6		7		8		9		10		等級
	男性	女性	男性	女性	男性	女性	男性	女性	男性	女性	年齡
	60.0 4:55	53.6 5:26	65.0 4:35	58.1 5:04	70.0 4:17	62.5 4:44	75.0 4:02	67.0 4:28	80.0 3:49	71.4 4:13	18-38
	58.0 5:04	51.8 5:37	62.9 4:43	56.1 5:13	67.7 4:25	60.4 4:53	72.5 4:10	64.7 4:36	77.3 3:56	69.0 4:21	17
	55.6 5:16	50.1 5:47	60.3 4:54	54.3 5:23	65.0 4:35	58.5 5:01	69.7 4:18	62.7 4:44	74.4 4:04	66.9 4:28	16
	53.4 5:28	48.3 5:58	57.9 5:05	52.4 5:33	62.4 4:45	56.5 5:11	66.9 4:28	60.6 4:53	71.4 4:13	64.7 4:36	15
	50.9 5:42	46.5 6:11	55.3 5:17	50.5 5:44	59.7 4:56	54.5 5:22	64.0 4:39	58.5 5:02	68.3 4:23	62.4 4:45	14
	48.3 5:58	44.7 6:24	52.5 5:33	48.6 5:56	56.7 5:10	52.4 5:33	60.9 4:51	56.2 5:13	— —	— —	13
	45.8 6:16	42.7 6:40	49.8 5:49	46.4 6:12	53.8 5:25	50.1 5:47	— —	— —	— —	— —	12
	43.2 6:36	40.6 6:59	47.0 6:07	44.2 6:28	— —	— —	— —	— —	— —	— —	11
	40.6 6:59	38.6 7:18	— —	— —	— —	— —	— —	— —	— —	— —	10
	— —	— —	— —	— —	— —	— —	— —	— —	— —	— —	9
	— —	— —	— —	— —	— —	— —	— —	— —	— —	— —	8
	— —	— —	— —	— —	— —	— —	— —	— —	— —	— —	7
	— —	— —	— —	— —	— —	— —	— —	— —	— —	— —	6

表5.6　18～80歲的男性和女性跑力等級表與相對應的一千六百公尺成績

	初階				中階					
等級	1		2		3		4		5	
年齡	男性	女性	男性	女性	男性	女性	男性	女性	男性	女性
18-38*	35	31.4	40.3	35.8	45	40.2	50	44.7	55	49.1
	7:58	8:46	7:03	7:49	6:22	7:03	5:47	6:24	5:19	5:53
39	34.1	30.4	39.1	34.8	44.1	39.3	49.1	43.8	54.1	48.2
	8:09	9:01	7:13	8:01	6:29	7:11	5:53	6:32	5:24	5:59
40	33.2	29.5	38.2	33.9	43.2	38.4	48.2	42.9	53.2	47.3
	8:21	9:15	7:22	8:12	6:36	7:20	5:59	6:39	5:29	6:05
41	32.4	28.7	37.4	33.1	42.4	37.6	47.4	42.1	52.4	46.5
	8:32	9:28	7:31	8:22	6:43	7:29	6:05	6:46	5:33	6:11
42	31.5	27.8	36.5	32.2	41.5	36.7	46.5	41.2	51.5	45.6
	8:44	9:44	7:41	8:34	6:51	7:38	6:11	6:54	5:39	6:18
43	30.6	26.9	35.6	31.3	40.6	35.8	45.6	40.3	50.6	44.7
	8:58	10:01	7:51	8:47	6:59	7:49	6:18	7:02	5:44	6:24
44	29.7	26	34.7	30.4	39.7	34.9	44.7	39.4	49.7	43.8
	9:12	10:18	8:02	9:01	7:08	7:59	6:24	7:10	5:50	6:32
45	28.8	25.1	33.8	29.5	38.8	34	43.8	38.5	48.8	42.9
	9:27	10:37	8:13	9:15	7:16	8:10	6:32	7:19	5:55	6:39
46	28	24.3	33	28.7	38	33.2	43	37.7	48	42.1
	9:40	10:54	8:24	9:28	7:25	8:21	6:38	7:28	6:01	6:46
47	27.1	23.4	32.1	27.8	37.1	32.3	42.1	36.8	47.1	41.2
	9:57	11:15	8:36	9:44	7:34	8:33	6:46	7:37	6:07	6:54
48	26.2	22.5	31.2	26.9	36.2	31.4	41.2	35.9	46.2	40.3
	10:14	11:37	8:48	10:01	7:44	8:46	6:54	7:48	6:13	7:02
49	25.3	21.6	30.3	26	35.3	30.5	40.3	35	45.3	39.4
	10:33	12:01	9:02	10:18	7:55	8:59	7:02	7:58	6:20	7:10
50	24.4	20.7	29.4	25.1	34.4	29.6	39.4	34.1	44.4	38.5
	10:52	12:26	9:17	10:37	8:05	9:13	7:10	8:09	6:27	7:19
51	23.6	19.9	28.6	24.3	33.6	28.8	38.6	33.3	43.6	37.7
	11:10	12:49	9:30	10:54	8:16	9:27	7:18	8:20	6:33	7:28
52	22.7	19	27.7	23.4	32.7	27.9	37.7	32.4	42.7	36.8
	11:32	13:18	9:46	11:15	8:28	9:42	7:28	8:32	6:41	7:37
53	21.8	18.1	26.8	22.5	31.8	27	36.8	31.5	41.8	35.9
	11:55	13:49	10:03	11:37	8:40	9:59	7:37	8:44	6:48	7:48

*18至38歲在跑力上皆以同樣標準衡量

優等						菁英				
6		7		8		9		10		等級
男性	女性	男性	女性	男性	女性	男性	女性	男性	女性	年齡
60 4:55	53.6 5:26	65 4:35	58.1 5:04	70 4:17	62.5 4:44	75 4:02	67 4:28	80 3:49	71.4 4:13	18-38*
59.1 4:59	52.7 5:32	64.1 4:39	57.2 5:08	69.1 4:21	61.6 4:49	74.1 4:05	66.1 4:31	79.1 3:52	70.5 4:16	39
58.2 5:03	51.8 5:37	63.2 4:42	56.3 5:13	68.2 4:24	60.7 4:52	73.2 4:08	65.2 4:34	78.2 3:54	69.6 4:19	40
57.4 5:07	51 5:42	62.4 4:45	55.5 5:17	67.4 4:26	59.9 4:56	72.4 4:10	64.4 4:37	77.4 3:56	68.8 4:22	41
56.5 5:12	50.1 5:47	61.5 4:49	54.6 5:21	66.5 4:30	59 5:00	71.5 4:13	63.5 4:41	76.5 3:59	67.9 4:25	42
55.6 5:16	49.2 5:53	60.6 4:53	53.7 5:26	65.6 4:33	58.1 5:04	70.6 4:16	62.6 4:44	75.6 4:01	67 4:28	43
54.7 5:21	48.3 5:59	59.7 4:57	52.8 5:31	64.7 4:36	57.2 5:08	69.7 4:19	61.7 4:48	74.7 4:04	66.1 4:31	44
53.8 5:26	47.4 6:05	58.8 5:01	51.9 5:36	63.8 4:40	56.3 5:13	68.8 4:22	60.8 4:52	73.8 4:06	65.2 4:34	45
53 5:30	46.6 6:10	58 5:04	51.1 5:41	63 4:43	55.5 5:17	68 4:24	60 4:55	73 4:08	64.4 4:37	46
52.1 5:35	45.7 6:17	57.1 5:09	50.2 5:46	62.1 4:46	54.6 5:21	67.1 4:27	59.1 4:59	72.1 4:11	63.5 4:41	47
51.2 5:40	44.8 6:24	56.2 5:13	49.3 5:52	61.2 4:50	53.7 5:26	66.2 4:31	58.2 5:03	71.2 4:14	62.6 4:44	48
50.3 5:46	43.9 6:31	55.3 5:18	48.4 5:58	60.3 4:54	52.8 5:31	65.3 4:34	57.3 5:08	70.3 4:17	61.7 4:48	49
49.4 5:51	43 6:38	54.4 5:22	47.5 6:04	59.4 4:58	51.9 5:36	64.4 4:37	56.4 5:12	69.4 4:20	60.8 4:52	50
48.6 5:57	42.2 6:45	53.6 5:27	46.6 6:10	58.6 5:02	51 5:40	63.6 4:40	55.5 5:17	68.6 4:22	59.9 4:56	51
47.7 6:03	41.3 6:53	52.7 5:32	45.8 6:16	57.7 5:06	50.2 5:46	62.7 4:44	54.7 5:21	67.7 4:25	59.1 4:59	52
46.8 6:09	40.4 7:01	51.8 5:37	44.9 6:23	56.8 5:10	49.3 5:52	61.8 4:48	53.8 5:26	66.8 4:29	58.2 5:03	53

（續下頁▶）

	初階				中階					
等級	1		2		3		4		5	
年齡	男性	女性	男性	女性	男性	女性	男性	女性	男性	女性
54	20.9 12:20	17.2 14:22	25.9 10:20	21.6 12:01	30.9 8:53	26.1 10:16	35.9 7:48	30.6 8:58	40.9 6:56	35 7:58
55	20 12:46	16.3 14:57	25 10:39	20.7 12:26	30 9:07	25.2 10:35	35 7:58	29.7 9:12	40 7:05	34.1 8:09
56	19.2 13:11	15.5 15:31	24.2 10:56	19.9 12:49	29.2 9:20	24.4 10:52	34.2 8:08	28.8 9:27	39.2 7:12	33.3 8:20
57	18.3 13:42	14.6 16:13	23.3 11:17	19 13:18	28.3 9:35	23.5 11:13	33.3 8:20	27.9 9:42	38.3 7:21	32.4 8:32
58	17.4 14:14	13.7 16:58	22.4 11:40	18.1 13:49	27.4 9:51	22.6 11:34	32.4 8:32	27 9:59	37.4 7:31	31.5 8:44
59	16.5 14:49	12.8 17:48	21.5 12:03	17.2 14:22	26.5 10:08	21.7 11:58	31.5 8:44	26.6 10:06	36.5 7:41	30.6 8:58
60	15.6 15:20	11.9 18:42	20.6 12:29	16.3 14:57	25.6 10:26	20.8 12:23	30.6 8:58	25.7 10:24	35.6 7:51	29.7 9:12
61	14.7 16:08	11 19:42	19.7 12:56	15.4 13:36	24.8 10:43	20 12:46	29.8 9:10	24.8 10:43	34.8 8:01	28.9 9:25
62	13.8 16:53	10.1 —	18.9 13:21	14.6 16:13	23.9 11:03	19.1 13:15	28.9 9:25	23.9 11:03	33.9 8:12	28 9:41
63	13 17:36	9.3 —	18 13.52	13.7 16:58	23 11:25	18.2 13:45	28 9:41	23 11:25	33 8:24	27.1 9:57
64	12.1 18:30	8.4 —	17.1 14:26	12.8 17:48	22.1 11:47	17.3 14:18	27.1 9:57	22.2 11:45	32.1 8:36	26.2 10:14
65	11.2 19:28	7.5 —	16.2 15:01	11.9 18:42	21.2 12:12	16.4 14:53	26.2 10:14	21.3 12:09	31.2 8:49	25.3 10:33
66	10.3 —	6.6 —	15.3 15:40	11 19:42	20.4 12:34	15.6 15:27	25.4 10:30	20.4 12:34	30.4 9:01	24.5 10:50
67	9.4 —	5.7 —	14.5 16:18	10.2 —	19.5 13:02	14.7 16:08	24.5 10:50	19.5 13:02	29.5 9:15	23.6 11:10
68	8.6 —	4.9 —	13.6 17:04	9.3 —	18.6 13:31	13.8 16:53	23.6 11:10	18.6 13:31	28.6 9:30	22.7 11:32
69	7.7 —	4 —	12.7 17:54	8.4 —	17.7 14:03	12.9 17:42	22.7 11:32	17.8 13:59	27.7 9:46	21.8 11:55

優等						菁英				
6		7		8		9		10		等級
男性	女性	男性	女性	男性	女性	男性	女性	男性	女性	年齡
45.9 6:15	39.5 7:09	50.9 5:42	44 6:30	55.9 5:15	48.4 5:58	60.9 4:51	52.9 5:30	65.9 4:32	57.3 5:08	54
45 6:22	38.6 7:18	50 5:48	43.1 6:37	55 5:19	47.5 6:04	60 4:55	52 5:36	65 4:35	56.4 5:12	55
44.2 6:28	37.8 7:27	49.2 5:53	42.2 6:45	54.2 5:23	46.6 6:10	59.2 4:59	51.1 5:41	64.2 4:38	55.5 5:17	56
43.3 6:36	36.9 7:36	48.3 5:59	41.4 6:52	53.3 5:28	45.8 6:16	58.3 5:03	50.3 5:46	63.3 4:42	54.7 5:21	57
42.4 6:43	36 7:46	47.4 6:05	40.5 7:00	52.4 5:33	44.9 6:23	57.4 5:07	49.4 5:51	62.4 4:45	53.8 5:26	58
41.5 6:51	35.1 7:57	46.5 6:11	39.6 7:08	51.4 5:39	44 6:30	56.5 5:12	48.5 5:57	61.5 4:49	52.9 5:30	59
40.6 6:59	34.2 8:08	45.6 6:18	38.7 7:17	50.7 5:43	43.1 6:37	55.6 5:16	47.6 6:03	60.6 4:53	52 5:36	60
39.8 7:07	33.4 8:18	44.8 6:24	37.9 7:26	49.8 5:49	42.2 6:45	54.8 5:20	46.7 6:10	59.8 4:56	51.1 5:41	61
38.9 7:15	32.5 8:30	43.9 6:31	37 7:35	48.9 5:55	41.4 6:52	53.9 5:25	45.9 6:15	58.9 5:00	50.3 5:46	62
38 7:25	31.6 8:43	43 6:38	36.1 7:45	48 6:01	40.5 7:00	53 5:30	45 6:22	58 5:04	49.4 5:51	63
37.1 7:34	30.7 8:56	42.1 6:46	35.2 7:56	47.1 6:07	39.6 7:09	52.1 5:35	44.1 6:29	57.1 5:09	48.5 5:57	64
36.2 7:44	29.8 9:10	41.2 6:54	34.3 8:07	46.3 6:13	38.7 7:17	51.2 5:40	43.2 6:36	56.2 5:13	47.6 6:03	65
35.4 7:53	29 9:23	40.4 7:01	33.5 8:17	45.4 6:19	37.8 7:27	50.4 5:45	42.3 6:44	55.4 5:17	46.7 6:10	66
34.5 8:04	28.1 9:39	39.5 7:09	32.6 8:29	44.5 6:26	37 7:35	49.5 5:51	41.5 6:51	54.5 5:22	45.9 6:15	67
33.9 8:12	27.2 9:55	38.6 7:18	31.7 8:42	43.6 6:33	36.1 7:45	48.6 5:57	40.6 6:59	53.6 5:27	45 6:22	68
33.1 8:22	26.3 10:12	37.7 7:28	30.8 8:55	42.7 6:41	35.2 7:56	47.7 6:03	39.7 7:08	52.7 5:32	44.1 6:29	69

(續下頁▶)

	初階				中階					
等級	1		2		3		4		5	
年齡	男性	女性	男性	女性	男性	女性	男性	女性	男性	女性
70	6.8	3.5	11.8	7.5	16.8	12	21.8	16.9	26.8	20.9
	—	—	18:49	—	14:37	18:36	11:55	14:33	10:03	12:20
71	5.9	3.5	10.9	6.6	16	11.2	21	16	26	20.1
	—	—	19:49	—	15:10	19:28	12:17	15:10	10:18	12:43
72	5	3.5	10.1	5.8	15.1	10.3	20.1	15.1	25.1	19.2
	—	—	—	—	15:50	—	12:43	15:50	10:37	13:11
73	4.2	3.5	9.2	4.9	14.2	9.4	19.2	14.2	24.2	18.3
	—	—	—	—	16:33	—	13:11	16:33	10:56	13:42
74	3.5	3.5	8.3	4	13.3	8.5	18.3	13.4	23.3	17.4
	—	—	—	—	17:20	—	13:42	17:14	11:17	14:14
75	3.5	3.5	7.4	3.5	12.4	7.6	17.4	12.5	22.4	16.5
	—	—	—	—	18:11	—	14:14	18:05	11:40	14:49
76	3.5	3.5	6.5	3.5	11.6	6.8	16.6	11.6	21.6	15.7
	—	—	—	—	19:02	—	14:45	19:02	12:01	15:23
77	3.5	3.5	5.7	3.5	10.7	5.9	15.7	10.7	20.7	14.8
	—	—	—	—	—	—	15:23	—	12:26	16:04
78	3.5	3.5	4.8	3.5	9.8	5	14.8	9.8	19.8	13.9
	—	—	—	—	—	—	16:04	—	12:53	16:48
79	3.5	3.5	3.9	3.5	8.9	4.1	13.9	9	18.9	13
	—	—	—	—	—	—	16:48	—	13:21	17:36
80	3.5	3.5	3.5	3.5	8	3.5	13	8.1	18	12.1
	—	—	—	—	—	—	17:36	—	13:53	18:30

優等						菁英				
6		7		8		9		10		等級
男性	女性	男性	女性	男性	女性	男性	女性	男性	女性	年齡
32.2	25.4	36.8	29.9	41.9	34.3	46.8	38.8	51.8	43.2	70
8:34	10:30	7:37	9:09	6:47	8:07	6:09	7:16	5:37	6:36	
31.3	24.6	36	29.1	41	33.4	46	37.9	51	42.3	71
8:47	10:48	7:46	9:22	6:55	8:18	6:15	7:26	5:40	6:44	
30.4	23.7	35.1	28.2	40.1	32.6	45.1	37.1	50.1	41.5	72
9:01	11:08	7:57	9:37	7:04	8:29	6:21	7:34	5:47	6:51	
29.5	22.8	34.2	27.3	39.2	31.7	44.2	36.2	49.2	40.6	73
9:15	11:30	8:08	9:53	7:12	8:42	6:28	7:44	5:53	6:59	
28.7	21.9	33.3	26.4	38.3	30.8	43.3	35.3	48.3	39.7	74
9:28	11:53	8:20	10:10	7:21	8:55	6:36	7:55	5:59	7:08	
27.8	21	32.4	25.5	37.5	29.9	42.4	34.4	47.4	38.8	75
9:44	12:17	8:32	10:28	7:30	9:09	6:43	8:06	6:07	7:16	
26.9	20.2	31.6	24.7	36.6	29	41.6	33.5	46.6	37.9	76
10:01	12:40	8:43	10:45	7:40	9:23	6:50	8:17	6:10	7:26	
26	19.3	30.7	23.8	35.7	28.2	40.7	32.7	45.7	37.1	77
10:18	13:08	8:56	11:06	7:50	9:37	6:58	8:28	6:17	7:34	
25.1	18.4	29.8	22.9	34.8	27.3	39.8	31.8	44.8	36.2	78
10:37	13:38	9:10	11:27	8:01	9:53	7:07	8:40	6:24	7:44	
24.3	17.5	28.9	22	33.9	26.4	38.9	30.9	43.9	35.3	79
10:54	14:10	9:25	11:50	8:12	10:10	7:15	8:53	6:31	7:55	
23.5	16.6	28	21.1	33.1	25.5	38	30	43	34.4	80
11:13	14:45	9:41	12:14	8:22	10:28	7:25	9:07	6:38	8:06	

CHAPTER 6

在特殊環境或高海拔地區進行訓練

在你參加的每場比賽中都要記得微笑。

我曾住過許多地方，細數起來包括加州、蒙大拿、科羅拉多、威斯康辛、新罕布夏、紐約、密西根、喬治亞、北卡羅來納、夏威夷、德州、奧克拉荷馬和亞利桑那(我住過炎熱的鳳凰城和海拔較高的弗拉格斯塔夫)，還有瑞典、加拿大和秘魯這三個氣候很不同的國家，因此對於不同的氣候條件與高海拔環境對跑步這項運動的影響有一定的了解。不同的選手對溫度和海拔的感受會差異很大，因此這裡提供一些資訊，幫助你在高溫、低溫和高海拔環境下進行最佳的訓練和比賽。

關於氣溫

首先，讓我們先想想在不同氣候條件下比賽。第一件你可能想到的是：爲了應對惡劣的比賽環境，最好在重要比賽將舉行的地方先進行訓練，以適應相同的環境。如果你居住和訓練的地方氣溫很舒服，很少會下雪或者熱到會流很多汗，你通常可以滿準確地預測訓練和比賽結果。然而，如果你在某一種氣候中訓練，但你所準備的目標賽事卻是在另一種完全不同氣候下進行，則需要事先做好準備，最好的方法是在與比賽相近的氣候環境下進行一些訓練。

如果你居住地的氣溫相對比較涼爽，到時的比賽是在較炎熱的氣候舉辦，那我會建議你有時要在天氣較炎熱的時段進行訓練，甚至是穿著長袖T恤使身體經歷跑到很熱的感覺。然而有一點我要特別強調：不要試圖在惡劣的環境下進行大量訓練，因爲在那樣的環境下你將無法進行高強度的訓練。換句話說，不要爲了在惡劣條件下訓練而失去體能。在室內跑步機上進行部分訓練也可以幫助你適應較炎熱的環境，因爲在跑步機上訓練時沒有實際向前進，所以沒有風可以散熱。

我會建議每次進行長跑訓練的前後記錄裸體的體重，並製作一份圖表，追蹤跑步時長、練跑時的氣溫（與濕度）、練跑前後體重變化量、環境條件（例如雲量多寡、風速大小）以及跑步時的感受。我曾進行一項研究，在這個研究中有三十二名跑者，他們一起參加了二十五公里的比賽；我請他們記錄比賽前後的體重以及比賽期間攝取的液體量。當時的氣溫爲攝氏三十多度，濕度非常低。其中兩名跑者的結果非常引人注目。這兩名跑者的比賽成績差不到一分鐘，比賽前的體重也差不多（相差0.45公斤），然而，比完賽後，其中一名跑者的體重少了1.6公斤，而另一位跑者少了3.6公斤。每個人受到氣溫影響的差異非常大，這就是爲什麼我建議每個人都要記錄比賽前後的體重；經過一段時間的數據積累後，你將有一份可靠的個人化數據來協助你評估不同氣候下流汗量對跑步感受的影響，跑步時主觀感受的量化是判斷外在環境對你影響的一個很好的指標。如果你有自己的數據來檢視跑步表現和環境的關係，就不需要依賴公式來告訴你應該減速多少。

在炎熱的環境下比賽時，還是需要進行適度的熱身，但可以在肩膀上放一條濕毛巾來降溫。請避免陽光直射，選在有陰影的地方熱身較佳。用心傾聽身體的聲音，感覺過於劇烈時就要立即減少強度。熱身是在爲跑步肌肉暖身，降低皮膚的溫度並不會使肌肉降溫，因此使皮膚溫度降低的做法並不會影響熱身效果。考慮戴上太陽眼鏡訓練，不只可以避免陽光直射眼睛，還能幫助放鬆臉部肌肉，放鬆所有你可能放鬆的身體部位將有助於提高表現。

如果你生活在不那麼寒冷的地區，你所選定的目標賽事若氣溫較低，很可能讓你取得本賽季的最佳成績，即使需要穿長袖和手套上場。實際上，你可以在比賽剛開始時多穿一點，像是多穿幾層衣物和手套，然後在比賽中適時脫掉。[16]我個人的全馬最佳成績是在一個攝氏3.9度的天氣下跑出來的，大約8公里的時候我就脫掉了手套。因爲那是個晴朗、陽光明媚、無風的日子，雖然氣溫很低，但並不會覺得太冷。在那場馬拉松比賽中，我沒有喝任何的水或運動飲料，比賽後的體重比剛開始時輕了約2.7公斤。對於一場長達42.195公里的比賽來說，這3%的體重損失並不算多。生活在極冷地區且經常下雪的跑者應該在練跑時嘗試不同的外套和分層的穿法，以了解如何根據外在天候環境來穿著。如果你的居住地正在下雪，我發現，在剛除完雪的街道或人行道上跑步很容易滑倒，反而在積雪2.5～5公分的雪地上跑步腳步會比較穩。

生活在極冷或極熱地區的跑者，如果戶外的條件過於極端不利訓練，應試著利用室內跑道或跑步機進行訓練。我曾訓練過一位優秀的跑者，他在個人跑步機上連續十二週的週跑量都達到32公里，並在紐約市馬拉松比賽中以2小時9分的成績獲得第二名。時常在跑步機上跑2小時的跑者，想必已經熟悉用同一種理想的節奏連續跑2小時是什麼感覺。

---

16. 譯注：剝洋蔥式穿衣法。

高地是最好的訓練場地嗎？

跑者最希望訓練的地點應該具備什麼條件呢？通常最重要的幾項有：天氣、訓練設施、住宿、食物、醫療照顧和友善的團隊與訓練氛圍。如果上述這些條件你都有，你會希望在高地或是平地進行訓練呢？可以選擇的話，你比較希望在平地上擁有所有這些有利於訓練的條件，還是選擇在高地訓練但上述的條件只有少數符合？如果高地並不是一個理想的訓練場所，那麼是否還值得一去？

高地訓練現在已經是長距離跑者與教練之間的熱門話題。當我聽到教練或是選手說：「如果你沒辦法在課表中加入高地訓練，那麼你根本就沒有試著成爲一位頂尖的長跑者。」我認爲這是一個相當差勁的說法，主要是因爲我不相信這個說法可以用事實來證明。

如果高海拔跟世界頂尖的長跑者有關，那爲什麼在南非那些高海拔地區沒有出現更多優秀的長跑選手呢？美國洛磯山脈地區也住了許多居民，也許我們應該處罰那些來自洛磯山脈的年輕人，畢竟他們從小就在高地生活，卻沒有展現出類拔萃的長跑成績！

也許我們應該花多一些時間研究成功的長距離跑者，找出他們之間的共通性。探討社會文化或是基因特徵或許是還不錯的方式。或許，「若不是生長在某些特殊區域就沒有機會成爲頂尖跑者」這樣的觀念應該被消除。

高海拔對於跑步表現的影響

當我們試著分析不同類型的訓練對於各種運動表現的影響時，了解人體在不同跑步環境下的需求就很重要。速度是最重要的嗎？還是力量和爆發力？或者耐力才是所有運動的基礎？高地訓練無疑會對生理造成某些影響，下面是值得我們探討的幾點：

1. 對於速度相對較慢的耐力競賽(例如:持續2分鐘以上的跑步比賽)在高海拔地區的成績會比在平地時來得慢。相對來說,中長距離的跑步速度較慢,所以空氣阻力影響較小;也就是說高海拔區域的稀薄空氣對於減低風阻的好處,並不足以彌補因血液向肌肉輸送的氧氣量減少而導致的有氧能力下降。
2. 對於高速型的比賽來說,好比短跑選手,不論訓練的專項是一百公尺或稍長一點的短距離項目,都可以在高海拔地區享受到空氣密度低、阻力較小的好處。也就是說,減少風阻的好處超過了空氣中氧氣量變少的影響。
3. 跑者適應高海拔環境之後(大約要兩週以上),耐力運動的表現會提升。我見過一些跑者,在高海拔經過三星期適應期後,一英里的成績比剛到高地時快10秒。然而,你也必須瞭解,有些進步只是因爲身體已經學會怎麼在高地環境比賽,屬於技術知覺的進步,而非生理上的進步。
4. 姑且不論在高地的適應期有多長,耐力型跑者在高海拔地區的表現永遠無法跟在平地時一樣好。
5. 此外,有些研究者指出經過高地訓練之後,回到平地的運動表現會變得更好。思考以下我曾經遇過的情況,我相信其他研究者也曾經碰過:一群大學跑者剛結束他們的春季課程,過去幾週他們一直在準備期末考,沒有辦法專心練跑,當時平地的氣溫大約在攝氏32.3度、濕度80%。我帶他們到攝氏26.7度與濕度10%的高海拔地區進行訓練,他們在那裡的生活很單純,只是吃、睡和練跑,之後一回到海平面高度,他們都跑出自己五公里的最佳成績。老兄,高地訓練還眞是有效,你說是吧?但這眞是海拔高度的功勞,或是同時間其他變因所造成的呢?

我們必須先知道在高地訓練時身體會有兩種不同的適應方式（如同第3點所提到的），一種稱爲「生理適應」，另一種則是「競技適應」。兩者間最大的差異在於生理優勢回到平地後不久就會消失，像是在高地時跑者每一口氣的換氣量會變多，但一回到平地不久後這種效益就不復存在；而許多競技優勢即使回到平地數週或是數月之後都將持續存在。

也就是說，一旦你學會如何在高地比賽，它會變成一種技能，而這種技能將跟著你相當久；只要在高地比過幾次賽之後你將記住賽場上的跑感。這跟學習新的比賽距離一樣，你可以回想一下剛接觸新的比賽距離時的經驗。像是五公里跟一英里的比賽就很不一樣，但中距離跑者在參加過幾次五公里比賽之後，將漸漸適應在這樣的距離比賽，而且之後也會記得五公里比賽的感覺。

我應該釐清這裡對高地訓練與比賽的論述，「高地」所指的是中度海拔，一般來說是指海拔高度介於1,200～2,500公尺的地方。我大多數的研究與訓練的選手都在海拔2,130～2,255公尺的地方進行。身體在海拔2,100公尺訓練時所承受的壓力幾乎是1,500公尺的兩倍，因爲高度通常要到海拔900公尺以上才會對身體產生影響。所以從海拔1,500公尺移動到2,100公尺對身體的影響程度，跟從海平面（零公尺）移動到海拔1,500公尺是一樣的。

當一個人剛抵達到高海拔地區時，有氧能力（最大攝氧量）會降低12%～16%，但跑者的表現只會降低6%～8%。這是因爲在高地跑步時的「消耗量」（對氧氣的需求量）低於在海平面時。因此，你雖然會失去一些有氧能力，但跑步經濟性卻會變好。

圖6.1顯示一名典型長跑選手在海平面和高海拔時的「跑步經濟性」、「最大攝氧量」與「最大攝氧速度」的曲線變化。它還顯示了爲什麼跑者在高海拔地區時的「表現」和「最大攝氧速度」方面只損失了大約一半，而不像在最大攝氧量方面那樣損失那麼多。

圖6.1　跑者在海平面和高海拔時的「跑步經濟曲線」、「最大攝氧量」與「最大攝氧速度」之間的變化

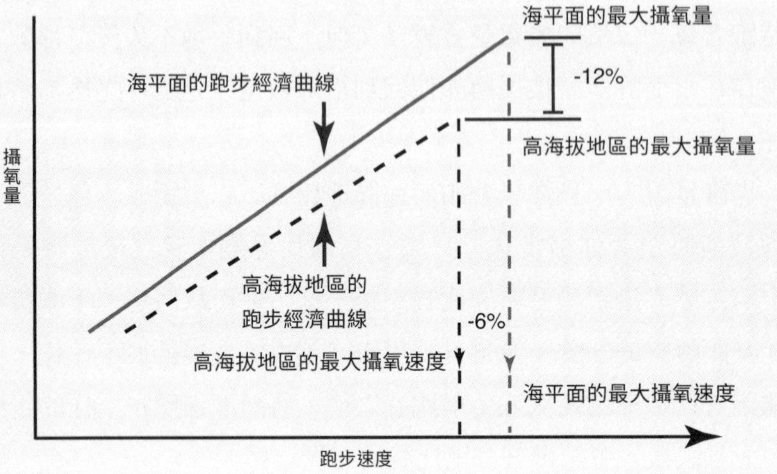

高地訓練與比賽須知

運動員在決定嘗試高地訓練後都會產生相同的疑問，就是之前的訓練計畫該如何調整。我認爲訓練量不需要改變，跟在平地時相同就好。例如：在平地時每週跑量129公里的跑者，在轉換到高海拔地區時仍然可以繼續維持相同的跑量。另外，像T、I、R這類比較高強度的訓練時數也同樣無須改變。

不論是哪一類的訓練，時數都不需要減少，因爲到了高地後，有氧能力一旦下降，速度必定也會跟著變慢一些。最大攝氧量下降後，所有其他不同強度的配速也會跟著一起變慢。

在高地時只有一種訓練強度的配速不該因海拔高度而改變，那就是R配速。一般來說，經過幾次訓練之後，高地的R配速最終都能追上平地的速度，唯一要調整的是每趟R配速中間的恢復時間，必須增

加一些，這樣並不會降低訓練效果，因為R課表的目的在於改善速度與跑步經濟性，在高地訓練時增加每趟中間的休息時間可以讓你的速度跟經濟性達到跟平地時一樣。

把高地訓練整合到訓練計畫中

不管你是在高海拔地區參加比賽、接受訓練、進行研究或是擔任長跑者的教練，以下是我過去學到有關高地訓練的注意事項：

1. 我喜歡在高地訓練期間偶爾回到平地去住個幾天，有時候也會到海拔更高的地區進行訓練。那裡的空氣通常很乾燥、涼爽又乾淨，由於那裡宜人的氣候條件，在大多數情況下就算只是跑個E配速的課表都比在平地跑還讓人愉快。那種感覺就像是清爽的冷空氣突然吹到一個炎熱與潮濕的國家。對於住在平地的居民來說，夏季時特別到高海拔地區進行訓練，最主要的目的是避開炎熱潮濕的天氣，可以置身於比較涼爽與乾燥的環境中訓練。在進行E配速的訓練時，最好的方式是依照呼吸的節奏判斷你的費力程度，在高地跑E配速時可以問自己：目前呼吸的節奏與費力程度跟平地時相比是不是差不多？
2. 如果你平時住在平地，就算是初次進行高地訓練，在剛到達較高海拔地區時也不需要馬上減少跑量；也不要因為移地訓練多出很多時間就隨意增加訓練里程。也就是說，在高地時還是維持正常的訓練量就好，該加量的時候就加量，不用特別改變。
3. 在練R強度的課表時仍可用平地的速度去跑，不用減速，但在每一次中間可能需要增加一些恢復時間。但如果是I強度的長間歇課表，就建議要調整速度，大約是每四百公尺慢3～4

秒，但恢復時間可以跟平地時一樣。另外，在高地上的T配速也要調速，建議每公里慢8～10秒。在練L與E時不用特別調整，只需憑感覺並注意維持跟平地相同的呼吸節奏即可。

4. 想在高海拔舉辦的比賽中跑出最佳表現，你需要先參加一些練習賽以幫助你能更加適應在高海拔環境中比賽的感覺，這類練習賽最好能在目標賽事前幾個月完成。
5. 將高地訓練視為你眾多可運用的訓練類型之一。我發現許多跑者經過高地訓練的挑戰後，學會了如何忍受痛苦，並更能夠面對不適感。
6. 高地訓練之後，重回到平地訓練時，也應該要留給身體一段適應期，使你的身體能夠適應平地的環境。我常常聽到運動員說他們必須在回到平地後立即參加比賽才能發揮高地訓練的成果，但事實並非如此。
7. 高地訓練後所提升的運動表現不該被視為暫時的。許多選手從高地訓練回來後都有很大進步，即使是已回到平地好幾個月，他們仍然可以維持進步的幅度。其中的關鍵是：透過通盤考量過的訓練計畫，運用新的刺激去維持高地訓練出來的運動表現。也就是說，如果你的成績因高地訓練而進步，而且身體也的確變強了，這時只要繼續刺激你新的體能水準（回平地以後就用增加速度的方式），你就不會失去從高地獲得的能力。這跟增加週跑量的道理是一樣的，不論你是透過何種方式提升體能，當體能提升後，你就必須根據當前的體能狀況持續施加相同的壓力，進步才不會消退。
8. 若你已決定要嘗試高地訓練，就要相信它，但如果沒什麼效果，請不要猶豫，立即調整。
9. 對長距離跑者而言，抵達高地第一天的狀況通常會比之後幾天都還好。前幾天很常會有脫水症狀，因此喝足夠的水來維持血液量以及休息充足都是很重要的。

10. 在高海拔地區久了身體一定會產生適應，而且如果你交替往返平地和高地將加快這種適應的過程。有一項關於「腎上腺素」（adrenaline）與「去甲腎上腺素」（noradrenaline）的研究顯示，經過每天二十四小時的尿液檢測發現這兩種物質的濃度在跑者返回平地數天後，再返回到高海拔地區後都降低了，這代表短暫回到平地再重返高海拔地區的確有助於適應。
11. 假若跑者之前都住在平地，也在平地訓練，爲了準備參加高海拔地區的比賽而特地到高地訓練，最好在到達高地當天就進行一次計時測驗或比賽。我知道我的這項建議，跟其他人相反，但這樣做的好處是讓你盡早面對現實，才能早點把身心都調整到適合高地的比賽狀態。還有，幾週後要安排第二次測驗，這次的目的不同，主要是心理上的助力，它有助於跑者證明這幾週的高地訓練確有進展。
12. 剛抵達高海拔地區進行訓練時，可以不用改變訓練量和相對的訓練強度，保持跟平地時一樣就好。若想要藉 **R** 課表來維持本來的速度，請記得，因爲在高海拔地區恢復會變慢，所以在每一次快跑過後，需要加長每一趟之間的休息時間。如果速度與跑步經濟性是你訓練的目的，那麼每一趟的訓練都要先保證速度和技術動作的品質，那充足的休息就很重要。
13. 耐力運動員在高地訓練後不僅可以適應高海拔的環境，同時也有助增強體能。如果眞是這樣，那麼運動員在適應後不僅在平地上表現會變好，高地上的表現也會提升，這種情況並不罕見。

在高地維持速度

記住，當有人問：「這項訓練的目的是什麼？」你應該永遠能答得出來。無論你當前實力爲何，訓練都可分成五種強度，分別是：E強度（輕鬆跑）、M強度（馬拉松跑者專用的配速）、T強度（閾值配速）、I強度（最大攝氧配速）、R強度（無氧配速）。現在我們來看看高地訓練如何影響以上這幾種類型的訓練。

「用舒服的配速維持穩定且長時間的跑步對人體大有助益」，這種說法大家一般都能接受。但在不同的訓練週期中也需要進行速度更快的訓練，這是爲了使身體能夠應付生理上與力學上更大的壓力。阻力訓練也常被納入跑步的訓練計畫中，像是彈跳訓練與上坡跑就是其中兩種增強腳力的方法。在課表中加上時間短、速度更快的訓練內容是爲了開發跑者的速度、力量以及在高速下維持良好跑步技術的能力。再者，爲了要增強耐力以及對有氧系統施壓以達到它的極限，T與I強度的課表也一定要納入到訓練計畫中。

問題是，在哪種類型的訓練中，跑者的速度或腿力會遭受損失呢？當然不會是占每週跑量85%的輕鬆跑課表，這類E強度課表訓練的長時間、強度低，只動用最大攝氧量的59%～74%。到了高地後最大攝氧量當然會下降，假設下降值的68%跟平地時最大攝氧量的60%所跑出的速度是一樣的，你仍用相同的配速在訓練，就算到了最大攝氧量70%，其實也不太會影響腿力和速度，所以我認爲E強度的訓練跟跑者是否在高地的關係其實不大。

現在來談談訓練計畫中速度很快的R課表在高海拔地區該怎麼調整？大家都知道，在短時間的衝刺項目，跑者在高地上可以跑得更快。而R課表中訓練時間通常在30～90秒之間，因爲時間很短，所以高海拔的環境並不會影響R課表的速度，只要確定兩趟之間的恢復時間足夠即可。R強度間歇的訓練目的在於提升跑步動作上的經濟性與跑者的速度，但要達成這個目標則需要充足的休息時間。

接著要談到訓練時間較長的I強度與T強度課表，這是高地訓練時唯二要調降配速的課表，他們的配速要主動調得比平地時來得慢。

記住，就算這兩類課表是當前週期的訓練重心，建議也不要將這類強度的訓練量提升到超過週總量的10%以上。此外，還記得T強度訓練的主要目的是爲了讓身體能更有效率地排除乳酸，如果T配速慢一點也能實現這個目標，那就不用跑得跟平地一樣快，訓練目的仍然可以達到。

在高地進行I強度的間歇時，我們會把每趟的配速調慢並把持續的時間拉長，目的是希望對有氧系統施壓以到達其最大值，使得有氧系統的主要器官（包括肺部、心臟和負責運送血液到運動肌肉的血管）能像在平地時一樣受到特定強度的刺激。儘管身體在高海拔地區進行有氧代謝時，細胞沒有收到像在平地時一樣多的氧氣，但他們也會跟在平地時一樣盡力運作並維持相同的效能。

此外，任何在高地練I強度間歇時，因爲速度變慢而擔心失去速度與功率輸出的人，可以找一段下坡進行訓練，因爲在下坡路段就可以維持跟平地一樣的速度；不只是在高地上，有時在平地也可以利用下坡訓練來維持本來的速度。我個人認爲在高地練間歇時能學習與痛苦共存，這種忍受痛苦的能力也能夠彌補稍微變慢的速度。

再提一點是關於降低訓練強度，這也有助於避免過度訓練與運動傷害。我見過好幾個在高海拔地區的長距離跑者，他們在降低了T與I的強度後，對他們反而很好，這其中有以下兩個原因：

- 許多運動員在訓練時爲了追求特殊的成效，會跑得比實際需要的速度更快，在高海拔地區他們會被強迫降低到一個較慢的速度，而這個速度對他們來說反而比較剛好。
- 有些跑者已經存在某些輕微運動傷害，而且這些不舒服的地方需要特別照顧才能復原，這些人在經過了幾個星期的高地訓練後發現自己的傷都好了，很有可能是他們上到高地後必須降低訓練速度，當刺激下降後就有助於恢復。

有時候跑者認爲某些改變會帶來負面影響，但也有可能最後的影響反而是正面的。

高海拔比賽

若安排了一場高地比賽，那麼勢必要調整平常的比賽策略。最重要的是，避免在長跑比賽的一開始就跑太快，太快的意思是指在同樣距離的賽事中不要試圖跑出跟平地一樣的速度。

表6.1中有各種高度與比賽距離中的完賽時間調整秒數。這個表讓你知道第一次在高地比賽時應該如何調整配速。表6.1的調整秒數是提供給已經在高地待過一陣子的跑者參考的，如果你在高地賽之前沒有時間適應高海拔環境，那麼你完賽時間的增加秒數就要更多。我也會建議眞正要加速與盡力的時機是從賽程的後半段開始（如果你認爲自己在前半程還跑得不夠用力時）。

跑者有時會需要在某些高海拔地區盡全力跑，但這不常發生在關鍵的錦標賽，反而會在次要的比賽中發生。在這類比賽中需要注意幾個問題如下：

1. 在高地上比賽需要比平地慢多少？
2. 在高地上最好的比賽策略是什麼？

表6.1　身處高海拔地區時的完賽時間調整表

海拔高度	1,000m(3,281 ft)	1,500m(4,921 ft)	2,000m(6,562 ft)	2,250m(7,382 ft)
比賽時間（分鐘）	增加時間（秒數）			
5	1.5	3.75	6	7.75
10	4.25	12.5	21	25.5
20	9.75	30	51	61
30	15.25	47.5	81	96.5

此表格由傑克·丹尼爾斯跑步計算器所創建，該計算器出自Run SMART項目。

第一個問題的答案請參考表6.1中關於不同海拔高度與比賽距離如何調整配速的建議。

至於第二個問題，最重要的兩個因素是比賽的持續時間以及最好的應賽方式。大家都知道較短距離的比賽不受海拔高度影響，這裡指的是距離小於或等於八百公尺的比賽。在高海拔也許會跑得比平地辛苦，但八百公尺以下的比賽中，如果盡力跑，跑者應該能保持一樣的水準。事實上，一九六八年墨西哥奧運的八百公尺冠軍選手平常在平地訓練，但他仍在決賽時追平當時的奧運紀錄。[17]

在高地時，比賽策略顯然是個關鍵，我會建議若是在高地上參加長距離比賽，剛開賽時的前幾分鐘要比在平地時更爲保守與謹慎。如果一開始就跑出跟在平地比賽時一樣的速度，等於動用更多無氧引擎，那麼後半段的比賽速度一定會慢下來。

在高地與平地間的交替訓練

長距離跑者通常在高地經過兩到三個星期的訓練後，跑步表現將能大幅提升。如果跑者平常就在平地訓練與比賽，但其間會定時到高地住一陣子，那他的提升幅度會更大。在高地訓練的跑者若能偶爾回到平地上，有助於他們意識到自己並沒有因爲長時間待在高海拔地區而喪失本來在平地上的實力。

有機會接觸高地訓練的跑者，若能在高地與平地間交替訓練，效果會更好。但沒有必要每天在兩地間移動，建議可以在高地待幾個禮拜，接著回平地練一週左右，然後再回到高地去，這樣練的效果會很好。這種方法的主要好處是可以讓你安心，你可以在平地時確定自己其實並沒有失去任何體能。事實上，回到平地的這幾天你通常能表現

17. 譯注：該奧運的海拔高度約2,240公尺。

得比之前更好。

我時常提到在高地訓練的優點之一是能提升跑者對痛苦的忍受力，這種學習成果讓跑者在回到平地時，當他處於相同程度的痛苦感受下可以跑得比之前還快。事實上，我相信花時間在高地進行訓練，最顯著的好處之一是學會忍受更多的痛苦。

很多人認爲從高地訓練回到平地一段時間後，體能訓練的成果就會流失，這很自然，因爲很多人都這樣說，有時你可能會聽到：「回到平地後，你只有幾天的時間可以保留高地訓練的成果。」但我認爲根本不是這樣。

用這個方式想好了：如果高地訓練使你的體能提升了，這就表示你的體能已經比之前更強，這不只是暫時性的。我想你可以用增加跑量來比較，在經過幾週的大跑量的訓練後，你的比賽成績進步了(可能是體能中的某部分改善)，此時只要你持續地對必要的系統施加壓力，就無須擔心因爲減少一些跑量就會流失體能。

大家會說跑者回到平地數週後將失去在高海拔得到的能力，是因爲這樣的例子時常發生，但爲什麼會這樣？跑者常常爲了參加特定的錦標賽而到高地受訓，當他們回到平地參賽，接著賽季就結束了，很多人也跟著停止了訓練。所以他們回到平地後體能變差，究竟是因爲回到平地造成的，還是因爲他們停止訓練了呢？

過去我曾帶一群運動員到高地訓練一個月，之後到歐洲比賽，接著又回到同一個高地訓練區，大家的成績都變快了，比離開歐洲前更快。其中有一名跑者在高地花了六週訓練，回到家鄉後，五公里跑出個人最佳成績。接下來的十個月他住在平地，而且中途都沒有回到高地訓練，其間他跑出許多個人最佳成績，也成了國家冠軍以及泛美運動會冠軍。看來他並沒有因爲一直待在平地而失去任何東西，而且還不斷進步，一直跑出比之前都還好的成績。多年來我一直主張：高地訓練的效果是具有普遍性的，當耐力運動員離開平地較緊張的生活

（例如：高溫、潮溼、課業或工作壓力，或是個人其他方面的壓力），到高地訓練一段時間，再回到平地後成績大都顯著進步，這是一種常態。

在高地訓練後回到平地比賽

通常在高地要花上數週的時間訓練才會看到成績的進步。然而，回到平地後需要花多久時間才是最佳比賽時機，不同運動員的情況似乎會相當不一樣。天氣是影響的主要因素之一，高海拔地區的氣候大多涼爽且乾燥，如果你必須回到又濕又熱的平地去比賽，那麼最好能夠給自己一週甚至更多時間去適應這樣的環境。另一方面，如果是回到涼爽的平地環境，那麼你也許一回到平地就可以馬上準備比賽，而且很有可能跑出自己的最佳表現。

「回到平地多久再比賽比較好？」這個問題的答案將隨著比賽項目而改變。一般來說，爲了在比賽中發揮最佳表現，我認爲比賽的距離愈長，回到平地的適應期也應該拉長。

我在高海拔地區的研究對象之一——吉姆．萊昂（Jim Ryun），是我的好朋友，也是一位相當優秀的跑者，他在高地練了三週之後回到平地當天傍晚就跑出一英里的世界紀錄（一九六七年六月二十三日，成績是：3:51.1）[18]，就在從高地返回到平地的隔天，他又打破了另一個世界紀錄，在一千五百公尺的比賽中跑出：3:33.1。請注意，上述這些成績都是發生在距離相當短的比賽，當跑者在高地待過一陣子再回到平地之後，可能會發生的不良改變是「過度換氣」（hyperventilate）——呼吸次數太過頻繁，使呼吸的量超過所需——因爲在高海拔地區待過一段時間後，呼吸量肯定會增加；回到平地後，

18. 譯注：吉姆．萊昂的世界紀錄一直保持到一九七五年五月十七日才被菲爾伯特．巴伊（Filbert Bayi）打破，成績是：3:51.0。

你需要一段時間才會意識到，其實不需要呼吸得那麼頻繁，但在距離相對較短的比賽中，例如一千五百公尺或是一英里，當你意識到自己呼吸變困難時，比賽差不多已經結束了。

最後談到另一種比較極端的長距離項目——馬拉松比賽——跟高地相比，平地的環境可能會更爲嚴酷，尤其是溫度與濕度方面的挑戰。高海拔地區通常比平地還要乾燥與涼爽，如果你回到平地所要參加的馬拉松是又濕又熱的環境，你的身體將需要10～14天才能適應。另外，過度換氣的情況也會因爲這幾天的適應，使你的呼吸漸漸穩定下來，呼吸的感覺會慢慢變得比較舒服。

大多數比一英里還長的比賽距離，返回平地後建議留個一週或是再長一點的適應期，會比一回到平地就去比賽更好，尤其是高地與平地氣候條件不一樣時。有些跑者在高地訓練期間時常會回到平地，這類跑者會比偶爾只回去幾次或甚至是完全沒回到平地的跑者更了解如何準備平地比賽。

爲了讓高地訓練所帶來的生理與心理效益得到最大化，我建議一週至少回到平地一次。表6.2顯示在兩場馬拉松中，不同氣溫對於馬拉松成績的影響。

表6.2　不同氣溫對於馬拉松成績的影響

馬拉松成績：2小時25分					
氣溫		時間增加		體液流失量（毫升）	
°F	°C	完賽時間	每5K	每分鐘	每2:25
55	12.8	0:00	0秒	13.0ml	1,885ml
60	15.6	1:07	8秒	14.5ml	2,105ml
65	18.3	2:14	16秒	15.7ml	2,275ml
70	21.1	3:21	24秒	16.9ml	2,450ml
75	23.9	4:28	32秒	18.1ml	2,625ml
80	26.7	5:35	40秒	19.4ml	2,815ml
85	29.4	6:42	48秒	20.7ml	3,000ml
90	32.2	7:49	56秒	22.1ml	3,200ml

馬拉松成績：2小時07分					
氣溫		時間增加		體液流失量（毫升）	
°F	°C	完賽時間	每5K	每分鐘	每2:25
55	12.8	0:00	0秒	16.5ml	2,145ml
60	15.6	0:59	7秒	18.1ml	2,350ml
65	18.3	1:58	14秒	19.6ml	2,550ml
70	21.1	2:57	21秒	21.2ml	2,755ml
75	23.9	3:56	28秒	22.8ml	2,965ml
80	26.7	4:55	35秒	24.4ml	3,170ml
85	29.4	5:54	42秒	25.9ml	3,370ml
90	32.2	6:53	49秒	27.5ml	3,575ml

此表格由傑克．丹尼爾斯跑步計算器所創建，該計算器出自Run SMART項目。

CHAPTER 7

在跑步機上進行訓練

訓練並不一定要感覺不適才會有效果。

像我們這一類跑步愛好者會認為跑步比其他運動好，或者說優於其他有氧運動，原因很簡單，說直接一點，在於跑步的簡單與自由。你可以不受拘束地到處練跑，而且還免費。那為何還要在跑步機上進行訓練呢？

我記得在波斯灣戰爭(Gulf War)期間曾訓練過一位海軍人員，他身高一百九十幾公分，體重八十四公斤，在我替他安排訓練計畫期間，一週的跑量大約落在129公里左右。對一位準備參加馬拉松的跑者來說這樣的訓練量聽起來是滿合理的，但是當你知道他所有的訓練都是在航空母艦上進行時，利用跑步機來訓練對他來說似乎就合理多了。

我也曾訓練過一些囚犯，他們每年都在州立監獄的廣場上舉辦馬拉松，一英里的路線上有五種路面，每圈都換一次不同的路面。其中有一位就在同一個廣場上，平均每週跑64公里。還有位住在紐約的小伙子，我曾以電子郵件的方式線上指導他，他每天幾乎都用跑的上下班，只有在寒風冷冽的日子他才會搭車回家，而且為了補足訓練量，他會在家裡的客廳原地跑一個半小時，以確保自己不會因為天候不佳而偷懶少跑。

在我研究所期間，常常在實驗室外面看到一位法律系的學生每天都繞著四百公尺的操場跑。他似乎永遠跑不累，每次都繞非常多圈，而且天天如此。最後我終於忍不住出去跟他見面，一起跑了幾公里，邊跑邊問他在跑什麼。才知道他每週有六天會要求自己繞著四百公尺的操場跑八十圈，他剔個光頭，沒戴帽子，光著膀子只穿條紅色的棉質短褲和高筒籃球鞋（搭配厚羊毛襪）。有聽說他在氣溫很低的日子會穿件T恤，但我從沒看他穿過。請理解，這是在密西根州的三月天，氣溫還很低，而不像是亞利桑那州或其他南方州已經比較暖和了。當我問那位每天跑八十圈的同學爲何不跑少一點，速度再加快一點？他說：「我跑步並不是爲了身材，純粹只是想有一段屬於自己的時間，遠離我的學業。」聽了這位同學的經歷，你還會覺得在跑步機上練跑是最單調的訓練方式嗎？

讓我再多舉一些例子讓你了解跑步機有時並非像你想的那麼糟，你認爲七月的鳳凰城（Phoenix）如何？再想想十一月、十二月、一月與二月在明尼蘇達州（Minnesota）與紐約的雪城（Syracuse），以及八月的邁阿密（Miami）又如何呢？

如果說有誰最應該舉辦一場跑步機上的跑步比賽，我認眞思考過……我認爲最應該做這事的就是奧林匹克委員會了！透過電視轉播時會是一番怎樣的光景呢？世界上最頂尖的馬拉松選手齊聚在一棟大型的體育場館裡，每位選手都有自己的一台跑步機，互相面對面。室內溫度保持在攝氏15度，濕度30%。鳴槍後最快完成42.195公里的選手將贏得比賽。每位選手都可以自由地補充飲水與食物，隨時檢查體重與密切注意水份流失的多寡。他們更可以隨意調整跑步機的速度。

跑步機並非只在天氣不好時才有用，它在晴天一樣能對所有跑者帶來幫助，像是調整跑姿時或是在受傷後的復健期都很有用。在跑步機上並不無聊，有許多訓練項目可以在上面進行。

在跑步機上訓練最大的好處之一是可以精準地控制強度。在一般路面上練跑時，訓練強度只能藉由速度來控制，但在跑步機上，你卻可以幾乎無限制地調整速度和坡度這兩個變數，來達到你想要的運動強度。例如：你可以設定很慢的速度，但把坡度調到正確的角度上，如此訓練強度還是可以接近於平路上較快的配速。

跑步機的缺點之一也許是無法跟夥伴一起練習。當然，除非同一個空間裡有很多台跑步機可以讓你和很多跑者一起同時訓練。你也可以設計能讓兩位跑者共用一台跑步機的課表，例如在訓練中把跑步機的坡度調到較陡的狀態，其中一位跑者先在跑步機跑1分鐘，隨後下來休息1分鐘（離開跑步機），此時換另一位跑者上跑步機訓練。這種訓練方式我已經在大學校隊中實行了好幾年，相當成功。

有些跑者很喜歡獨跑，像我就是。跑步機提供了一種獨處的氛圍。過去有好幾年，我在實驗室有份全職工作，我會提早在其他人進實驗室之前一個小時，把燈全關了（這樣不只感覺更安靜，外面的人就不會因爲看到裡面有燈光就進來打擾到我跑步），打開跑步機，在見到其他同事之前花一個小時在跑步中與自己獨處。我最擔心的是有人把燈打開或突然出現跟我講話。在一片漆黑的跑步機上不管我如何跑、如何呼吸或如何擺臂與抬腿，都不必再一直擔心速度。當時間到了，跑步機上自然會顯示距離。還有什麼比這種跑法更單純或更放鬆呢？

在跑步機上訓練時大可不必只限定在單一配速，單調的節奏會讓你很容易失去專注度。順道一提，在室內訓練時，我不會戴手錶訓練，我比較喜歡在身旁擺個大型時鐘，是那種鐘面上有根很明顯的紅色秒針的大鐘。我不會把它擺在正前方，而是放在外側，這樣就不會在練跑時一直不自覺地盯著它，想看時間時只要轉過頭就看得見。時鐘的好處是能讓你方便追蹤訓練與休息的時間。如果你很在意心率的話，時鐘也讓你很方便計算每分鐘的心跳次數。[19] 如果你今天想放棄在戶

19. 譯注：這是指過去還沒有心率錶的時期，可以按著脈搏看著時鐘的秒數計算每分鐘心跳次數。

外練跑時的自由自在，改用跑步機來訓練，就擺脫多餘的負擔吧。如果是在家裡，甚至連上衣或運動短褲都可以脫掉。

定速跑與間歇訓練

每位跑者能做的訓練大致上可分爲兩種：定速跑與間歇訓練。所謂的定速訓練，我指的是在一定的強度下不停地連續跑一段時間。強度可以很輕鬆，像是在「熱身」與最後「緩和」階段的E配速；也可以是中等強度，像是M或是T配速。

任何高於T配速的強度大都以間歇的方式進行訓練，像是I或R強度的訓練即是如此，這類的訓練是爲了刺激有氧系統、跑步技術、速度與經濟性。「間歇」的意義是指在訓練中反覆交替「費力的訓練」與「休息恢復」，恢復可以是動態的或是完全停下來休息。通常訓練的過程愈長，恢復的時間也愈長，這在跑步機上就很容易控制。有時候，同一份課表中可以混合不同的強度、長度與恢復時間的內容，它一般被稱爲「法特雷克訓練」（fartlek training），簡稱變速跑。

上坡跑訓練

跑步機訓練有一項巨大優勢在於很方便進行上坡跑訓練，因爲在一般路面上練爬坡時也要跑下坡，如果那正是你要的也很好。然而，跑者們常常只想要練上坡跑，而不想要跑下坡時所帶來的負面效果，這在跑步機上就很容易實現。在跑步機上，你可以調好坡度，訓練到設定的時間到了就跳下跑步機休息，休息時間到了再上去跑下一趟。因爲對已經有些微運動傷害的跑者來說，下坡跑可能會加重傷害，跑上坡的衝擊比下坡小很多，所以若這類有傷的跑者想要進行坡地訓練，跑步機當然是他們的最佳選擇。只要坡度夠陡，你也可以用較慢的速度完成相當具有挑戰性的訓練。

有些比賽賽道的上下坡路段很多，像是波士頓馬拉松，跑者就可以利用跑步機來特別針對上坡與下坡來訓練。現在市面上有許多能夠調整到下坡模式的機型，只是要價不斐。另一種方案是在普通跑步機的後側用枕木或大塊木頭墊高，也可以達到跑下坡的效果。舉例來說，如果你有一台跑步機最多能把角度調高到二十度，你先把它的後側墊高，並在跑步機的皮帶上擺上水平尺來重新校正。比如說我們想把這台沒有下坡功能的跑步機，調整成具有下坡五度到上坡十五度，方法是：先把跑步機的坡度調高，使螢幕顯示坡度爲 +5%，接著調整後側的枕木高度，使水平尺顯示完全水平（坡度 0%），那當你把螢幕上的坡度調爲 0% 時，實際上就是 -5% 的下坡，所以此台跑步機的坡度調整範圍就會變成 -5%～15% 之間。當然，很重要的是要確保跑步機下木頭之類的東西墊得夠穩，而且確實固定在一起，不會因爲振動鬆脫或是被不知情的人踢掉。

關於下坡跑，有一點需要注意。就像上坡跑的落地衝擊較低，下坡跑會增加落地的衝擊。此時比較聰明的作法是在訓練計畫中逐步增加下坡跑的次數，這樣就不會因爲額外的衝擊而造成運動傷害。建議在加大坡度或提高速度前，同樣的課表至少維持四週。如果下坡訓練的坡度太大或速度太快，很容易增加股四頭肌的痠痛。在比賽前的最後幾週應盡量避免增加下坡跑的壓力，若是重要的比賽，建議在賽前四到六週不要啓動新一輪的下坡跑課表。

若要開展新的訓練模式，最好能在非賽季或訓練週期的最初階段進行。對大部分的跑者而言，跑步機的訓練還是以平地與上坡模式爲主，對一般人來說（甚至是某些菁英跑者來說也是一樣）並不需要特別針對下坡來訓練，除非目標賽事賽道有大量的下坡路段。

跑步機訓練的強度

爲了讓跑者在跑步機上訓練不那麼無聊，以及提供更多樣性的訓練方式，我設計了一個「強度表」，這個表格中透過不同「速度」與「坡度」的結合，讓跑者可以找到相對應的壓力組合。使用這個「強度表」的好處是可以讓跑者不用只透過加快速度的方式來達到目標訓練強度。有些跑步機型無法加速到你的I配速，此時你可以透過加大坡度來降低配速，雖然速度變得比實際的I配速慢，但身體受到的壓力是相近的。

表7.1中列出跑步機上各種速度與坡度百分比的組合，每一種組合都等同於你在平地練跑的時速，單位爲每小時的英里數（mph）。

表7.1　此爲跑步機上的速度與坡度對照表，同一橫列的強度是相近的。表格中的速度介於每小時6.0～12英里之間（轉換成公里是9.7～13.7km／h）

		跑步機上的速度（單位是每小時的英里數）												
$\dot{V}O_2$	Mile	6	6.5	7	7.5	8	8.5	9	9.5	10	10.5	11	11.5	12
		坡度（百分比）												
30	9:19	2.9	1.9	—	—	—	—	—	—	—	—	—	—	—
35	8:15	4.8	3.5	2.5	—	—	—	—	—	—	—	—	—	—
40	7:24	6.6	5.2	4	3	—	—	—	—	—	—	—	—	—
45	6:44	8.4	6.8	5.5	4.4	3.5	2.6	—	—	—	—	—	—	—
50	6:11	10.2	8.5	7	5.8	4.7	3.8	3	2.3	—	—	—	—	—
55	5:43	12.1	10.1	8.5	7.2	6	5	4.1	3.3	2.6	2	—	—	—
60	5:19	13.9	11.8	10	8.5	7.3	6.2	5.2	4.3	3.6	2.9	2.3	—	—
65	4:59	15.7	13.4	11.5	9.9	8.5	7.3	6.3	5.4	4.6	3.8	3.2	2.6	—
70	4:42	17.5	15.1	13	11.3	9.8	8.5	7.4	6.4	5.5	4.7	4	3.4	2.8
75	4:27	19.4	16.8	14.5	12.7	11.1	9.7	8.5	7.4	6.5	5.6	4.9	4.3	3.6
80	4:13	21.2	18.4	16	14.1	12.4	10.9	9.6	8.5	7.5	6.6	5.7	5	4.3
85	4:01	23	20	17.5	15.4	13.6	12.1	10.7	9.5	8.5	7.5	6.6	5.8	5.1
90	3:51	24.8	21.7	19	16.8	14.9	13.2	11.8	10.5	9.4	8.4	7.5	6.6	5.9

此表格由傑克・丹尼爾斯跑步計算器所創建，該計算器出自Run SMART項目。

舉例來說，在平坦的道路上若配速是每英里6:11，該強度約等於在10.2%的坡度上以每小時6英里的速度奔跑，也等同於在7%的坡度上以每小時7英里的速度奔跑，或是在2.3%的坡度上以時速9.5英里的速度奔跑。再舉一個例子，在平坦路面上以每英里4:13的配速訓練（每四百公尺操場跑63秒），該強度等同於在21.2%的坡度上以時速6英里訓練，或是表格裡不同直欄中的其他組合，例如：最後一欄是在4.3%的坡度上以時速12英里的速度訓練。

雖然把坡度調陡，用較慢的速度也可以完成同樣較大的訓練量，但在進行R課表的訓練時，速度還是要夠快才會有R強度該有的效果。在跑步機上最適合進行的課表類型是I強度、T強度和定速跑。我認爲I課表在慢速與陡坡上訓練效果會很不錯。例如：你可以嘗試這份課表：20趟30秒I強度，每趟中間休息30秒（下面簡稱「30／30」）。如果覺得對你來說挑戰度不夠，可以改成：10趟60秒I強度，每趟中間休息60秒（下面簡稱「60／60」）。不管是30／30或60／60，這類「跑／休」時間相同的課表有一個好處：如果同時有兩個人都想以相同的強度訓練，兩個人就可以用同一臺跑步機。這意味著一個人在機臺上跑步，另一個人在休息，兩個人只需在固定時間的循環中（例如：30秒或60秒），輪流跳上跑步機訓練或跳下來休息。另外，關於跑步機的強度的調整還有一項重要資訊：跑步機的坡度多增加1%就相當於每英里配速加快10～15秒（約等於每公里配速加快 6.3～9.4秒）。

每個使用跑步機的跑者也可以創建自己的「強度表」。方法是每次在跑步機上訓練時，嘗試不同的速度和坡度組合，並記錄自己在不同組合的壓力感受。我建議從時速6英里／小時（9.6公里／小時）和2.5%坡度開始，然後是時速 6英里／小時和5%坡度的組合，接著再嘗試7.5%、10%、12.5%、15%、17.5%以及20%的坡度組合。這個組合練完後，接著在另一次的訓練過程中，速度改成時速7英里／小時和上述的坡度組合，然後是8英里／小時（12.8 公里／小時）、9英里／小時（14.4公里／小時）和10英里／小時（16公里／小時），根據你在跑步機上的實際情況調整速度。對於每個速度和坡度的組合，持續跑步5或6分鐘，在每次跑步的最後一分鐘內，按1～5的數字記錄：

- 1＝非常輕鬆
- 2＝有些負荷
- 3＝舒適地困難
- 4＝困難
- 5＝非常困難或極限努力

等級1是你可以輕鬆完成一次L課表的強度，等級2大約等於M強度，等級3接近T強度，等級4大約是5K比賽的費力程度，5表示你可能能夠在5到6分鐘內應對的努力程度。不要在同一個訓練過程中嘗試太多速度和坡度的組合，但在完成你可以應對的組合後，製作一張表格，顯示在不同訓練時刻適合你的組合。填寫這個表格需要幾週的時間，一週進行幾次訓練後，請記住，一開始感覺困難的事情可能隨著時間的推移變得更容易，所以要願意改變你在不同訓練強度上的使用方式。

進行這樣的小型研究會使得跑步機訓練變得有意義，時間也會過得很快。你會專注於自己的評級系統，而不是根據做功總量。你也可以記錄每個速度和坡度組合下的心率，這將在選擇特定訓練時提供額外的資訊。你可以使用以下心率區間設定：

- 1＝最大心率的80%以下
- 2＝最大心率的81%～85%
- 3＝最大心率的86%～90%

- 4＝最大心率的91%～99%
- 5＝最大心率，或大致等於目前一英里比賽的速度或費力程度

校正你的跑步機

如果你像我一樣想要知道自己在各級強度的精確跑速，特別是在練I、T配速或其他質量課表時。這時就需要校正你的跑步機，步驟如下：

1. 用鉛筆在皮帶的底端做一個記號（記得先關掉電源），同時在皮帶上放捲尺或直尺，記號做好後就可以開始測量。先把皮帶往後推，如果需要的話可以依序在皮帶上做些標記，從最初標記的起始點開始記錄與累加皮帶的長度，直到皮帶回到最初的標記點爲止。記錄的最小單位要到1／4英寸或是0.5公分。如果你是用英尺和英寸的量測單位，先把英尺全部轉成英寸後再乘以2.54，就能換算成公分。讓我們先假設你最後測出的皮帶長度是542.9公分。
2. 接著把把量測出來的長度除以100就能把公分轉成公尺，以上述的例子得到5.429公尺。
3. 接著乘以10，得到皮帶轉動十圈的距離，以同一個例子爲5.429×10=54.29公尺。
4. 在跑步機皮帶側邊的底座，標上明顯的記號，至少要讓它在轉動時還能看得清楚。如果跑步機是屬於你自己的，你可以用白色油漆或立可白作記號，這樣不但很明顯還可以持續一段時間。白色膠帶也可以，但皮帶轉動時相對容易脫落。
5. 跑步機的確切速度可由皮帶轉動十圈的距離來決定，方式如下：

a. 先在跑步機上調整出一個你想校正的速度，當皮帶上的標點剛好通過底座上的記號就開始計時。我的做法是在標點轉到跑步機下方時就開始計時，但如果是自己在跑步機上就很難執行。最好是請另一位跑者在跑步機上訓練時來做測試，因爲體重會增加摩擦力，進而使跑步機的皮帶轉動變慢。你也可以自己上去跑步機上測試，再請另一位夥伴幫你計時。

b. 當皮帶上的標記通過底座的記號時就開始計時，心裡默數「0」。

c. 每當皮帶上的標記通過底座的記號一次，就依序數「1-2-3-4-5-6-7-8-9-10」，數到第10次就停止碼表計時。最好能多測幾次，看數據是否穩定。一定要記得從「0」開始計時。

d. 比方說你的碼表上顯示的是13.03秒，這卽是代表皮帶轉動十圈所花的時間，我把十圈的時間指定爲字母T，十圈轉動的距離指定爲字母D。速度可以表示爲：(D×60)／T＝公尺／分鐘。例如：(54.29×60)／13.03＝250公尺／分鐘

e. 如果你想知道在特定的速度下皮帶轉動十圈所花的時間，T的計算方式如下：(D×60)／設定的速度＝T。例如：設定的速度爲268公尺／分鐘，皮帶轉動十圈所花的時間卽爲54.29×60／268＝12.15秒。

在這個例子中，若要使速度確實達到268公尺／分鐘(也就是每英里6分速)，要調整跑步機的速度，使皮帶轉動十圈的時間剛好落在12.15秒。我通常會試著盡量靠近特定的速度，但我不會爲了使速度完全精準而花太多時間。只要記錄某些特定你想達到的速度，再畫成曲線圖，就可以預估其他速度的正確值爲何。若能知道皮帶轉動每小時的英里數也很好。你可以利用表7.2的公式來轉換三種不同的速度

單位：英里／小時、分鐘／英里、公尺／分鐘，而表7.3則列出這三種單位間的數值關係。另外，對於某些想要知道不同速度單位間更詳細的轉換關係，可參考附錄〈時間與配速間的轉換〉。

表7.2　三種速度的互換公式，分別是：「每小時英里數（英里／小時，mph）」、「每英里幾分速（分鐘／英里）」與「每分鐘公尺數（公尺／分鐘）」

「每小時英里數」轉換成「每英里幾分速」	
公式	**以時速9英里為例**
60÷ **每小時英里數**＝每英里幾分速 小數點位數 ×60＝秒數	60÷9.0＝6.6667分鐘／英里 0.6667×60＝40秒，所以每英里為6分40秒
「每英里幾分速」轉換成「每小時英里數」	
公式	**以每英里花6分40秒為例**
秒數 ÷60＝小數點位數 60÷ 每英里幾分數＝**每小時英里數**	40÷60＝0.6667分（加上6分＝6.6667分） 60÷6.6667＝9.0英里／小時
「每分鐘公尺數」轉換成「每小時英里數」	
公式	**以每分鐘跑241.4公尺為例**
公尺／分鐘 ×60＝公尺／小時 公尺／小時 ÷1,609.344 公尺*＝**每小時英里數**	241.4×60＝14,484公尺／小時 14,484÷1,609.344＝9.0英里／小時
「每小時英里數」轉換成「每分鐘公尺數」	
公式	**以時速9英里為例**
英里／小時 ×1,609.344*＝公尺／小時 公尺／小時 ÷60＝公尺／分鐘	9.0×1,609.344＝14,484公尺／小時 14,484÷60＝241.4公尺／分鐘
「每分鐘公尺數」轉換成「每英里幾分速」	
公式	**以每分鐘跑241.4公尺為例**
1,609.344*÷（公尺／分鐘）＝分鐘／英里 小數點位數 ×60＝秒數	1,609.344÷241.4＝6.6667分鐘／英里 0.6667×60＝40秒，所以每英里為6分40秒
「每英里幾分速」轉換成「每分鐘公尺數」	
公式	**以每英里花6分40秒為例**
秒數 ÷60＝小數點位數 分鐘＋ 小數點位數＝分鐘／英里 1,609.344*÷（分鐘／英里）＝公尺／分鐘	40／60＝0.6667分鐘 6＋0.6667＝6.6667分鐘／英里 1,609.344÷6.6667＝241.4公尺／分鐘

*1,609.344公尺等於1英里。
此表格由傑克．丹尼爾斯跑步計算器所創建，該計算器出自Run SMART項目。

表7.3　三種速度的對照表

每小時英里數	每英里幾分速	每分鐘公尺數	每小時英里數	每英里幾分速	每分鐘公尺數	每小時英里數	每英里幾分速	每分鐘公尺數
6	10:00	161	8.1	7:24	217	10.1	5:56	271
6.1	9:50	164	8.2	7:19	220	10.2	5:53	274
6.2	9:41	166	8.3	7:14	223	10.3	5:49	276
6.3	9:31	169	8.4	7:09	225	10.4	5:46	279
6.4	9:22	172	8.5	7:04	228	10.5	5:43	282
6.5	9:14	174	8.6	6:59	231	10.6	5:40	284
6.6	9:05	177	8.7	6:54	233	10.7	5:36	287
6.7	8:57	180	8.8	6:49	236	10.8	5:33	290
6.8	8:49	182	8.9	6:44	239	10.9	5:30	292
6.9	8:42	185	9	6:40	241	11	5:27	295
7	8:34	188	9.1	6:36	244	11.1	5:24	298
7.1	8:27	190	9.2	6:31	247	11.2	5:21	300
7.2	8:20	193	9.3	6:27	249	11.3	5:19	303
7.3	8:13	196	9.4	6:23	252	11.4	5:16	306
7.4	8:06	198	9.5	6:19	255	11.5	5:13	308
7.5	8:00	201	9.6	6:15	257	11.6	5:10	311
7.6	7:54	204	9.7	6:11	260	11.7	5:08	314
7.7	7:48	207	9.8	6:07	263	11.8	5:05	317
7.8	7:42	209	9.9	6:04	266	11.9	5:02	319
7.9	7:36	212	10	6:00	268	12	5:00	322
8	7:30	215	—	—	—	—	—	—

此表格由傑克・丹尼爾斯跑步計算器所創建，該計算器出自Run SMART項目。

CHAPTER 8

跑步的體能訓練計畫

跑步是你可以享受一輩子的事。

我時常回想起高中時代一些很棒的體育課，其中最令人印象深刻的是我們學校使用的顏色分級系統，主要是根據每學年春秋兩季進行的測試成績來分發白色、紅色、藍色、紫色與金色的體育短褲，以表示不同的體能程度。我也參考這個方式，爲不同程度的跑者編排了四種訓練計畫，分別以顏色區分。白色計畫是給初學者和那些曾經練過跑步但隔了很久沒跑現在又想重新訓練的跑者；紅色計畫適用於已經開始參與一些跑步活動且有一點基礎的人；藍色計畫是給有心想要更加投入訓練的認眞跑者；而金色計畫是爲非常認眞的跑者所設計的，這類跑者想要跟著一份設計嚴謹的課表來訓練，而且他們也有足夠的時間認眞吃完整份課表。

事實上，把金色計畫用來準備目標賽事萬無一失，但其實藍色計畫已經足夠了。已經完成藍色與金色計畫的跑者，可以輕易地接著使用我們接下來幾章要談到的任何一份訓練計畫，這些計畫分別針對各種不同目標賽事所設計，計畫的結構也更加嚴謹。

一位入門跑者在開始執行訓練計畫以前，應該先通過體能測試，以確保身體已經準備好承受相應活動所帶來的壓力。這方面的知識請參閱本書前幾章，仔細解釋了身體在面對新壓力的反應和適應過程。

此外，一位剛入門的跑者應在花大錢買跑鞋與裝備之前，先諮詢合格的跑步教練或經驗豐富的跑者。

當一位跑者在剛開始執行跑步計畫時的體能愈差，他（或她）將從相對輕鬆的訓練中有更多受益。只有在跑者達到一定的體能水準後，訓練才需要比較辛苦，因爲對他們來說辛苦才會進步。因此，你應該謹守課表的訓練量，不要過度訓練，特別在訓練初期，更要保守一點。接下來還有一些給所有跑者的建議，包括入門以及體能強大與經驗豐富的跑者：

- 休息不是逃避，而是訓練中必不可少的一部分。
- 規律訓練以及維持良好的休息與均衡飲食，都是獲取訓練最佳成效的關鍵。
- 絕對不要在受傷或生病時進行訓練。

白色計畫（入門）

當你看過白色計畫之後，你會注意到課表不是天天都有，但你要每天跑也並無不可，尤其是那些有比較多空閒時間的人，可能會想多跑一點。再次強調，那些在開始執行計畫時體能狀況還不是太好的人，並不需要進行太過劇烈或頻繁的訓練，就能獲得相當大的效果。

如果你之前完全沒有在跑步，那每週只要練跑三到四天，幾乎不用懷疑一定會帶來正面效果。若每週只跑三天，我會建議將這三天分散在一星期裡，而不是連續跑三天然後休四天；當然，如果你的情況只能允許你跑三天休四天，這也絕對比完全不跑好。在下面介紹的訓練課表中，我會將最低的訓練量以「灰底」標記。

這份16週的白色計畫從每天30分鐘開始，單次訓練最多也只增加到45分鐘。白色訓練計畫的後期，我會在某些課表中加入「快步跑」（以輕快步伐進行極短距離的間歇訓練，每趟之間皆有充足的休息時間)。快步跑將改善跑步的經濟性，使你在一邊提升體能的同時，也爲將來速度更快的課表做好準備。相較於只是穩定的等速跑，有時候在E強度訓練中加入一些快步跑，有助於身體從低速中獲得解放。[20] 在E配速訓練期間，你也可以選擇在較爲平坦與柔軟的地面上進行快步跑，跑起來會更爽快。

選擇白色計畫的人可能會覺得難度不夠，對於那些曾經從事其他運動項目的人來說，也許確實如此，如果你屬於這類人群，可先在第Ⅰ週期的課表中試練幾個星期，如果對你來說仍然感覺壓力不大，可以直接跳到白色計畫的後面幾個週期，如果直接跳到白色計畫的第Ⅳ週期，仍然覺得很輕鬆，這代表你也許該往更進階的課表邁進，此時你應該已有執行紅色計畫的能力了。

當你完成16週的白色計畫後，你也許會對目前的體能程度感到十分滿意。如果是這樣，我建議你重複再練一次第Ⅳ週期的課表，看看在目前的體能在這份課表中可以感覺多輕鬆。或是若你有特別喜歡這份白色計畫中的某份課表(不管在白色計畫中的哪個週期都可以)，那每當你想出去跑步時都可以直接選你最喜歡的課表來練。

完成白色計畫以後，你也許可以參加一些小規模的路跑比賽；記得，第一場比賽的距離不要太長(最好不要超過40分鐘)，如果比賽過程中覺得負荷超出當下的能力範圍，就算停下來用走的也沒關係。請注意，起跑時的速度要比你預期的速度再慢一些；如果在完成比賽後還有信心再跑快一點，這是最好的，這比起跑時衝太快最後痛苦進終點還好多了。

---

20. 譯注：因爲一直慢跑會覺得很膩，能在較慢的E配速訓練中加入快步跑會有一種中場休息的感覺。

表8.1裡有整份白色計畫的課表細節。表格中的E表示輕鬆跑。快步跑（ST）是指輕快地跑15～20秒（不是全力衝刺），兩趟快步跑之間休息45～60秒。

表8.1　白色計畫

白色計畫｜第I週期｜第1～4週			
天數	課表內容	跑步時間	總時間
第1天	5分鐘步行＋10×（1分鐘**E**＋1分鐘步行）＋5分鐘步行	10分鐘	30分鐘
第2天	如果今天要訓練的話，就重複第1天的訓練內容	10分鐘	30分鐘
第3天	5分鐘步行＋7×（2分鐘**E**＋1分鐘步行）＋4分鐘步行	14分鐘	30分鐘
第4天	如果今天要訓練的話，就重複第3天的訓練內容	14分鐘	30分鐘
第5天	5分鐘步行＋6×（1分鐘**E**＋30秒步行）＋8×（30秒**E**＋1分鐘步行）＋4分鐘步行	10分鐘	30分鐘
第6天	如果今天要訓練的話，就重複第5天的訓練內容	10分鐘	30分鐘
第7天	如果今天要訓練的話，就重複第1天的訓練內容	10分鐘	30分鐘

白色計畫｜第II週期｜第5～8週			
天數	課表內容	跑步時間	總時間
第1天	3分鐘**E**＋3分鐘步行＋10×（2分鐘**E**＋1分鐘步行）＋4分鐘步行	23分鐘	40分鐘
第2天	如果今天要訓練的話，就重複第1天的訓練內容	23分鐘	40分鐘
第3天	3分鐘**E**＋3分鐘步行＋6×（3分鐘**E**＋2分鐘步行）＋4分鐘步行	21分鐘	40分鐘
第4天	如果今天要訓練的話，就重複第3 天的訓練內	21分鐘	40分鐘
第5天	3分鐘**E**＋3分鐘步行＋20×（1分鐘**E**＋30秒步行）＋4分鐘步行	23分鐘	40分鐘
第6天	如果今天要訓練的話，就重複第5天的訓練內容	23分鐘	40分鐘
第7天	如果今天要訓練的話，就重複第1天的訓練內容	23分鐘	40分鐘

白色計畫｜第III週期｜第9～12週			
天數	課表內容	跑步時間	總時間
第1天	10分鐘**E**＋3分鐘步行＋10分鐘**E**＋3分鐘步行＋10分鐘**E**＋4分鐘步行	30分鐘	40分鐘
第2天	如果今天要訓練的話，就重複第1天的訓練內容	30分鐘	40分鐘
第3天	2分鐘步行＋4×（8分鐘**E**＋1分鐘步行）＋2分鐘步行	32分鐘	40分鐘
第4天	如果今天要訓練的話，就重複第3天的訓練內容	32分鐘	40分鐘
第5天	5分鐘步行＋20分鐘**E**＋5分鐘步行＋10分鐘**E**＋5分鐘步行	30分鐘	45分鐘
第6天	如果今天要訓練的話，就重複第5天的訓練內容	30分鐘	45分鐘
第7天	如果今天要訓練的話，步行30分鐘	0分鐘	30分鐘

白色計畫｜第IV週期｜第13～16週			
天數	課表內容	跑步時間	總時間
第1天	30分鐘**E**＋6 ST＋6分鐘**E**	～38分鐘	～44分鐘
第2天	如果今天要訓練的話，就重複第1天的訓練內容	～38分鐘	～44分鐘
第3天	10分鐘**E**＋5 ST＋10分鐘**E**＋5 ST＋10分鐘**E**	～33分鐘	～43分鐘
第4天	如果今天要訓練的話，就重複第3天的訓練內容	～33分鐘	～43分鐘
第5天	30分鐘**E**＋6 ST＋6分鐘**E**	～38分鐘	～44分鐘
第6天	第5天的訓練內容可以在第5天或第6天訓練，或兩天都練	0/～38分鐘	0/～44分鐘
第7天	如果今天要訓練的話，步行30 分鐘	0分鐘	30分鐘

紅色計畫（中階）

紅色計畫是設計給完成四週期白色計畫的跑者，或是那些一直有在練跑並對自己體能有信心，相信自己能接受比白色計畫的訓練量還大的跑者。如果你想參加的田徑或路跑比賽是休閒性質的，完成的時間大約是一個小時左右（或再長一點），那這份紅色計畫就很適合你。

如果你決定跳過白色計畫，直接從紅色計畫開始練，我建議你至少先通讀一遍白色計畫，瞭解一下白色計畫的訓練內容和建議。你也可以先研究更困難的藍色計畫，看看自己的水準到哪，或是至少先瞭解紅色計畫之後的下一項挑戰爲何。

完成紅色計畫以後，你將有能力完成一些距離較短的比賽，但建議先不要參加馬拉松。在參加全馬前，還需要再多一點訓練。後面我用了一整章來探討馬拉松的訓練，如果挑戰全馬就是你開始練跑的主因，那麼你可以好好地閱讀第十六章。

在這份紅色計畫中，每週至少要訓練四天，而這四天必修課在表格 8.2 中以「**灰底**」標示。如果你決定每週練四天以上，計畫中也有加練的建議，你可以自由調整訓練日，讓你在閒暇日子可以多練一些，或是避開在天氣惡劣的日子進行訓練。

當一週只練四天時，應該盡量避免連續訓練三天；若一週你要訓練五天，雖然連休兩天也不一定是壞事，但我建議把兩個休息日隔開會比較好。

你必須要先熟悉不同課表的訓練目的，每份訓練計畫前我都會有詳細的說明。如果你在訓練期間有參加比賽，你就能根據比賽成績找出自己的跑力值與五種訓練配速（可在第五章的跑力表中查到），並且應用在紅色計畫中。

當你完成紅色計畫後，你應該會對 E、T、I 配速與 L 長跑的感覺非常熟悉。也許你會想嘗試更具挑戰性的訓練計畫，如果你正有此意，就可以依序接著練藍色與金色計畫；又或者你想針對特定的距離進行訓練，可以直接參考本書後面幾章。

此外，你可能想要暫時休息一下，短時間內不想再吃課表，在這段休息期你可以跑 E 配速，只憑自己的喜好自由調整 E 的時間。你甚至可以完全停跑一陣子。如果你決定完全停練數週，那麼之後想要回到訓練週期時，建議先純粹用 E 配速練跑個幾週後再開始加入有強度的質量課表。

表 8.2 裡有整份紅色計畫的詳細訓練內容。E 代表輕鬆跑，L 代表用輕鬆與穩定的配速進行長跑訓練，ST 代表 15～20 秒的快步跑（不

表8.2　紅色計畫

紅色計畫｜第I週期｜第1～4週			
天數	課表內容	跑步時間	總時間
第1天	30分鐘**E**＋6 ST	～32分鐘	～38分鐘
第2天	如果今天要訓練的話，就重複第1天的訓練內容	～32分鐘	～38分鐘
第3天	10分鐘**E**＋3×（1.6公里**T**＋1分鐘休息）＋10分鐘**E**	～40分鐘	～45分鐘
第4天	如果今天要訓練的話，就重複第1天的訓練內容	～32分鐘	～38分鐘
第5天	10分鐘**E**＋6×（1公里**T**＋1分鐘休息）+10分鐘**E**	～50分鐘	～55分鐘
第6天	如果今天要訓練的話，就重複第1天的訓練內容	～32分鐘	～38分鐘
第7天	40分鐘**E**配速，訓練距離不要超過9.6公里	～40分鐘	～40分鐘

紅色計畫｜第II週期｜第5～8週			
天數	課表內容	跑步時間	總時間
第1天	30分鐘**E**＋6 ST	～32分鐘	～38分鐘
第2天	如果今天要訓練的話，就重複第1天的訓練內容	～32分鐘	～38分鐘
第3天	10分鐘**E**＋3.2公里**T**＋2分鐘休息＋1.6公里**T**＋10分鐘**E**	～40分鐘	～42分鐘
第4天	如果今天要訓練的話，就重複第1天的訓練內容	～32分鐘	～38分鐘
第5天	10分鐘**E**＋2×（1.6公里**T**＋1分鐘休息）＋2×（1公里**T**＋1分鐘休息）＋10分鐘**E**	～42分鐘	～45分鐘
第6天	如果今天要訓練的話，就重複第1天的訓練內容	～32分鐘	～38分鐘
第7天	40～50分鐘**E**配速長跑	40～50分鐘	40～50分鐘

紅色計畫｜第III週期｜第9～12週			
天數	課表內容	跑步時間	總時間
第1天	30分鐘**E**＋6 ST	～32分鐘	～38 分鐘
第2天	如果今天要訓練的話，就重複第1天的訓練內容	～32分鐘	～38分鐘
第3天	10分鐘**E**＋6 ST＋5×（3分鐘**H**＋2分鐘慢跑）＋10分鐘**E**	～47分鐘	～50分鐘
第4天	如果今天要訓練的話，就重複第1天的訓練內容	～32分鐘	～38分鐘
第5天	10分鐘**E**＋20分鐘**T**＋10分鐘**E** **T**強度的訓練距離不要超過4.8公里	～40分鐘	～40分鐘
第6天	如果今天要訓練的話，就重複第1天的訓練內容	～32分鐘	～38分鐘
第7天	40～50分鐘**E**配速長跑	40～50分鐘	40～50分鐘

紅色計畫｜第III週期｜第13～16週			
天數	課表內容	跑步時間	總時間
第1天	30分鐘**E**＋8 ST	～33分鐘	～41分鐘
第2天	如果今天要訓練的話，就重複第1天的訓練內容	～33分鐘	～41分鐘
第3天	10分鐘**E**＋4 ST＋2×（5分鐘**I**＋4分鐘慢跑＋3分鐘**I**＋2分鐘慢跑）＋10分鐘**E**	～50分鐘	～53分鐘
第4天	如果今天要訓練的話，就重複第1天的訓練內容	～33分鐘	～41分鐘
第5天	10分鐘**E**＋6 ST＋3.2公里**T**＋2分鐘休息＋3.2 公里**T**＋10分鐘**E**	～50分鐘	～55分鐘
第6天	如果今天要訓練的話，就重複第1天的訓練內容	～33分鐘	～41分鐘
第7天	40～50分鐘**E**配速長跑＋4 ST	41～51分鐘	45～55分鐘

是衝刺），每趟中間休息45～60秒。I配速是指你能在比賽時全力跑10～15分鐘的速度。T代表閾值配速，在此種強度下你會有種痛快感，而且至少能維持40分鐘。

藍色計畫（進階）

藍色計畫是給最近剛完成紅色計畫或是有一定基礎（至少比過數場比賽）的跑者。執行藍色計畫的跑者每週需要訓練五到七天，爲了累積足夠的目標里程數，有時候一天需要訓練一次以上。課表中建議一定要練的質量訓練日以「**灰底**」標示，讓你比較容易看出輕鬆跑與休息日之外其他比較重要的訓練內容有哪些。

藍色計畫的每週訓練時數介於4.5～7小時（週跑量介於64～84公里之間，里程數的多寡取決於你的訓練配速）。如果你在實行藍色計畫期間有安排比賽，記得重新調整課表，賽前至少安排兩天E日。調整課表有時也意味著必須刪除一天的課表。記住，比賽也是訓練的重要環節，而且在改善體能上也扮演著很重要的角色。

當你在執行藍色計畫時，如果認爲訓練壓力有點太大了，你可以考慮回頭使用紅色計畫或是先停練幾個星期，之後再回到這個計畫從頭開始。如果你選擇休息一陣子，請先詳讀第九章，此章詳細介紹如何從停練或少量運動的生活型態轉換成規律的訓練。

完成藍色計畫以後，你將對各類課表與不同強度訓練後的感覺很熟悉。即使你在各種不同的訓練量與訓練強度的經驗都很豐富，並不代表你現在就馬上可以完成一場馬拉松。無論如何，你現在已經有資格考慮參加一場馬拉松。若全馬的確是你的目標，可以直接查閱本書後面介紹的馬拉松訓練計畫(第十六章)。我在後面的章節中也針對其他不同距離的比賽設計訓練課表，方便各位參閱。

如果你覺得藍色計畫很有挑戰性，你也可以先開始研究一下金色計畫，那能激勵你更努力地訓練。許多認爲自己已夠資格挑戰金色計畫的跑者，可能也想了解專門爲特定距離而設計的課表，後面幾章就有很多範例可供參考。

表8.3裡有整份藍色計畫的詳細訓練內容。E代表輕鬆跑，L代表輕鬆且穩定的長跑。ST是指15～20秒輕巧且有速度的快步跑(並非衝刺)，每趟之間休息45～60秒。R是指高速的反覆訓練，配速大約是你可以在比賽中維持5分鐘的速度。H強度可以憑感覺跑，大約是你在比賽中可以維持10～15分鐘的速度。T代表乳酸閾值的臨界速度，在這種速度下是一種痛苦又愉快的感覺。

表8.3　藍色計畫

藍色計畫｜第 I 週期｜第1～4週			
天數	課表內容	跑步時間	總時間
第1天	60分鐘**E** 可以一次跑完，也可以分兩次跑	60分鐘	60分鐘
第2天	10分鐘**E**＋8×（400公尺**R**＋400公尺慢跑）＋10分鐘**E**	～50分鐘	～50分鐘
第3天	如果今天要訓練的話，就重複第1天的訓練內容	60分鐘	60分鐘
第4天	30～45分鐘**E**＋8 ST	33～48分鐘	40～56分鐘
第5天	15分鐘**E**＋4×（4分鐘**H**＋3分鐘慢跑）＋15分鐘**E**	～60分鐘	～60分鐘
第6天	如果今天要訓練的話，就重複第4天的訓練內容	33～48分鐘	40～56分鐘
第7天	60～90分鐘**L**長跑	60～90分鐘	60～90分鐘

藍色計畫｜第 II 週期｜第5～8週			
天數	課表內容	跑步時間	總時間
第1天	60分鐘**E** 可以一次跑完，也可以分兩次跑	60分鐘	60分鐘
第2天	15分鐘**E**＋4×（200公尺**R**＋200公尺慢跑＋200公尺**R**＋200公尺慢跑＋400公尺**R**＋400公尺慢跑）＋15分鐘**E**	～60分鐘	～60分鐘
第3天	如果今天要訓練的話，就重複第1天的訓練內容	60分鐘	60分鐘
第4天	30～45分鐘**E**＋8 ST	33～48分鐘	40～56分鐘
第5天	15分鐘**E**＋20分鐘**T**＋4 ST＋15分鐘**E**	～55分鐘	～55分鐘
第6天	如果今天要訓練的話，就重複第4天的訓練內容	33～48分鐘	40～56分鐘
第7天	60～90分鐘**L**長跑	60～90分鐘	60～90分鐘

藍色計畫｜第 III 週期｜第9～12週			
天數	課表內容	跑步時間	總時間
第1天	60分鐘**E**	60分鐘	60分鐘
第2天	15分鐘**E**＋6 ST＋6 ×（400公尺**R**＋400公尺慢跑＋200公尺**R**＋200公尺慢跑）＋15分鐘**E**	～65分鐘	～65分鐘
第3天	30分鐘**E**＋6 ST 今天可以全休，也可以完成上述課表	～35分鐘	～35分鐘
第4天	30～45分鐘**E**＋8 ST	33～48分鐘	40～56分鐘
第5天	15分鐘**E**＋4×（4分鐘**H**＋3分鐘慢跑）＋15分鐘**E**	～60分鐘	～60分鐘
第6天	如果今天要訓練的話，就重複第4天的訓練內容	33～48分鐘	40～56分鐘
第7天	60～90分鐘**L**長跑	60～90分鐘	60～90分鐘

藍色計畫｜第IV週期｜第13～16週			
天數	課表內容	跑步時間	總時間
第1天	60分鐘**E**	60分鐘	60分鐘
第2天	15分鐘**E**＋3×（1公里**T**＋1分鐘休息）＋3×（3分鐘**H**＋2分鐘慢跑）＋15分鐘**E**	～60分鐘	～65分鐘
第3天	30分鐘**E**＋4 ST 今天可以全休，也可以完成上述課表	32分鐘	35分鐘
第4天	30～45分鐘**E**＋6 ST	32～47分鐘	38～53分鐘
第5天	20分鐘**E**＋2×（200公尺**R**＋200公尺慢跑）＋3×（1公里**T**＋1分鐘休息）＋2×（200公尺**R**＋200公尺慢跑）＋5分鐘**E**	～50分鐘	～55分鐘
第6天	如果今天要訓練的話，就重複第4天的訓練內容	32～47分鐘	38～53分鐘
第7天	60～90分鐘**L**長跑	60～90分鐘	60～90分鐘

金色計畫（菁英）

金色計畫是為那些已經完成四個週期藍色計畫的跑者所設計，也比較適合訓練經驗豐富和時間充裕的跑者。這些跑者通常希望能為各種不同距離的比賽做好準備。採用這份金色計畫的跑者，應該要樂意接受每週練跑六到七天，甚而願意一天練兩次。這份計畫的週跑量通常會超過97公里，但這當然可以依照天候狀況與個人行程來調整。雖然你可以直接使用金色計畫來練馬拉松，但我還是建議你從第十六章提供的多份馬拉松課表中挑選。

在金色計畫中的每週都有六種必修課表（**灰底表示**）。一週當中的第四天我把它設為「選修日」，但你也可以依據身體狀況或個人行程，任選一天當作休息日。我通常將星期日當作一週的起頭，但你也可以依自己的日程，自行選擇某一天當作課表的起始日。

下方課表中最後一欄的「總時間」是指單次課表所需的時間，我不想讓你誤以為只要撥出這些時間就夠了。你除了事先規畫每次課表所需的訓練時間外，也應該要預留伸展拉筋、補強訓練、沖澡、更衣與前往訓練場地等所需的時間。

在執行這份訓練計畫時，如果當週有比賽，記得在賽前留給自己兩到三天的E日，賽後也要安排E日，E日的天數依比賽的距離而定，賽事的距離每增加三千公尺就多增加一天E日（例如10公里賽後應安排三天E日，若比賽距離爲15公里則應在賽後安排五天E日）。我也建議你在賽前的最後一次質量課表以T配速爲主，這份課表可以是：T配速1.6公里×3，每趟中間休息2分鐘。

黃金計畫（表8.4有整份課表）應該就能讓你準備好大部分的跑步比賽，但當你準備參加一場重要比賽時，你可能還想研究本書後面幾章針對特定距離所擬定的訓練計畫，它們會更具針對性。

任何完成黃金計畫的跑者應該已有能力應對各類課表或訓練計畫。但如果你發現正在執行的計畫讓你感到難以負荷，請直接跳回比較輕鬆的計畫；如果時間允許，你可以選擇之前已經練過的某一計畫中的特定課表來練。提升能力的方式有很多，適用於別人的方式並不一定對你也有用。因此，我試著提供多種訓練方式，並希望每一個人都能找到自己喜歡而且最有效的。

表8.4　金色計畫

金色計畫｜第 I 週期｜第1～4週			
天數	課表內容	跑步時間	總時間
第1天	75分鐘**E**＋6 ST 75分鐘**E**配速可以一次跑完，也可以分兩次跑	75分鐘	75分鐘
第2天	20分鐘**E**＋10×（400公尺**R**＋400公尺慢跑）＋10分鐘**E**	～60分鐘	～60分鐘
第3天	60分鐘**E**＋6 ST 60分鐘**E**配速可以一次跑完，也可以分兩次跑	～62分鐘	～65分鐘
第4天	如果今天要訓練的話，就重複第3天的訓練內容	～62分鐘	～65分鐘
第5天	20分鐘**E**＋6 ST＋20分鐘**T**＋6 ST＋10分鐘**E**	～54分鐘	～66分鐘
第6天	60分鐘**E**	60分鐘	60分鐘
第7天	120分鐘**L**長跑	120分鐘	120分鐘

金色計畫｜第II週期｜第5～8週			
天數	課表內容	跑步時間	總時間
第1天	75分鐘**E**	75分鐘	75分鐘
第2天	20分鐘**E**＋5×（3分鐘**H**＋2分鐘慢跑）＋20分鐘**E**	～65分鐘	～65分鐘
第3天	1～2×（30～40分鐘**E**）＋6 ST	32～82分鐘	38～88分鐘
第4天	如果今天要訓練的話，就重複第3天的訓練內容	32～82分鐘	38～88分鐘
第5天	20分鐘**E**＋6 ST＋8×（200公尺**R**＋200公尺慢跑）＋5分鐘**E**＋8×（200公尺**R**＋200公尺慢跑）＋5分鐘**E**	～55分鐘	～55分鐘
第6天	60分鐘**E** 可以一次跑完，也可以分兩次跑	60分鐘	60分鐘
第7天	120分鐘**L**長跑	120分鐘	120分鐘

金色計畫｜第III週期｜第9～12週			
天數	課表內容	跑步時間	總時間
第1天	75分鐘**E** 可以一次跑完，也可以分兩次跑	75分鐘	75分鐘
第2天	20分鐘**E**＋6 ST＋5×（4分鐘**H**＋3分鐘慢跑）＋20分鐘**E**	～80分鐘	～80分鐘
第3天	75分鐘**E** 可以一次跑完，也可以分兩次跑	75分鐘	75分鐘
第4天	如果今天要訓練的話，就重複第3天的訓練內容	75分鐘	75分鐘
第5天	20分鐘**E**＋5×（1.6公里**T**＋1分鐘休息）＋6 ST＋10分鐘**E**	～70分鐘	～75分鐘
第6天	60分鐘**E** 可以一次跑完，也可以分兩次跑	60分鐘	60分鐘
第7天	120分鐘**L**長跑	120分鐘	120分鐘

金色計畫｜第IV週期｜第13～16週			
天數	課表內容	跑步時間	總時間
第1天	75分鐘**E** 最好分兩次跑	75分鐘	75分鐘
第2天	20分鐘**E**＋3×（3分鐘**H**＋2分鐘慢跑）＋8×（200公尺**R**＋200公尺慢跑）＋10分鐘**E**	～60分鐘	～60分鐘
第3天	75分鐘**E** 可以一次跑完，也可以分兩次跑	75分鐘	75分鐘
第4天	如果今天要訓練的話，就重複第3天的訓練內容	75分鐘	75分鐘
第5天	20分鐘**E**＋6×（1公里**T**＋1分鐘休息）＋6 ST＋20分鐘**E**	～70分鐘	～75分鐘
第6天	60分鐘**E** 可以一次跑完，也可以分兩次跑	60分鐘	60分鐘
第7天	120分鐘**L**長跑	120分鐘	120分鐘

CHAPTER 9

休息期及其他補強訓練

做出明智的決策，以造福身體。

我之前特意強調過：休息，是訓練的一部分，而非逃避訓練。我也想跟各位說：賽季結束後特別安排一段完整的休息期反而有助於之後的訓練。我所謂完整的休息期是指完全停止跑步一段時間（可以是數天、數週或甚至一到兩個月）。

有些跑者的休息期可能比其他人的時間更長，例如：需要手術的重大傷病可能使跑者停跑一段長時間，而對訓練進度感到沮喪的跑者也可能導致長時間的停練。

在某種意義上，訓練期的休息可以分成兩類：有計畫的休息和被迫的休息。這兩者間主要的差別在於後者是因爲發生一些意外、運動傷害或生病而無法再練跑，或甚至連做其他運動都不行，只能被迫休息。在有計畫的休息中，就跟其他類型的訓練一樣，你還是可以跑。

不論你停練的理由爲何，絕不建議在剛回歸就恢復到休息前的訓練量。因爲休息完後，體能可能有些下滑，故訓練量必須有所調整，而且你要知道：在體能下降一些時，訓練不必像停練前那樣辛苦，就可獲得訓練效果。換句話說，不要試圖過度努力彌補過去停練的時間。

主動休息

我不相信有跑者在他／她的訓練生涯中從來沒有休息過。你可以把某次高強度的訓練後停練個一兩天視爲休息時間。賽前的減量（taper）也會刻意大幅縮減訓練量，你也許會問：「在訓練期中的減量也算是休息嗎？」

關於「主動休息」我身邊就有一個最極端的例子，他是我一位好朋友，也是美國NCAA國家冠軍、泛美運動會（Pan American Games）冠軍，也是一位奧運選手。順帶一提，他在40歲時十公里還能跑進30分。我在他24歲時測試他的最大攝氧量是78.6（毫升／分鐘．公斤），二十五年後他已經50歲了，我再測一次他的最大攝氧量，竟然仍有76.0（毫升／分鐘．公斤）！我從沒聽過有人50歲了還有如此傑出的有氧能力。

更難得的是他每天都會記錄自己的訓練情況，所以當我問他在這兩次最大攝氧量測試之間的二十五年中他總共休息了多少天時，他說自己在這二十五年當中休息了一千兩百天左右（一千兩百天占二十五年當中的13%）。他很保護自己的身體，只要有一點疼痛或生病就會休息個幾天。這麼多年來，頻繁的休息並沒有造成他有氧能力的損失。

此外，這位優秀的跑者在冬天幾乎不跑步，反而都在玩越野滑雪，這也證明其他補強訓練的確對維持跑步體能有很大幫助（雖然他在滑雪期間沒跑步，但這些日子並不算是休息日）。

這是人體在許多分段休息中仍可維持體能的絕佳案例。這也告訴我們，當你已經有一些小傷痛時，最好能休息幾天讓身體有時間自我療癒，而不是堅持訓練，那反而會拖長恢復的過程（就算是小病也應該停練，如果你帶病訓練很可能會導致明顯的退步）。

不論你中斷訓練的理由爲何，休息期間比較明智的做法是好好想一想身體發生了什麼事。雖然長期停止訓練會讓體能下降沒錯，但通常沒有你以爲的那麼多或那麼快。經由長期規律訓練所獲得的生理能力，流失的速度跟獲得的過程一樣，也是相當緩慢的。

比方說，當你經過數週的訓練後，心肌或跑步肌群會變強，這些變強的肌肉並不會這麼快就流失，能力消失也是一個很緩慢的過程。經過長期訓練所變強的肌纖維和供應這些纖維所新生的微血管也會維持一段時間。

從圖9.1中我們可以看到訓練效果隨著時間逐漸增加，在停練後也會隨著時間遞減。換句話說，剛開始執行訓練計畫時，不用練太多就會產生明顯的效果，但效果隨著時間逐漸減少；停止訓練的過程則剛好反過來，停止訓練初期體能下滑很慢，所以偶爾休息個幾天並不會有太多負面效果，甚至表現有可能更好。別忘了，大家都很常爲了重要的比賽而進行減量(但如果減太多體能就會倒退)，目的是爲了表現得比平常更好。

對那些在訓練期跑量很大的跑者，在休息期時最需要特別注意的是飲食習慣，因爲大量訓練時每天消耗的卡路里都很多，所以爲了維

圖9.1　開始訓練和開始停練後的體能變化

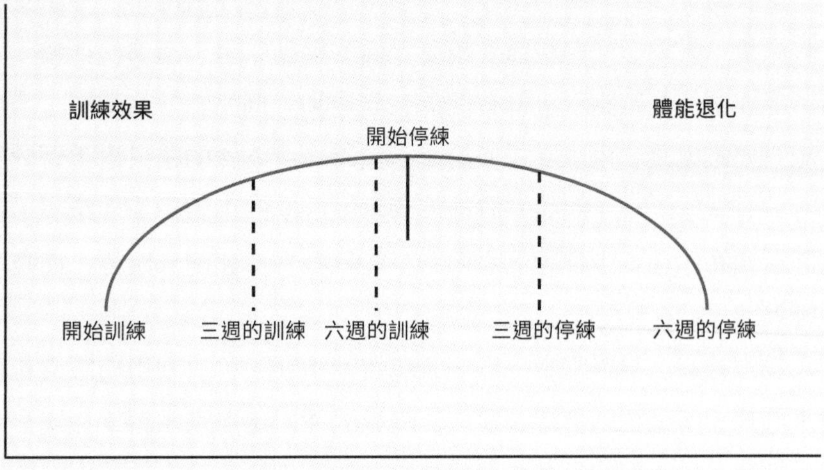

持體重與補足訓練所需的能量需要大量進食。若在休息期還維持跟之前一樣的進食習慣，體重就很容易增加。對某些人而言也許是好事，但最好還是在較長時間的休息期過程中改變飲食習慣，以免身體累積太多脂肪。當你的運動量沒有像過去那麼多時，首要原則是「保持健康」。

非預期中斷訓練

面對非預期地被迫中斷訓練，有幾件事必須考慮到。最重要的是「接受」必須休息的事實，並專注於能解決問題的事情上。如果再重返嚴格訓練對你來說很重要，進行非關跑步的補強式訓練可以減少休息期體能的下降程度。

事實上，某些交叉訓練（cross-training）確實能增強你在重返訓練後抵抗受傷的能力，你也因此能跑得比之前好，像是阻力訓練可以提升身體的平衡與更具經濟性的跑步技術。有研究顯示，使用較輕的負重練「半蹲舉」（half-squats）可以有效提升跑者的表現。在某種意義上，有時非預期的停練可能反而因禍得福，尤其是找到了某種過去欠缺的訓練模式，將其補足後，整體的表現就會因此提升。

當受傷是導致中斷的原因時，通常可分爲兩種情況：一種是受傷比較嚴重，需要避免繼續需要用到雙腿的運動；另一種情況比較不嚴重，還能做一些跟跑步肌群有關的有氧運動。例如：一條腿斷了，那就絕對要避免讓它再承受任何衝擊，這時你所能練的是只用手臂就能進行的有氧運動——例如：游泳。腳踝或腳掌的傷讓你不能跑步，但也許還允許你在水中練跑，水中跑步能練到臀部和腿部肌群，而且並不輕鬆。

當跑者無法從事跑步，爲了避免落地衝擊，可以利用橢圓機和飛輪來訓練，或是把跑步機調整成爬坡模式並用走路來練習。在進行交叉訓練時，最重要的是必須確保你正在做的訓練不會讓你的傷勢變嚴重，如果你選擇的訓練方式會延長你能夠重返跑步的時間，那就要停止。如果身體的傷害不是幾天就能恢復，最好去諮詢物理治療師、訓練員或醫生的意見。有時你覺得是很小的傷，繼續練下去可能會變成大問題；有時候看似重大的問題，可能只是一個簡單的問題，只需得到正確的建議即可解決。

計畫中的休息期

大部分的跑者都會在一年的訓練計畫中排入休息期，這的確是個好主意。首先，我喜歡把休息當成是訓練的一部分。就像在兩次高強度的質量訓練之間排入輕鬆的休息日，身體必然會帶來正向的回饋一樣，稍微停止訓練一段時間也能讓身心好好休息，使跑者在重新回到規律訓練週期後再更上一層樓。

訓練中的休息期最好根據你在接下來幾個月預計要參加的比賽項目而定，換句話說，長期的訓練計畫最好把需要的休息期也規畫進去，你也要理解：一旦非預警停練的情況發生時，訓練計畫也要跟著調整。

休息期的長度取決於之前訓練對身體造成的壓力有多大。如果你每年訓練當中都會有幾次輕微的受傷或生病休息，那麼可能就不需要特別在計畫中安排休息期。但你也不用太悲觀地假設訓練就一定會受傷或生病，最好還是事先安排休息時間。

如果你剛完成一個完整的訓練計畫，打算之後接著繼續進行嚴格的跑步訓練，我會建議中間的休息期最短應有兩週，最長可以排到六週。如果是非預期的中斷訓練，顯然休息期可能就需要更長的時間。

表 9.1 是一份訓練強度的修正指南，你可以根據停練的時間長短來修正你重返訓練時的強度，請直接用表中的百分比來調整訓練配速。由於當前的跑力值決定了你的訓練配速，所以當你比賽表現更好時，你的跑力值與配速也會一起增加。從另一方面來看，當你停止練跑一陣子之後，跑力值也會下滑到某個程度。

表9.1的修正指南分成兩種情況。如果你休息時沒有進行跟雙腿相關的有氧訓練，那就用FVDOT-1這一欄；但如果你在休息時還是有進行任何會動用到下肢的有氧訓練，那就用FVDOT-2這欄。

如果你往下看，你會發現休息六週（42天）而且沒有進行任何有關腿部的有氧訓練之後，跑力值應該下滑了11.1%（休息前最佳狀態的88.9%），但如果有進行不錯的交叉訓練，FVDOT-2只會下滑11.1%的一半，約5.6%（休息前最佳狀態的94.4%）。

正如表9.1所示，如果只休息五天跑力幾乎不會下滑。但如果休息十週（72天）很可能會有20%的退步，退步20%並不是最糟的情況，假如你的體重增加太多，退步的幅度會更大，也就是在恢復體重前跑力的下滑情形可能更為嚴重。重回訓練時的跑力該如何估算，下圖9.2中有完整的步驟說明。

表9.1　根據休息期的天數來調整你的跑力值

休息期的天數	FVDOT-1	FVDOT-2
不到5天	1.000	1.000
休息6天	0.997	0.998
休息7天	0.994	0.997
休息10天	0.985	0.992
休息14天	0.973	0.986
休息21天	0.952	0.976
休息28天	0.931	0.965
休息35天	0.910	0.955
休息42天	0.889	0.944
休息49天	0.868	0.934
休息56天	0.847	0.923
休息63天	0.826	0.913
休息70天	0.805	0.902
休息72天以上	0.800	0.900

圖9.2　估算重回訓練的跑力值

A中以單位公斤填入之前的體重（磅×0.454＝公斤）　(A) ________

B中填入之前的跑力值（依據近期的比賽成績）　(B) ________

C中填入A×B　(C) ________

D中填入C÷當前體重　(D) ________

D即為經過體重評估後的跑力值。利用表9.1和上述計算方式來決定你重新開始訓練的跑力值。當然，只要又開始比賽，你就有成績依據，接下來的訓練就能用它來找出目前最精確的跑力值與訓練強度。下面舉一個用體重評估的例子：

- 如果休息期之前的體重為132.2磅，A為60公斤（132.2×.0454）
- 如果休息期之前的跑力值為50，A×B（50×60）= C = 3,000
- 如果目前的體重為139磅（139×0.454 = 63.1公斤），那修正過後的跑力值 D = 3,000／63.1 = 47.5

此圖出自：J. Daniels, *Daniels' Running Formula*, 4th ed. (Champaign, IL: Human Kinetics, 2022).

調整訓練的時數和里程數

休息一段時間之後，訓練時數和里程數該如何調整，我在表9.2提供一些指引方向和範例，下面依據休息時間的長度分成四種類別：

- 第一類：五天以內
- 第二類：六天到四週
- 第三類：四到八週
- 第四類：八週以上

符合第二類的跑者，重回訓練後的前半段不應該練超過之前訓練量的50%，重練的後半段可以調整成之前訓練量的75%。如果在休息期沒有進行任何交叉訓練，那應該把跑力值修正爲之前的93.1%，這

表9.2　停練一段時間之後的訓練量調整方式

類別	休息期長度	重回訓練後調整的原則	前跑力值%
1	5天以內	五天的**E**日：不要超過之前訓練量的100%	100%
2	6～28天	前½訓練期：之前訓練量的50%	93.1～99.7%或96.5～99.8%（見表9.1）
		後½訓練期：之前訓練量的75%	93.1～99.7% 或 96.5～99.8%（見表 9.1）
	6天	前三天：之前訓練量的50%； 後三天：之前訓練量的75%	99.7～99.8%
	28天	前十四天：之前訓練量的50%； 後十四天：之前訓練量的75%	93.1～96.5%
3	4～8星期	前⅓的**E**日：之前訓練量的33%	84.7～93.1%或92.3～96.5%（見表9.1）
		中間⅓的**E**日：之前訓練量的50%	84.7～93.1%或92.3～96.5%（見表9.1）
		最後⅓的**E**日：之前訓練量的75%	84.7～93.1%或92.3～96.5%（見表9.1）
	29天	9天**E**日：之前訓練量的33%＋ 10天**E**日：之前訓練量的50%＋ 10天**E**日：之前訓練量的75%＋ 一些快步跑	93.0～96.4%
	8星期	18天**E**日：之前訓練量的33%＋ 19天**E**日：之前訓練量的50%＋ 19天**E**日：之前訓練量的75%＋ 一些快步跑	84.7～92.3%
4	8星期以上	3週**E**日：之前訓練量的33%，但每週的訓練里程數不要超過48公里	80.0～84.7%或90.0～92.3%（見表9.1）
		3週**E**日：之前訓練量的50%，但每週的訓練里程數不要超過64公里	80.0～84.7%或90.0～92.3%（見表9.1）
		3週**E**日：之前訓練量的70%＋ 一些快步跑，但每週的訓練里程數不要超過96公里	80.0～84.7%或90.0～92.3%（見表9.1）
		3週**E**日：之前訓練量的85%＋一些快步跑和**R**強度課表，但每週的訓練里程數不要超過120公里	80.0～84.7%或90.0～92.3%（見表9.1）
		3週**E**日：之前訓練量的100%＋ 一些快步跑和**T**強度與**R**強度課表，但每週的訓練里程數不要超過144公里	80.0～84.7%或90.0～92.3%（見表 9.1）

可以從表9.1的FVDOT-1欄位中查出來。

已經停練六週，但休息期間有認眞對下肢進行有氧交叉訓練的跑者屬於第三類，他們的交叉訓練使跑力的下滑幅度沒那麼大，只有停練前跑的94.4%（可見於表9.1）。從表9.2中則可以看到，當他重新開始訓練時，建議前⅓的時間[21]把訓練里程數調降到停練前的33%，也就是說如果他在休息期前的週跑量爲每週60英里，那麼開始重新訓練的前兩個星期的週跑量就不要超過20英里。接下來另外兩個星期的週跑量可以增加到30英里，最後兩個星期可以增加到每週45英里。此外，這一類的跑者仍可以在E配速的輕鬆跑後帶進一些快步跑。

在跑力退步的情況下重回訓練，也依著表9.2花時間調整訓練負荷和訓練量後，這時你應該能回到過去的訓練量。最後，如同本章前面提到的，回歸原本的訓練量後，跑力值還是要根據增加的體重作調整。

額外的補強訓練

當人們決定開始練跑時，第一件要考慮的通常是你有多少時間可以花在跑步上，不管你以每天、每週或是每月爲時間單位都可以，當然很重要的是先把可以跑步的時間排出來。但其實還有許多其他可以使你跑得更好的活動，只是跑者通常排不出時間來進行。這些「非跑步」的活動包括像是伸展、阻力訓練、按摩、冰水浴和瑜伽等。不幸的是，其中有些活動很花時間甚至也需要花錢，但如果你有時間也有預算，他們的確很有幫助。

這些輔助的活動中已被證實有助於跑者表現的是阻力訓練，我鼓勵所有的跑者把阻力訓練排進每週的訓練計畫中。

---

21. 譯注：若休息六週的話前⅓卽爲兩週。

如果你身邊就有許多健身器材可用，有幾個訓練動作可以幫助你跑步，包括後大腿彎舉（hamstring curls）、直膝伸展（knee extensions）、髖部外展和內展（hip abduction and adduction）以及腹部和背部的訓練。如果你有時間也喜歡重量訓練，也可以做一些上肢的訓練，雖然它們通常對跑步沒有實質上的幫助，但一般來說訓練上肢可以使你感覺更好。如果你決定要用自由重量（像是槓鈴和啞鈴）來進行阻力訓練，最好能先學會正確的技術，而且不能急，阻力要逐漸增加。

強化腿部力量最大的好處是能增加對常見運動傷害的抵抗力。換句話說，阻力訓練最主要的效果不是讓你跑得更好，而是讓你的身體變得更爲強韌，使你在增加跑量或提升速度時更不容易受傷。

阻力訓練除了能抵擋運動傷害之外，實際上還能夠提升跑步的經濟性（減少跑步時能量的消耗）。確切的理由雖然還不清楚，但人們一般認爲比較強壯的身體提供了穩固的下盤、更穩定的步伐，而且技術上不必要的多餘動作也比較少。當你想要提升力量和跑步經濟性時，無論是上坡跑或下坡跑都是很有用的訓練方式。

關於下坡跑的訓練在這邊要提出警告：若在太陡的下坡路段或在過於堅硬的路面上練跑，可能會增加髖部、膝部和腳掌受傷的風險。剛練習下坡跑時最好是先選擇比較平緩的坡道，坡度大約2%～3%（州際高速公路所允許的最陡坡度爲6%，所以你所選擇的坡道最好比最陡的州際公路再緩一點）。跑下坡時，重點是要避免過度跨步，盡量把注意力放在輕、快的腳步轉換上，讓下坡跑起來像是雙腳向下「滾動」的感覺，而非用雙腳一路「彈」下去，用後腳掌而非前腳掌的蹠球部著地也會有幫助。

另一方面，上坡跑則沒有坡度限制，因爲你在上坡時並沒有像在平路和下坡路段一樣劇烈碰撞地面，所以當落地衝擊減少時，你反而能更有效強化推蹬與屈髖的肌群。如果你是在戶外練上坡跑，要注意的是：向下跑回坡底時要盡量放輕鬆。這就是在跑步機練上坡跑的一大好處，你可以盡情地進行上坡訓練，不受距離和時間限制，休息時你只要跳下跑步機，就不用爲了下一趟上坡先跑下山。

有些人把「補強訓練」直接當作「交叉訓練」。使用哪一個術語其實並不重要，重點是對跑者形成壓力最多的特定部位進行加強訓練，特別是跑量比較大的跑者尤其需要。如果你練跑的時間超過之前的長度，原本優秀的跑姿很可能會因此走樣。沒有什麼會比差勁的跑姿更容易造成運動傷害。事實上，任何時候只要你覺得跑步動作已經「走樣」時就應該馬上停跑。花多一點時間在重訓室或多做一些循環訓練與其他的活動，你會發現跑步變得比較令人感到愉快，而且進行規律的阻力訓練後，你也會有身體變強的感覺。

如同增加跑量和提高速度時一樣，在訓練計畫中增加補強訓練的壓力時也要很小心謹慎。一般來說，我的原則是：寧可少練，也不要過量（訓練），所以在加大訓練壓力之前，至少給身體四週的時間適應。舉例來說，當我們在思考該練跑多少里程數時，原則是在增加跑量前，最好先固定在某個訓練量並維持四個星期，在加量時也不要一次增加太多，以週爲單位，每週大約增加 3～5 公里即可。對阻力訓練來說，原則也一樣：加量前先維持某個固定壓力至少四個星期。

綜上所述，建議考慮把補強訓練加入整體的跑步訓練計畫中，即使是一些只能在家中或後院訓練的動作亦無妨；有了更強壯的身體，將能提升你的信心、改善你跑步的經濟性，並能幫助各種程度的跑者免於各種微小傷害的侵擾。

我設計了一套相對簡單的循環訓練動作，不需要任何器材，所有動作的阻力都是你自身的體重。你會注意到第一和第四個動作，我要求在一分鐘內要完成最多反覆次數的一半。例如：第一個動作——伏地挺身，我要求要在一分鐘內做一半的最大次數，那表示在訓練前，你要先檢測目前一分鐘最多可以做多少下伏地挺身，這樣你就知道每次到達第一站（伏地挺身）應該做幾次。

伏地挺身

這套循環訓練的第一站是一分鐘的伏地挺身，反覆次數爲你最大次數的二分之一。先以「棒式」（plank）用手掌和腳趾支撐身體，手臂應該從肩膀以下筆直支撐在地面上，接著將身體向下降至胸部幾乎觸及地面的位置。用手臂撐回到起始位置。

單腿側抬

第二站是單腿側抬，左右兩條腿都要反覆做十次。先側臥在地面，雙腿打直。下方的手肘彎曲並將體重放在前臂上以支撐你的身體，接著抬起上面的腿，使它超過肩膀的高度，再回到起始位置，反覆十次後換腿。

高抬膝

第三站是在原地跑做三十次高抬膝（見圖9.3）。先採取自然站姿，接著快速交替抬起兩條腿的膝蓋，動作要盡量連貫、不中斷。

仰臥起坐

第四站是一分鐘的仰臥起坐，重複次數爲你最大次數的二分之一。先仰躺在地上，膝蓋彎曲，腳掌著地。把手掌置於頭部兩耳側（不要抱頭）或是雙臂於胸前交叉。平穩地把頭和肩膀抬起到直立姿勢，接著再回到起始姿勢。

恢復跑和伸展

第五站是一分鐘輕鬆跑（或是跑一圈四百公尺操場）。

第六站是兩分鐘伸展（伸展動作可自行決定）。

圖 9.3　高抬膝

圖 9.4　波比操

波比操

第七站是做十下波比操(burpees)。先從站姿開始，接著下蹲到雙掌能觸碰到腳掌外側的地面(見圖9.4a)，接著雙手撐地，雙腳往後跳，使身體處於伏地挺身姿勢(見圖9.4b)，完成一下伏地挺身後，緊接著雙腳往前跳，回到深蹲姿勢後，再往上跳回站姿，完成一次波比操的循環(見圖9.4c)。

臥姿抬腿

第八站是臥姿抬腿，每條腿各十次。先臉部朝上仰躺、雙手前臂撐地同時臀部離開地面。爲了保持平衡，單腳彎屈，另一條腿上抬到跟彎曲大腿一樣的高度，接著轉過身臉部朝下，一樣雙手前臂撐地，其中一條腿伸直，在還可以的情況下另一條腿盡量往上抬。每條腿反覆上抬十次。

背挺舉

第九站是俯臥在地面上以腹部撐地，雙臂向前伸直，雙腿向前後伸直，接著維持這個姿勢交替上下搖擺，直到雙臂和雙腿都上升和下降二十次。

恢復跑

第十站是慢跑2分鐘(或跑八百公尺)。

建議這套動作每次可以練三次完整的循環，每週練兩到三次。第五站和第十站分別是1分鐘和2分鐘的慢跑，它們都屬於恢復站，所以不要跑太快，目的是讓你在進入下一站的阻力訓練前能先恢復一些體力。

有心想練這套動作的跑者，若能替自己計時最好，這樣你就能知道每週做完這三次循環的時間分別是多久。你將會很驚訝地發現，不用多久你就能以極快的速度完成三循環。

PART II

把跑步方程式套用在實際的比賽中

CHAPTER 10

訓練的個人化與週期化

每一季都改變訓練內容，也許效果會更好！

在爲不同的跑步比賽準備與進行訓練時，最難的是找到同一種方法來建立整季的訓練計畫，因爲變數實在太多，所以幾乎不可能只用一種標準方法就能適用於每個人。以高中越野跑校隊的賽季爲例，教練需要訓練新加入的跑者(他們有些在進入校隊之前還未進行過跑步訓練)，但其他隊員已經進展到下一個訓練週期了，而且每個人的能力都不同，有些一週只吃得下32～48公里的課表而且參賽經驗很少，另有一些經驗很豐富的跑者，有能力在高中聯賽或州際錦標賽中取得名次或奪冠。

對於教練來說，最具挑戰的決定是如何設計一份能夠符合所有人需求的訓練計畫。尤其對那些獨自訓練或沒有教練的跑者來說，在進入新一季的訓練時要很小心，千萬不能一開始就把訓練強度拉高，這點非常重要。切記，體能愈差，訓練強度不用太高就會有效果。下面我會提供一些建議，來幫你盡量避開潛藏在陰暗角落裡的挫敗與運動傷害。

誰也沒辦法提出一種適合所有跑者的最佳訓練方式，因爲我們每個人都不一樣，需要被視爲獨立個體。話雖這麼說，當然還是有某些訓練原則適用於所有人，那就是我在第二章所討論的內容。當我爲運動員或校隊建立整季的訓練計畫時，我喜歡盡可能地簡化課表內容，這樣我就不必在訓練時隨時跟在運動員身旁。

在建立整季的訓練計畫前，跑者和教練必須先一起蒐集某些必要的資訊。只要能取得完整的資訊，會比較容易設計出對該團隊中所有跑者都有一定效果的訓練計畫。首先，必須先了解目前訓練計畫中的課表有哪些？里程數與速度爲何？根據這些資料與評估自己的體能程度之後，再來決定適合自己的跑力值與各種訓練類型的強度。

確認你心目中當前最重要的「目標賽事」也很重要，而且在訓練過程中還可以(或想要)參加哪些比賽，這些比賽應該要能夠幫你在最終的目標賽事有更好的表現。有些跑者喜歡在目標賽事之前參加很多距離較短的小比賽，另外有些人則特別喜歡選一些距離超過目標賽事的比賽。今年賽季的賽事資訊，將影響之後每週的訓練規畫。

除了賽事資訊之外，還要先了解有什麼訓練設施可用；比如說，在天候較差的時候有室內田徑場可用嗎？或者在戶外很冷、太熱或颳大風的時候，有跑步機可用嗎？有些課表在柔順平坦的草地上訓練更有趣，附近有這樣的訓練環境嗎？

在爲賽季規畫訓練計畫時，還有另外一項考量是：跑者有多少時間可以用來訓練，以及一週中的哪幾天有最多時間可以訓練。先確定可以練習的日子與時數之後，才能決定哪天要做什麼訓練最有效。像高中生每天的行程都很固定，但大學生的課表每個人都不一樣，另外大部分從大學畢業的跑者都有工作，因此訓練的時間只能在下班後，可變動的彈性並不大。

如何把整季的訓練計畫拆成四個週期

我喜歡把一整季的訓練計畫拆解成四個週期，如圖 10.1 所示。

圖10.1　把訓練季分成四個週期

第I週期	第II週期	第III週期	第IV週期
基礎期	質量起步期	轉換期	訓練驗收期
1	4	3	2

- 第Ⅰ週期：基礎期，目的是爲了打下良好的基礎以及預防運動傷害的發生。
- 第Ⅱ週期：質量起步期，目的是爲下一週期的嚴峻訓練做準備。
- 第Ⅲ週期：轉換期，此時通常是四個週期中最辛苦的。
- 第Ⅳ週期：訓練驗收期，目的是爲了讓跑者達到巔峰狀態。

計畫中的第Ⅰ週期是整季訓練的起始階段(圖10.1中的最左側)，對還在學的高中生和大學生而言，第Ⅰ週期可以是在開學前的暑假進行。其他目前已經離開學校的跑者，就可以自由地決定何時開始進入第Ⅰ週期才是最好的開訓時間點。第Ⅳ週期是指訓練的最後階段，而此階段的最終賽事也將是整季中最重要的。中間兩個週期則是爲了增進體能與比賽實力的過渡階段，目的是使身體從一開始的基礎期轉換到整季訓練中最關鍵的部分。

我在圖10.1中每一種週期的底部列出數字1～4，這些數字代表我在考慮訓練計畫時的決策順序。正如你所見，我在第Ⅰ週期底部列的數字是1，代表它是我在規畫訓練計畫時最先考慮的部分。在安排課表時第一件要確認的是：每位跑者在訓練初期需要練什麼。

所以，在第Ⅰ週期時必須非常仔細評估跑者目前的個人資料(在訓練開始前蒐集完畢)，這樣你才知道他需要什麼。例如：每週跑多少？過去幾週最長的一次訓練是什麼？最近的比賽成績？這些資訊都可以協助教練評估跑者目前的體能狀態，以及在進入其他訓練週期前需要先做什麼準備。

在建立訓練計畫前，我一定會先問跑者最近都在練什麼；有些跑者的情況是不需要基礎期(第Ⅰ週期)，可以直接進入第Ⅱ週期。例如：已經規律練跑六週或更長的時間以上的跑者，可以直接進入第Ⅱ週期絕對沒問題。其實，如果前三到四週都進行了相當嚴苛的訓練，狀況都能維持而且沒有感到任何不適，那他也能直接從第Ⅲ週期開始訓練。

你會注意到數字2出現在第Ⅳ週期下方，代表週期Ⅳ是你考量的第二順位，此時你要考慮如何能使跑者在最後一個週期達到最佳表現，換句話說，你認為要安排怎麼樣的課表與訓練量才能使跑者在最終目標賽事的表現達到最佳化？這個問題顯然對「八百公尺」和「十公里」的跑者而言，答案絕對是不同的，他們在最後的第Ⅳ週期必然會專注在不同的訓練類型上，所以每種距離的課表都必須分開來思考。

決定了第Ⅳ週期的課表後，我會回過頭來思考第Ⅲ週期要練什麼才能讓跑者準備好面對第Ⅳ週期的課表。例如：八百公尺跑者需要更專注在R的速度訓練上，而十公里跑者則需要更多的T強度課表。雖然兩種跑者都需要在第Ⅲ週期進行扎實的I強度訓練，但每週期中各課表類型的份量就會因目標賽事的距離而有所變化。最後才需要思考該練什麼的是第Ⅱ週期，心中的目標一樣是：第Ⅱ週期要練什麼才能使身體準備好面對整份計畫中最嚴峻的第Ⅲ週期？

不論你是教練還是位自主訓練的跑者，都必須在訓練初期先確定整季所要參加的賽事有哪些，我會先記下這些比賽的日期與距離，這樣在安排每日的訓練計畫時才能做出相應的調整。

第Ⅰ週期

在我所建立的四週期訓練計畫中，第Ⅰ週期的訓練內容基本上都是以E強度的課表為主。如果第Ⅰ週期可以訓練的時間超過三個星期，我會開始在E強度之後增加一些輕巧的「快步跑」（這是只有10～15秒的高步頻快跑[22]，每趟之後都有充分的恢復時間），連同一些補強訓練，像是一些低負荷的阻力訓練和活動度訓練，都可以安排在輕鬆跑之後進行。我也建議每週練一次L課表（E強度的長跑課表），跑量大約占每週總里程數的25%～30%。

第II週期

第I週期完成後，我偏好在第II週期中加入R強度的訓練。我在一個新的週期中只會增加一種新的壓力，比如從週期I以E爲主的課表，到週期II改成以強調速度的R課表爲主，此時對排乳酸與最大攝氧系統的要求並不高。如果我在第II週期又增加了I強度的課表，就意味著同時多了兩種新的壓力——身體對速度以及更大的有氧系統壓力。

我喜歡在這個週期先加入輕快的速度訓練（R配速），那麼當進入到第III週期的I課表時，間歇訓練的速度就不會是一個新的壓力，因爲之前R課表的速度更快。還有很重要的一點是：不要用你上一季的最佳成績來決定現在的R配速，最好是用當前的比賽成績，或是你現在預估自己可以跑到的一英里成績來估算R配速比較恰當。此外，第II週期也要繼續維持一週一次的L課表，R課表則建議每週練兩次，而且不要連著練，兩次之間至少穿插一天E日。

第III週期

第III週期新增的壓力是放在有氧系統上（主要是I強度課表），主課表的速度反而會比第II週期時慢一點（R配速→I配速），但每趟的

---

22. 譯注：這是作者全書中唯一設定在10~15秒之間的「快步跑」，其他七處提到的快步跑的秒數都是15~20秒，可能因爲這段是在「第I週期」中的快步跑，由於是訓練初期，所以作者縮短了時間，以避免太大的壓力。

時間會拉長，這對身體來說是一種額外的壓力。第III週期的訓練內容基本上是跟著你的目標賽事而有所調整。短距離跑者可能每週只進行一次有品質的I課表，同時也會繼續進行R配速的訓練，目的是爲了保持良好的速度感。而對於長距離跑者而言，I課表最好能每週練兩次，但要記住：如果你在第III週期中的任何一週已經參加了三千公尺左右的比賽(中距離的比賽)，那就算一次I強度的課表，所以當週只要再進行一次I課表即可。我也盡量鼓勵跑者們在第III週期繼續維持一週一次的L長跑。

第IV週期

基本上到了第IV週期，我都把訓練重點擺在T強度的課表。它雖然仍屬於「質量課表」(Q課表)但已經不像前一期的I強度那麼激烈，我們的目的是讓跑者在面對第IV週期的重要比賽前能有更好的感覺。

第IV週期的訓練內容基本上會根據你的目標賽事而有所不同。長距離跑者通常著重在T強度課表並停止I課表的訓練(除非你的目標賽事很強調最大攝氧量)。如果你每週都有一次練習賽和L長跑，那T強度課表練一次也就夠了，因爲在這個時期比賽相當重要。就算是長距離跑者，也建議能在每次T課表之後加入一些較短R配速間歇，像是4～6趟兩百公尺的R配速訓練就相當不錯。若目標賽事屬於短距離項目，那最好能在第IV週期的Q課表中把T和R強度混在一起練，這樣速度感會維持得比較好。

四週期總結

總結來說，我喜歡把第I→IV週期的訓練進程安排爲E→R→I→T。但當我從E練到R時，並非完全捨棄E不練，以R爲主軸的訓練時期中每星期仍要練好幾天的E課表，接著從R轉到I時，我仍會定期安排一些R來讓之前在R週期所練出來的速度能繼續維持。

在設計週期化課表時最簡單的思考邏輯是：每週期只以一種主要的訓練強度爲主，但也要再添加前幾個週期所強調的強度以保持成果。比如說來到第IV週期時，雖然重點強度是T課表，但我通常會在T課表結束後加入一些R強度的訓練。

你要記住：比賽也是訓練的一部分，比賽的持續時間也決定了不同的訓練效益，像是參加一場5～20分鐘的比賽，也就對有氧系統施加了接近最大的壓力，所以這種比賽跟I強度訓練的最佳效益相當。當你已經規律地參加中距離賽，就可以減少I課表的訓練量。這就是爲什麼我在爲高中生規畫訓練計畫時傾向在第IV週期減少I強度的訓練，因爲在第IV週期很常比賽，而比賽就像練了一回艱辛的I課表一樣。[23]

要如何修改各週期的長度

我將訓練計畫分爲「四週期」，每個週期都六週，總共二十四週。然而，有些人在賽前並沒有完整的二十四週可以運用，尤其是高中生和大學生在越野跑賽季的時候，大都沒有二十四週的時間。因應時間的不足，我有兩種處理方式。

我的第一種方式是在秋季的越野路跑賽開始前，先在夏季完成前兩個週期的訓練(第I週期和第II週期)。換句話說，在春季田徑賽結束後，就可以開始在夏季進行第I週期的打底訓練，接著繼續在夏末進行第II週期的課表。這表示學校在秋季開學時，新學期的第一個六週直接就進入整季中最艱難的第III週期，第III週期結束時離關鍵目標賽事還有最後六週(第IV週期)可以訓練。

當你的訓練時間不足二十四週，另一種安排訓練計畫的方式是讓

23. 譯注：在美國的高中生跑步賽季中，幾乎每週都會參加比賽。

圖10.2　數字系統：依據你還有多少準備時間來決定各週期的訓練週數

該圖授權自雜誌《跑者世界》，一九九三年，Rodale Press Inc 公司的版權所有。

每個週期都小於六週。我把我在不同週期中偏好的刪減方式用圖10.2呈現。在這四個週期中各有「六」個數字。

如果你從1數到12，你會發現第Ⅰ週期的格子中有數字「1、2、3」，數字「4、5、6」則在第Ⅳ週期的格子中，數字「7、8、9」在第Ⅱ週期，數字「10、11、12」在第Ⅲ週期。這表示如果你整季只有三個星期可以訓練，三週都要放花在第Ⅰ週期的訓練中。

比方說，有位跑者才剛加入團隊，但離越野路跑的賽季只剩下三個星期，而這位跑者在此之前完全還沒開始訓練，而你隊上在比賽時也需要他，那麼接下來跟著團隊訓練時只要求他練一些輕鬆的基礎訓練應該十分符合邏輯才對。因爲只剩三週就要比賽了，沒必要讓這名跑者參與更具壓力的高強度訓練。

這個方法也適用於那些因傷病已休息一段時間的跑者。對這些跑者來說，當他們回歸訓練時最糟的是要求他們進行艱辛的訓練，以彌補之前缺席的訓練時間。切記，身體最近接受的訓練刺激愈少，它從愈低強度課表中所獲得的效益也就愈高。有時故意讓自己略低於巔峰狀態會感覺更悠游自在，那時你一定比過度訓練或生病而不能比賽的狀況還好。

現在，如果某位跑者整季只剩下六週，從圖10.2中可以看出他的第「1、2、3」週都是花在第Ⅰ週期，接下來的第「4、5、6」週直接進到第Ⅳ週期。如果只有九週，我會選擇跳過第Ⅲ週期，第Ⅰ週期先練三個星期後，進入第Ⅱ週期也練3個星期，最後3星期直接進入第Ⅳ週期。

你也可以利用圖10.2倒回來算，先確定你離比賽還剩幾週，就可以知道跟二十四週相比少了幾週。例如：你離比賽只剩二十三週，因此我必須從中減掉1星期，因為數字「24」在第Ⅳ週期，所以刪掉數字「24」，第Ⅳ週期的格子中只剩下五個數字，代表只要練五週。但如果離比賽前只有二十週，要刪掉數字「21、22、23、24」。所以，第Ⅰ週期練四週（刪掉數字「21」與「23」），接著第Ⅱ與第Ⅲ週期都練六週，第Ⅳ週期練四週（刪掉數字「22」與「24」）。基本上，這種方法是先看你有幾週可練，再看哪些因素對你的運動表現影響程度最低，再依序刪掉。

一週的訓練計畫範例

圖10.3是一週訓練計畫的樣版。我喜歡把長跑（L課表）排在星期日。假如是在第Ⅱ週期的訓練，那麼Q1、Q2和Q3（「Q」代表質量訓練）的主菜也許都是R強度，或是把Q1與Q2排為R強度而Q3排為T強度。對於目標賽事的距離較長的跑者，我會使用後者的方式來安排。由於第Ⅱ週期還算是訓練初期，R課表相當重要，偶爾進行T強度訓練也很有用。如果有一位跑者在第Ⅰ週期的訓練時間少於4週，我會把第Ⅱ週期的R課表減少到每週兩次（Q1和Q2），並將Q2移到第「4」次訓練。[24]

24. 譯注：圖10.3中的數字「1」並不一定是星期一，而是指一週的第一次訓練，例如：週五，那「2」就是週六，「3」就是週日，「4」是指週一，依此類推。

圖10.3　每週的訓練計畫模型，包含Q日、E日與L長跑日

1	2	3	4	5	6	7
L	Q1 E	(Q1) E或Q1	Q2 (Q2) E OR Q1	E	E	Q3 (Q3) 賽事 (Q)

此圖授權自雜誌《跑者世界》，一九九三年，Rodale Press Inc 公司的版權所有。

若當週沒有比賽，我建議把Q1、Q2與Q3排在第二天、第四天和第七天，或者你發現連練兩天的質量課表也吸收得了，那也能排在第三天、第四天和第七天。當然，Q3也可以是比賽，因為比賽當天絕對可以當作一次質量訓練日。

不論在哪一週期，總是把Q1當成那一週當中最重要的課表，而且該次訓練必須專注在當時所特別強調的訓練類型上。我喜歡這麼做的原因是如果天氣不好或臨時有意外影響那週的訓練，因為你知道該週期的哪一份課表最重要，所以會知道該如何選擇，就算那週只練過一次Q課表，也能將影響降到最低。

以第Ⅲ週期為例，每週的Q1是以I強度為主，接著Q2才是以T強度為主(可以外加一些R強度間歇)，最後Q3再練另一次I強度課表或是以比賽取代。到了第Ⅳ週期，以短距離比賽為目標的跑者，Q1和Q2可能都在強調T＋R的課表，而Q3可能是比賽或是另一次扎實的R強度訓練。但若目標是長距離賽事，那在第Ⅳ週期時的Q1和Q2應該都以T強度的訓練為主，頂多就是再加一些短R作為訓練的收尾。如果週末有重要的比賽，我建議當週只排Q1（課表內容以T加一些短程的R配速訓練)即可，而且最好排在賽前四天，而比賽本身就當成Q2，作為當週的最後一次訓練。

一季的訓練計畫範例

下面是我爲越野跑步隊的某一位隊員所設計的秋季訓練計畫：

- 第Ⅰ週期：
  - ‧星期日＝L日（長跑日）
  - ‧其他日子安排E日，也就是E強度爲主的課表（每個星期選三天在E強度後加上幾趟快步跑）
- 第Ⅱ週期：
  - ‧星期日＝L日（長跑日）
  - ‧Q1＝兩百公尺的R配速間歇
  - ‧Q2＝兩百與四百公尺混搭的R配速間歇
  - ‧Q3＝四百公尺的R配速間歇
  - ‧其他日子都安排E日
- 第Ⅲ週期：
  - ‧星期日＝L日（長跑日）
  - ‧Q1＝一千公尺的I配速間歇
  - ‧Q2＝穩定的T配速節奏跑20分鐘＋4×兩百公尺R配速間歇
  - ‧Q3＝練習賽，或是一千兩百公尺的I配速間歇
- 第Ⅳ週期：
  - ‧星期日＝L日（長跑日）
  - ‧Q1＝T強度＋數趟兩百公尺R配速間歇
  - ‧Q2＝T強度課表（節奏跑或巡航間歇皆可）
  - ‧Q3＝練習賽或T／I／R的混合式課表
  - ‧如果那週的比賽對你來說有一定的重要性，則Q2＝比賽，直接取消Q3

盡量在賽季開始前完成訓練計畫的設計工作，並保持調整的彈性，隨時根據比賽日期、天氣變化、運動員的行程安排以及訓練中遭受的阻礙進行調整。訓練的配速也必須依據每位跑者當下的身體狀態進行調整。整份訓練計畫的設計原則是：從某一週期進展到下一週期時只增加一個新的訓練壓力，並使跑者在新的週期中可以維持之前每個週期所獲得的訓練成果。

在規畫訓練計畫時的另一個需要考慮的因素是個人的強項與弱項，「每個人都不一樣」這一點要銘記在心。有些人對速度訓練的反應很好，有些跑者比較能從耐力課表中獲得更佳的訓練效果。因此我開發了一張「速度vs.耐力」對照表（表10.1）。這個表格中有三個欄位，分別表示不同距離的時間，左邊的一欄表示四百公尺的時間，中間的欄位是八百公尺的時間，右邊一欄同時列出一千五百公尺和一英里的時間。如果你把現在每種距離的最佳成績都圈出來，再把這些圈用一條線連起來，你的這條線可能是❶「向右下傾斜」、❷「向右上爬升」或是❸「水平橫切過整頁」。

如果你畫出來的直線是❸「水平橫切」，我認爲你當屬於速度和耐力均等型的跑者。如果直線向右下傾斜，這種情況很常發生在年輕跑者身上，因爲他們的速度比耐力好。當然，如果畫出來是向右上爬升，則代表這位跑者的耐力比速度好。但如果你的直線是從四百公尺向下傾斜至八百公尺再爬升到一千五百公尺的折線圖，這表示你的速度和耐力應該都比你目前認爲的八百公尺成績還要好，也就是你八百的比賽成績應該可以更好才是。

另一種也不是直線，而是「先上再下」的折線，在下方位置的比賽距離可能是你比較少參加或比較沒興趣的；當某種比賽的成績跟其他相較之下特別突出，這代表你的身體天生適合某種距離（可能是由於肌纖維類型適合該項賽事），但也可能只是你比較熱衷參加這類的比賽而已。

讓我們以某位跑者爲例，他的四百公尺最佳成績是60秒，八百公尺最佳爲2分20.8秒，而一千五百公尺最佳成績爲5分06秒。很明顯地可以看出他的速度比耐力好，照這樣看來比較合理的訓練方式是加強他的耐力。經過一整季的耐力訓練後發現原本向右下傾的斜線並未趨於水平，那他很有可能就是那種天生的速度好手，下一季的訓練可能就要更加著重在速度上的訓練。

對這位跑者來說，就算只強調速度訓練，也很有可能會一併提高他的速度和耐力。我們可以通過連線斜率和位置的變化來確認，經過一整季的速度訓練後，直線的斜率雖然不變，但整條直線向上移動。所以原則是先強化弱項，如果效果不彰，再專攻強項，這樣也能有效提升你的強項與弱項。如果沒什麼特別的情況發生，每季結束後都可以用這個表格來檢測自己的速度和耐力，依此來調整你目前的訓練計畫。

表 10.1　「速度 vs. 耐力」對照表

四百公尺的成績	八百公尺的成績	一千五百公尺的成績／一英里的成績
46	01:41.2	3:27.6/3:44.1
47	01:43.4	3:32.0/3:48.9
48	01:45.6	3:36.5/3:53.8
49	01:47.8	3:41.0/3:58.6
50	01:50.0	3:45.5/4:03.5
51	01:52.2	3:50.0/4:08.3
52	01:54.4	3:54.5/4:13.2
53	01:56.6	3:59.0/4:18.0
54	01:58.8	4:03.5/4:22.9
55	02:01.0	4:08.0/4:27.7
56	02:03.2	4:12.5/4:32.6
57	02:05.4	4:17.0/4:37.5
58	02:07.6	4:21.5/4:42.4
59	02:09.8	4:26.0/4:47.3
60	02:12.0	4:30.5/4:52.2
61	02:14.2	4:35.0/4:57.1
62	02:16.4	4:39.5/5:02.0
63	02:18.6	4:44.0/5:06.8
64	02:20.8	4:48.5/5:11.7
65	02:23.0	4:53.0/5:16.6
66	02:25.2	4:57.5/5:21.5
67	02:27.4	5:02.0/5:26.3
68	02:29.6	5:06.5/5:31.2
69	02:31.8	5:11.0/5:36.0
70	02:34.0	5:15.5/5:40.9
71	02:36.2	5:20.0/5:45.7
72	02:38.4	5:24.5/5:50.6
73	02:40.6	5:29.0/5:55.5
74	02:42.8	5:33.5/6:00.4
75	02:45.0	5:38.0/6:05.2
76	02:47.2	5:42.5/6:10.1
77	02:49.4	5:47.0/6:14.9
78	02:51.6	5:51.5/6:19.8
79	02:53.8	5:56.0/6:24.7
80	02:56.0	6:00.5/6:29.6

續下頁▼

四百公尺的成績	八百公尺的成績	一千五百公尺的成績／一英里的成績
81	02:58.2	6:05.0/6:34.4
82	03:00.4	6:09.5/6:39.3
83	03:02.6	6:14.0/6:44.2
84	03:04.8	6:18.5/6:49.1
85	03:07.0	6:23.0/6:53.9
86	03:09.2	6:27.5/6:58.8
87	03:11.4	6:32.0/7:03.6
88	03:13.6	6:36.5/7:08.5
89	03:15.8	6:41.0/7:13.4
90	03:18.0	6:45.5/7:18.3
91	03:20.2	6:50.0/7:23.1
92	03:22.4	6:54.5/7:28.0
93	03:24.6	6:59.0/7:32.8
94	03:26.8	7:03.5/7:37.7
95	03:29.0	7:08.0/7:42.5
96	03:31.2	7:12.5/7:47.4
97	03:33.4	7:17.0/7:52.3
98	03:35.6	7:21.5/7:57.2
99	03:37.8	7:26.0/8:02.0
1:40	03:40.0	7:30.5/8:06.9
1:41	03:42.2	7:35.0/8:11.8
1:42	03:44.4	7:39.5/8:16.6
1:43	03:46.6	7:44.0/8:21.5
1:44	03:48.8	7:48.5/8:26.4
1:45	03:51.0	7:53.0/8:31.3
1:46	03:53.2	7:57.5/8:36.1
1:47	03:55.4	8:02.0/8:41.0
1:48	03:57.6	8:06.5/8:45.9
1:49	03:59.8	8:11.0/8:50.8
1:50	04:02.0	8:15.5/8:55.7

CHAPTER 11

八百公尺

好成績來自於認識自己「爲何而練」以及「該練什麼」。

時常參加八百公尺或者比賽距離再稍長一點的跑者，要不是很有速度，不然就是耐力極佳。換句話說，有些厲害的八百公尺跑者也同時是四百公尺的專家，但某些跑者不是靠速度，而是以耐力取勝。話雖如此，我們需要知道所有徑賽項目當中八百公尺是非常特殊的存在，也許是最難以訓練與最辛苦的比賽項目之一。八百公尺跑者也可以稱爲無氧速耐力運動員。

八百公尺的比賽同時需要極佳的有氧與無氧引擎，所以對不同跑者來說，很難決定哪一種方法比較好。我很幸運，多年來曾親眼觀賞許多頂尖八百公尺選手的現場比賽。那些親眼目睹的現場包括：彼得・司乃耳（Peter Snell）在一九六〇年羅馬奧運贏得冠軍，以及阿爾伯托・胡安托雷納（Alberto Juantorena）在一九七六年蒙特婁奧運獲勝，還有卓錦・克魯斯（Joaquim Cruz）在一九八四年洛杉磯奧運的八百公尺決賽時一路領先群雄拿下金牌。我也曾親眼目睹吉姆・萊昂打破了八百八十碼的世界紀錄。

司乃耳和萊昂是屬於耐力型的八百公尺跑者，胡安托雷納也是位頂尖的四百公尺跑者，以速度取勝，而克魯斯則在速度和耐力兩方面都訓練有素。我已經了設計了一些八百公尺的訓練計畫（見本章後半段），它們都具有足夠的彈性，可以根據八百公尺選手的不同偏好進行調整。

想要成為一位優秀的八百公尺跑者，訓練計畫中的阻力訓練絕對不能少。克魯斯就把「循環訓練」（circuit training）加入課表中，而萊昂和鮑勃．蒂蒙斯（Bob Timmons）教練則進行許多重量訓練，他們在很早就把重訓安排在跑步的訓練計畫中。

近年來，八百公尺跑者也開始在課表中加入更多耐力訓練，這種情況愈來愈普遍，因為有研究證實有氧能力在八百公尺比賽中的貢獻比之前認為的還要多。下面我所提供的八百公尺訓練計畫跟之前的範例有相同的框架，都是四個週期，總長二十四週，但如果你的時間不夠，可以利用第十章的方法來縮減各週期的週數。

第 I 週期

如同我在第十章所做的說明，我喜歡將一整季的訓練拆成四個訓練週期，其中第 I 週期是為了建立基礎和增強對運動傷害的抵抗力。在第 I 週期的計畫中應該要加入阻力訓練，通常一週排三次。有些教練和跑者喜歡用「自由重量」，另有些人則偏好「循環訓練」或是徒手的「自重訓練」（例如：仰臥起坐、伏地挺身、雙槓撐體、波比操）。不論是任何型式的阻力訓練（包括自由重量、循環訓練或自重訓練），最重要的是先學會動作的操作技巧，因此剛開始時阻力要先調輕一點，直到技巧純熟之前請不要加太大的重量，先確保動作達到一定的品質後再加大重量。

每位跑者在第 I 週期所能運用的時間可能會有很大的差異，有些高中選手在第 I 週期可能只有幾個星期可練，但有些跑者卻能在第 I 週期花上兩個月以上的時間來打底。不論是何種情形，重點是先做通盤規畫，還要確定每個新的週期的訓練都能從前一週期中受益。

第Ⅱ週期

在第Ⅱ週期中，每星期的訓練都有三次Q課表(質量訓練)，雖然我沒有指定Q課表應該具體排在哪一天，但一般來說你可以把Q1排在週一，Q2排在週二，Q3排在週五。如果你正處在賽季階段，時常在週五或週六有比賽，你當然不希望把Q課表排在週五。但不要忘記，比賽本身就算是一次Q課表，所以用比賽取代週五的Q課表時，那一週的質量訓練仍算三次。

有些教練和跑者特別喜歡在週一、週三和週五(或週六)安排Q課表，也有人喜歡排在週二、週三和週六，這幾種不同的安排方式都值得一試。我喜歡在週末安排比較長時間的訓練，長跑訓練可以直接排在週六的比賽後(當作賽後一段時間較長的緩和跑)，也可以跟比賽分開，改排在週日。安排Q課表時最關鍵的是時間點的問題，要把它排在上一次的比賽或質量訓練的疲勞恢復之後。請記住，如果當天感覺跟不上Q課表，就直接跳過也沒關係，別忘記「休息也是訓練的一部分」。

第Ⅱ週期並非整季訓練壓力最大的時候，所以排課表時總要留有餘地，想像跑者在練完課表時還有體力再多練；在這個週期時別把課表排得太緊繃，最好的情況是：Q課表練完後感覺還可以再練。你可以翻到第四章重新複習一下各種不同訓練類型的意義爲何，你必須在提高訓練配速前先找到這麼做的理由何在(提高訓練配速的時機最好是比賽或測驗成績確實進步了，再根據第五章的跑力表來調整訓練強度)，切忽隨意憑感覺提高。

第Ⅲ週期

第Ⅲ週期是全部課表中最辛苦的部分。我建議可以在每個週六或週日安排長跑(如果週末沒比賽的話)，如果週六有比賽就排在週日。正如我在第Ⅱ週期所提到的，在週六若有較短距離的徑賽，比賽後也可以進行一段長時間的放鬆跑，直接當作那一週的長跑課表。

對大部分的跑者來說，第III週期已經來到賽季的中段，也正是訓練最艱難的時候，我建議每週排定三次Q課表，週末的長跑也算是一次。如果週六有比賽的話，兩次週間的Q課表可以排在週一和週三，或是排在週二和週三，把週四與週五預留爲週六比賽前的E日。但如果比賽是在週五的話，就改把週間的兩次Q課表排在週一和週二。

利用適當的跑力值來設定課表中的訓練配速，但不要太常提升訓練配速，就算你在某場比賽中進步了，我建議同樣的配速至少要維持三到四週以上再調整比較恰當。總之，在進入到下一個強度層級之前，先讓身體在同一種壓力下至少維持數週。

第IV週期

這週期大部分的訓練中每週都會安排三次Q課表，如果當週有比賽就算再多加一次Q。然而，若第IV週期中的某個比賽很重要，像是錦標賽或是資格賽，我建議在那週中間只安排一次Q課表，而且最好排在週一或週二，該次質量訓練的時間不宜過長，應該有所限制，速度也不要比你最近的訓練還快。

其他沒有排爲Q課表的日子都設定爲E日，在E日你可以練跑一次，也可以練兩次或完全休息，全看你那週的目標跑量爲何。比賽前，你要學習重新安排Q日與E日，讓你的身體有時間在關鍵賽前使身體恢復到最佳狀態。

若那週有比賽，你必須重新安排L長跑，可以在比賽之後直接進行一段較長時間的緩和跑，或是排在隔天一大早。比賽當週，我喜歡把那週的最後一次Q課表排在比賽前三天(或甚至四天也可以)，該次質量訓練應該以T配速爲主，也可以外加一些輕快的兩百公尺R配速間歇。賽前的調整方式很多，你可以嘗試各種不同的方法，看效果如何，因爲這樣你就能知道什麼對你最有效；對你有效的方法不見得適合其他跑者。

週跑量32～48公里的訓練計畫

第I週期

第I週期每週有三次Q課表，L長跑也算是其中一次。我並不喜歡特別規定要把Q課表排在哪天，因爲環境和天氣都會有所影響。看怎麼排最適合你，都是很自由的。

所有其他不是Q課表的日子都排爲E強度的輕鬆跑，E日可以跑很少，也可以完全都不跑（全休日）。當週有比賽時，最好比賽前兩天都排爲E日，若當週的比賽是錦標賽或是與其相同重要的比賽，賽前的E日建議增加到三天。

用你最近的比賽成績來決定你的跑力值，再用跑力值來設定訓練配速（有關跑力值的詳情請參閱第五章），但如果你最近都沒有比賽，你可以先保守估計目前的一英里成績最快可以跑多少，直接把一英里的配速當成R配速，如果是以四百公尺爲單位，可以直接將I配速設定爲比R配速慢8秒（／400m），並將T配速設定爲比I配速再慢8秒（／400m）。

快步跑（ST）是指以輕快的感覺進行15～20秒的快跑（並非衝刺），每趟跑完休息45～60秒。你也可以選擇在一段較穩定的上坡路線上練快步跑，只要在回程的下坡小心點卽可。一般來說，若以每公里爲單位，M配速比E配速（或L課表）快12～19秒（／km）。

第II週期

到了第II週期，每週的Q1可以安排40～60分鐘的L長跑，但該次長跑的訓練量不要超過當週總里程數的30%，長跑之後可以接著安排6趟快步跑（如果想要的話，在穩定的坡道上進行快步跑也可以）。每週可以選兩天E日之後安排6～8趟的快步跑。

第III週期

在第III週期最重要的是R配速的訓練，此時的R配速要再加快一點，跟第II週期的最後三週相比，若以兩百公尺爲單位，要再快1秒（也就是每四百公尺加快2秒，每六百公尺加快3秒）。調整I配速時可以直接根據最近的比賽成績與跑力表來決定，或是直接用新的R配速來推算也可以，每四百公尺加8秒就是I配速。FR的速度比R配速更快，以每兩百公尺爲單位是快3秒，若FR要練到四百公尺則是快6秒，練到每六百公尺則比新的R配速快12秒。T配速也可以用新的R配速來推算，每四百公尺慢16秒（I配速是每四百公尺慢8秒）。跟上個週期一樣，每週選兩次E日，在輕鬆跑完後隨卽加入8趟快步跑（在平路或坡地上皆可）。課表中的H強度跟I配速的費力程度是一樣的。課表中的Mod配速是指「中長距離的配速」（moderately long pace），以每公里爲單位，Mod配速比E配速（或L課表）快12～19秒（／km）。

只要當週的週末有比賽，取消原本Q3的課表，直接把比賽當作該週的Q3。在壓力較小的比賽日，賽後如果有時間的話可以考慮加上6趟兩百公尺的R配速間歇，每趟中間慢跑兩百公尺。

第IV週期

第IV週期的R配速要再快一點，跟第III週期的最後三週相比，若以兩百公尺爲單位，要再加快1秒（也就是每四百公尺加快2秒，每六百公尺加快3秒）。我在第III週期提到的訓練資訊也都可以運用在第IV週期中。表11.1是一份週跑量爲32～48公里的八百公尺訓練計畫，爲期24週。

表11.1　這是一份八百公尺的訓練計畫，週跑量爲32～48公里

注：「ST」意指每趟15～20秒強度接近**R**配速的快步跑／每趟中間休息60秒

第 I 週期

週數	Q1	Q2	Q3
第1週	40～45分鐘**L**長跑	20分鐘**E**＋8 ST＋10分鐘**E**	20分鐘**E**＋8 ST＋10分鐘**E**
第2週	40～45分鐘**L**長跑	30分鐘**E**＋8 ST＋10分鐘**E**	10分鐘**E**＋8 ST＋20分鐘**E**
第3週	45分鐘**L**長跑	10分鐘**E**＋8 ST＋20分鐘**E**	30分鐘**E**＋8 ST＋10分鐘**E**
第4週	40分鐘**M**	40分鐘**E**＋8 ST＋5分鐘**E**	10分鐘**E**＋10 ST＋20分鐘**E**
第5週	45分鐘**L**長跑＋6 ST	20分鐘**E**＋20分鐘**M**＋6 ST	20分鐘**E**＋10 ST＋10分鐘**E**
第6週	40分鐘**M**＋6 ST	40分鐘**E**＋8 ST＋5分鐘**E**	10分鐘**E**＋10 ST＋20分鐘**E**

第 II 週期

週數	Q1	Q2	Q3
第7週	40～60分鐘**L**長跑＋6 ST	20分鐘**E**＋6×（200公尺**R**＋200公尺慢跑）＋10分鐘**E**	10分鐘**E**＋8×（200公尺**R**＋200公尺慢跑）＋10分鐘**E**
第8週	40～60分鐘**L**長跑＋6 ST	20分鐘**E**＋4×（200公尺**R**＋200公尺慢跑）＋2×（400公尺**R**＋400公尺慢跑）＋10分鐘**E**	20分鐘**E**＋8～10×（200公尺**R**＋200公尺慢跑）＋10分鐘**E**
第9週	40～60分鐘**L**長跑＋6 ST	10分鐘**E**＋4×（400公尺**R**＋400公尺慢跑）＋10分鐘**E**	10分鐘**E**＋4～6×（200公尺**R**＋200公尺慢跑）＋10分鐘**E**＋4～6×（200公尺**R**＋200公尺慢跑）＋5分鐘**E**
第10週	40～60分鐘**L**長跑＋6 ST	10分鐘**E**＋3×（200公尺**R**＋200公尺慢跑＋200公尺**R**＋400公尺慢跑＋400公尺**R**＋200公尺慢跑）＋10分鐘**E**	10分鐘**E**＋4～6×（400公尺**R**＋400公尺慢跑）＋10分鐘**E**
第11週	40～60分鐘**L**長跑＋6 ST	20分鐘**E**＋2×（200公尺**R**＋200公尺慢跑）＋2×（600公尺**R**＋600公尺慢跑）＋4×（200公尺**R**＋200公尺慢跑）＋10分鐘**E**	10分鐘**E**＋4 ST＋600公尺**R**＋600公尺慢跑＋2×（400公尺**R**＋400公尺慢跑）＋4×（200公尺**R**＋200公尺慢跑）＋10分鐘**E**
第12週	40～60分鐘**L**長跑＋6 ST	10分鐘**E**＋4×（200公尺**R**＋200公尺慢跑）＋2×（400公尺**R**＋400公尺慢跑）＋600公尺**R**＋15分鐘**E**	10分鐘**E**＋6×（200公尺**R**＋200公尺慢跑）＋4×（300公尺**R**＋300公尺慢跑）＋20分鐘**E**

第III週期

週數	Q1	Q2	Q3
第13週	60分鐘**L**長跑＋6 ST	15分鐘**E**＋5×（3分鐘**H**＋2分鐘慢跑）＋4×（200公尺**FR**＋200公尺慢跑）＋15分鐘**E**	10分鐘**E**＋3×（600公尺**R**＋30秒休息＋200公尺**FR**＋7分鐘**E**）＋20分鐘**E**
第14週	20分鐘**E**＋3×（1.6公里T＋2分鐘休息）＋20分鐘**E**	15分鐘**E**＋4×（800公尺**I**＋3分鐘慢跑）＋6 ST＋15分鐘**E**	10分鐘**E**＋600公尺**R**＋600公尺慢跑＋500公尺**R**＋500公尺慢跑＋400公尺**FR**＋400公尺慢跑＋2×（300公尺**FR**＋300公尺慢跑）＋10分鐘**E**
第15週	60分鐘**L**長跑＋6 ST	15分鐘**E**＋8×（2分鐘 **H**＋1分鐘慢跑）＋1.6公里**E**＋4×（200公尺**R**＋200公尺慢跑）＋15分鐘**E**	20分鐘**E**＋3×（400公尺**R**＋400公尺慢跑）＋4×（300公尺**FR**＋300公尺慢跑）＋10分鐘**E**
第16週	15分鐘**E**＋4.8公里T＋4×（200公尺**R**＋200公尺慢跑）＋10分鐘**E**	15分鐘**E**＋4×（1,000公尺**I**＋3分鐘慢跑）＋6 ST＋20分鐘**E**	20分鐘**E**＋2×（400公尺**R**＋400公尺慢跑）＋2×（600公尺**R**＋600公尺慢跑）＋2×（300公尺**FR**＋300公尺慢跑）＋15分鐘**E**
第17週	60分鐘**L**長跑＋8 ST	20分鐘**E**＋4×（4分鐘**H**＋3分鐘慢跑）＋10分鐘**E**	10分鐘**E**＋4×（400公尺**FR**＋400公尺慢跑）＋10分鐘**E**＋4×（400公尺**R**＋400公尺慢跑）＋10分鐘**E**
第18週	10分鐘**E**＋40分鐘**Mod**＋6 ST	15分鐘**E**＋4×（1,200公尺**I**＋3分鐘慢跑）＋6 ST＋10分鐘**E**	10分鐘**E**＋3×（600公尺**R**＋30秒休息＋200公尺**FR**＋7分鐘**E**）＋20分鐘**E**

第IV週期

週數	Q1	Q2	Q3
第19週	45～60分鐘**L**長跑＋8 ST	10分鐘**E**＋4 ST＋20分鐘**T**＋4×（200公尺**R**＋200公尺慢跑）＋10分鐘**E**	20分鐘**E**＋600公尺**FR**＋1,000公尺慢跑＋600公尺**FR**＋1,000公尺慢跑＋600公尺**FR**＋15分鐘**E**
第20週	50～60分鐘**L**長跑＋6 ST	10分鐘**E**＋4×（200公尺**R**＋200公尺慢跑）＋2×（1.6公里**T**＋2分鐘休息）＋6 ST＋10分鐘**E**	20分鐘**E**＋600公尺**FR**＋1,000公尺慢跑＋2×（400公尺**FR**＋400公尺慢跑）＋4×（200公尺**R**＋200公尺慢跑）＋10分鐘**E**

續下頁▼

第IV週期			
週數	Q1	Q2	Q3
第21週	20分鐘**E**＋4.8公里**T**＋8 ST＋20分鐘**E**	20分鐘**E**＋3×（1.6公里**T**＋2分鐘休息）＋6×（200公尺**R**＋200公尺慢跑）	20分鐘**E**＋600公尺**FR**＋600公尺慢跑＋2×（300公尺**FR**＋500公尺慢跑）＋3×（200公尺**R**＋200公尺慢跑）＋10分鐘**E**
第22週	60分鐘**L**長跑＋8 ST	20分鐘**E**＋3×（1,000公尺**T**＋1分鐘休息）＋6×（200公尺**R**＋200公尺慢跑）	20分鐘**E**＋8×（200公尺**FR**＋200公尺慢跑）＋20分鐘**E**
第23週	60分鐘**L**長跑＋6 ST	10分鐘**E**＋3×（1.6公里**T**＋2分鐘休息）＋6×（200公尺**R**＋200公尺慢跑）＋20分鐘**E**	20分鐘**E**＋2×（200公尺**FR**＋400公尺慢跑）＋2×（600公尺**FR**＋1,000公尺慢跑）＋4×（200公尺**R**＋200公尺慢跑）＋10分鐘**E**
第24週	50分鐘**L**長跑＋6 ST	10分鐘**E**＋2×（200公尺**R**＋200公尺慢跑）＋2×（1.6公里**T**＋2分鐘休息）＋2×（200公尺**R**＋200公尺慢跑）＋10分鐘**E**	20分鐘**E**＋ST＋重要的目標賽事

此表格由傑克・丹尼爾斯跑步計算器所創建，該計算器出自Run SMART項目。

週跑量64公里的訓練計畫

第I週期

第I週期每週有三次Q課表，L長跑也算是其中一次。我並不喜歡特別規定要把Q課表排在哪天，因爲環境和天氣都會有所影響。看怎麼安排最適合你，你可以自由調整。

所有其他不是Q課表的日子都排爲E強度的輕鬆跑，E日可以跑很少，也可以全休。你可以運用E日來累積當週的目標里程數。當週有比賽時，最好比賽前兩天都排爲E日，若當週的比賽是錦標賽或是與其同等重要的比賽，賽前的E日建議增加到三天。

請用你最近的比賽成績來決定跑力值與訓練配速（有關跑力值的詳情請參閱第五章），但如果你最近都沒有比賽，你可以先保守估計目前的一英里成績最快可以跑多少，直接把一英里的配速當成R配速，如果是以四百公尺爲單位，可以直接將I配速設定爲比R配速慢8秒（／400m），並將T配速設定爲比I配速再慢8秒（／400m）。

快步跑（ST）是指以輕快的感覺進行15～20秒的快跑（並非衝刺），每趟跑完休息45～60秒。你也可以選擇在一段較穩定的上坡路線上練快步跑，只要在回程的下坡小心點即可。課表中的Mod配速比E配速（或L課表）快12～19秒（／km）。

第II週期

到了第II週期，每週的Q1可以安排60分鐘的L長跑，但該次長跑的訓練量不要超過當週總里程數的25%，長跑之後可以接著安排6趟快步跑。你可以從每週的E日中選兩天，在完成輕鬆跑後安排6～8趟的快步跑（如果想要的話，在穩定的坡道上進行快步跑也可以）。

第III週期

第III週期的R配速要再加快一點，跟第II週期的最後三週相比，若以兩百公尺爲單位，要再快1秒（也就是每四百公尺加快2秒，每六百公尺加快3秒）。調整I配速時可以直根據最近的比賽成績與跑力表來決定，或是直接用新的R配速來推算也可以，每四百公尺加8秒就是I配速。FR的速度比R配速更快，以每兩百公尺爲單位是比R配速快3秒，若FR要練到四百公尺則是快6秒，練到每六百公尺則比新的R配速快12秒。T配速也可以用新的R配速來推算，每四百公尺慢16秒（I配速是每四百公尺慢8秒）。

跟上個週期一樣，每週選兩次E日，在輕鬆跑完後隨即加入8趟快步跑（在平路或坡地上皆可）。每公里的Mod配速要比E配速（或L

課表）快12～19秒（／km）。課表中的H強度跟I配速的費力程度是一樣的。這週期若要參加的比賽壓力較小，賽後也有時間的話，可以考慮加上6趟兩百公尺的R配速間歇，每趟中間慢跑兩百公尺。

第IV週期

跟第III週期的最後三週相比，第IV週期的R配速要再快一點，每兩百公尺要加快1秒（也就是每四百公尺加快2秒，每六百公尺加快3秒）。我在第III週期提到的資訊也都可以運用在第IV週期中。表11.2是一份週跑量爲64公里的八百公尺訓練計畫，爲期二十四週。

表11.2　這是一份八百公尺的訓練計畫，週跑量爲64公里

注：「ST」意指每趟15～20秒強度接近**R**配速的快步跑／每趟中間休息60秒

第 I 週期

週數	Q1	Q2	Q3
第1週	60分鐘**L**長跑	30分鐘**E**＋8 ST＋20分鐘**E**	20分鐘**E**＋8 ST＋10分鐘**E**
第2週	60分鐘**L**長跑	40分鐘**E**＋8 ST＋10分鐘**E**	10分鐘**E**＋8 ST＋20分鐘**E**
第3週	60分鐘**L**長跑	30分鐘**E**＋8 ST＋20分鐘**E**	30分鐘**E**＋8 ST＋10分鐘**E**
第4週	50分鐘**Mod**	40分鐘**E**＋8 ST＋10分鐘**E**	10分鐘**E**＋10 ST＋20分鐘**E**
第5週	70分鐘**L**長跑＋6 ST	30分鐘**E**＋20分鐘**Mod**＋6 ST	20分鐘**E**＋10 ST＋10分鐘**E**
第6週	50分鐘**Mod**＋6 ST	40分鐘**E**＋8 ST＋5分鐘**E**	10分鐘**E**＋10 ST＋20分鐘**E**

第 II 週期

週數	Q1	Q2	Q3
第7週	60分鐘**L**長跑＋6 ST	20分鐘**E**＋8×（200公尺**R**＋200公尺慢跑）＋20分鐘**E**	20分鐘**E**＋8×（200公尺**R**＋200公尺慢跑）＋10分鐘**E**
第8週	60分鐘**L**長跑＋6 ST	20分鐘**E**＋6×（200公尺**R**＋200公尺慢跑）＋4×（400公尺**R**＋400公尺慢跑）＋10分鐘**E**	20分鐘**E**＋10×（200公尺**R**＋200公尺慢跑）＋20分鐘**E**

續下頁▼

第 II 週期

週數	Q1	Q2	Q3
第 9 週	60 分鐘 **L** 長跑 + 6 ST	20 分鐘 **E** + 6×(400 公尺 **R** + 400 公尺慢跑)+ 20 分鐘 **E**	20 分鐘 **E** + 6×(200 公 **R** + 200 公尺慢跑)+ 10 分鐘 **E** + 6×(200 公尺 **R** + 200 公尺慢跑)+ 10 分鐘 **E**
第 10 週	60 分鐘 **L** 長跑 + 6 ST	15 分鐘 **E** + 4×(200 公尺 **R** + 200 公尺慢跑 + 200 公尺 **R** + 400 公尺慢跑 + 400 公尺 **R** + 200 公尺慢跑)+ 10 分鐘 **E**	15 分鐘 **E** + 6×(400 公尺 **R** + 400 公尺慢跑)+ 15 分鐘 **E**
第 11 週	60 分鐘 **L** 長跑 + 6 ST	20 分鐘 **E** + 4×(200 公尺 **R** + 200 公尺慢跑)+ 2×(600 公尺 **R** + 600 公尺慢跑)+ 4×(200 公尺 **R** + 200 公尺慢跑)+ 10 分鐘 **E**	15 分鐘 **E** + 4 ST + 600 公尺 **R** + 600 公尺慢跑 + 3×(400 公尺 **R** + 400 公尺慢跑)+ 6×(200 公尺 **R** + 200 公尺慢跑)+ 10 分鐘 **E**
第 12 週	60 分鐘 **L** 長跑 + 6 ST	15 分鐘 **E** + 4×(200 公尺 **R** + 200 公尺慢跑)+ 4×(400 公尺 **R** + 400 公尺慢跑)+ 600 公尺 **R** + 20 分鐘 **E**	15 分鐘 **E** + 6×(200 公尺 **R** + 200 公尺慢跑)+ 6×(300 公尺 **R** + 300 公尺慢跑)+ 20 分鐘 **E**

第 III 週期

週數	Q1	Q2	Q3
第 13 週	60 分鐘 **L** 長跑 + 8 ST	20 分鐘 **E** + 6×(3 分鐘 **H** + 2 分鐘慢跑)+ 6×(200 公尺 **FR** + 200 公尺慢跑)+ 15 分鐘 **E**	20 分鐘 **E** + 3×(600 公尺 **R** + 30 秒休息 + 200 公尺 **FR** + 7 分鐘 **E**)+ 20 分鐘 **E**
第 14 週	15 分鐘 **E** + 4×(1.6 公里 **T** + 2 分鐘休息)+ 15 分鐘 **E**	15 分鐘 **E** + 6×(800 公尺 **I** + 3 分鐘慢跑)+ 6 ST + 15 分鐘 **E**	15 分鐘 **E** + 600 公尺 **R** + 600 公尺慢跑 + 500 公尺 **R** + 500 公尺慢跑 + 400 公尺 **FR** + 400 公尺慢跑 + 3×(300 公尺 **FR** + 300 公尺慢跑)+ 10 分鐘 **E**
第 15 週	60 分鐘 **L** 長跑 + 6 ST	15 分鐘 **E** + 8×(2 分鐘 **H** + 1 分鐘慢跑)+ 1.6 公里 **E** + 4×(200 公尺 **R** + 200 公尺慢跑)+ 2×(200 公尺 **FR** + 200 公尺慢跑)+ 15 分鐘 **E**	20 分鐘 **E** + 4×(400 公尺 **R** + 400 公尺慢跑)+ 4×(300 公尺 **FR** + 300 公尺慢跑)+ 10 分鐘 **E**
第 16 週	15 分鐘 **E** + 4.8 公里 **T** + 6×(200 公尺 **R** + 200 公尺慢跑)+ 10 分鐘 **E**	15 分鐘 **E** + 5×(1,000 公尺 **I** + 3 分鐘慢跑)+ 6 ST + 20 分鐘 **E**	20 分鐘 **E** + 2×(400 公尺 **R** + 400 公尺慢跑)+ 3×(600 公尺 **R** + 600 公尺慢跑)+ 2×(300 公尺 **FR** + 300 公尺慢跑)+ 15 分鐘 **E**

續下頁▼

第III週期			
週數	Q1	Q2	Q3
第17週	60分鐘**L**長跑＋8 ST	20分鐘**E**＋4×(4分鐘**H**＋3分鐘慢跑)＋10分鐘**E**	20分鐘**E**＋4×(400公尺**FR**＋400公尺慢跑)＋10分鐘**E**＋4×(400公尺**R**＋400公尺慢跑)＋10分鐘**E**
第18週	10分鐘**E**＋40分鐘**Mod**＋6 ST	15分鐘**E**＋5×(1,200公尺**I**＋3分鐘慢跑)＋6 ST＋10分鐘**E**	10分鐘**E**＋3×(600公尺**R**＋30秒休息＋200公尺**FR**＋7分鐘**E**)＋20分鐘**E**

第IV週期			
週數	Q1	Q2	Q3
第19週	60分鐘**L**長跑＋8 ST	15分鐘**E**＋4 ST＋20分鐘**T**＋6×(200公尺**R**＋200公尺慢跑)＋10分鐘**E**	20分鐘**E**＋600公尺**FR**＋1,000公尺慢跑＋600公尺**FR**＋1,000公尺慢跑＋600公尺**FR**＋20分鐘**E**
第20週	60分鐘**L**長跑＋6 ST	15分鐘**E**＋6×(200公尺**R**＋200公尺慢跑)＋2×(1.6公里**T**＋2分鐘休息)＋6 ST＋10分鐘**E**	20分鐘**E**＋600公尺**FR**＋1,000公尺慢跑＋2×(400公尺**FR**＋400公尺慢跑)＋4×(200公尺**FR**＋200公尺慢跑)＋10分鐘**E**
第21週	20分鐘**E**＋4.8公里**T**＋8 ST＋20分鐘**E**	20分鐘**E**＋4×(1.6公里**T**＋2分鐘休息)＋6×(200公尺**R**＋200公尺慢跑)	20分鐘**E**＋600公尺**FR**＋600公尺慢跑＋3×(300公尺**FR**＋500公尺慢跑)＋3×(200公尺**R**＋200公尺慢跑)＋10分鐘**E**
第22週	60分鐘**L**長跑＋8 ST	20分鐘**E**＋4×(1.6公里**T**＋1分鐘休息)＋8×(200公尺**R**＋200公尺慢跑)＋10分鐘**E**	20分鐘**E**＋8×(200公尺**FR**＋200公尺慢跑)＋20分鐘**E**
第23週	60分鐘**L**長跑＋6 ST	10分鐘**E**＋3×(1.6公里**T**＋2分鐘休息)＋6×(200公尺**R**＋200公尺慢跑)＋20分鐘**E**	20分鐘**E**＋4×(200公尺**FR**＋400公尺慢跑)＋2×(600公尺**FR**＋1,000公尺慢跑)＋4×(200公尺**R**＋200公尺慢跑)＋10分鐘**E**
第24週	50分鐘**L**長跑＋6 ST	10分鐘**E**＋4×(200公尺**R**＋200公尺慢跑)＋2×(1.6公里**T**＋2分鐘休息)＋2×(200公尺**R**＋200公尺慢跑)＋10分鐘**E**	20分鐘**E**＋ST＋重要的目標賽事

此表格由傑克・丹尼爾斯跑步計算器所創建，該計算器出自 Run SMART 項目。

週跑量80～97公里的訓練計畫

第I週期

對於那些每週跑量在80～97公里之間的跑者而言，我建議他們在一週當中可以選幾天進行「一日兩練」，這代表Q課表的同一天要練跑第二次。當你增加晨跑的訓練時，每次的E課表請至少維持30分鐘，在這E強度中間或之後也可以增加8～10趟快步跑。

在第I週期時，跑者可以先試看看晨跑是否會讓你下午訓練的感覺更好。如果每天的讀書和工作行程已經讓你很累了，試著把晨跑排在你比較空閒或是比較多休息時間的日子。第I週期是個試探一週訓練行程的最佳時機，先試看看哪幾天晨跑對你最有幫助，可能是每隔一天晨跑一次，或是連續早起練跑兩天之後連續1～3天停止晨跑。

關鍵是安排一個適合自己的跑步計畫，再透過晨跑(或是跟Q課表以外的時間進行一日兩練)來累積每週的目標跑量。每週的跑量也可以自由調整，只要你有健康上的問題或感到壓力過度的情況，都可以隨時調降週跑量。

第I週期的課表基本上跟前面提過週跑量64公里的內容是差不多的，不同的是Q課表的「長度」(Duration)不是以時間，而改以距離爲單位。課表中的**Mod**配速比**E**配速(或**L**課表)快12～19秒(／km)。

第II週期

在第II週期，每週的Q1安排16公里以下的長跑，長跑的距離不要超過當週總里程數的25%，長跑之後可以外加6趟快步跑。此外，可以從每週選兩天**E**日，在訓練之中或最後進行6～8趟的快步跑(如果想要在坡道上進行快步跑也可以)。

第III週期

第III週期的R配速要再快一點，跟第II週期的最後三週相比，每兩百公尺要快1秒(也就是每四百公尺加快2秒，每六百公尺加快3秒)。調整I配速時可以直接根據最近的比賽成績與跑力表來決定，或是直接用新的R配速來推算也可以，每四百公尺加8秒就是I配速。FR的速度比R配速更快，以每兩百公尺爲單位是比R配速快3秒，若FR要練到四百公尺則是快6秒，練到每六百公尺則要快12秒。T配速也可以用新的R配速來推算，每四百公尺慢16秒(I配速是每四百公尺慢8秒)。

在每週的E日中選兩天在最後加入8趟快步跑(在平路或坡地上進行皆可)。每公里的Mod配速要比E配速(或L課表)快2～19秒(／km)。課表中的H強度跟I配速的費力程度是一樣的。只要當週有比賽，就取消Q3的課表，直接把比賽當作Q3。在比較輕鬆的比賽日(如果有時間的話)，可以考慮在賽後加6趟兩百公尺的R配速間歇，每趟中間慢跑兩百公尺。

第IV週期

跟第III週期的最後三週相比，第IV週期的R配速要再快一點，每兩百公尺要加快1秒(也就是每四百公尺快2秒，每六百公尺快3秒)。我在第III週期提到的資訊也都可以運用在第IV週期中。表11.3是一份週跑量爲80～97公里的八百公尺訓練計畫，爲期二十四週。

表11.3　這是一份八百公尺的訓練計畫，週跑量爲80～97公里

注：「ST」意指每趟15～20秒強度接近**R**配速的快步跑／每趟中間休息60秒

第Ⅰ週期

週數	Q1	Q2	Q3
第1週	16公里**L**長跑	4.8公里**E**＋8 ST＋3.2公里**E**	4.8公里**E**＋8 ST＋3.2公里 **E**
第2週	12.8公里**L**長跑	4.8公里**E**＋8 ST＋4.8公里**E**	3.2公里**E**＋8 ST＋4.8公里**E**
第3週	16公里**L**長跑	4.8公里**E**＋8 ST＋3.2公里**E**	4.8公里**E**＋8 ST＋3.2公里**E**
第4週	12.8公里 **Mod**	4.8公里 **E**＋8 ST＋4.8公里**E**	3.2公里**E**＋10 ST＋4.8公里**E**
第5週	19.2公里**L**長跑＋6 ST	4.8公里**E**＋4.8公里**Mod**＋6 ST	4.8公里**E**＋10 ST＋3.2公里**E**
第6週	12.8公里**Mod**＋6 ST	6.4公里**E**＋8 ST＋1.6公里**E**	3.2公里**E**＋10 ST＋4.8公里**E**

第Ⅱ週期

週數	Q1	Q2	Q3
第7週	16公里**L**長跑＋6 ST	4.8公里**E**＋10×（200公尺**R**＋200公尺慢跑）＋4.8公里**E**	4.8公里**E**＋12×（200公尺**R**＋200公尺慢跑）＋4.8公里**E**
第8週	16公里**L**長跑＋6 ST	4.8公里**E**＋8×（200公尺**R**＋200公尺慢跑）＋6×（400公尺**R**＋400公尺慢跑）＋3.2公里**E**	4.8公里**E**＋12×（200公尺**R**＋200公尺慢跑）＋3.2公里**E**
第9週	16公里**L**長跑＋6 ST	4.8公里**E**＋8×（400公尺**R**＋400公尺慢跑）＋4.8公里**E**	4.8公里**E**＋8×（200公尺**R**＋200公尺慢跑）＋1.6公里**E**＋8×（200公尺**R**＋200公尺慢跑）＋3.2公里**E**
第10週	16公里**L**長跑＋6 ST	3.2公里**E**＋5×（200公尺**R**＋200公尺慢跑＋200公尺**R**＋400公尺慢跑＋400公尺**R**＋200公尺慢跑）＋3.2公里**E**	3.2公里**E**＋8×（400公尺**R**＋400公尺慢跑）＋3.2公里**E**
第11週	16公里**L**長跑＋6 ST	4.8公里**E**＋4×（200公尺**R**＋200公尺慢跑）＋4×（600公尺**R**＋600公尺慢跑）＋4×（200公尺**R**＋200公尺慢跑）＋3.2公里**E**	3.2公里**E**＋4 ST＋2×（600公尺**R**＋600公尺慢跑）＋4×（400公尺**R**＋400公尺慢跑）＋6×（200公尺**R**＋200公尺慢跑）＋3.2公里**E**
第12週	16公里**L**長跑＋6 ST	3.2公里**E**＋6×（200公尺**R**＋200公尺慢跑）＋6×（400公尺**R**＋400公尺慢跑）＋2×（600公尺**R**＋600公尺慢跑）＋3.2公里**E**	3.2公里**E**＋6×（200公尺**R**＋200公尺慢跑）＋8×（300公尺**R**＋300公尺慢跑）＋3.2公里**E**

第III週期			
週數	Q1	Q2	Q3
第13週	16公里**L**長跑＋8 ST	4.8公里**E**＋7×（3分鐘**H**＋2分鐘慢跑）＋6×（200公尺**FR**＋200公尺慢跑）＋3.2公里**E** 或是： 4.8公里**E**＋6×（1公里**I**＋2分鐘慢跑）＋6×（200公尺**FR**＋200公尺慢跑）＋3.2公里**E**	4.8公里**E**＋4×（600公尺**R**＋30秒休息＋200公尺**FR**＋1.6公里**E**）＋4.8公里**E**
第14週	3.2公里**E**＋5×（1.6公里T＋2分鐘休息）＋3.2公里**E**	3.2公里**E**＋8×（800公尺**I**＋2分鐘慢跑）＋6 ST＋3.2公里**E**	3.2公里**E**＋600公尺**R**＋600公尺慢跑＋500公尺**R**＋500公尺慢跑＋400公尺**FR**＋400公尺慢跑＋3×（300公尺**FR**＋300公尺慢跑）＋3.2公里**E**
第15週	16公里**L**長跑＋8 ST	3.2公里**E**＋10×（2分鐘**H**＋1分鐘慢跑）＋1.6公里**E**＋4×（200公尺**R**＋200公尺慢跑）＋4×（200公尺**FR**＋200公尺慢跑）＋3.2公里**E**	4.8公里**E**＋6×（400公尺**R**＋400公尺慢跑）＋4×（300公尺**FR**＋300公尺慢跑）＋3.2公里**E**
第16週	3.2公里**E**＋4.8公里**T**＋6×（200公尺**R**＋200公尺慢跑）＋3.2公里**E**	3.2公里**E**＋6×（1,000公尺**I**＋3分鐘慢跑）＋6 ST＋4.8公里**E**	4.8公里**E**＋2×（400公尺**R**＋400公尺慢跑）＋4×（600公尺**R**＋600公尺慢跑）＋2×（300公尺**FR**＋300公尺慢跑）＋3.2公里**E**
第17週	16公里**L**長跑＋8 ST	4.8公里**E**＋5×（4分鐘**H**＋3分鐘慢跑）＋3.2公里**E**	4.8公里**E**＋4×（400公尺**FR**＋400公尺慢跑）＋10分鐘**E**＋4×（400公尺**R**＋400公尺慢跑）＋3.2公里**E**
第18週	3.2公里**E**＋12.8公里**Mod**＋6 ST	3.2公里**E**＋6×（1,200公尺**I**＋3分鐘慢跑）＋6 ST＋3.2公里**E**	3.2公里**E**＋4×（600公尺**R**＋30秒休息＋200公尺**FR**＋7分鐘**E**）＋4.8公里**E**

第IV週期

週數	Q1	Q2	Q3
第19週	16公里**L**長跑＋8 ST	3.2公里**E**＋4 ST＋4.8公里**T**＋8×(200公尺**R**＋200公尺慢跑)＋3.2公里**E**	4.8公里**E**＋600公尺**FR**＋1,000公尺慢跑＋600公尺**FR**＋1,000公尺慢跑＋600公尺**FR**＋4.8公里**E**
第20週	16公里**L**長跑＋6 ST	3.2公里**E**＋8×(200公尺**R**＋200公尺慢跑)＋3×(1.6公里**T**＋2分鐘休息)＋6 ST＋3.2公里**E**	4.8公里**E**＋600公尺**FR**＋1,000公尺慢跑＋2×(400公尺**FR**＋400公尺慢跑)＋6×(200公尺**FR**＋200公尺慢跑)＋3.2公里**E**
第21週	4.8公里**E**＋4.8公里**T**＋8 ST＋4.8公里**E**	4.8公里**E**＋5×(1.6公里**T**＋2分鐘休息)＋8×(200公尺**R**＋200公尺慢跑)＋3.2公里**E**	4.8公里**E**＋600公尺**FR**＋600公尺慢跑＋4×(300公尺**FR**＋500公尺慢跑)＋4×(200公尺**R**＋200公尺慢跑)＋3.2公里**E**
第22週	16公里**L**長跑＋8 ST	4.8公里**E**＋5×(1.6公里**T**＋1分鐘休息)＋10×(200公尺**R**＋200公尺慢跑)＋3.2公里**E**	4.8公里**E**＋6×(200公尺**FR**＋200公尺慢跑)＋1.6公里**E**＋4×(200公尺**FR**＋200公尺慢跑)＋4.8公里**E**
第23週	16公里**L**長跑＋6 ST	3.2公里**E**＋3×(1.6公里**T**＋2分鐘休息)＋6×(200公尺**R**＋200公尺慢跑)＋4.8公里**E**	4.8公里**E**＋4×(200公尺**FR**＋400公尺慢跑)＋2×(600公尺**FR**＋1,000公尺慢跑)＋4×(200公尺**R**＋200公尺慢跑)＋3.2公里**E**
第24週	12.8公里**L**長跑＋6 ST	3.2公里**E**＋4×(200公尺**R**＋200公尺慢跑)＋2×(1.6公里**T**＋2分鐘休息)＋2×(200公尺**R**＋200公尺慢跑)＋3.2公里**E**	4.8公里**E**＋ST＋重要的目標賽事

此表格由傑克·丹尼爾斯跑步計算器所創建，該計算器出自 Run SMART 項目。

CHAPTER 12

一千五百公尺到兩英里

有機會讚美隊友跑得很好時，絕不要吝嗇說出口。

就像很多八百公尺跑者也會參加一千五百公尺和一英里的比賽一樣，許多一千五百公尺和一英里的跑者也會很認眞地參與三公里和兩英里的比賽，所以我在這邊提出的四週期的訓練計畫，主要就是特別針對距離在1.5～3.2公里之間的比賽所設計。有些千五跑者會很認眞地參加八百公尺的比賽(以及一千公尺的室內田徑賽)，本章的訓練計畫主要就是希望他們在面對這種既要速度又要耐力的中距離比賽前能做好妥當的準備。

一千五百公尺的比賽既需要強大的有氧能力，也需仰賴速度和無氧能量系統，而且此種賽事的強度比跑者的最大攝氧速度還高10～12%。三千公尺與兩英里賽的比賽強度則剛好落在跑者的最大攝氧速度上，大約是I課表中所練習的速度。

在規畫這類中距離賽事的訓練計畫時，第Ⅰ週期的課表跟八百公尺的內容差不多，每週課表內容包括大量的E強度外加快步跑(ST)或是上坡跑。

中距離比賽大約需要在高速下維持4～12分鐘，速度的拿捏很重要，跑者往往會太早加速，所以我強烈建議跑者在中距離的比賽剛起跑時要保守一點。(在不考慮比賽策略和天候的情況下)想在一千五百公尺和一英里賽中跑出好成績，方法是第一圈(前四百公尺)要保守一點，試著讓自己的第二圈要比第一圈快2秒。這個方法對年輕選手而言很有效，因爲年輕跑者第一圈很容易衝太快，導致第二圈速度掉很多。

如果你曾觀看過許多一英里的比賽(四圈四百公尺操場)，你也許會注意到選手的第三圈跟第二圈的分段時間常常很接近，如果一開始跑太快，後面會開始掉速，導致第三圈也會跟著變慢，使你失去取得好成績的機會。然而，第一圈跑得愈加謹愼，再專心跑好第二圈(比第一圈快2秒)，接下來的第三圈常常可以跑得很好，第四圈只要堅持到最後即可。不論你參加的是何種中距離比賽，事實上最好還是自行嘗試各種不同的配速方法，看哪種方式對你最好。

我認識許多跑一千五百公尺和一英里賽的跑者，多年與他們接觸下來，我都會特別調查有多少人喜歡參加比自己最擅長項目距離短的比賽，又有多少人喜歡比自己最擅長項目距離長的比賽。結果顯示大部分選手都喜歡偶爾參加距離稍長或稍短的比賽。毫無疑問，一英里的跑者會覺得兩英里賽的配速相對舒服多了，而原本是兩英里或三千公尺賽的跑者去參加一千五百公尺的比賽時，則會有距離很短怎麼一下子就跑完的感覺。所以不管距離拉長或縮短，中距離跑者都能從中獲得樂趣。

第 I 週期

不管是準備什麼比賽，我都會建議在第 I 週期時主要先以輕鬆跑累積里程數，再選某幾天E日加幾趟快步跑(ST)與補強訓練(例如：低負荷的「阻力訓練」與「循環訓練」)。盡量避免在補強訓練後立即進行跑步訓練，最好是先跑步，或是在補強訓練完成後的數小時再練跑，比較不會影響跑步的訓練品質。

因爲第 I 週期的課表主要是E配速的訓練，所以幾乎每個人都可以依據個人的行程，在自行安排時間完成這個週期的訓練。如果是在學校，因為校隊中的選手通常會在同時間一起訓練，所以最好是能先依照體能和程度進行分組，那麼體能較差的選手就不會去跟著較強的選手練跑，或去練一個太辛苦的配速。

第II週期

我會開始在這個週期加入一些有強度的Q課表，這是我規畫所有訓練計畫時的一貫做法。這週期的Q課表包括每週一次的L長跑和數次R課表。如果有些跑者剛結束賽季，有氧體能正處在最佳狀態時，則可以直接從第II週期開始訓練。像是有些跑者剛完成秋季越野跑的訓練，賽季也結束了，該季的訓練和比賽可以抵消第I週期的訓練需求，此時正是從事R強度訓練的好時機，所以對他們來說直接從第II週期開始訓練是很自然的。由於在越野跑的賽季結束時，他們的有氧體能正處在絕佳狀態，此時若把時間花在「速度」和「跑步經濟性」的訓練上，那在接下來室內田徑賽中距離較短的項目一定會有不錯的表現。[25]

此外，R強度的訓練通常對身體所造成的壓力比I強度來得小，所以中長距離的跑者會很期待R強度訓練的到來，而且把R當成I強度間歇與5～12公里這一類重要賽事之後的短休期。

第III週期

我相信第III週期是整季訓練中最重要的一個階段。在這個時期，除了更具壓力的I強度課表之外，我喜歡每週安排T強度課表，這有助於提高耐力。我們可以說，這個週期的訓練將決定一位跑者在賽季

---

25. 譯者注：美國的室內田徑賽季在越野跑賽季之後。

中的進步有多大。

進步的關鍵是跑者除了要願意練辛苦的I強度課表，也要能吃得下去，同時還不能操過頭。要記得I強度課表的目標是：以最少的訓練量獲取最大的效果。這意味著訓練配速設定得當很重要，那就得使用跑力表與跑者最近的比賽成績來找出適當的I配速了。

第IV週期

在田徑賽季時，有時很難避免比賽過多。有些跑者他的專項橫跨一千五百公尺、一英里、三公里與兩英里，如果他們連續數週的賽程都很滿，維持表現的關鍵是改變參賽的距離，再適時調整訓練計畫。試著把四百、八百和一千公尺的比賽視爲刺激無氧能力和提升速度的機會，而三公里和兩英里的比賽則更能能刺激身體的最大攝氧量，所以此時期若能參加不同距離的比賽，正是提升跑者能力的絕佳機會(不像越野賽季時，每場比賽所動用的能量系統大都差不多)。

記得訓練計畫要保持彈性，課表是可調整的，尤其是在戶外進行訓練時，天候情況是影響訓練成效的主要因素，影響範圍包括生理與心理。所以如果你週五或週六有重要賽事，要有智慧懂得放棄一次Q課表，讓身體在賽前有足夠的時間恢復。

週跑量48公里的訓練計畫

第I週期

雖然我在這個週期每週都安排三次Q課表，但沒有一次Q課表是嚴苛的，我把它們列爲Q是因爲每份課表裡不只有E強度，其中一次是L長跑或Mod配速課表，另外兩次則包含15～20秒高步頻的快步跑(ST)，此種快步跑可以在平地或是上坡路段上進行，這種快步跑有速度但不需要全力衝刺。若是在上坡路段練快步跑，最後兩組試著回到平路或田徑場上進行，如此可以使雙腳學習迅速換腳與輕快的動作。每趟快步跑間要充分休息，不論是在平路或坡道上進行，都要在完全恢復後再跑下一趟。

Mod課表的配速比E配速或L長跑要快，大約每公里快12～18秒。其他非Q日則用E配速至少跑30分鐘，主要是用來累積里程數；如果里程數足夠，E日也可以取消練習完全休息。如果你在開始進入第Ⅰ週期前已經有好一段時間沒練跑了，我建議你先選擇週課表中建議的最小跑量。

第II週期

在第Ⅱ週期中每週應該練一次L長跑(Q1)，通常是在週日；如果週六的訓練並不會太累，也可以在課表最後多加幾公里慢跑。以每週最大跑量48公里來說，L長跑應該占每週總里程數的30%。如果長跑隔天是E日，最好能在那天輕鬆跑之後加上六到八趟快步跑(ST)，同一週再選其他兩次E日的輕鬆跑後加入六到八趟快步跑。跟之前一樣，快步跑可以在平地或緩坡上進行，但下坡時要特別小心別受傷。

除了每週一次L長跑(Q1)之外，每週還有另外兩次Q日；嘗試在這兩次Q日之間安排兩天E日。若訓練狀況良好，每隔兩到三個星期，可以再多加一次Q課表，如果要增加Q4的話我建議直接重覆Q2。如果一週有四次Q課表，除了L日之外，我建議把Q2、Q3與Q4排在週一、週四與週五，這樣一來週六或週日就可以作為每週的長跑日。但如果每週除了L日之外的Q課表只有兩次，那這兩次Q2與Q3最好排在週一與週四，或是週二與週五。

R配速是本週期的訓練重點，如果要比較保守地評估自己的R配速，可以直接用你當前一英里比賽的平均配速來決定。

第III週期

在第III週期的R配速要稍做調整，跟第II週期比起來每兩百公尺要快1秒，每四百公尺快2秒，每六百公尺快3秒。如果訓練狀況都很好，第III週期的第三個星期可以再調整一次，使每兩百公尺的R配速再快1秒。決定I配速的方式有兩種，你可以直接把最近的比賽成績代入跑力表，或是直接把四百公尺的R配速調慢6秒。

在第III週期的訓練期通常會開始參加一些練習賽（可當成Q課表）。如果週六有比賽，週間的Q課表可以排在週一與週三，或是週二與週三；但如果比賽是在週五，Q課表就排在週一與週二。若當天的比賽覺得很輕鬆，可以考慮在賽後加練R課表（200公尺R強度×6／每趟中間慢跑200公尺），作爲當天最後一個練習項目。

第IV週期

在第IV週期時應該根據近期練習賽的成績重新調整跑力值與訓練配速，如果沒有比賽成績可參考，可以直接將每四百公尺的各級配速都加快1秒。在這個週期，大部分的週末通常都有比賽，所以當週六有比賽時，我建議在第19週、第20週與第22週都把Q2和Q3排在週一與週三。若比賽是在週五，就改把Q2和Q3排在週一與週二。在這個時候把兩個Q日排在一起的練法通常會比兩個Q日中間夾著E日的課表來得好，所以在這個時期我會明確地建議跑者把兩次Q日排在一起（甚至也可以在週六比賽前把兩次Q日排在週二和週三）。如果週五或週六有很重要的比賽，可以直接跳過Q3。表12.1是一份專爲一千五百公尺到兩英里爲目標的跑者所設計的24週訓練計畫，最大週跑量是48公里。

表 12.1　這份訓練計畫是爲那些以一千五百公尺到兩英里爲目標且週跑量 48 公里的跑者所設計的訓練計畫

第 I 週期			
週數	Q1	Q2	Q3
第 1 週	40～60 分鐘 **L** 長跑	20 分鐘 **E** ＋ 8 ST ＋ 20 分鐘 **E**	20 分鐘 **E** ＋ 8 ST ＋ 10 分鐘 **E**
第 2 週	40～60 分鐘 **L** 長跑	30 分鐘 **E** ＋ 8 ST ＋ 10 分鐘 **E**	10～20 分鐘 **E** ＋ 8 ST ＋ 20 分鐘 **E**
第 3 週	45 分鐘 **L** 長跑	20 分鐘 **E** ＋ 8 ST ＋ 20 分鐘 **E**	20～30 分鐘 **E** ＋ 8 ST ＋ 10 分鐘 **E**
第 4 週	40 分鐘 **Mod**	30 分鐘 **E** ＋ 8 ST ＋ 10 分鐘 **E**	20 分鐘 **E** ＋ 10 ST ＋ 20 分鐘 **E**
第 5 週	40～60 分鐘 **L** 長跑＋ 6 ST	20 分鐘 **E** ＋ 20 分鐘 **Mod** ＋ 6 ST	20 分鐘 **E** ＋ 10 ST ＋ 10 分鐘 **E**
第 6 週	40 分鐘 **Mod** ＋ 6 ST	30～40 分鐘 **E** ＋ 8 ST ＋ 10 分鐘 **E**	10～20 分鐘 **E** ＋ 10 ST ＋ 20 分鐘 **E**

第 II 週期			
週數	Q1	Q2	Q3
第 7 週	60 分鐘 **L** 長跑	20 分鐘 **E** ＋ 8×（200 公尺 **R** ＋ 200 公尺慢跑）＋ 10 分鐘 **E**	10 分鐘 **E** ＋ 10×（200 公尺 **R** ＋ 200 公尺慢跑）＋ 20 分鐘 **E**
第 8 週	60 分鐘 **L** 長跑	20 分鐘 **E** ＋ 2×（200 公尺 **R** ＋ 200 公尺慢跑）＋ 4×（400 公尺 **R** ＋ 400 公尺慢跑）＋ 10 分鐘 **E**	20 分鐘 **E** ＋ 10×（200 公尺 **R** ＋ 200 公尺慢跑）＋ 10 分鐘 **E**
第 9 週	60 分鐘 **L** 長跑	10 分鐘 **E** ＋ 2×（200 公尺 **R** ＋ 200 公尺慢跑）＋ 6×（400 公尺 **R** ＋ 400 公尺慢跑）＋ 10 分鐘 **E**	10 分鐘 **E** ＋ 6×（200 公尺 **R** ＋ 200 公尺慢跑）＋ 10 分鐘 **E** ＋ 4×（200 公尺 **R** ＋ 200 公尺慢跑）＋ 10 分鐘 **E**
第 10 週	60 分鐘 **L** 長跑	20 分鐘 **E** ＋ 3×（200 公尺 **R** ＋ 200 公尺慢跑＋ 200 公尺 **R** ＋ 400 公尺慢跑＋ 400 公尺 **R** ＋ 200 公尺慢跑）＋ 10 分鐘 **E**	10 分鐘 **E** ＋ 6×（400 公尺 **R** ＋ 400 公尺慢跑）＋ 2×（200 公尺 **R** ＋ 200 公尺慢跑）＋ 10 分鐘 **E**
第 11 週	60 分鐘 **L** 長跑	20 分鐘 **E** ＋ 4×（200 公尺 **R** ＋ 200 公尺慢跑）＋ 2×（600 公尺 **R** ＋ 600 公尺慢跑）＋ 4×（200 公尺 **R** ＋ 200 公尺慢跑）＋ 10 分鐘 **E**	10 分鐘 **E** ＋ 4 ST ＋ 600 公尺 **R** ＋ 600 公尺慢跑＋ 2×（400 公尺 **R** ＋ 400 公尺慢跑）＋ 4×（200 公尺 **R** ＋ 200 公尺慢跑）＋ 20 分鐘 **E**
第 12 週	60 分鐘 **L** 長跑	10 分鐘 **E** ＋ 2×（200 公尺 **R** ＋ 200 公尺慢跑）＋ 2×（400 公尺 **R** ＋ 400 公尺慢跑）＋ 2×（600 公尺 **R** ＋ 600 公尺慢跑）＋ 15 分鐘 **E**	10 分鐘 **E** ＋ 6×（200 公尺 **R** ＋ 200 公尺慢跑）＋ 4×（300 公尺 **R** ＋ 300 公尺慢跑）＋ 20 分鐘 **E**

第III週期

週數	Q1	Q2	Q3
第13週	60～70分鐘**L**長跑＋8 ST	10分鐘**E**＋16×(200公尺**R**＋200公尺慢跑)＋1.6公里**E**	20分鐘**E**＋4×(600公尺**R**＋600公尺慢跑)＋4×(200公尺**R**＋200公尺慢跑)＋15分鐘**E**
第14週	10分鐘**E**＋8×(400公尺**R**＋400公尺慢跑)＋20分鐘**E**	15分鐘**E**＋4×(800公尺**I**＋3分鐘慢跑)＋6 ST＋15分鐘**E**	20分鐘**E**＋3×(1.6公里**T**＋2分鐘休息)＋20分鐘**E**
第15週	60～70分鐘**L**長跑＋8 ST	20分鐘**E**＋4×(600公尺**R**＋600公尺慢跑)＋4×(200公尺**R**＋200公尺慢跑)＋10分鐘**E**	15分鐘**E**＋8×(2分鐘**H**＋1分鐘慢跑)＋1.6公里**E**＋4×(200公尺**R**＋200公尺慢跑)＋15分鐘**E**
第16週	20分鐘**E**＋8×(400公尺**R**＋400公尺慢跑)＋15分鐘**E**	20分鐘**E**＋4×(1,000公尺**I**＋3分鐘慢跑)＋6 ST＋15分鐘**E**	15分鐘**E**＋4.8公里**T**＋6×(200公尺**R**＋200公尺慢跑)＋10分鐘**E**
第17週	60～70分鐘**L**長跑＋8 ST	20分鐘**E**＋4×(600公尺**R**＋600公尺慢跑)＋4×(200公尺**R**＋200公尺慢跑)＋10分鐘**E**	10分鐘**E**＋4×(800公尺**I**＋400公尺慢跑)＋4×(200公尺**R**＋200公尺慢跑)＋20分鐘**E**
第18週	20分鐘**E**＋2×(600公尺**R**＋600公尺慢跑)＋3×(400公尺**R**＋400公尺慢跑)＋4×(200公尺**R**＋200公尺慢跑)＋10分鐘**E**	15分鐘**E**＋4×(1,200公尺**I**＋3分鐘慢跑)＋6 ST＋10分鐘**E**	10分鐘**E**＋4×(1.6公里**T**＋1分鐘休息)＋4×(200公尺**R**＋200公尺慢跑)＋10分鐘**E**

第IV週期

週數	Q1	Q2	Q3
第19週	60分鐘**L**長跑＋8 ST	10分鐘**E**＋4×(600公尺**R**＋600公尺慢跑)＋15分鐘**E**	20分鐘**E**＋3.2公里**T**＋4×(200公尺**R**＋200公尺慢跑)＋2×(1.6公里**T**＋1分鐘休息)＋4×(200公尺**R**＋200公尺慢跑)＋10分鐘**E**
第20週	60分鐘**L**長跑＋6 ST	10分鐘**E**＋2×(600公尺**R**＋1,000公尺慢跑)＋2×(400公尺**R**＋400公尺慢跑)＋4×(200公尺**R**＋200公尺慢跑)＋10分鐘**E**	20分鐘**E**＋4×(200公尺**R**＋200公尺慢跑)＋4×(400公尺**R**＋400公尺慢跑)＋6 ST＋10分鐘**E**

續下頁▼

第IV週期			
週數	Q1	Q2	Q3
第21週	20分鐘**E**＋4.8公里**T**＋8 ST＋20分鐘**E**	20分鐘**E**＋600公尺**R**＋600公尺慢跑＋2×(400公尺**R**＋400公尺慢跑)＋4×(200公尺**R**＋200公尺慢跑)＋10分鐘**E**	20分鐘**E**＋3×(1.6公里**T**＋2分鐘休息)＋6×(200公尺**R**＋200公尺慢跑) 如果週末有比賽就跳過Q3
第22週	60分鐘**L**長跑＋8 ST	20分鐘**E**＋8×(400公尺**R**＋400公尺慢跑)＋10分鐘**E**	20分鐘**E**＋3×(1.6公里**T**＋1分鐘休息)＋8×(200公尺**R**＋200公尺慢跑)＋10分鐘**E**
第23週	10分鐘**E**＋4×(1.6公里**T**＋1分鐘休息)＋4×(200公尺**R**＋200公尺慢跑)＋10分鐘**E**	20分鐘**E**＋2×{1.6公里**T**＋400公尺慢跑＋4×(200公尺**R**＋200公尺慢跑)}＋1.6公里**E**	10分鐘**E**＋2×(1,000公尺**I**＋3分鐘慢跑)＋4×(400公尺**R**＋400公尺慢跑)＋15分鐘**E** 如果週末有比賽就跳過Q3
第24週	50分鐘**L**長跑＋6 ST	10分鐘**E**＋2×(200公尺**R**＋200公尺慢跑)＋2×(1.6公里**T**＋2分鐘休息)＋2×(200公尺**R**＋200公尺慢跑)＋10分鐘**E**	20分鐘**E**＋ST＋重要的目標賽事

此表格由傑克・丹尼爾斯跑步計算器所創建，該計算器出自 Run SMART 項目。

週跑量72公里的訓練計畫

第I週期

雖然在第I週期中每週都有三次Q課表，但沒有一次Q課表是嚴苛的，我把它們列為Q是因為每份課表裡不只有E強度，其中一次是L長跑或Mod配速課表，另外兩次則包含15～20秒高步頻的快步跑(ST)，此種快步跑可以在平地或是上坡路段上進行，這種快步跑有速度但不需要全力衝刺。若是在上坡路段練快步跑，最後兩組試著回到平路或田徑場上進行，如此可以使雙腳學習迅速換腳與輕快的動作。

每趟快步跑間要充分休息，不論是在平路或坡道上進行，都要在完全恢復後再跑下一趟。

Mod課表的配速比E配速或L長跑要快，大約每公里快12～18秒。其他非Q日則用E配速至少跑30分鐘，主要是用來累積里程數；如果里程數足夠，用不著每天都練跑，也可以取消某天的E日，改成完全休息。這份訓練計畫是假設跑者已經規律練跑數週，所以課表中建議的里程數對他們來說並不會太困難。

第II週期

在第II週期中每週應該練一次L長跑(Q1)，通常是在週日；如果週六的訓練並不會太累，也可以在課表最後多加幾公里慢跑。以每週最大跑量72公里來說，L長跑應該占每週總里程數的25%。如果長跑隔天是E日，最好能在那天輕鬆跑之後加上六到八趟快步跑(ST)，同一週再選其他兩次E日的輕鬆跑後加入六到八趟快步跑。快步跑可以在平地或緩坡上進行，但下坡時要特別小心別受傷。

除了每週一次L長跑(Q1)之外，每週還有另外兩次Q日。試著在Q2與Q3這兩次質量課表之間安排兩天E日。若訓練狀況良好，也可以再多加一次Q課表，如果要增加Q4的話我建議直接重覆Q1。如果一週有四次Q課表，除了L日(Q1)之外，我建議把Q2、Q3與Q4排在週一、週四與週五，這樣一來週六或週日就可以作爲每週的長跑日。但如果每週除了L日(Q1)之外的Q課表只有兩次，那這三次質量課表可以排在週日、週一與週四，或是週日、週二與週五。另外，我在第7～12週的L長跑日(Q1)最後加上六趟快步跑。

第III週期

在第III週期的R配速要稍做調整，跟第II週期比起來每兩百公尺要快1秒，每四百公尺快2秒，每六百公尺快3秒。如果訓練狀況都很好，第Ⅲ週期的第三個星期可以再調整一次，將每兩百公尺的R配速再調快1秒。決定I配速的方式有兩種，你可以直接把最近的比賽成績代入跑力表，或是直接把四百公尺的R配速調慢6秒。

在第Ⅲ週期通常會開始參加一些練習賽。當你在第14週、第16週或第18週的週末有比賽時，可以直接刪掉Q2或Q3，也就是說那週只進行兩次Q課表即可。如果比賽是在週六，那週間的Q課表可以排在週一與週三；但如果比賽是在週五，Q課表就排在週一與週二。若當天的比賽覺得很輕鬆，可以考慮在賽後加練R課表(200公尺R強度×6／每趟中間慢跑200公尺)。

第Ⅳ週期

在第Ⅳ週期時應該根據近期練習賽的成績重新調整跑力值與訓練配速，如果沒有比賽成績可參考，可以直接將每四百公尺的各級配速都加快1秒。在這個週期，大部分的週末通常有比賽。若在第19週、第20週與第22週的週六有比賽，我建議把Q2和Q3排在週二與週三。若比賽是在週五，從Q2或Q3中擇一跳過。連續進行兩天高品質的訓練日(Q日)通常比在兩個Q日之間加入一天E日更好，所以我強烈建議在星期六比賽前嘗試把兩次Q日連續排在一起。表12.2是一份專爲一千五百公尺到兩英里爲目標的跑者所設計爲期二十四週的訓練計畫，但如果沒有完整二十四週的話也可以從中減掉幾個星期。

表12.2　這份訓練計畫是爲那些以一千五百公尺到兩英里爲目標且週跑量72公里的跑者所設計的訓練計畫

注：「ST」意指每趟15～20秒強度接近**R**配速的快步跑／每趟中間休息60秒

第I週期			
週數	Q1	Q2	Q3
第1週	16公里**L**長跑＋6 ST	4.8公里**E**＋6.4公里**Mod**＋8 ST＋3.2公里**E**	4.8公里**E**＋8 ST＋3.2公里**E**
第2週	16公里**L**長跑＋6 ST	6.4公里**E**＋8 ST＋6.4公里**E**	4.8公里**E**＋8 ST＋4.8公里**E**
第3週	12.8～16公里**L**長跑＋8 ST	4.8公里**E**＋8公里**Mod**＋8 ST＋3.2公里**E**	6.4公里**E**＋8 ST＋4.8公里**E**
第4週	1.6公里**E**＋12.8公里**Mod**＋6 ST	3.2公里**E**＋8×（200公尺**R**＋200公尺慢跑）＋4.8公里**E**	4.8公里**E**＋8×（200公尺**R**＋200公尺慢跑）＋3.2公里**E**
第5週	16公里**L**長跑＋8 ST	3.2公里**E**＋8×（200公尺**R**＋200公尺慢跑）＋4.8公里**E**	4.8公里**E**＋8×（200公尺**R**＋200公尺慢跑）＋3.2公里**E**
第6週	1.6公里**E**＋16公里**Mod**＋8 ST	3.2公里**E**＋8×（200公尺**R**＋200公尺慢跑）＋4.8公里**E**	4.8公里**E**＋8×（200公尺**R**＋200公尺慢跑）＋3.2公里**E**

第II週期			
週數	Q1	Q2	Q3
第7週	16公里**L**長跑＋6 ST	3.2公里**E**＋12×（200公尺**R**＋200公尺慢跑）＋1.6公里**E**＋2×（400公尺**R**＋400公尺慢跑）＋3.2公里**E**	3.2公里**E**＋6×（400公尺**R**＋200公尺慢跑）＋4×（200公尺**R**＋200公尺慢跑）＋3.2公里**E**
第8週	16公里**L**長跑＋6 ST	3.2公里**E**＋4×（200公尺**R**＋200公尺慢跑＋200公尺**R**＋200公尺慢跑＋400公尺**R**＋400公尺慢跑）＋3.2公里**E**	3.2公里**E**＋10×（200公尺**R**＋200公尺慢跑）＋1.6公里**E**＋6×（200公尺**R**＋200公尺慢跑）＋3.2公里**E**
第9週	16公里**L**長跑＋6 ST	3.2公里**E**＋4×（200公尺**R**＋200公尺慢跑）＋6×（400公尺**R**＋400公尺慢跑）＋3.2公里**E**	3.2公里**E**＋4×（200公尺**R**＋200公尺慢跑）＋1.6公里**E**＋4×（600公尺**R**＋600公尺慢跑）＋3.2公里**E**
第10週	16公里**L**長跑＋6 ST	3.2公里**E**＋5×（200公尺**R**＋200公尺慢跑＋200公尺**R**＋400公尺慢跑＋400公尺**R**＋200公尺慢跑）＋3.2公里**E**	3.2公里**E**＋8×（400公尺**R**＋400公尺慢跑）＋2×（200公尺**R**＋200公尺慢跑）＋3.2公里**E**

續下頁▼

第II週期			
週數	Q1	Q2	Q3
第11週	16公里**L**長跑＋6 ST	3.2公里**E**＋4×(200公尺**R**＋200公尺慢跑)＋2×(600公尺**R**＋600公尺慢跑)＋4×(200公尺**R**＋200公尺慢跑)＋3.2公里**E**	3.2公里**E**＋4 ST＋2×(600公尺**R**＋600公尺慢跑)＋3×(400公尺**R**＋400公尺慢跑)＋4×(200公尺**R**＋200公尺慢跑)＋3.2公里**E**
第12週	16公里**L**長跑＋6 ST	3.2公里**E**＋6×(200公尺**R**＋200公尺慢跑)＋6×(300公尺**R**＋300公尺慢跑)＋3.2公里**E**	3.2公里**E**＋5×(600公尺**R**＋600公尺慢跑)＋3.2公里**E**

第III週期			
週數	Q1	Q2	Q3
第13週	16公里**L**長跑	3.2公里**E**＋6×(800公尺**I**＋400公尺慢跑)＋3.2公里**E**	3.2公里**E**＋8×(400公尺**R**＋400公尺慢跑)＋3.2公里**E**
第14週	3.2公里**E**＋5×(600公尺**R**＋600公尺慢跑)＋4×(200公尺**R**＋200公尺慢跑)＋3.2公里**E**	3.2公里**E**＋5×(1,000公尺**I**＋3分鐘慢跑)＋6 ST＋3.2公里**E**	3.2公里**E**＋4×(1.6公里**T**＋2分鐘休息)＋3.2公里**E**
第15週	16公里**L**長跑＋8 ST	3.2公里**E**＋6×(3分鐘**H**＋2分鐘慢跑)＋1.6公里**E**＋4×(200公尺**R**＋200公尺慢跑)＋3.2公里**E**	3.2公里**E**＋5×(600公尺**R**＋600公尺慢跑)＋4×(200公尺**R**＋200公尺慢跑)＋3.2公里**E**
第16週	3.2公里**E**＋8×(400公尺**R**＋400公尺慢跑)＋3.2公里**E**	3.2公里**E**＋4×(1,000公尺**I**＋3分鐘慢跑)＋6 ST＋3.2公里**E**	3.2公里**E**＋4.8公里**T**＋6×(200公尺**R**＋200公尺慢跑)＋3.2公里**E**
第17週	16公里**L**長跑＋8 ST	3.2公里**E**＋6×(800公尺**I**＋400公尺慢跑)＋4×(200公尺**R**＋200公尺慢跑)＋3.2公里**E**	3.2公里**E**＋5×(600公尺**R**＋600公尺慢跑)＋4×(200公尺**R**＋200公尺慢跑)＋3.2公里**E**
第18週	3.2公里**E**＋2×(600公尺**R**＋600公尺慢跑)＋3×(400公尺**R**＋400公尺慢跑)＋4×(300公尺**R**＋300公尺慢跑)＋3.2公里**E**	3.2公里**E**＋4×(1,200公尺**I**＋3分鐘慢跑)＋6 ST＋3.2公里**E**	3.2公里**E**＋4×(1.6公里**T**＋1分鐘休息)＋4×(200公尺**R**＋200公尺慢跑)＋3.2公里**E**

第IV週期

週數	Q1	Q2	Q3
第19週	16公里**L**長跑＋8 ST	3.2公里**E**＋5×（600公尺**R**＋600公尺慢跑）＋3.2公里**E**	3.2公里**E**＋3.2公里**T**＋4×（200公尺**R**＋200公尺慢跑）＋3×（1.6公里**T**＋1分鐘休息）＋4×（200公尺**R**＋200公尺慢跑）＋3.2公里**E**
第20週	16公里**L**長跑＋6 ST	3.2公里**E**＋2×（600公尺**R**＋1,000公尺慢跑）＋2×（400公尺**R**＋400公尺慢跑）＋3×（300公尺**R**＋300公尺慢跑）＋3.2公里**E**	3.2公里**E**＋4×（200公尺**R**＋200公尺慢跑）＋4×（400公尺**R**＋400公尺慢跑）＋2×（200公尺**R**＋200公尺慢跑）＋3.2公里**E**
第21週	3.2公里**E**＋2×（200公尺**R**＋200公尺慢跑）＋4.8公里**T**＋6×（200公尺**R**＋200公尺慢跑）＋3.2公里**E**	3.2公里**E**＋1,200公尺**I**＋800公尺慢跑＋600公尺**R**＋600公尺慢跑＋1.6公里**T**＋400公尺慢跑＋2×（200公尺**R**＋200公尺慢跑）＋3.2公里**E**	3.2公里**E**＋4×（1.6公里**T**＋2分鐘休息）＋6×（200公尺**R**＋200公尺慢跑）＋3.2公里**E** 如果週末有比賽就跳過Q3
第22週	16公里**L**長跑＋8 ST	3.2公里**E**＋4×（200公尺**R**＋200公尺慢跑＋200公尺**R**＋400公尺慢跑＋400公尺**R**＋200公尺慢跑）＋3.2公里**E**	3.2公里**E**＋4.8公里**T**＋1.6公里**E**＋6×（200公尺**R**＋200公尺慢跑）＋3.2公里**E**
第23週	3.2公里**E**＋3×{1.6公里**T**＋400公尺慢跑＋2×（200公尺**R**＋200公尺慢跑）}＋3.2公里**E**	3.2公里**E**＋3×{1.6公里**T**＋1分鐘休息）＋4×（200公尺**R**＋200公尺慢跑）}＋3.2公里**E**	3.2公里**E**＋2×（1,000公尺**I**＋3分鐘慢跑）＋4×（400公尺**R**＋400公尺慢跑）＋3.2公里**E** 如果週末有比賽就跳過Q3
第24週	12.8公里**L**長跑＋6 ST	3.2公里**E**＋2×（200公尺**R**＋200公尺慢跑）＋3×（1.6公里**T**＋2分鐘休息）＋2×（200公尺**R**＋200公尺慢跑）＋3.2公里**E**	3.2公里**E**＋ST＋重要的目標賽事

此表格由傑克・丹尼爾斯跑步計算器所創建，該計算器出自Run SMART 項目。

週跑量97公里的訓練計畫

這份訓練計畫是爲每週跑量達97公里的跑者所設計，我們假設想要執行這份訓練計畫的跑者已經規律訓練相當長的一段時間了。也許這些跑者是從較低跑量的課表逐漸練起來的，又或許是前陣子已停練幾個星期，最近剛處在恢復期，若要執行這份計畫，最好是週跑量曾經有練過97公里以上的跑者會比較適合。

第I週期

在開始執行這份四週期的訓練計畫前，若有些跑者已經規律練跑很長一段時間，其實不用經過第I週期，可以直接進入第II週期。然而，如果較高的週跑量對你來說游刃有餘，只是近期很少訓練質量課表，建議你還是從第I週期開始，先訓練兩到三個星期後再進入第II週期會比較好。

在選定訓練計畫前，要看遠一點，先瞭解將來可能會面臨的挑戰是很重要的。如果時間充裕，也想要打好基礎，逐步提高速度，那麼在進階之前先完成第I週期的課表是不錯的選擇。

快步跑最好考慮在緩坡上練習，但最後兩趟建議回到平地。對很多週跑量大於97公里的跑者來說，如果一天練兩次，他們會覺得比較輕鬆，因爲這樣能夠分擔總訓練量，身體也將有更多機會重新補充精力與水份。相較於一次練完所有的里程數，一日兩練也更有可能使你的感覺與表現更好。

第II週期

第II週期開始排入大量的R強度訓練，而且通常排在下午；在早上練完E強度後數小時再練R強度的效果會更好。基於這個理由，我假設所有跑者在進入第II週期前都已經進行數週規律的晨間訓練，而且每次晨跑都有30分鐘，並在輕鬆跑的過程中或最後加入八到十趟的快步跑（ST），這種晨跑後的快步跑最好能在平地上進行。此時每週的Q1（通常排在週日）是舒服的L長跑課表，距離介於16～19公里，最後外加六到八趟快步跑。

第Ⅲ週期

在我大部分的訓練計畫裡，我喜歡在第Ⅲ週期排入相當多的I強度課表，此課表的內容包括用I配速跑特定的距離，或是以H強度跑特定的時間。該類課表的重點是維持一個你可以在比賽中連續跑10～12分鐘的最快速度。

第Ⅳ週期

在第Ⅳ週期時應該根據近期練習賽的成績重新調整跑力值與訓練配速，如果沒有比賽成績可參考，可以直接將每四百公尺的各級配速都加快1秒。在這個週期，大部分的週末通常有比賽。若在第19週、第20週與第22週的週六有比賽，我建議把Q2和Q3排在週二與週三；若比賽是在週五，改把Q2和Q3排在週一與週二。連續安排兩天質量課表（Q課表）通常比在兩個Q日之間加入一天E日更好。你可以利用非Q日的晨間訓練來累積每週所需的週跑量。表12.3是一份專爲以一千五百公尺到兩英里爲目標的跑者所設計的二十四週訓練計畫，共分爲四個週期，最大週跑量97公里，但如果沒有完整二十四週的話也可以從中減掉幾個星期。

表12.3　這份訓練計畫是專爲那些以一千五百公尺到兩英里爲目標且每週跑量爲97公里的跑者所設計的訓練計畫

注：「ST」意指每趟15～20秒強度接近**R**配速的快步跑／每趟中間休息60秒

第I週期

週數	Q1	Q2	Q3
第1週	16～19.2公里**L**長跑＋6 ST	3.2公里**E**＋6.4公里**Mod**＋8 ST＋3.2公里**E**	3.2公里**E**＋8 ST＋12.8公里**E**
第2週	1.6公里**E**＋16公里**Mod**＋6 ST	6.4公里**E**＋8 ST＋6.4公里**E**	9.6公里**E**＋8 ST＋4.8公里**E**
第3週	16～19.2公里**L**長跑＋8 ST	3.2公里**E**＋8公里**Mod**＋8 ST＋3.2公里**E**	6.4公里**E**＋8 ST＋6.4公里**E**
第4週	1.6公里**E**＋12.8公里**Mod**＋6 ST	6.4公里**E**＋8×(200公尺**R**＋200公尺慢跑)＋4.8公里**E**	4.8公里**E**＋8×(200公尺**R**＋200公尺慢跑)＋3.2公里**E**
第5週	16公里**L**長跑＋8 ST	3.2公里**E**＋8×(200公尺**R**＋200公尺慢跑)＋4.8公里**E**	4.8公里**E**＋8×(200公尺**R**＋200公尺慢跑)＋3.2公里**E**
第6週	1.6公里**E**＋16公里**Mod**＋8 ST	6.4公里**E**＋8×(200公尺**R**＋200公尺慢跑)＋4.8公里**E**	4.8公里**E**＋8×(200公尺**R**＋200公尺慢跑)＋3.2公里**E**

第II週期

週數	Q1	Q2	Q3
第7週	16～19.2公里**L**長跑＋6～8 ST	3.2公里**E**＋5×(200公尺**R**＋200公尺慢跑＋200公尺**R**＋200公尺慢跑＋400公尺**R**＋400公尺慢跑)＋3.2公里**E**	3.2公里**E**＋5×(1.6公里**T**＋1分鐘休息)＋6×(200公尺**R**＋200公尺慢跑)＋3.2公里 **E**
第8週	16～19.2公里**L**長跑＋6～8 ST	3.2公里**E**＋6×(200公尺**R**＋200公尺慢跑)＋4×(600公尺**R**＋600公尺慢跑)＋4×(200公尺**R**＋200公尺慢跑)＋3.2公里**E**	3.2公里**E**＋6×(400公尺**R**＋400公尺慢跑)＋6×(200公尺**R**＋200公尺慢跑)＋3.2公里**E**
第9週	16～19.2公里**L**長跑＋6～8 ST	3.2公里**E**＋4×(200公尺**R**＋200公尺慢跑)＋2×(800公尺**R**＋800公尺慢跑)＋4×(200公尺**R**＋200公尺慢跑)＋3.2公里**E**	3.2公里**E**＋4×(200公尺**R**＋200公尺慢跑)＋4×(1.6公里**T**＋1 分鐘休息)＋4×(200公尺**R**＋200公尺慢跑)＋3.2公里**E**
第10週	16～19.2公里**L**長跑＋6～8 ST	3.2公里**E**＋5×(200公尺**R**＋200公尺慢跑＋200公尺**R**＋200公尺慢跑＋400公尺**R**＋400公尺慢跑)＋3.2公里**E**	3.2公里**E**＋2×(800公尺**R**＋800公尺慢跑)＋2×(600公尺**R**＋600公尺慢跑)＋2×(400公尺**R**＋400公尺慢跑)＋2×(200公尺**R**＋200公尺慢跑)＋3.2公里**E**

續下頁▼

第 II 週期			
週數	Q1	Q2	Q3
第 11 週	16～19.2 公里 **L** 長跑＋6～8 ST	3.2 公里 **E**＋4×(200 公尺 **R**＋200 公尺慢跑)＋3×(600 公尺 **R**＋600 公尺慢跑)＋6×(200 公尺 **R**＋200 公尺慢跑)＋3.2 公里 **E**	3.2 公里 **E**＋2×(400 公尺 **R**＋400 公尺慢跑)＋2×(600 公尺 **R**＋600 公尺慢跑)＋2×(800 公尺 **R**＋800 公尺慢跑)＋2×(200 公尺 **R**＋200 公尺慢跑)＋3.2 公里 **E**
第 12 週	16～19.2 公里 **L** 長跑＋6～8 ST	3.2 公里 **E**＋4×(200 公尺 **R**＋200 公尺慢跑)+4.8 公里 **T**＋800 公尺慢跑＋4×(200 公尺 **R**＋200 公尺慢跑)＋3.2 公里 **E**	3.2 公里 **E**＋3×(200 公尺 **R**＋200 公尺慢跑＋200 公尺 **R**＋200 公尺慢跑＋800 公尺 **R**＋400 公尺慢跑)＋3.2 公里 **E**

第 III 週期			
週數	Q1	Q2	Q3
第 13 週	8 公里 **E**＋8 ST＋8 公里 **E**＋6 ST	3.2 公里 **E**＋6×(800 公尺 **I**＋400 公尺慢跑)＋3.2 公里 **E**	3.2 公里 **E**＋8×(400 公尺 **R**＋400 公尺慢跑)＋3.2 公里 **E**
第 14 週	3.2 公里 **E**＋5×(600 公尺 **R**＋600 公尺慢跑)＋4×(200 公尺 **R**＋200 公尺慢跑)＋3.2 公里 **E**	3.2 公里 **E**＋5×(1,000 公尺 **I**＋3 分鐘慢跑)＋6 ST＋3.2 公里 **E**	3.2 公里 **E**＋4×(1.6 公里 **T**＋2 分鐘休息)＋3.2 公里 **E**
第 15 週	16 公里 **L** 長跑＋8 ST	3.2 公里 **E**＋6×(3 分鐘 **H**＋2 分鐘慢跑)＋1.6 公里 **E**＋4×(200 公尺 **R**＋200 公尺慢跑)＋3.2 公里 **E**	3.2 公里 **E**＋5×(600 公尺 **R**＋600 公尺慢跑)＋4×(200 公尺 **R**＋200 公尺慢跑)＋3.2 公里 **E**
第 16 週	3.2 公里 **E**＋8×(400 公尺 **R**＋400 公尺慢跑)＋3.2 公里 **E**	3.2 公里 **E**＋4×(1,000 公尺 **I**＋3 分鐘慢跑)＋6 ST＋3.2 公里 **E**	3.2 公里 **E**＋4.8 公里 **T**＋6×(200 公尺 **R**＋200 公尺慢跑)＋3.2 公里 **E**
第 17 週	16 公里 **L** 長跑＋8 ST	3.2 公里 **E**＋6×(800 公尺 **I**＋400 公尺慢跑)＋4×(200 公尺 **R**＋200 公尺慢跑)＋3.2 公里 **E**	3.2 公里 **E**＋5×(600 公尺 **R**＋600 公尺慢跑)＋4×(200 公尺 **R**＋200 公尺慢跑)＋3.2 公里 **E**
第 18 週	3.2 公里 **E**＋2×(600 公尺 **R**＋600 公尺慢跑)＋3×(400 公尺 **R**＋400 公尺慢跑)＋4×(300 公尺 **R**＋300 公尺慢跑)＋3.2 公里 **E**	3.2 公里 **E**＋4×(1,200 公尺 **I**＋3 分鐘慢跑)＋6 ST＋3.2 公里 **E**	3.2 公里 **E**＋4×(1.6 公里 **T**＋1 分鐘休息)＋4×(200 公尺 **R**＋200 公尺慢跑)＋3.2 公里 **E**

第IV週期

週數	Q1	Q2	Q3
第19週	16公里**L**長跑＋8 ST	3.2公里**E**＋4×(800公尺**R**＋800公尺慢跑)＋3.2公里**E**	3.2公里**E**＋4.8公里**T**＋4×(200公尺**R**＋200公尺慢跑)＋3.2公里**T**＋1分鐘休息＋4×(200公尺**R**＋200公尺慢跑)＋3.2公里**E**
第20週	16公里**L**長跑＋8 ST	3.2公里**E**＋2×(600公尺**R**＋1,000公尺慢跑)＋2×(400公尺**R**＋400公尺慢跑)＋2×(600公尺**R**＋600公尺慢跑)＋3.2公里**E**	3.2公里**E**＋4×(400公尺**R**＋400公尺慢跑)＋3×(1.6公里**T**＋1分鐘休息)＋4×(200公尺**R**＋200公尺慢跑)＋3.2公里**E**
第21週	3.2公里**E**＋1,200公尺**I**＋800公尺慢跑＋600公尺**R**＋600公尺慢跑＋1.6公里**T**＋400公尺慢跑＋2×(200公尺**R**＋200公尺慢跑)＋3.2公里**E**	3.2公里**E**＋2×(200公尺**R**＋200公尺慢跑)＋4.8公里**T**＋6×(200公尺**R**＋200公尺慢跑)＋3.2公里**E**	3.2公里**E**＋4×(1.6公里**T**＋2分鐘休息)＋6×(200公尺**R**＋200公尺慢跑)＋3.2公里**E** 如果週末有比賽就跳過Q3
第22週	16公里**L**長跑＋8 ST	3.2公里**E**＋4×(200公尺**R**＋200公尺慢跑＋200公尺**R**＋400公尺慢跑＋400公尺**R**＋200公尺慢跑)＋3.2公里**E**	3.2公里**E**＋4.8公里**T**＋1.6公里**E**＋8×(200公尺**R**＋200公尺慢跑)＋3.2公里**E**
第23週	3.2公里**E**＋4×{1.6公里**T**＋400公尺慢跑＋2×(200公尺**R**＋200公尺慢跑)}＋3.2公里**E**	3.2公里**E**＋3×(1.6公里**T**＋1分鐘休息)＋4×(200公尺**R**＋200公尺慢跑)＋3.2公里**E**	3.2公里**E**＋2×(1,000公尺**I**＋3分鐘慢跑)＋4×(400公尺**R**＋400公尺慢跑)＋3.2公里**E** 如果週末有比賽就跳過Q3
第24週	12.8公里**L**長跑＋6 ST	3.2公里**E**＋2×(200公尺**R**＋200公尺慢跑)＋3×(1.6公里**T**＋2分鐘休息)＋2×(200公尺**R**＋200公尺慢跑)＋3.2公里**E** 賽前三天的課表	3.2公里**E**＋ST＋重要的目標賽事

此表格由傑克．丹尼爾斯跑步計算器所創建，該計算器出自Run SMART項目。

CHAPTER 13

五公里和十公里

你無法控制別人的行爲，別人也無法控制你的行爲。

參加五公里的比賽跟參加十公里比賽有著非常不同的體驗，但兩種比賽的訓練方式卻很相似。事實上，時常參加一些五公里的比賽對十公里的表現會很有幫助，而十公里比賽會讓你在比五公里賽時有距離變短的感覺。我喜歡參加各種距離的比賽，依我對各式比賽距離的感受，我覺得比賽實際上是從三分之二的距離以後才算開始，所以五公里的比賽中是從3.3公里開始，十公里的比賽是是從6.6公里後才開始。在比賽抵達三分之二的距離之前，你需要盡量在自己的目標配速下(或跟住對手的配速)保持放鬆。

五公里和十公里比賽中所動用的能量系統主要都還在有氧區間，五公里賽的強度約在最大攝氧量的95%～98%，十公里賽則落在90%～94%。可以肯定的是，長時間維持如此高的比賽強度並不輕鬆，沒有什麼樂趣可言，在這類比賽中的心理素質就顯得相當重要。

我在第三章討論過跑步的生理系統，包括最大攝氧量、跑步經濟性、乳酸閾値和心率。無論是五公里還是十公里跑者，都需要確認他們的訓練課表是否能提升有氧能力、動作效能和乳酸閾値，爲了達成這些目標，計畫中的R強度、I強度和T強度之間的訓練要良好地互相搭配。這些強度的訓練都很重要，但有些跑者發現，當他們著重訓練某個特定的能量系統時表現會更好，而其他人反而強調另一種強度時訓練效果較佳。這表示跑者必須花相當多的時間分擔在不同能量系統上，隨著不斷嘗試與學習，你將逐漸瞭解如何運用訓練時間才能帶來最大回報。

在第三章的圖3.3中可以看到三位女跑者雖然都能夠用相同的速度跑完三千公尺，但最大攝氧量和跑步經濟性卻有很大的差異。有時兩位跑者在生理數値上的差異，是受天生能力中各種變數的影響，但也有可能是過度偏重某種訓練方式的結果。無論何種情況，訓練計畫都必須納入各種強度的課表，以確保沒有任何一方面的能力被忽視或訓練不足。

過去跑者在參加五公里或十公里的比賽之前，都已經歷過許多短距離的訓練和比賽，因此他們在決定轉向距離更長的路跑賽之前大都已經訓練一段時間了。但最近幾年開始有些改變，許多人的第一場比賽會直接報名五公里、十公里或甚至馬拉松。有鑑於此，我特別爲那些一開始就挑戰距離較長比賽的跑者們提供幾種訓練方式。

當你正在爲某場比賽訓練時，初期應該先進行幾週相對輕鬆的低強度訓練，然後再進行更專項的訓練，尤其對初入門的跑者來說，初期的基礎訓練可用「走」和「跑」搭配。在第十六章所介紹的第一份訓練計畫就是爲挑戰初馬的入門跑者所設計的，因此較爲保守，它也同樣適用於準備跑第一場五公里或十公里比賽的新手跑者；而本章所介紹的訓練計畫就完全不同了，它是專爲已有跑步訓練背景並有意轉向長跑項目的跑者所設計。

第I週期

如果你打算開始想特別針對五公里或十公里的比賽來訓練，而且你最近也一直在爲某場跑步賽事訓練，若你覺得之前進行的訓練已經足以讓你的基礎體能很穩固，你可以考慮直接進行第II週期的課表。

但如果你已經中斷訓練好一段時間，不管你之前的體能如何，我建議你還是要花四到六週的時間來進行第Ⅰ週期的訓練。

就像我在第二章說的，穩固的基礎體能可讓你接下來的訓練進行得更順利。如果你現在的體能狀況不是很好，不必練得太辛苦(或跑很多)就可以獲得很大的訓練效果，所以剛開始訓練時要對自己寬容一點。先設定一個合理的平均週跑量，至少照著維持相同的週跑量訓練三到四週，之後才開始增加里程數。

關於加量的原則，我建議是每三或四週增加一次，加量的距離依每週練跑的「次數」來計算，每多練跑一次可多增加1.6公里。比如說你每週練跑五次，三星期後的週跑量最多可增加8公里(5×1.6公里)。但不管每週練幾次，週跑量都不宜增加超過16公里。比如每星期練七天，每天練兩次，一星期共練跑十四次，三或四個星期後的週跑量也不能一次增加到22.4公里(14×1.6公里)，16公里是加量的上限。

由於這個週期的訓練目標是增加對受傷的抵抗力，所以當你開始增加課表的壓力時，請採取保守一點的方法。剛開始訓練時，初期每天的練跑應該是既輕鬆又舒服的，每次30分鐘應該是一個很好的開始；同時額外增加一些輔助訓練也是個好主意，形式上可採用輕量的「阻力訓練」或是「增強式訓練」(Plyometrics)。過去我帶選手進行「循環訓練」也獲得不錯的成效，這在第九章中有詳細說明。當你在進行阻力訓練時，記得剛開始時先練習動作的技巧，直到你在較輕的重量下能舒服地完成動作之後才開始增加阻力。

在第Ⅰ週期會進行三種課表，分別是❶E強度的輕鬆跑、❷緩和的上坡跑和❸快步跑(ST)，這三種我之前都提過。雖然快步跑(ST)的速度很快，但並非衝刺，每趟維持大約15～20秒，隨後休息45～60秒再進行下一趟。

上坡時也是一樣，盡量保持輕鬆，不要像在跟坡道奮戰一樣用盡全力。在緩坡上訓練也很適合，但不管坡度如何，下坡時因爲落地衝擊大容易造成輕微的傷害，所以要特別小心。

在經過幾週的E強度課表後，假若身體都適應了，最好能在每週的課表中增加一次L長跑。只要確定單次長跑的里程數不要超過週跑量的25%即可。長跑應該是舒服可以跟夥伴邊跑邊聊天的速度，除了上述單次長跑里程數的規定外，只要跑步動作有開始掙扎的感覺時就該停止此次訓練。

記得注意自己的步頻（目標是維持每分鐘180步）和呼吸節奏（採用舒服的2-2節奏）。總之，在第Ⅰ週期的訓練中，幾乎所有的課表都以E配速爲主，包括每週一次的長跑；每週可以選三到四天，在E強度後進行八到十趟的快步跑。同時開始進行其他輔助訓練，重點應放在技術與較輕的阻力上。

第II週期

在這個週期的訓練中，我總會建議把R強度作爲第一個眞正的質量課表（Q課表）。需注意R強度的跑步距離不應超過每週總跑量的5%。在設定R配速時有一種比較保守的方式，是直接用你近期一英里比賽時的成績，把該成績的平均速度當作你的R配速。

如果你在進入此週期前不久剛好有比過賽，你也可以直接用最近的比賽成績和跑力表找出你目前的跑力與R配速。你也可以使用第四章的表4.4來選擇你所要練的R課表，以及每份課表比較適合的訓練量。

第III週期

對於那些非常認眞看待五公里與十公里賽的跑者來說，第III週期的訓練非常適合他們，但挑戰也很高。在這個週期中的I配速間歇訓練變得非常重要，然而這種課表並不容易完成。因爲強度很高，所以量不能太多，每週I強度課表的總距離不宜超過總里程數的8%，而且不論跑量多寡，每週的I配速跑量不宜超過10公里。

以次數來說，每週安排兩次I強度的課表就夠了。你可以用近期比賽成績與跑力值來設定適合自己的I配速；但如果最近都沒比賽，I配速也可以直接用R配速來估算，每四百公尺的R配速加6～8秒（00:06～00:08／400m）。

第IV週期

第IV週期的訓練是爲了讓你在五公里和十公里的比賽中表現出色。它的難度並不像第III週期那麼高，而且I強度的間歇訓練也沒有那麼多。現階段的訓練重點主要著重在T配速上，偶爾會加入R與I強度的課表。

如果在第III週期的訓練期間有機會參加幾次比賽，五公里比賽是比較好的選擇，它可以當成即將到來的關鍵賽事(可能是五公里或十公里)前的熱身賽。如果準備參加此種訓練賽，記得在比賽前兩或三天改排E日，這意味著該週至少會減少一次Q課表。

我也建議在訓練賽結束後排定休息日，休息日的天數依比賽的距離而訂，每多三公里就加排一天恢復日。舉例來說如果你參加的訓練賽是十公里，那賽後就安排三天E日，但如果參加的是五公里就安排兩天E日，這樣身體才有足夠的時間恢復。所以假若你參加的比賽距離更長，那你也將需要更多的恢復日(例如：十五公里的比賽後需要五天E日)。

接下來我會提供兩份五公里與十公里的訓練計畫，但其中只會詳細列出第II、第III與第IV週期的課表內容。這兩份課表都是假設你已經完成了第I週期的課表，或是你剛完成了其他比賽的訓練所以不需要第I週期。

第一份訓練計畫表是針對每週跑量64～80公里的跑者所設計，第二份則是針對每週跑量97～112公里的跑者所設計。其實你想練更多或更少都可以，這兩份計畫應該已有足夠的資訊讓你可以依據目標週跑量來自行調整。請記住，計畫中的E日讓你用來達到每週的里程目標，如果需要，也可以休息一天。

週跑量64～80公里的訓練計畫

第II週期

- 第一週、第二週、第四週和第五週：
  - Q1：L長跑
  - Q2：R課表
  - Q3：T + R的混練課表
- 第三週與第六週：
  - Q1：M課表
  - Q2：R課表
  - Q3：H課表

一如我之前的建議，第II週期的訓練重點以R配速爲主，同時也加入一些T強度，偶爾也會練一些M與I或H的強度，那將使你在進入第III週期之前有更充分的準備。

第III週期

跑者在第III週期通常會參加一些練習賽，如果比賽是在週六，可以把Q2和Q3的課表改在週二與週三進行。如果週六的比賽很重要，就直接取消該週的Q2，並把Q3往前移到週二進行。

如果在第III週期中有參加比賽，你可以根據比賽成績來調整跑力值，但切勿太頻繁調升，即使你最近的比賽成績一直在進步，最快也只能三個星期調整一次。本週期的Q1課表是由L長跑和M課表交替進行，而另外兩次Q課表是連續排在一起，第一天是I或H強度的間歇課表（Q2），隔天接著是單純T強度的課表或T＋R兩種強度的混練課表（Q3）。

- 第一週、第三週和第五週：
  - Q1：L長跑
  - Q2：I或H間歇課表
  - Q3：T課表或T＋R的混練課表
- 第二週、第四週和第六週：
  - Q1：M課表
  - Q2：I或H間歇課表
  - Q3：T課表或T＋R的混練課表

第IV週期

第IV週期的課表是在假設週末有比賽的情況下設計的。

- 比賽在週六：可以直接依據課表中的設定來訓練，賽前三天（週三、週四與週五）都是E日。
- 比賽在週日：賽前一週先把Q2移到週三，賽前三天（週四、週五與週六）一樣也都是E日。

記得在執行Q2與Q3的主課表前要先慢跑熱身。

表13.1是一份以五到十公里爲目標賽事的訓練計畫，它是爲週跑量在64～80公里之間的跑者所設計的，這份計畫只包括第II、第III與第IV週期。雖然在這份計畫中已經指定了Q課表的具體日子，但你還是可以根據天氣或個人需求來調整。

表13.1 目標賽事爲五到十公里的訓練計畫（適合週跑量64～80公里的跑者）

注：「ST」意指每趟15～20秒強度接近**R**配速的快步跑／每趟中間休息60秒

第 II 週期

第1週	Q日	課表內容
星期日	Q1	**L**長跑 最少要達週跑量的25%，或是連續跑120分鐘，看何者先達到就停止練習
星期一		**E**日＋10 ST
星期二	Q2	3.2公里**E**＋2×{8×(200公尺**R**＋200公尺慢跑)＋800公尺慢跑}＋3.2公里**E**
星期三		**E**日＋8 ST
星期四		**E**日
星期五	Q3	3.2公里**E**＋4×(200公尺**R**＋200公尺慢跑)＋2×(1.6公里T＋1分鐘休息)＋4×(200公尺**R**＋200公尺慢跑)＋3.2公里**E**
星期六		**E**日＋8 ST

第2週	Q日	課表內容
星期日	Q1	**L**長跑 最少要達週跑量的25%，或是連續跑120分鐘，看何者先達到就停止練習
星期一		**E**日＋10 ST
星期二	Q2	3.2公里**E**＋4×(200公尺**R**＋200公尺慢跑＋200公尺**R**＋200公尺慢跑＋400公尺**R**＋400公尺慢跑)＋3.2公里**E**
星期三		**E**日＋8 ST
星期四		**E**日
星期五	Q3	3.2公里**E**＋3×(1.6公里**T**＋1分鐘休息)＋6×(200公尺**R**＋200公尺慢跑)＋3.2公里**E**
星期六		**E** 日＋8 ST

第3週	Q日	課表內容
星期日	Q1	1.6公里**E**＋14.4公里**M**＋6 ST
星期一		**E**日＋10 ST
星期二	Q2	3.2公里**E**＋4×(200公尺**R**＋200公尺慢跑)＋4×(400公尺**R**＋400公尺慢跑)＋4×(200公尺**R**＋200公尺慢跑)＋3.2公里**E**
星期三		**E**日＋8 ST
星期四		**E**日
星期五	Q3	3.2公里**E**＋7×(2分鐘**H**＋1分鐘慢跑)＋3.2公里**E**
星期六		**E**日＋8 ST

第4週	Q日	課表內容
星期日	Q1	**L**長跑 ◐ 最少要達週跑量的25%，或是連續跑120分鐘，看何者先達到就停止練習
星期一		**E**日＋10 ST
星期二	Q2	3.2公里**E**＋4×(400公尺**R**＋400公尺慢跑)＋1.6公里**E**＋4×(400公尺**R**＋400公尺慢跑)＋3.2公里E
星期三		**E**日＋8 ST
星期四		**E**日
星期五	Q3	3.2公里**E**＋4×(200公尺**R**＋200公尺慢跑)＋4.8公里**T**＋4×(200公尺**R**＋200公尺慢跑)＋3.2公里E
星期六		**E**日＋8 ST

第5週	Q日	課表內容
星期日	Q1	**L**長跑 ◐ 最少要達週跑量的25%，或是連續跑120分鐘，看何者先達到就停止練習
星期一		**E**日＋10 ST
星期二	Q2	3.2公里**E**＋5×(200公尺**R**＋200公尺慢跑＋200公尺**R**＋400公尺慢跑＋400公尺**R**＋200公尺慢跑)＋3.2公里**E**
星期三		**E**日＋8 ST
星期四		**E**日
星期五	Q3	3.2公里**E**＋4×(1.6公里**T**＋1分鐘休息)＋4×(200公尺**R**＋200公尺慢跑)＋3.2公里**E**
星期六		**E**日＋8 ST

第6週	Q日	課表內容
星期日	Q1	1.6公里**E**＋14.4公里**M**＋6 ST
星期一		**E**日＋10 ST
星期二	Q2	3.2公里**E**＋10×(400公尺**R**＋400公尺慢跑)＋3.2公里**E**
星期三		**E**日＋8 ST
星期四		**E**日
星期五	Q3	3.2公里**E**＋3×(3分鐘**H**＋2分鐘慢跑)＋4×(2 分鐘**H**＋2分鐘慢跑)＋3.2公里**E**
星期六		**E**日＋8 ST

第III週期

第1週	Q日	課表內容
星期日	Q1	**L**長跑 最少要達週跑量的25%，或是連續跑120分鐘，看何者先達到就停止練習
星期一		**E**日＋10 ST
星期二		**E**日
星期三	Q2	3.2公里**E**＋4×（1,200公尺**I**＋3分鐘慢跑）＋3.2公里**E**
星期四	Q3	3.2公里**E**＋4×（1.6公里**T**＋1分鐘休息）＋3.2公里**E**
星期五		**E**日＋8 ST
星期六		**E**日＋6 ST

第2週	Q日	課表內容
星期日	Q1	1.6公里**E**＋16公里**M**＋4 ST
星期一		**E**日＋10 ST
星期二		**E**日＋8 ST
星期三	Q2	3.2公里**E**＋5×（1,000公尺**I**＋400公尺慢跑）＋3.2公里**E**
星期四	Q3	3.2公里**E**＋4.8公里**T**＋4×（200公尺**R**＋200公尺慢跑）＋3.2公里**E**
星期五		**E**日
星期六		**E**日＋8 ST

第3週	Q日	課表內容
星期日	Q1	**L**長跑 最少要達週跑量的25%，或是連續跑120分鐘，看何者先達到就停止練習
星期一		**E**日＋10 ST
星期二		**E**日＋8 ST
星期三	Q2	3.2公里**E**＋6×（800公尺**I**＋400公尺慢跑）＋3.2公里**E**
星期四	Q3	3.2公里**E**＋5×（1.6公里**T**＋1分鐘休息）＋6 ST＋1.6公里**E**
星期五		**E**日
星期六		**E**日＋8 ST

第4週	Q日	課表內容
星期日	Q1	1.6公里**E**＋8公里**M**＋1.6公里**E**＋8公里**M**
星期一		**E**日＋10 ST
星期二		**E**日＋8 ST
星期三	Q2	3.2公里**E**＋4×(1,200公尺**I**＋3分鐘慢跑)＋3.2公里**E**
星期四	Q3	3.2公里**E**＋1.6公里**T**＋2分鐘休息＋3.2公里**T**＋1分鐘休息＋1.6公里**T**＋4×(200公尺**R**＋200公尺慢跑)＋1.6公里**E**
星期五		**E**日
星期六		**E**日＋8 ST

第5週	Q日	課表內容
星期日	Q1	**L**長跑 ◐ 最少要達週跑量的25%，或是連續跑120分鐘，看何者先達到就停止練
星期一		**E**日＋10 ST
星期二		**E**日＋8 ST
星期三	Q2	3.2公里**E**＋5×(1,000公尺**I**＋400公尺慢跑)＋3.2公里**E**
星期四	Q3	3.2公里**E**＋4.8公里**T**＋4×(200公尺**R**＋200公尺慢跑)＋1.6公里**E**
星期五		**E**日
星期六		**E**日＋8 ST

第6週	Q日	課表內容
星期日	Q1	1.6公里**E**＋16公里**M**＋6 ST
星期一		**E**日＋10 ST
星期二		**E**日＋8 ST
星期三	Q2	3.2公里**E**＋6×(3分鐘**H**＋2分鐘慢跑)＋3.2公里**E**
星期四	Q3	3.2公里**E**＋5×(1.6公里**T**＋1分鐘休息)＋6 ST＋1.6公里**E**
星期五		**E**日
星期六		**E**日＋8 ST

第IV週期

第1週	Q日	課表內容
星期日	Q1	**L**長跑 最少要達週跑量的25%，或是連續跑120分鐘，看何者先達到就停止練習
星期一		**E**日＋6 ST
星期二	Q2	如果週六有比賽：3×(1.6公里**T**＋2分鐘休息)＋3.2公里**E** 如果週六沒賽事：5×(1.6公里**T**＋1分鐘休息)＋3.2公里**E**
星期三		**E**日
星期四		**E**日
星期五		如果週末有比賽：**E**日 如果週末沒賽事：Q3＝6×(1,000公尺**I**＋400公尺慢跑)＋1.6公里**E**
星期六		如果週末有比賽：比賽即為Q3 如果週末沒賽事：**E**日

第2週	Q日	課表內容
星期日	Q1	**L**長跑 最少要達週跑量的25%，或是連續跑120分鐘，看何者先達到就停止練習
星期一		**E**日＋6 ST
星期二	Q2	如果週末有比賽：3×(1.6公里**T**＋2分鐘休息)＋3.2公里**E** 如果週末沒賽事：4.8公里**T**＋3.2公里**E**
星期三		**E**日
星期四		**E**日
星期五		如果週末有比賽：**E**日 如果週末沒賽事：Q3＝5×(1,200公尺**I**＋3 分鐘慢跑)＋1.6公里**E**
星期六		如果週末有比賽：比賽即為Q3 如果週末沒賽事：**E**日

第3週	Q日	課表內容
星期日	Q1	**L**長跑 最少要達週跑量的25%，或是連續跑120分鐘，看何者先達到就停止練習 如果這週有重要比賽，把**L**長跑降到90分鐘
星期一		**E**日＋6 ST
星期二	Q2	如果週末有比賽：3×(1.6公里**T**＋2分鐘休息)＋3.2公里**E** 如果週末沒賽事：5×(1.6公里**T**＋1分鐘休息)＋3.2公里**E**
星期三		**E**日
星期四		**E**日
星期五		如果週末有比賽：**E**日 如果週末沒賽事：Q3＝6×(1,000公尺**I**＋400公尺慢跑)＋1.6公里**E**
星期六		如果週末有比賽：比賽即為Q3 如果週末沒賽事：**E**日

第4週	Q日	課表內容
星期日	Q1	L長跑 ◐ 最少要達週跑量的25%，或是連續跑120分鐘，看何者先達到就停止練習 ◐ 如果這週有重要比賽，把L長跑降到90分鐘
星期一		E日＋6 ST
星期二	Q2	◐ 如果週末有比賽：3×（1.6公里**T**＋2分鐘休息）＋1.6公里**E** ◐ 如果週末沒賽事：4.8公里**T**＋1.6公里**E**
星期三		**E**日
星期四		**E**日
星期五		◐ 如果週末有比賽：**E**日 ◐ 如果週末沒賽事：Q3＝5×（1,200公尺**I**＋3分鐘慢跑）＋1.6公里**E**
星期六		◐ 如果週末有比賽：比賽即為Q3 ◐ 如果週末沒賽事：**E**日

第5週	Q日	課表內容
星期日	Q1	L長跑 ◐ 最少要達週跑量的25%，或是連續跑120分鐘，看何者先達到就停止練習 ◐ 如果這週有重要比賽，把L長跑降到90分鐘
星期一		E日＋6 ST
星期二	Q2	◐ 如果週末有比賽：3×（1.6公里**T**＋2分鐘休息）＋3.2公里**E** ◐ 如果週末沒賽事：2×（3.2公里**T**＋2分鐘休息）＋3.2公里**E**
星期三		**E**日
星期四		**E**日
星期五		◐ 如果週末有比賽：**E**日 ◐ 如果週末沒賽事：Q3＝6×（1,000公尺**I**＋400公尺慢跑）＋1.6公里**E**
星期六		◐ 如果週末有比賽：比賽即為Q3 ◐ 如果週末沒賽事：**E**日

第6週	Q日	課表內容
星期日	Q1	L長跑 ◐ 最少要達週跑量的25%，或是連續跑120分鐘，看何者先達到就停止練習 ◐ 如果這週有重要比賽，把L長跑降到90分鐘
星期一		E日＋6 ST
星期二	Q2	◐ 如果週末有比賽：3×（1.6公里**T**＋2分鐘休息） ◐ 如果週末沒賽事：2×（3.2公里**T**＋2分鐘休息）
星期三		**E**日
星期四		**E**日
星期五		◐ 如果週末有比賽：**E**日 ◐ 如果週末沒賽事：Q3＝6×（1,000公尺**I**＋400公尺慢跑）＋1.6公里**E**
星期六		◐ 如果週末有比賽：比賽即為Q3 ◐ 如果週末沒賽事：**E**日

此表格由傑克・丹尼爾斯跑步計算器所創建，該計算器出自Run SMART項目。

週跑量97～112公里的訓練計畫

第Ⅱ週期

- 第一週和第四週：
  - Q1：L長跑
  - Q2：R課表
  - Q3：R＋T＋R的混練課表
- 第二週和第五週：
  - Q1：L長跑
  - Q2：R課表
  - Q3：T＋R的混練課表
- 第三週與第六週：
  - Q1：M課表
  - Q2：R課表
  - Q3：H課表

一如我之前的建議，第Ⅱ週期的訓練重點以R配速爲主，同時也加入一些T強度，偶爾也會練一些M與H的強度，那將使你在進入第Ⅲ週期之前有更充分的準備。

第Ⅲ週期

跑者在第Ⅲ週期通常會參加一些練習賽，如果比賽是在週六，可以把Q2和Q3的課表改在週二與週三進行。如果週六的比賽很重要，就直接取消該週的Q2，並把Q3往前移到週二進行。

如果在第Ⅲ週期中有參加比賽，你可以根據比賽成績來調整跑力值，但切勿太頻繁調升，即使你最近的比賽成績一直在進步，最快也只能三個星期調整一次。本週期的Q1課表是由L長跑和M課表交替進行，而另外兩次Q課表是連續排在一起，第一天是I或H強度的間歇課表(Q2)，隔天接著是單純T強度的課表或T＋R兩種強度的混練課表(Q3)。

- 第一週、第三週和第五週：
  - Q1：L長跑
  - Q2：I或H間歇課表
  - Q3：T課表或T＋R的混練課表
- 第二週、第四週和第六週：
  - Q1：M課表
  - Q2：I或H間歇課表
  - Q3：T課表或T＋R的混練課表

第IV週期

第IV週期的課表是在假設週末有比賽的情況下設計的。

- 比賽在週六：可以直接依據課表中的設定來訓練，賽前三天(週三、週四與週五)都是E日。
- 比賽在週日：賽前一週先把Q2移到週三，賽前三天(週四、週五與週六)一樣也都是E日。

記得在執行Q2與Q3的主課表前要先慢跑熱身。

表13.2是一份以五到十公里爲目標賽事的訓練計畫，它是爲週跑量在97～112公里之間的跑者所設計的，這份計畫只包括第II、第III與第IV週期。雖然在這份計畫中已經指定了Q課表的具體訓練日，但你還是可以根據天氣或個人需求來調整。

表13.2　目標賽事爲五到十公里的訓練計畫（適合週跑量97～112公里的跑者）

注：「ST」意指每趟15～20秒強度接近**R**配速的快步跑／每趟中間休息60秒

第II週期

第1週	Q日	課表內容
星期日	Q1	**L**長跑 最少要達週跑量的25%，或是連續跑120分鐘，看何者先達到就停止練習
星期一		**E**日＋10 ST
星期二	Q2	3.2公里**E**＋4×（200公尺**R**＋200公尺慢跑）＋6×（400公尺**R**＋400公尺慢跑）＋4×（200公尺**R**＋200公尺慢跑）＋4.8公里**E**
星期三		**E**日＋8 ST
星期四		**E**日
星期五	Q3	3.2公里**E**＋4×（200公尺**R**＋200公尺慢跑）＋4×（1.6公里**T**＋1分鐘休息）＋4×（200公尺**R**＋200公尺慢跑）＋3.2公里**E**
星期六		**E**日＋8 ST

第2週	Q日	課表內容
星期日	Q1	**L**長跑 最少要達週跑量的25%，或是連續跑120分鐘，看何者先達到就停止練習
星期一		**E**日＋10 ST
星期二	Q2	3.2公里**E**＋6×（200公尺**R**＋200 公尺慢跑＋200公尺**R**＋200公尺慢跑＋400公尺**R**＋400公尺慢跑）＋3.2公里**E**
星期三		**E**日＋8 ST
星期四		**E**日
星期五	Q3	3.2公里**E**＋3×（1.6 公里**T**＋1分鐘休息）＋6×（200公尺**R**＋200公尺慢跑）＋3.2公里**E**
星期六		**E**日＋8 ST

第3週	Q日	課表內容
星期日	Q1	1.6公里**E**＋16公里**M**＋6 ST
星期一		**E**日＋10 ST
星期二	Q2	3.2公里**E**＋4×（200公尺**R**＋200公尺慢跑）＋8×（400公尺**R**＋400公尺慢跑）＋4×（200公尺**R**＋200公尺慢跑）＋3.2公里**E**
星期三		**E**日＋8 ST
星期四		**E**日
星期五	Q3	3.2公里**E**＋10×（2分鐘**H**＋1分鐘慢跑）＋4.8公里**E**
星期六		**E**日＋8 ST

第4週	Q日	課表內容
星期日	Q1	**L**長跑 ❷ 最少要達週跑量的25%，或是連續跑120分鐘，看何者先達到就停止練習
星期一		**E**日＋10 ST
星期二	Q2	3.2公里**E**＋2×(200公尺**R**＋200公尺慢跑)＋10×(400公尺**R**＋400公尺慢跑)＋1.6公里**E**＋4×(200公尺**R**＋400公尺慢跑)＋3.2公里**E**
星期三		**E**日＋8 ST
星期四		**E**日
星期五	Q3	3.2公里**E**＋4×(200公尺**R**＋200公尺慢跑)＋4.8公里**T**＋3分鐘休息＋2×(1.6公里**T**＋1分鐘休息)＋4×(200公尺**R**＋200公尺慢跑)＋3.2公里**E**
星期六		**E**日＋8 ST

第5週	Q日	課表內容
星期日	Q1	**L**長跑 ❷ 最少要達週跑量的25%，或是連續跑120分鐘，看何者先達到就停止練習
星期一		**E**日＋10 ST
星期二	Q2	3.2公里**E**＋6×(200公尺**R**＋200公尺慢跑＋200公尺**R**＋400公尺慢跑＋400公尺**R**＋200公尺慢跑)＋4.8公里**E**
星期三		**E**日＋8 ST
星期四		**E**日
星期五	Q3	3.2公里**E**＋6×(1.6公里**T**＋1分鐘休息)＋4×(200公尺**R**＋200公尺慢跑)＋3.2公里**E**
星期六		**E**日＋8 ST

第6週	Q日	課表內容
星期日	Q1	1.6公里**E**＋16公里**M**＋6 ST
星期一		**E**日＋10 ST
星期二	Q2	3.2公里**E**＋12×(400公尺**R**＋400公尺慢跑)＋3.2公里**E**
星期三		**E**日＋8 ST
星期四		**E**日
星期五	Q3	3.2公里**E**＋2×(4分鐘 **H**＋3分鐘慢跑)＋3×(3分鐘 **H**＋2分鐘慢跑)＋2×(2分鐘**H**＋1分鐘慢跑)＋3.2公里**E**
星期六		**E**日＋8 ST

第III週期

第1週	Q日	課表內容
星期日	Q1	**L**長跑 最少要達週跑量的25%，或是連續跑120分鐘，看何者先達到就停止練習
星期一		**E**日＋10 ST
星期二		**E**日
星期三	Q2	3.2公里**E**＋6×（1,200公尺**I**＋3分鐘慢跑）＋4.8公里**E**
星期四	Q3	3.2公里**E**＋6×（1.6公里**T**＋1分鐘休息）＋3.2公里**E** 今天可以練Q3，但如果需要的話也可以移到週五或週六
星期五		**E**日＋8 ST
星期六		**E**日＋6 ST

第2週	Q日	課表內容
星期日	Q1	6.4公里**E**＋16公里**M**＋4 ST
星期一		**E**日＋10 ST
星期二		**E**日＋8 ST
星期三	Q2	3.2公里**E**＋5～8×（1,000公尺**I**＋400公尺慢跑 ）＋3.2公里**E** **I**配速的總訓練時數不要超過24分鐘
星期四	Q3	3.2公里**E**＋4.8公里**T**＋4×（200公尺**R**＋200公尺慢跑）＋3.2公里**T**＋3.2公里**E**
星期五		**E**日
星期六		**E**日＋8 ST

第3週	Q日	課表內容
星期日	Q1	**L**長跑 最少要達週跑量的25%，或是連續跑120分鐘，看何者先達到就停止練習
星期一		**E**日＋10 ST
星期二		**E**日＋8 ST
星期三	Q2	3.2公里**E**＋8×（3分鐘**H**＋2分鐘慢跑）＋4.8公里**E**
星期四	Q3	3.2公里**E**＋6×（1.6公里**T**＋1分鐘休息）＋4×（200公尺**R**＋200公尺慢跑）＋1.6公里**E**
星期五		**E**日
星期六		**E**日＋8 ST

第4週	Q日	課表內容
星期日	Q1	1.6公里**E**＋12.8公里**M**＋1.6公里**T**＋3.2公里**M** 「＋」代表每個強度之間沒有休息，是連續跑的狀態，只是改變強度
星期一		**E**日＋10 ST
星期二		**E**日＋8 ST
星期三	Q2	3.2公里**E**＋4～6×（1,200公尺**I**＋3分鐘慢跑）＋3.2公里**E** **H**強度的總訓練時間不要超過24分鐘
星期四	Q3	**E**日＋8 ST
星期五		**E**日
星期六		3.2公里**E**＋3×（3.2公里**T**＋2分鐘休息）＋4×（200公尺**R**＋200公尺慢跑）＋3.2公里**E**

第5週	Q日	課表內容
星期日	Q1	**L**長跑 最少要達週跑量的25%，或是連續跑120分鐘，看何者先達到就停止練習
星期一		**E**日＋10 ST
星期二		**E**日＋8 ST
星期三	Q2	3.2公里**E**＋7×（3分鐘**H**＋4分鐘慢跑）＋3.2公里**E**
星期四	Q3	3.2公里**E**＋4.8公里**T**＋4×（200公尺**R**＋200公尺慢跑）＋4.8公里**T**＋3.2公里**E**
星期五		**E**日
星期六		**E**日＋8 ST

第6週	Q日	課表內容
星期日	Q1	1.6公里**E**＋16公里**M**＋3.2公里**E**＋6 ST
星期一		**E**日＋10 ST
星期二		**E**日＋8 ST
星期三	Q2	3.2公里**E**＋2×（4分鐘**H**＋3分鐘慢跑）＋3×（3分鐘**H**＋2分鐘慢跑）＋4×（2分鐘**H**＋1分鐘慢跑）＋3.2公里**E**
星期四	Q3	3.2公里**E**＋4×（1.6公里**T**＋1分鐘休息）＋3.2公里**T**＋6 ST＋1.6公里**E**
星期五		**E**日
星期六		**E**日＋8 ST

第IV週期

第1週	Q日	課表內容
星期日	Q1	**L**長跑 最少要達週跑量的25%，或是連續跑120分鐘，看何者先達到就停止練習
星期一		**E**日＋6 ST
星期二	Q2	如果週末有比賽：3×(1.6公里**T**＋2分鐘休息)＋4.8公里**E** 如果週末沒比賽：3×(3.2公里**T**＋2分鐘休息)＋4.8公里**E**
星期三		**E**日
星期四		**E**日
星期五		如果週末有比賽：**E**日 如果週末沒賽事：Q3＝6×(4分鐘**H**＋3分鐘慢跑)＋1.6公里**E**
星期六		如果週末有比賽：比賽即為Q3 如果週末沒賽事：**E**日

第2週	Q日	課表內容
星期日	Q1	**L**長跑 最少要達週跑量的25%，或是連續跑120分鐘，看何者先達到就停止練習
星期一		**E**日＋6 ST
星期二	Q2	如果週末有比賽：3×(1.6公里**T**＋2分鐘休息) 如果週末沒比賽：4.8公里**T**＋3.2公里**E**＋3.2公里**T**＋3.2公里**E**
星期三		**E**日
星期四		**E**日
星期五		如果週末有比賽：**E**日 如果週末沒賽事：Q3＝6×(4分鐘**H**＋3分鐘慢跑)＋1.6公里**E**
星期六		如果週末有比賽：比賽即為Q3 如果週末沒賽事：**E**日

第3週	Q日	課表內容（如果接下來四週中有重要比賽，把**L**長跑降到90分鐘）
星期日	Q1	**L**長跑 最少要達週跑量的25%，或是連續跑120分鐘，看何者先達到就停止練習 如果這週有重要比賽，把**L**長跑降到90分鐘
星期一		**E**日＋6 ST
星期二	Q2	如果週末有比賽：3×(1.6公里**T**＋2分鐘休息)＋3.2公里**E** 如果週末沒比賽：3×(3.2公里**T**＋2分鐘休息)＋3.2公里**E**
星期三		**E**日
星期四		**E**日
星期五		如果週末有比賽：**E**日 如果週末沒賽事：Q3＝6×(4分鐘**H**＋3分鐘慢跑)＋1.6公里**E**
星期六		如果週末有比賽：比賽即為Q3 如果週末沒賽事：**E**日

第4週	Q日	課表內容
星期日	Q1	**L**長跑 ◆ 最少要達週跑量的25%，或是連續跑120分鐘，看何者先達到就停止練習 ◆ 如果這週有重要比賽，把**L**長跑降到90分鐘
星期一		**E**日＋6 ST
星期二	Q2	◆ 如果週末有比賽：3×（1.6公里**T**＋2分鐘休息） ◆ 如果週末沒比賽：4.8公里**T**＋2分鐘休息＋ 3.2公里**T**＋1.6公里**E**
星期三		**E**日
星期四		**E**日
星期五		◆ 如果週末有比賽：**E**日 ◆ 如果週末沒賽事：Q3＝8×（3分鐘 **H**＋2分鐘慢跑）＋3.2公里**E**
星期六		◆ 如果週末有比賽：比賽即為Q3 ◆ 如果週末沒賽事：**E**日

第5週	Q日	課表內容
星期日	Q1	**L**長跑 ◆ 最少要達週跑量的25%，或是連續跑120分鐘，看何者先達到就停止練習 ◆ 如果這週有重要比賽，把**L**長跑降到90分鐘
星期一		**E**日＋6 ST
星期二	Q2	◆ 如果週末有比賽：3×（1.6公里**T**＋2分鐘休息） ◆ 如果週末沒比賽：2×（3.2公里**T**＋2分鐘休息）＋3.2公里**E**
星期三		**E**日
星期四		**E**日
星期五		◆ 如果週末有比賽：**E**日 ◆ 如果週末沒賽事：Q3＝10×（2分鐘 **H**＋1分鐘慢跑）＋1.6公里**E**
星期六		◆ 如果週末有比賽：比賽即為Q3 ◆ 如果週末沒賽事：**E**日

第6週	Q日	課表內容
星期日	Q1	**L**長跑 ◆ 最少要達週跑量的25%，或是連續跑120分鐘，看何者先達到就停止練習 ◆ 如果這週有重要比賽，把**L**長跑降到90分鐘
星期一		**E**日＋6 ST
星期二	Q2	◆ 如果週末有比賽：3×（1.6公里**T**＋2分鐘休息） ◆ 如果週末沒比賽：6×（1.6公里**T**＋1分鐘休息）＋3.2公里**E**
星期三		**E**日
星期四		**E**日
星期五		◆ 如果週末有比賽：**E**日 ◆ 如果週末沒賽事：Q3＝10×（2分鐘 **H**＋1分鐘慢跑）+ 1.6公里**E**
星期六		◆ 如果週末有比賽：比賽即為Q3 ◆ 如果週末沒賽事：**E**日

此表格由傑克．丹尼爾斯跑步計算器所創建，該計算器出自Run SMART項目。

CHAPTER 14

田徑越野跑

比賽剛開始時，配速太慢比太快好多了！

田徑越野賽(cross country race)跟在人工的田徑場或是柏油路上舉行的比賽很不一樣，其中有許多因素。越野賽場上的競爭者來自各個領域，腳下也變化多端，從堅硬的路面到柔軟的草地，有時則是爛泥地。此外，許多越野賽道還包括上上下下的坡道。崎嶇的地形或逆風也將影響比賽的進行。

雖然風向是影響田徑賽的因素之一，但在操場上每一圈都會面對不同的方向，所以有順風也有逆風。但在一場越野賽裡，你可能會連續好幾分鐘遭遇逆風，那可能就是影響該場比賽策略的重要因素。面對逆風時最好在其他人後面跟跑，因爲在相同的速度下如果一人獨跑或帶頭領跑，將會消耗你更多的能量。

在一些設計不當的比賽路線上，有時道路會變得非常狹窄，窄到只容許一到兩位選手並肩跑，這會將選手群拉得很開。所以在參加越野跑步比賽之前，你必須考慮所有可能面臨的狀況。最好能夠在開賽當天事先到比賽路線走一走，這樣你就可以知道可能會面臨的狀況，以及何時會遇到這些狀況。

在準備越野賽時，應該在某些比較常出現的地形上進行大部分的訓練。如果你只在田徑跑道或是堅硬的路面上練習，當比賽辦在鬆軟的地形上時，你就會覺得比賽的難度大增。所以你在進行越野跑的訓練時，要先知道你最重要的目標賽事是什麼地形，以及路面情況如何，盡量在相似的地形與路面上進行訓練。

說到I強度課表，某些跑者會注重訓練的時間而非距離；特別是在路線很困難或是特別陡的坡道上進行訓練時，距離就不那麼重要，重要的是強度與時間。如果進入山地或路況不佳的地方，還想在特定距離內跑出預定的時間，結果通常會令人失望。某種程度上，這使得在越野路面上的I強度訓練跟在高地上的I強度訓練很像，你不用因爲沒有達到目標配速而沮喪，你只需要在課表設定的時間內努力跑，只要有「努力」就達到I強度的訓練目的了。

如果目標賽事是辦在你住家附近的路線，那麼你就可以制定一個計畫，好好利用你熟悉的賽道來發揮地主優勢。例如：你熟悉路線上坡道的起伏與長短，就會知道何時可以放鬆，何時可以把自己逼緊一點；這可能會比那些從未在該賽道上跑步過的人更有優勢。

爲團隊設定比賽戰術是一大挑戰。在某些比較簡單的比賽中，新手可以試著跟其他人一起跑，也就是跑在集團裡。通常在比賽前三分之一都待在集團裡會很有幫助，到了比賽的後半段，那些實力較好的跑者再依自己的能力加速跑出集團。這個方法對有實力和沒經驗的跑者都有好處，因爲它使實力較好的選手不會一開始就跑太快，同時也有助於較慢的跑者提高信心。

採用保守的方式起跑

大部分的越野賽跟田徑賽很不一樣的地方是選手們起跑時的速度。尤其是那些特別爲高中生舉辦的越野賽，經常看到速度最快的幾位跑者在剛起跑時就衝很快。因爲起跑速度太快，最後的速度大都會慢很多，不過還是可以贏得比賽。因爲其他選手在出發時也都跑太快了，起跑不久後就無法跟上集團，所以不少冠軍雖然在起跑時衝太快導致後面掉速但仍可贏得比賽，那使他們認爲起跑衝快一點是贏得比賽的最佳方法，但其實對兩位實力差不多的跑者來說，配速較穩定的人將會贏過一開始就衝太快的人。

我總會建議我的跑者在起跑時不要衝，出發時速度要適當。有一年國家錦標賽中我清楚看見使用這個方式的好處。我先明確量測賽道前四百公尺的距離並標示位置。比賽前熱身最後一個環節，我要求我的隊員跑八百公尺，其中前四百公尺要跑85秒，這相當於用17分42秒的速度跑完五公里。目的是先讓她們記得四百公尺跑85秒的感覺，我提醒她們起跑後不要跑得比這個速度更快。當時完成這八百公尺的熱身跑後大約再八到十分鐘就要開始比賽了。

比賽剛開始後，我的七位選手都以84～87秒通過四百公尺的標記，那時她們在全場一百八十多位選手中，位居倒數最後七位。當時領先的跑者用低於75秒的時間完成前四百公尺，而其他跑者大多用75～82秒完成。比賽進行到一英里（1600公尺）時，我的其中一位選手開始跑到第一名的位置，而且最終以17分20秒的成績獲得冠軍，領先第二名超過20秒。我的其他選手分別名列第五名、第八名、第十五名與第二十六名，想當然爾，我們也奪下當屆團體總冠軍。

採用保守策略起跑時，需要注意的幾點事項：

- 特別是在某些高中的比賽，通常起跑不久後路線就會縮減，這使得想要在比賽後期超越那些一開始跑很快的選手變得很困難。在狹窄的賽道上想要加速超越時很容易被擠回來，這會使跑者失去追趕上去的信心。不過通常選手在五公里以上的越野賽道中會有很多時間在比賽中段扭轉情勢。在比賽初期花太多力氣與其他選手競爭可能會耗掉很多後期需要的能量。
- 對於年紀較輕的跑者來說，當他們以較慢的速度起跑而看到有一堆人跑在他們前面時，通常會有受挫的感覺。但如果教練在訓練時就教過保守起跑的策略，而且在之前的比賽中就已經試過了，那就算是年輕的跑者，也很快會意識到這種方法的好處。當他們能以更加保守的方式起跑，而且仍有信心追上前面衝太快的其他跑者時，隊上將產生許多快樂的跑者。

- 在學習這種起跑策略時，有一個滿有效的方法是計算超越的人數，以超過更多選手爲目標(雖然你因此需要花心思計算超過幾個選手)。某些選手在比賽的大部分時間都待在集團中，最後一百公尺才超越兩三個也在同一個集團內的跑者，我並不看好這類跑者，因爲這表示他們在比賽中並沒有盡力。根據我的計算，如果你在比賽中段超過20位選手並在最後衝刺時被3位選手超過，這表示你幫助團隊贏了17分；但若你在比賽中完全沒超越任何人，只在最後進終點前超過3個人，意味著你只爲團隊贏得3分。哪一種方法可以贏得較多團隊積分並不難算。

有一點需要記住：當你在越野賽程中段與一群選手跑在一起，而你並沒有感覺自己的狀況特別好時，你應該要知道跑在你身旁的這群人也跟你感覺一樣糟糕，不然他們也不會跑在你旁邊。若非如此，他們早就超越你，把你甩開了。

關於越野賽的起跑配速，這裡提供另一項觀察結果：當比賽的重要性愈高，選手起跑的速度似乎也會跟著加快。換句話說，如果一位跑者在參加小型聯盟的比賽時，起跑會太快，那麼到了比較重要的區域賽大都會用更快的速度起跑，更別說是州際或國家錦標賽了。即使在比賽中碰到的競爭對手都是你上週才遇過的，當比賽的重要性很高時，選手大都會忍不住在一起跑時就向前衝。對我來說，隨著賽季進入錦標賽階段(當比賽的重要性升高時)，控制比賽初期配速的能力也變得愈來愈重要。

賽前熱身

教練不應假設隊上所有選手都是一樣的，也不該要求他們全部隊員都要用同一種方式熱身。叫所有隊員跑在一起熱身實在沒什麼道理，除非他們比賽成績都一樣，但即使比賽成績一樣，大家適合的活動量也不一樣，有些人需要熱身多一點表現比較好，有些人需要少一點。

你認爲教練在訓練一英里最佳成績分別是4分30秒與5分30秒的跑者時，都用相同的方式熱身，這樣對他們來說是公平的嗎？在理想的情況下，教練應爲每一位選手設計個人化的熱身。所以有時候當我會看到整隊運動員穿上整齊一致的隊服一起熱身時，會覺得有點滑稽，他們並肩慢跑，再一起伸展和快步跑，這樣的訓練方式讓他們好像都是成績差不多的選手。

每一位跑者與教練都該嘗試多種不同的熱身方式，看看各個隊員分別適合哪種方式再加以調整。隊上並不是每個人都會以相同的速度完賽，而且他們對相同的熱身方式可能會有不一樣的反應。有些隊員可能要熱身跑好幾公里後才會覺得準備好，但有些隊員可能在還沒跑到這樣的距離以前就覺得累了。

熱身的目的應該要能讓每位跑者在生理與精神上都要覺得準備好迎向即將來臨的挑戰，也就是說，在比賽前你必須以嚴肅的態度來思考與面對熱身這回事。對有些人來說，賽前熱身意味著「獨處」；而對其他人來說，需要先習慣在一群人中跑步的感覺。在我的教練生涯中曾帶過一些選手，在比賽起跑前的最後一小時根本不想跟我說話或是與我有任何眼神交流，而有些選手在起跑前則是希望一直得到我的關注。

先做好賽前的心理準備對某些跑者來說幫助很大，有種方式是在心裡回想過去某一次特別愉快的比賽經驗。他們記得是什麼讓那場比賽如此愉快，並且可以在任何比賽開始前，用10～15秒的時間在腦中重現那場出色的比賽。換句話說：請專注於正面的經驗。有時候，你會不經意地想到過去慘痛的比賽經驗，那也沒關係，那也是你避免重蹈覆轍與取得更好結果的機會。

那麼對生理上而言，該怎麼做才是最好的熱身呢？首先，天氣在熱身過程中扮演重要角色。在寒冷的溫度下，你需要穿比較多的衣服熱身，直到你的肌肉溫度上升；但如果天氣很炎熱，熱身時的衣服就穿得愈少愈好，這樣才不至於在開賽前就脫水或體溫過高。

當肌肉熱開時，大多數的跑者都可以感覺得到，但此時是否還需要多點時間再輕鬆跑一下或增加強度則要憑跑者的經驗判斷。一般來說，跑步的肌肉需要10分鐘才會開始升溫。體溫升高幾度的確有助於表現，但若肌肉溫度超過合適的範圍可能會導致表現不佳。對一個長距離比賽來說，你絕不會希望剛開始起跑就體溫過高，或比賽沒多久生理系統很快就產生過熱反應。每一位跑者流失水分的速率都不一樣，所以每一位跑者都要去嘗試不同的熱身流程，才會知道在不同環境中何種方式最適合自己。

熱身之後接下來要談的是比賽本身。關於比賽，最重要的是：**專注眼前的比賽**。換言之，你最好把你的注意力放在你當下正在做的事情上面(呼吸節奏與步頻是兩個不錯的專注點)，而不要去擔心還有多遠要跑或完成進度不如預期之類無助於表現的事。你也不用去擔心那些先前被你擊敗的選手這次跑在你前面，因為他們可能會因糟糕的配速而在後半段賽程付出代價。

很有可能你之前的手下敗將也有狀況很好的一天。你無法用別人的狀況來評價你今天的表現；請以你當下的表現和感覺來評價自己。在越野賽中，上下坡是常態，有些選手特別喜歡在上坡路段全力攻頂，但我喜歡要求我的選手在上坡時盡量節省體力，用最少的力氣跟上其他選手就好，那麼當大家一起到達坡頂還想要喘口氣恢復時，你就還能集中精神全力以赴。我告訴我的選手，在抵達坡頂後的五十步是關鍵，這段時間要集中注意力保持穩定的配速。在這五十步後，大部分的跑者通常已經從爬坡的疲勞中恢復過來。

通常我會鼓勵跑者在賽季初期（前三分之二的比賽場次）練習使用2-2的呼吸節奏（兩步吐兩步吸），這會使它們在接下來的關鍵賽事中成爲一種習以爲常的呼吸方式。你的感覺與自覺費力程度對比賽節奏的掌控非常重要，特別是越野賽，面對多變的地形，也許還有風和泥濘的路面，這些都對速度影響很大。簡言之，比賽時最好跟著感覺跑。再次強調，**專注眼前的比賽**，不要擔心路上聽到的時間是幾分幾秒，誰知道他們所報的時間和距離準不準。

訓練計畫

在大多數的學校中，整個田徑越野跑的賽季通常只有十到十二週，因此絕對不足以完成一份4×6週的訓練計畫。我在第十章有詳細說明如何設計一份完整週期的訓練計畫，其中有幾個選擇，可供十到十二週的越野跑集訓使用。我喜歡建議校隊隊員們在學校開學前，先在暑假完成第Ⅰ週期與第Ⅱ週期的訓練，這樣就可以在學期一開始直接進入第Ⅲ週期。

那些新來的或是夏季沒怎麼訓練的跑者，他們必須在學期開始的時候花一些時間在第Ⅰ週期的訓練上，接著第Ⅱ週期可以排少一點或是直接刪去也沒關係，對他們來說第Ⅰ週期的訓練比較重要，他們最好先做一些基礎訓練，再開始加入比較困難的I課表和練習賽。我在這章所提供的訓練計畫有四個週期，每個週期都是六週的訓練，可以視情況調整，其中的第Ⅱ週期可以部分（或全部）刪減，第Ⅰ週期也可以不用練滿六週。

根據每個人的週里程數，爲每位跑者調整各種不同質量課表的訓練量是必須的。例如：我限制單次I強度的訓練量不能超過週跑量的 8%或是不能超過10公里。以一位週跑量48公里的跑者而言，在一次I強度的課表中，我會限制他的I配速練跑量要在3.84公里以下（48×8%＝3.84），而另一位週跑量為97公里的跑者，在單次的訓練中最多則可以用I配速練跑7.76公里（97×8%＝7.76）。

R強度的上限是5%，T強度是10%。請記住這些建議限制的上限百分比是「每次」而非每週，所以如果你一週有兩次R強度的課表，那每次R強度訓練都可以達到最大的限制量（5%的週跑量）。補充一下，這些百分比的數值不是一個你必須達到的數字，而是建議不能超過的最大值，不要搞錯了。

第Ⅰ週期

計畫在週日安排L長跑，單次訓練不要超過60分鐘或是控制在週跑量的30%以內。一週中的其他訓練日，至少用E強度訓練30分鐘，也可以跑長一點，但不要超過週跑量的25%。

最近跑量比較少或是剛入門的新手跑者，可以考慮用第八章「白色計畫」的第Ⅳ週期當作他們越野跑訓練的第Ⅰ週期。下面的課表比較適合一直有在規律練跑的人，並不適合入門跑者或長時間中斷訓練的跑者。如果你在開始執行這份訓練計畫前練跑還未超過四週，那麼開始執行計畫的前三週先刪除週日的長跑，並讓週跑量保持在32公里左右並持續三週，接下來的另外三週則可以增加到40～48公里。表14.1提供田徑越野跑訓練計畫「第Ⅰ週期」的簡易版。如果你在這個階段沒有六週的時間可用，可以縮短期程，但我建議入門跑者在第Ⅰ週期至少要練三或四週。

第Ⅱ週期

所有進入這個週期的跑者，在過去幾週應該都有持續在練跑並已準備好接受一些輕量的R強度訓練。請先計算一下第Ⅰ週期最後三個

表14.1　田徑越野跑訓練計畫的「第Ⅰ週期」

注：「ST」意指每趟15～20秒強度接近**R**配速的快步跑／每趟中間休息60秒

第1～3週

	Q日	課表內容
星期日		**L**長跑 不要超過60分鐘或是控制在週跑量的30%以內
星期一		30分鐘**E**
星期二		30分鐘**E**
星期三		30～40分鐘**E**＋6 ST
星期四		30分鐘**E**
星期五		30分鐘**E**
星期六		30～40分鐘**E**＋6 ST

第4～6週

	Q日	課表內容
星期日		**L**長跑 不要超過60分鐘或是控制在週跑量的30%以內
星期一		30～40分鐘**E**
星期二		30～40分鐘**E**
星期三		20分鐘**E**＋8 ST＋10分鐘**E**
星期四		20分鐘**E**＋8 ST＋10分鐘**E**
星期五		30～40分鐘**E**
星期六		20分鐘**E**＋8 ST＋10分鐘**E**

此表格由傑克・丹尼爾斯跑步計算器所創建，該計算器出自Run SMART項目。

星期的平均週跑量，在這個週期中，每位跑者的週跑量不應超過該平均值16公里以上。另外，每位跑者都應該限制R配速的訓練量（課表中任何R配速的訓練都算），單次R配速的訓練量都不應超過週跑量的5%或是以8公里爲上限。也就是說，若每週訓練里程數超過160公里，單次R配速的跑量也不應超過8公里（160×5%＝8）。

你可以參考第四章的表4.4，直接根據週跑量來選擇課表。例如：

週跑量56公里的跑者應從課表B列出的R課表中選擇Q1、Q2與Q3的訓練項目；而週跑量約80公里的跑者則可從課表C或課表D中進行選擇。除了Q課表之外，其他日子請用E強度來累積每週所需的目標里程數，但如果里程數並不是很高，有時也可以選擇在E日全休一天。

R課表可以是在平地或是上坡路段進行。上坡跑能協助改善速度和經濟性，如果有重要的比賽在丘陵地形舉辦，那麼在上坡路段進行R強度訓練就特別重要。顯然速度在上坡的時候會變慢，在坡道上練R課表時請憑著感覺跑，不要擔心跑動的距離，請改以「時間」爲單位。

比方說，今天的R課表可以改成「八趟60秒上坡跑」（60秒R強度上坡跑×8），慢跑回到坡底後等體力完全恢復再跑下一趟。如果坡度很大，回程下坡時請特別注意，因爲下坡時會給雙腿帶來很大的壓力。我喜歡在坡道上練了幾趟R之後，結束前再回到平地再練個幾趟，因爲上坡的速度會比較慢，回到平地後再跑R可以感受到雙腿快速移動的感覺。另外，因爲坡地R強度訓練的恢復期比較長，所以在重要比賽前的最後幾週，我通常會避免上坡訓練。

第II週期中的課表，我提供三種組合：R1、R2和R3。其中的L長跑，請保持在週跑量的25%以下，在長跑的過程中若跑步動作開始變形或不受控制，可以直接刪減跑量。

如果你原本是使用R1或R3來訓練，當比賽被排在星期二時，請直接把那週換成R2的課表，如此一來星期二的比賽就當成Q1，Q2排在比賽隔天，Q3排在星期日。若比賽是在星期五，則可以使用R3的課表，但請把Q2從星期三移到星期二，週五的Q3則由比賽取代。若比賽是在星期六，則可以用R2的課表，原本排在週六的Q3由比賽取代。

說到訓練的場地，我強烈建議在重要比賽前要到類似的地形執行Q課表，通常是在草地或泥土路面。E日和L長跑可以在一般道路或是平整的小徑上進行。如果你的重要賽事是在丘陵地形上進行，可以考慮把一到兩次的Q課表移到丘陵路線，但最後幾趟R配速間歇最好能回到平地上進行。基本上，在比賽前應該要有兩天**E**日。在訓練初期若有比賽，請不用猶豫在比賽隔天就接著練Q課表。表14.2列出第II週期課表的三種組合：**R1**、**R2**、**R3**。

表14.2 田徑越野跑訓練計畫的「第II週期」

	R1	R2	R3
星期日	**L**長跑	**L**長跑	**L**長跑
星期一	Q1	**E**日＋8 ST	Q1
星期二	**E**日＋8 ST	Q1	**E**日＋8 ST
星期三	**E**日＋8 ST	Q2	Q2
星期四	Q2	**E**日＋8 ST	**E**日＋8 ST
星期五	Q3	**E**日＋8 ST	Q3
星期六	**E**日＋8 ST	Q3	**E**日＋8 ST

第III週期

就像我前面提到的，第III週期是所有訓練週期中壓力最大的，而且在這個週期常有很多比賽，若當天有比賽就直接取代原本的Q課表。在選擇I課表時，你可以參考第四章表4.3，並依據你目前的週跑量來選擇(表4.3中提供各種I課表供你選擇)。

另外，在決定I配速間歇的跑步距離時，每趟請勿超過5分鐘。例如：如果某位跑者在測出跑力後，他的I配速為每公里3分45秒，那他在練I配速時就不應該跑到1,600公尺(因為他在I配速下跑1,600公尺要花費6分鐘的時間)，以他目前的實力I配速訓練最長大約到1,200公尺即可[26]，你也可以直接用時間來設定，例如：以**H**強度連續跑5分鐘。

第III週期的課表中每週有一次I強度課表(Q1)，就排在週日L長

26. 譯注：以5分鐘來計算的話，I配速的最長距離是1,333公尺。

跑後面。在這個週期的訓練中很常有比賽，比賽和I強度訓練在生理方面的效果很像，所以我喜歡把Q1排爲I課表，把Q2排爲T課表，把最後的Q3安排爲兩百公尺的R強度或快步跑。

我喜歡在田徑越野訓練計畫的第III週期和第IV週期中都排進T強度課表，即使越野賽時的路面變化多端，訓練時我還是偏好在平坦的路面上進行T強度訓練，這樣比較好掌控訓練配速。在上下起伏的路面上也可以使用心率錶來監控訓練強度，但有時候我會避免使用心率錶，因爲某些課表需要鎖定在特定的配速上，但心率錶做不到這點。

如果第III週期沒有安排任何比賽，而你訓練的感覺也很好，加入Q3是沒有問題的。第三次質量課表可以是T＋I＋R的課表(例如：3.2公里T強度＋2分鐘H強度×3／每趟中間慢跑1分鐘＋200公尺R強度×4／每趟中間慢跑兩百公尺)，也可以是單純的I強度間歇課表，但課表的跑量最好以「時間」爲準(例如：3分鐘H強度×5／每趟中間慢跑2分鐘)，以距離爲單位的課表對每個人的壓力變化很大(例如：1公里I強度×5／每趟中間慢跑2分鐘)。第III週期中我所偏好的計畫大綱可參見表14.3。

表14.3　田徑越野跑訓練計畫的「第III週期」

	Q日	課表內容
星期日		**L**長跑
星期一		**E**日＋8 ST
星期二	Q1	**I**課表
星期三	Q2	**T**課表＋4×200公尺**R**
星期四		**E**日
星期五		**E**日
星期六	Q3	**T**＋**I**＋**R**或比賽

此表格由傑克・丹尼爾斯跑步計算器所創建，該計算器出自Run SMART項目。

如果星期二有比賽，請直接用比賽取代Q1；但如果比賽是在星期六，就用比賽取代Q3。如果比賽是在星期五，則捨棄星期三的Q2，其實是直接把星期五的比賽當成Q2，比賽隔天星期六的Q3就直接取消。

表14.4是爲週跑量64公里的跑者所設計，表格第一欄的訓練計畫是假設當週沒有比賽，第二欄是假設星期六有比賽，第三欄是假設星期二和星期六都有比賽的計畫範例。

表14.4　週跑量64公里的田徑越野賽選手，在第III週期中可以有另外三種選擇

	當週沒有比賽	星期六有比賽	星期二與星期六都有比賽
星期日	16公里**L**長跑＋6 ST	16公里**L**長跑＋6 ST	50分鐘**L**長跑＋6 ST
星期一	**E**日＋8 ST	**E**日＋8 ST	**E**日
星期二	3.2公里**E**＋5×(1,000公尺**I**＋2分鐘慢跑)＋3.2公里**E**	3.2公里**E**＋5×(1,000公尺**I**＋2分鐘慢跑)＋3.2公里**E**	比賽日
星期三	1.6公里**E**＋4×(1.6公里**T**＋1分鐘休息)＋3.2公里**E**	3.2公里**E**＋3×(1.6公里**T**＋2分鐘休息)＋1.6公里**E**	1.6公里**E**＋4×(1.6公里**T**＋1分鐘休息)＋3.2公里**E**
星期四	**E**日＋8 ST	**E**日＋8 ST	**E**日＋8 ST
星期五	**E**日	**E**日	**E**日
星期六	3.2公里**E**＋4×(4分鐘H＋3分鐘慢跑)＋3.2公里**E**	比賽日	比賽日

此表格由傑克．丹尼爾斯跑步計算器所創建，該計算器出自Run SMART項目。

第IV週期

在第IV週期的訓練期間，通常每週都有比賽，而且這些比賽通常都很重要。如果星期六的比賽不太重要，可以直接依照第III週期表14.4中第二欄的計畫來訓練。但如果星期六的比賽很重要，我建議星期天可以練L長跑，星期二練T課表(表14.5)，其他天都排爲E日，

在週四與週五的E配速之後都停練快步跑。表14.5中列出兩種第IV週期的訓練計畫，第一欄列出當週沒有比賽的安排範例，第二欄則列出當週六有重要比賽時的訓練方式。

表14.5　田徑越野跑訓練計畫的「第IV週期」

	當週沒有比賽	星期六有重要比賽
星期日	16公里**L**長跑＋6 ST	50～60分鐘**L**長跑＋6 ST
星期一	**E**日＋8 ST	**E**日＋8 ST
星期二	3.2公里**E**＋4×(1.6公里**T**＋1分鐘休息)＋3.2公里**E**	3.2公里**E**＋3×(1.6公里**T**＋1分鐘休息)＋4×(200公尺**R**＋200公尺慢跑)＋1.6公里**E**
星期三	**E**日＋8 ST	**E**日＋6 ST
星期四	**E**日＋8 ST	**E**日
星期五	3.2公里**E**＋4×(1,200公尺**I**＋3分鐘慢跑)＋3.2公里**E**	**E**日
星期六	**E**日	比賽日

此表格由傑克・丹尼爾斯跑步計算器所創建，該計算器出自Run SMART項目。

總結來說，在準備田徑越野賽時須留意下列幾點：

- 每週都要練L長跑，最好安排在週日。
- 大部分的Q課表應在與賽道類似的草地或是泥地上進行。
- 大部分的訓練賽前要排入兩天E日。
- 賽前最後的Q課表多以T強度爲主。
- 記得比賽跟I強度課表的效果很接近。
- 在重要比賽的前幾週停止坡地訓練。
- 跑者應該爲每一場比賽設定合理的目標。
- 避免在最後幾週的訓練操練過度。
- 比賽剛起跑時的配速要保守一點，隨著比賽進行才會愈來愈投入。
- 專注於當下的任務。

CHAPTER 15

十五到三十公里

把更多的注意力放在你訓練的時間上而非移動的距離。

距離十五到三十公里之間的比賽並不是典型的田徑項目，而且大部分的訓練都是在一般道路上，通常比賽也是辦在上面。然而，我會建議大部分的R課表都在田徑場的跑道上進行，這樣容易跟過去比較同樣距離上的跑步時間。同樣地，偶爾在田徑場上進行一些I課表也是有益的，但如果沒有其他特別理由的話，我會建議在一般道路上練T課表，比較不會無聊。爲了達到T課表的主要目的，我建議要選擇平坦一點的訓練路線，以便在訓練過程中保持穩定的T配速。

如果你已經成功地完成了十公里的訓練計畫，那麼對於十五到二十公里的賽事，你已經做好了相當充分的準備；而馬拉松的訓練計畫當然也足以對二十五或三十公里的比賽做好準備。實際上，對剛入門的跑者來說，我建議在執行本章所提供的訓練計畫之前，先完成第十六章中的「新手訓練計畫」。本章所提供的訓練計畫適用於那些已經進行了相當多訓練的跑者，並且已準備認眞面對距離在十五到三十公里之間的比賽。

我提供了一個相對通用的「非常規」訓練計畫，這個計畫中鼓勵每位跑者根據其中所建議的訓練類型選擇適合自己的課表。例如：我在計畫中第一週的第六天指定要練R課表，具體要練哪一種R課表請從

表4.4中的「R配速課表」中自由選擇一個適合你的訓練方式。首先，你應該先利用第五章的跑力表並根據最近的比賽成績或預估的比賽時間來找出自己的跑力值，然後再根據當前的跑力值與每週的跑量(里程數)來決定哪一份R課表適合你。請記住，在單次訓練中的R配速跑步量不應超過8公里或你每週跑步里程的5%。I強度課表也有類似的限制，單次I配速跑步總量不應超過10公里或每週里程的8%。單次T強度的總里程數不應超過週跑量的10%。表15.1只是訓練計畫的大綱，具體的課表內容請參考第四章中各強度的表格來選擇。

非常規訓練

我為距離在十五到三十公里之間的比賽設計了一個與我通常建議的訓練方式略有不同的訓練計畫，並稱之為「非常規訓練計畫」(alien training plan)。這個計畫假設跑者已經持續跑步一段時間；同時，也假定跑者已經很熟悉我所提供的各種訓練類型(E、L、M、T、I、H、R)，以及根據我在第四章所提供的跑力表來調整配速的方法，有了上述的理解才有辦法確定課表中的細節。換句話說，如果我說某天是R課表，跑者就應該知道自己該練的速度、每趟的恢復時間，以及每次R配速訓練的最大跑步量上限是多少，也會自己從第四章的表格中選擇適合的課表。所以本章我只會在計畫中建議一種課表的類型，由跑者自己確定該課表的細節。你會注意到該計畫沒有詳細的週期化安排，它的課表是每兩週循環一次。

在試過這份訓練計畫幾週之後，你可能會發現它非常有效，甚至在準備十五公里以下或三十公里以上的比賽時，這也可能是一個不錯的計畫。實際上，我認為對於一些跑者來說，這也是一個不錯的馬拉松訓練計畫(請參考表16.2中針對入門跑者所提供的十八週馬拉松訓練計畫)。

表15.1中所顯示的是以兩週為一循環，一週七次訓練的計畫。你可以自行安排時間，選擇最適合你的訓練日。通常我會將星期日視為每週的第一天，把Q1排在週日，把Q2排在週二，把Q3排在週五，但你的行程可能不適合這樣安排，你可以自行調整。唯一建議不要更動的是計畫中Q1、Q2、Q3的訓練順序，並在兩次Q課表之間安排E日。請注意，我在課表中的某些E日後面有加上幾趟快步跑(ST)。在每次Q課表訓練前，請根據你的情況進行適當的熱身和收操。當你距離比賽僅剩一個星期時，切換到計畫中的「賽前週」(prerace week)。「賽前週」和「賽後恢復期」是訓練計畫變動比較大的時候。在參加完比賽後，要安排恢復用的E日，E日的天數請根據比賽的距離來計算，當比賽距離每增加3公里就多安排一天E日；例如：比賽距離是15公里，那在回到「非常規訓練計畫」之前應安排5天E日(15÷3＝5)，如果參加的是半程馬拉松，則需要7天E日(21÷3＝7)。

表15.1　非常規訓練計畫

第1週、第3週、第5週、第7週、第9週……等奇數週

天數	Q課表	課表內容
第1天	Q1	**L**長跑
第2天		**E**日＋8 S**T**
第3天	Q2	**T**課表
第4天		**E**日＋8 S**T**
第5天		**E**日
第6天	Q3	**R**課表
第7天		**E**日

第2週、第4週、第6週、第8週、第10週……等偶數週

天數	Q課表	課表內容
第1天	Q1	**M**課表
第2天		**E**日＋8 S**T**
第3天	Q2	**T**課表
第4天		**E**日＋8 S**T**
第5天		**E**日

續下頁▼

第2週、第4週、第6週、第8週、第10週……等偶數週		
天數	Q課表	課表內容
第6天	Q3	**I**課表
第7天		**E**日

賽前週		
天數	Q課表	課表內容
賽前 6 天	Q1	平常**L**長跑的距離的⅔
賽前 5 天		**E**日
賽前 4 天		**E**日
賽前 3 天	Q2	3×(1.6公里**T**配速＋2分鐘休息)
賽前 2 天		**E**日
賽前 1 天		**E**日或全休
比賽日	Q3	比賽日

賽後恢復期
恢復日的天數請根據比賽的距離計算，比賽每多3公里，恢復日就多1天。

CHAPTER 16

馬拉松

每場比賽的前⅔用腦袋去跑，剩下的⅓用心去完成。

關於馬拉松訓練（或訓練任何跑步項目），我認爲最重要的是每位跑者都需要有一份「個人化」的訓練計畫。有些人可以吃下更高的里程數，有些人無法像其他人一樣頻繁地執行嚴格的Q課表。還有一些沒有經驗的新手，從來沒練跑過也從未從事任何形式的體能活動，他們剛開始的訓練量就不宜過多。

在這一章的馬拉松訓練中，我將提供六種不同的訓練方式。爲了讓跑者都能適用，每一種方式都有一些相應的變數——里程數（或訓練時數），讓你可以依據自己的能力或時間來選擇。表16.1中將這六種不同訓練方式的特徵與選擇的要領列出來，讓你能夠選出最適合你的馬拉松訓練計畫。

要記得，每個人對同一份訓練計畫的反應都會有些許不同，可能並不存在一份適合所有人的訓練計畫。也不用希望自己可設計出一份完美的訓練計畫，你所能做的是吃得營養、補充足夠的水分、讓身心都有足夠的休息時間，並相信你所從事的訓練不只會讓你跑得更好，還會使你更健康。當你以享受跑步爲目的，跑步就能爲你帶來愉悅，我眞的希望那些把時間花在跑步上的人都能好好享受跑步時光，就像我享受幫助別人跑得更好一樣。

表16.1　六種馬拉松訓練方式

計畫名稱	特徵	選擇此份計畫的理由
新手訓練計畫	每週訓練三～五天	•你是一位跑步入門者，或是之前很少進行跑步訓練。
2Q 訓練計畫	每週進行兩次質量課表	•你已經有規律跑步的習慣。 •你每週可以安排兩天進行更具挑戰性的質量（Q）課表。
四週循環 訓練計畫	每四週為一個週期，每個週期的前三週會每週進行兩次質量課表，第四週只進行**E**強度訓練	•你喜歡每週安排兩次質量課表。 •你也喜歡在計畫的每隔四週不跑強度只進行低強度課表來累積里程數的想法。
五週循環 訓練計畫	只要時間允許，這五週的訓練計畫可以不斷重覆下去	•當你聚焦在**T**配速的訓練時，也喜歡每週維持**L**長跑和**M**配速的訓練。 •計畫中也會保留一些**R**和**I**配速的課表。 •允許你自行挑選不同里程數的課表。 •這是一份相當嚴苛的訓練計畫，所以建議在馬拉松賽前三週，根據你過去的週跑量（里程數）大小，改用表16.3中最後三週的賽前減量課表。
賽前十八週 訓練計畫	此份計畫分別以英里、公里和時間為基礎來設計	•你喜歡全部都只用「里程」為變數所設計的訓練計畫，或完全不用距離，偏好只用「時間」作為變數的訓練計畫，即可在此尋得。 •有些跑者比較不喜歡一週有每週兩次比較有強度的質量課表（2Q），而喜歡累積較多的跑量（里程數），這份計畫是特別為他們設計的。 •質量課表排在每週的第四天或第五天，所以有時一週只有一次質量課表，其他星期則有兩次。
最後十二週 訓練計畫	在馬拉松賽前最嚴峻的幾週	•你已經長期規律地接受正規訓練，因此在選定目標賽事前，你更偏好在最後十二週再開始執行訓練計畫。

新手訓練計畫

馬拉松跑者中屬於新手這一類的人數或許是最多的。身爲教練，我認爲此類跑者基本上可分爲兩種：其一是眞正的素人，也就是過去從未經過訓練的入門跑者；其二是過去曾勤於練跑，但中斷多年後剛要重新回歸訓練的跑者。第二種跑者我喜歡稱作「回歸者」(Reruns)。

對回歸者來說，最重要的是不要去複製過去的課表，把過去的課表直接拿來練是很危險的。至少要等基礎體能已經建立後，才能重返過去的訓練模式。運動傷害找上回歸者的比例比新手還高，因爲新手還不知道他能做到什麼地步，所以每次進步都會超過他的想像，比較容易滿足；相對而言，回歸者就算進步了，離之前的成績可能還很遠，會比較容易躁進。

表16.2是一份專爲馬拉松新手設計的十八週訓練計畫。表格中賽前第十到十八週的內容是設計給每週訓練三天、四天或五天的新手(建議一週最好練四天或五天)。如果你打算每週訓練三天，請選擇表格中的課表A、C、E，每次訓練之間至少相隔一天。如果你打算每週訓練四天，除了A、C、E之外再從B或D中再選一份課表來練。如果你打算每週訓練五天，就練所有的課表(A～D)。課表中的ST是指用相對舒服的感覺進行快步跑，大約是一英里比賽時的速度，每趟維持15～20秒，之間休息45～60秒。課表中的T配速是一種你會感覺「痛快」的速度，這個速度對你並不輕鬆，但至少要能維持30分鐘。

訓練到第十週時(賽前倒數八週)，要試著用穩定的配速跑完十公里。如果你打算在比賽中完成這週的十公里，記得輕鬆以待。來到最後九週，試著把訓練次數提升到每週五天(如果原本就是一週五練那維持卽可)。最後九週應每週安排兩次質量課表(2Q)，質量課表的日子應該選在你有比較多空閒時間或天氣較好的日子，兩次質量課表之間至少隔兩個E日；其他五天應該排爲E日或休息日，如果是E日的話，應至少輕鬆跑三十分鐘。

表16.2　爲馬拉松新手所設計的十八週訓練計畫

距離比賽剩18～16週

課表編號	課表內容
A	15×（1分鐘**E**＋1分鐘步行） 這是每週的第一項訓練，離前一次訓練不能超過兩天
B	如果今天要訓練的話就重複前一次的訓練內容
C	9×（1分鐘**E**＋1分鐘步行）＋3×（2分鐘**E**＋2分鐘步行）
D	如果今天要訓練的話就重複前一次的訓練內容
E	9×（1分鐘**E**＋1分鐘步行）＋2×（3分鐘**E**＋3分鐘步行） 這是每週的最後一項訓練，離前一次訓練不能超過兩天

距離比賽剩15～14週

課表編號	課表內容
A	4×（5分鐘**E**＋5分鐘步行） 這是每週的第一項訓練，離前一次訓練不能超過兩天
B	如果今天要訓練的話就重複前一次的訓練內容
C	10×（2分鐘**E**＋2分鐘步行）
D	如果今天要訓練的話就重複前一次的訓練內容
E	剩十五週時：5×（4分鐘**E**＋4分鐘步行） 剩十四週時：3×（4分鐘**E**＋4分鐘步行）＋15～20分鐘**E**＋6分鐘步行 這是每週的最後一項訓練，離前一次訓練不能超過兩天

離比賽剩13～12週

課表編號	課表內容
A	5分鐘**E**＋3分鐘步行＋5×（3分鐘**T**＋2分鐘步行）＋10×快步跑 這是每週的第一項訓練，離前一次訓練不能超過兩天
B	3×（10分鐘**E**＋5分鐘步行），如果狀況不錯，步行時間可以小於5分鐘。 選擇日：今天可休息，也可進行訓練。
C	如果今天要訓練的話，就重複訓練課表A
D	3×（10分鐘**E**強度＋5分鐘步行） 如果覺得不用休息太久，可以減少快走的時間
E	剩十三週時：5分鐘**E**＋5分鐘步行＋3×（5分鐘**T**＋2分鐘步行）＋15分鐘**E**＋4分鐘步行 剩十二週時：5分鐘**E**＋5分鐘步行＋2×（5分鐘**T**＋2分鐘步行）＋25～30分鐘**E**＋6分鐘步行 每週第六天要進行的最後一項訓練，而且離前一次訓練不能超過兩天

離比賽剩11到10週

課表編號	課表內容
A	10分鐘**E**＋5分鐘步行＋5×快步跑＋5分鐘步行＋2×（10分鐘**E**＋5分鐘步行） 這是每週的第一項訓練，離前一次訓練不能超過兩天
B	如果今天要訓練的話，就重複課表A
C	5分鐘**E**＋5分鐘步行＋20分鐘**E**＋5分鐘步行＋5分鐘**T**＋5分鐘步行＋5分鐘**E**＋5分鐘步行
D	3×（10分鐘**E**＋5分鐘步行）如果狀況不錯，中間的步行時間可以小於5分鐘。 選擇日：今天可休息，也可進行訓練。
E	剩十一週時：10分鐘**E**＋5分鐘步行＋5×快步跑＋5分鐘步行＋20分鐘**T**＋5分鐘步行＋10分鐘**E** 剩十週時：10分鐘**E**＋5分鐘步行＋5×快步跑＋5分鐘步行＋20分鐘**T**＋5分鐘步行＋20分鐘**E** 每週第六天要進行的最後一項訓練，而且離前一次訓練不能超過兩天

離比賽剩9到2週

剩餘週數	Q1	Q2
剩9週	90分鐘**L**長跑／配速要穩定	10分鐘**E**＋15分鐘**T**＋5分鐘**E**＋2×（10分鐘**T**＋2分鐘步行恢復）＋5分鐘**T**＋10分鐘**E**
剩8週	10分鐘**E**＋4×（6分鐘**T**＋2分鐘步行）＋60分鐘**E**＋2×（8分鐘**T**＋2分鐘步行恢復）	10分鐘**E**＋4×（6分鐘**T**＋2分鐘步行）＋10分鐘步行＋3×（6分鐘**T**＋2分鐘步行）
剩7週	105分鐘**M**／可以用較短的比賽取代，但不要跑太快，只要維持**M**配速即可	10分鐘**E**＋3×（10分鐘**T**＋2分鐘步行）＋40分鐘**E**
剩6週	2小時**L**長跑（配速要穩定）	10分鐘**E**＋6×（6分鐘**T**＋1分鐘步行）＋10分鐘**E**
剩5週	10分鐘**E**強度＋4×（6分鐘**T**強度＋1分鐘步行）＋60分鐘**E**強度＋3×（6分鐘**T**強度＋1分鐘步行）	10分鐘**E**＋4×（10分鐘**T**＋2分鐘步行）＋10分鐘**E**
剩4週	150分鐘**L**長跑	10分鐘**E**＋4×（10分鐘**T**＋2分鐘步行）＋10分鐘**E**
剩3週	135分鐘**M**	10分鐘**E**＋3×（12分鐘**T**＋2分鐘步行）＋10分鐘**E**
剩2週	135分鐘**L**長跑	10分鐘**E**＋7×（6分鐘**T**＋1分鐘步行）＋10分鐘**E**

離比賽剩1週	
剩餘天數	訓練內容
7	90分鐘**E**
6	60分鐘**E**
5	10分鐘**E**＋4×(5分鐘**T**＋2分鐘步行)＋10分鐘**E**
4	30～45分鐘**E**
3	30分鐘**E** 最後三天之中可以選一天完全休息（也許可以挑移動日）
2	30分鐘**E**
1	30分鐘**E** 隔天是馬拉松比賽日

此表格由傑克・丹尼爾斯跑步計算器所創建，該計算器出自Run SMART項目。

2Q訓練計畫

在開始執行2Q的十八週訓練計畫之前，建議至少已經依自己的步調練跑六週以上。在這份訓練計畫中每週都包含兩次質量課表(Q課表)。每週至少練六天。建議將Q1排在星期日，或是看你選定馬拉松比賽日是星期幾，就以那天當成Q1。如果Q1排在星期日，那Q2最好排在星期三或星期四。當然你也可以依你自己的作息與行程重新安排Q1與Q2的時間，但要盡量讓兩次Q課表間隔兩到三天的E日。

計畫中的E日有兩種目的，一是爲了恢復，二是爲了讓你以輕鬆跑的方式累積當週的目標里程數。在E日當天的強度都以E爲主，可以只練一次，也可以練兩次以上，如果需要的話也可以更多次。如果你覺得需要(或是想要)也可以偶爾休息一天，不足的目標里程數再用剩下的E日補足即可。每週至少選兩天E日，在當天訓練最後或過程中進行六到八趟快步跑(ST)，快步跑是指以輕巧、迅速的腳步跑15～20秒，每趟中間休息45～60秒。快步跑並非衝刺，雖然腳步要快但要控制速度。

如果你在執行這份計畫的過程中也安排了其他比賽，可以直接用比賽來取代當週的Q1課表，把Q1移到週間進行，該週的Q2就直接停練。意思是該週的訓練將以週日的比賽開始，幾天後才進行Q1，接著下一週就回到常態仍以Q1開始。在訓練賽前請重新安排課表，使賽前有三天E日；賽後也不宜馬上進行質量課表，至少安排一天E日身體才有時間恢復。賽後要安排幾天E日比較適合，可依比賽的里程而定，每三到四公里排一天E日(例如：比賽是三公里就排一天E日；若比賽是十公里，那賽後應該安排三天E日來恢復才夠)。

一份訓練計畫中最重要的一個數値是「最大量週」的「週跑量」，我們給它一個代號「P」。我一般都會建議每週的訓練量要在「P」的80%～100%之間變動。舉例來說，如果你預定這份訓練計畫中的最大週跑量爲64公里(P=64公里)，而這週的目標里程爲80%P，這意味著你在該週的跑量是：80%×64＝51.2公里。每週建議的總里程數(週跑量)在表格中的第二欄以「%P」表示。

如果你使用跑力值來決定M、T、I、R的訓練配速，要實際一點，至少要用十公里以上的比賽成績作爲準則，比賽的時間愈靠近當下、賽事的距離愈長，所得出的跑力與訓練配速會愈準。[27]如果離上次比賽已經有段時間，最好不要直接用它所得出的跑力值來推算配速，可以用比較保守的方式來推估你在目標賽事的相似地形上能跑出什麼成績，再以此來決定訓練和馬拉松中的目標配速。在執行這份計畫時，前六週先把跑力值調降「2」，第二個六週再回升「1」，第三個六週升回到原本的跑力值(再加「1」的意思)，最後六週再往上加「1」(例如：近期的十公里比賽對應出來的跑力值是「60」，那第一個六週先把跑力值調降到「58」，第二個六週再回升到「59」，第三個六週升到原本的跑力值「60」，第二個六週再升到「61」)。

27. 譯注：因爲目標賽事是馬拉松，所以決定跑力值的比賽距離要長一點。

如果你不是用跑力值來確認訓練配速，也可以先選一個實際上可行的M配速。接著你就可以用它來推算其他訓練強度的配速：以每公里的配速爲單位，課表中的T配速將比目標M配速快9秒(00:09／km)；以四百公尺爲單位(一圈標準田徑場的距離)訓練時的I配速將比T配速快6秒(00:06／400m)；以兩百公尺爲單位，課表中的R配速將比I配速快3秒(00:03／200m)。舉例來說：假設你目前的M配速爲每公里3分43秒(3:43／km)，那表示你的T配速可以設定爲每公里3分34秒(3:34／km＝01:26／400m)，間歇訓練的I配速則爲每一圈四百公尺操場跑80秒(01:20／400m＝3:20／km)，最後的R配速則爲74秒(01:14／400m＝00:37／200m)。

第一個六週的M配速先調降得比目標配速每公里慢6秒(00:06／km)，第二個六週的每公里配速則比目標配速慢2.5秒(00:02.5／km)，第三個六週則直接以目標配速進行，最後六週調升到比目標配速快2.5秒。

表16.3的訓練計畫依里程數從每週最大跑量64公里到194公里分成六份課表。我已將重要的質量課表(Q課表)用粗體表示，如果你覺得太累或感覺負擔太重，你可以直接取消訓練或用E強度的輕鬆跑取代。在強度符號前的數字代表用該強度所要完成的公里數[28]，舉例來說「4.8 E」是指你要用E配速跑4.8公里；「6.4 M」意味著用全馬的M配速跑6.4公里；「1.6 T」表示用T配速跑1.6公里。

---

28. 譯注：原書單位爲英里，中文版已全部換算成公里。

表16.3　這是爲不同跑量所設計的2Q馬拉松訓練計畫，每週最大跑量從64～193公里，根據不同的週跑量共分爲六份課表

每週最大跑量64公里			
離目標賽事剩幾週	最大跑量百分比	訓練內容	Q課表里程數
18	80%P	Q1＝4.8公里**E**＋6.4公里**M**＋1.6公里**T**＋1.6公里**M**＋3.2公里**E** Q2＝8公里**E**＋3.2公里**T**＋2分鐘休息＋1.6公里**E**＋2×(1.6公里**T**＋1分鐘休息)＋3.2公里**E** 如果沒出現「休息」表示中間不停，所以「＋」代表連續跑，中間不休息	17.6公里 19.2公里
17	80%P	**Q1＝3.2公里E＋2×(1.6公里T＋1分鐘休息)＋30分鐘E＋2×(1.6公里T＋1分鐘休息)＋3.2公里E** Q2＝4.8公里**E**＋6×(2分鐘**I**＋2分鐘慢跑)＋4×(1分鐘**R**＋2分鐘慢跑)＋3.2公里**E**	19.2公里 14.4公里
16	90%P	Q1＝90～110分鐘**E** Q2＝8公里**E**＋4×(1.6公里**T**＋1分鐘休息)＋3.2公里**E**	17.6公里 17.6公里
15	90%P	Q1＝3.2公里**E**＋8公里**M**＋1.6公里**T**＋1.6公里**M**＋3.2公里**E** **Q2＝40分鐘E＋4×(1.6公里T＋1分鐘休息)＋3.2公里E**	17.6公里 14.4公里
14	90%P	Q1＝3.2公里**E**＋2×(1.6公里**T**＋1分鐘休息)＋30分鐘**E**＋2×(1.6公里**T**＋1分鐘休息)＋3.2公里**E** Q2＝40分鐘**E**＋5×(3分鐘**I**＋2分鐘慢跑)＋3.2公里**E**	17.6公里 14.4公里
13	90%P	Q1＝90～120分鐘**E** Q2＝40分鐘**E**＋2×(3.2公里**T**＋2分鐘休息)＋3.2公里**E**	19.2公里 16.0公里
12	100%P	Q1＝6.4公里**E**＋9.6公里**M**＋1.6公里**T**＋1.6公里**E** **Q2＝9.6公里E＋4.8公里T＋3分鐘E＋1.6公里T＋3.2公里E**	19.2公里 19.2公里
11	90%P	Q1＝12.8公里**E**＋4×(1.6公里**T**＋1分鐘休息)＋1.6公里**E** Q2＝9.6公里**E**＋3×(4分鐘**I**＋3分鐘慢跑)＋4×(1分鐘**R**＋2分鐘慢跑)＋3.2公里**E**	20.8公里 17.6公里

續下頁▼

每週最大跑量64公里			
離目標賽事剩幾週	最大跑量百分比	訓練內容	Q 課表里程數
10	100%P	Q1＝120～130分鐘**E** Q2＝9.6公里**E**＋9.6公里**M**＋3.2公里**E**	22.4公里 22.4公里
9	100%P	**Q1＝6.4公里E＋1.6公里T＋12.8公里M＋3.2公里E** Q2＝6.4公里**E**＋3.2公里**T**＋2分鐘**E**＋3.2公里**T**＋2分鐘**E**＋1.6公里**T**＋3.2公里**E**	24.0公里 17.6公里
8	90%P	Q1＝8公里**E**＋14.4公里**M**＋3.2公里**E** Q2＝12.8公里**E**＋5×(3分鐘**I**＋2分鐘慢跑)＋3×(2分鐘**I**＋1分鐘慢跑)＋3.2公里**E**	25.6公里 20.8公里
7	90%P	Q1＝130～150分鐘**E** **Q2＝3.2公里E＋16公里M＋1.6公里T＋3.2公里E**	25.6公里 24.0公里
6	100%P	Q1＝4.8公里**E**＋19.2公里**M**＋1.6公里**E** Q2＝45分鐘**E**＋2×(3.2公里**T**＋2分鐘休息)＋1.6公里**T**＋1.6公里**E**	25.6公里 17.6公里
5	100%P	**Q1＝3.2公里E＋3.2公里T＋60分鐘E＋2×(1.6公里T＋1分鐘休息)＋3.2公里E** Q2＝9.6公里**E**＋5×(3分鐘**I**＋2分鐘慢跑)＋4×(1分鐘**R**＋2分鐘慢跑)＋3.2公里**E**	24.0公里 19.2公里
4	90%P	Q1＝150分鐘**E** Q2＝9.6公里**E**＋5×(3分鐘**I**＋3分鐘慢跑)＋1.6公里**T**＋6.4公里**E**	27.2公里 22.4公里
3	90%P	Q1＝1.6公里**E**＋12.8公里**M**＋1.6公里**E**＋9.6公里**M**＋1.6公里**E** **Q2＝9.6公里E＋4×(1.6公里T＋1分鐘休息)＋3.2公里E**	27.2公里 19.2公里
2	90%P	Q1＝1.6公里**E**＋2×(3.2公里**T**＋2分鐘休息)＋60分鐘**E** Q2＝6.4公里**E**＋1.6公里**T**＋3.2公里**M**＋1.6公里**E**＋1.6公里**T**＋3.2公里**M**＋1.6公里**E**	19.2公里 19.2公里

續下頁▼

每週最大跑量64公里			
離目標賽事剩幾週	最大跑量百分比	訓練內容	Q課表里程數
1	－	剩七天：Q1＝90分鐘**E** 剩六天：60分鐘**E** 剩五天：Q2＝3.2公里**E**＋5×(800**T**＋2分鐘**E**)＋1.6公里**E** 剩四天：50分鐘**E** 剩三天：30～40分鐘**E** 剩二天：0～20分鐘**E** 比賽前一天：20～30分鐘**E**(隔天比賽)	16.0公里 11.2公里 9.6公里 9.6公里 6.4公里 3.2公里 4.8公里

每週最大跑量66～89公里			
離目標賽事剩幾週	最大跑量百分比	訓練內容	Q課表里程數
18	80%P	Q1＝6.4公里**E**＋12.8公里**M**＋1.6公里**T**＋1.6公里**E** Q2＝12.8公里**E**＋2×(3.2公里**T**＋2分鐘休息)＋1.6公里**T**＋3.2公里**E** 如果沒出現「休息」表示中間不停，所以「＋」代表連續跑，中間不休息	22.4公里 24.0公里
17	80%P	**Q1＝3.2公里E＋4.8公里T＋40分鐘E＋3.2公里T＋1.6公里E** Q2＝9.6公里**E**＋5×(3分鐘**I**＋2分鐘慢跑)＋6×(1分鐘**R**＋2分鐘慢跑)＋3.2公里**E**	20.8公里 20.8公里
16	90%P	Q1＝90～120分鐘**E** Q2＝9.6公里**E**＋3.2公里**T**＋2分鐘**E**＋3.2公里**T**＋2分鐘**E**＋1.6公里**T**＋3.2公里**E**	24.0公里 20.8公里
15	90%P	Q1＝3.2公里**E**＋12.8公里**M**＋1.6公里**E**＋3.2公里**M**＋3.2公里**E** **Q2＝40分鐘E＋3×(3.2公里T＋2分鐘休息)＋3.2公里E**	24.0公里 20.8公里
14	90%P	Q1＝1.6公里**E**＋2×(3.2公里**T**＋2分鐘休息)＋60分鐘**E**＋1.6公里**T**＋1.6公里**E** Q2＝9.6公里**E**＋5×(4分鐘**I**＋3分鐘慢跑)＋3.2公里**E**	24.0公里 20.8公里
13	90%P	Q1= 100～120分鐘**E** Q2＝40分鐘**E**＋3×(3.2公里**T**＋2分鐘休息)＋3.2公里**E**	25.6公里 20.8公里

續下頁▼

每週最大跑量66～89公里			
離目標賽事剩幾週	最大跑量百分比	訓練內容	Q課表里程數
12	100%P	Q1＝3.2公里**E**＋9.6公里**M**＋1.6公里**E**＋9.6公里**M**＋1.6公里**E** **Q2＝9.6公里E＋4.8公里T＋3分鐘E＋3.2公里T＋2分鐘E＋1.6公里T＋3.2公里E**	25.6公里 22.4公里
11	90%P	Q1＝16公里**E**＋2×（3.2公里**T**＋2分鐘休息）＋3.2公里**E** Q2＝12.8公里**E**＋5×（3分鐘**I**＋2分鐘慢跑）＋6×（1分鐘**R**＋2分鐘慢跑）＋3.2公里**E**	24.0公里 20.8公里
10	100%P	Q1＝120分鐘**E** Q2＝3.2公里**E**＋19.2公里**M**＋3.2公里**E**	25.6公里 25.6公里
9	100%P	**Q1＝3.2公里E＋9.6公里M＋1.6公里E＋6.4公里M＋1.6公里T＋1.6公里E** Q2＝8公里**E**＋3×（3.2公里**T**＋2分鐘休息）＋1.6公里**T**＋3.2公里**E**	24.0公里 22.4公里
8	90%P	Q1＝60分鐘**E**＋12.8公里**M**＋1.6公里**E** Q2＝12.8公里**E**＋4×（4分鐘**I**＋3分鐘慢跑）＋4.8公里**E**	27.2公里 22.4公里
7	90%P	Q1＝120～150分鐘**E** **Q2＝3.2公里E＋12.8公里M＋3×（1.6公里T＋1分鐘慢跑）＋3.2公里E**	27.2公里 24.0公里
6	100%P	Q1＝3.2公里**E**＋22.4公里**M**＋1.6公里**E** Q2＝60分鐘**E**＋3×（3.2公里**T**＋2分鐘休息）＋1.6公里**T**＋1.6公里**E**	27.2公里 24.0公里
5	100%P	**Q1＝3.2公里E＋4.8公里T＋60分鐘E＋3.2公里T＋3.2公里E** Q2＝9.6公里**E**＋5×（3分鐘**I**＋2分鐘**E**）＋4×（1分鐘**R**＋2分鐘慢跑）＋3.2公里**E**	27.2公里 22.4公里
4	90%P	Q1＝150分鐘**E** Q2＝9.6公里**E**＋5×（3分鐘**I**＋2分鐘**E**）＋6.4公里**E**	27.2公里 20.8公里
3	90%P	Q1＝1.6公里**E**＋12.8公里**M**＋1.6公里**E**＋9.6公里**M**＋1.6公里**E** **Q2＝6.4公里E＋2×（3.2公里T＋2分鐘休息）＋3×（1.6公里T＋1分鐘休息）＋3.2公里E**	27.2公里 20.8公里

續下頁▼

每週最大跑量66～89公里			
離目標賽事剩幾週	最大跑量百分比	訓練內容	Q 課表里程數
2	90%P	Q1＝1.6公里**E**＋3×（3.2公里**T**＋2分鐘**E**恢復跑）＋60分鐘**E** Q2＝6.4公里**E**＋1.6公里**T**＋3.2公里**M**＋1.6公里**E**＋1.6公里**T**＋3.2公里**M**＋3.2公里**E**	24.0公里 20.8公里
1	－	剩七天：Q1＝90分鐘**E** 剩六天：60分鐘**E** 剩五天：Q2＝3.2公里**E**＋3×（1.6公里**T**＋2分鐘休息）＋3.2公里**E** 剩四天：50分鐘**E** 剩三天：30～40分鐘**E** 剩二天：0～20分鐘**E** 比賽前一天：20～30分鐘**E**（隔天比賽）	16.0公里 12.8公里 11.2公里 9.6公里 8.0公里 3.2公里 4.8公里

每週最大跑量90～113公里			
離目標賽事剩幾週	最大跑量百分比	訓練內容	Q 課表里程數
18	80%P	Q1＝1.6公里**E**＋9.6公里**M**＋1.6公里**E**＋9.6公里**M**＋3.2公里**E**（中間不休息） Q2＝12.8公里**E**＋4.8公里**T**＋3分鐘休息＋3.2公里**T**＋3.2公里**E**	25.6公里 24.0公里
17	80%P	**Q1＝3.2公里E＋4.8公里T＋60分鐘E＋1.6公里T＋1.6公里E** Q2＝6.4公里**E**＋5×（1,000公尺**I**＋3分鐘慢跑）＋4×（400公尺**R**＋400 m慢跑）＋3.2公里**E**	24.0公里 20.8公里
16	90%P	Q1＝25.6公里**E**或120分鐘**E** Q2＝9.6公里**E**＋4.8公里**T**＋3分鐘 **E**＋3.2公里**T**＋2分鐘 **E**＋1.6公里**T**＋3.2公里**E**	25.6公里 22.4公里
15	90%P	Q1＝3.2公里**E**＋12.8公里**M**＋1.6公里**E**＋4.8公里**M**＋3.2公里**E** **Q2＝40分鐘 E＋3×（3.2公里T＋2分鐘休息）＋2×（1.6公里T＋1分鐘休息）＋1.6公里E**	25.6公里 24.0公里
14	90%P	Q1＝1.6公里**E**＋2×（3.2公里**T**＋2分鐘休息）＋60分鐘 **E**＋3.2公里**T**＋1.6公里**E** Q2＝12.8公里**E**＋6×（1,000公尺**I**＋3分鐘慢跑）＋3.2公里**E**	25.6公里 22.4公里

續下頁▼

每週最大跑量90～113公里			
離目標賽事剩幾週	最大跑量百分比	訓練內容	Q 課表里程數
13	80%P	Q1= 27.2公里**E**或120分鐘**E** Q2＝40分鐘 **E**＋4.8公里**T**＋2分鐘休息＋2×(3.2公里**T**＋1分鐘休息)＋3.2公里**E**	27.2公里 24.0公里
12	100%P	Q1＝1.6公里**E**＋12.8公里**M**＋1.6公里**E**＋9.6公里**M**＋1.6公里**E** **Q2＝6.4公里E＋4.8公里T＋3分鐘 E＋3.2公里T＋2分鐘 E＋3.2公里T＋2分鐘 E＋1.6公里T＋3.2公里E**	27.2公里 22.4公里
11	90%P	Q1＝19.2公里**E**＋4.8公里**T**＋1.6公里**E** Q2＝12.8公里**E**＋5×(1,000公尺**I**＋2分鐘慢跑)＋4×(400公尺**R**＋400 公尺慢跑)＋1.6公里**E**	25.6公里 24.0公里
10	90%P	Q1＝29公里**E**或130分鐘**E** Q2＝3.2公里**E**＋19.2公里**M**＋3.2公里**E**	28.8公里 25.6公里
9	100%P	**Q1＝4.8公里E＋9.6公里M＋1.6公里E＋6.4公里M＋1.6公里T＋1.6公里E** Q2＝8公里**E**＋4×(3.2公里**T**＋2分鐘休息)＋3.2公里**E**	25.6公里 24.0公里
8	90%P	Q1a＝3.2公里**E**＋3.2公里**T**＋60分鐘**E**＋3.2公里**T**＋3.2公里**E** Q1b＝60分鐘 **E**＋12.8公里**M**＋1.6公里**E** Q2＝12.8公里**E**＋6×(1,000公尺**I**＋3分鐘慢跑)＋3.2公里**E** Q1a與Q1b擇一進行訓練	27.2公里 27.2公里 25.6公里
7	90%P	Q1＝32公里**E**或150分鐘**E** **Q2＝3.2公里E＋12.8公里M＋2×(3.2公里T＋2分鐘慢跑)＋3.2公里E**	32.0公里 25.6公里
6	100%P	Q1＝4.8公里**E**＋19.2公里**M**＋3.2公里**E** Q2＝40分鐘**E**＋4×(3.2公里**T**＋2分鐘休息)＋2×(1.6公里**T**＋1分鐘休息)＋1.6公里**E**	27.2公里 27.2公里
5	90%P	**Q1＝9.6公里E＋3.2公里T＋9.6公里E＋3.2公里T＋1.6公里E** Q2＝12.8公里**E**＋5×(1,000公尺**I**＋3分鐘慢跑)＋6×(200公尺**R**＋200公尺慢跑)＋3.2公里**E**	27.2公里 25.6公里

續下頁▼

每週最大跑量90～113公里			
離目標賽事剩幾週	最大跑量百分比	訓練內容	Q 課表里程數
4	90%P	Q1＝32公里**E**或150分鐘**E** Q2＝9.6公里**E**＋5×(1,000公尺**I**＋3分鐘**E**)＋6.4公里**E**	32.0公里 24.0公里
3	90%P	Q1＝3.2公里**E**＋9.6公里**M**＋1.6公里**E**＋9.6公里**M**＋3.2公里**E** **Q2＝3.2公里E＋4×(3.2公里T＋2分鐘E)＋3.2公里E**	27.2公里 19.2公里
2	90%P	Q1＝3.2公里**E**＋3×(3.2公里**T**＋2分鐘休息)＋11.2公里**E** Q2＝4.8公里**E**＋1.6公里**T**＋3.2公里**M**＋1.6公里**T**＋3.2公里**M**＋3.2公里**E**	24.0公里 17.6公里
1	－	• 剩七天：Q1＝90分鐘**E** • 剩六天：60分鐘**E** • 剩五天：Q2＝4.8公里**E**＋3×(1.6公里**T**＋2分鐘休息)＋3.2公里**E** • 剩四天：50分鐘**E** • 剩三天：30～40分鐘**E** • 剩二天：0～20分鐘**E** • 比賽前一天：20～30分鐘**E**(隔天比賽)	20.8公里 12.8公里 12.8公里 11.2公里 8.0公里 4.8公里 4.8公里

每週最大跑量114～137公里			
離目標賽事剩幾週	最大跑量百分比	訓練內容	Q 課表里程數
18	80%P	Q1＝8公里**E**＋9.6公里**M**＋1.6公里**T**＋8公里**M**＋1.6公里**E** Q2＝12.8公里**E**＋6.4公里**T**＋4分鐘休息＋6.4公里**T**＋1.6公里**E** 如果沒出現「休息」表示中間不停，所以「＋」代表連續跑，中間不休息	28.8公里 27.2公里
17	80%P	**Q1＝4.8公里E＋4.8公里T＋60分鐘E＋3.2公里T＋3.2公里E** Q2＝9.6公里**E**＋5×(1,000公尺**I**＋2分鐘慢跑)＋6×(400公尺**R**＋400**M**慢跑)＋3.2公里**E**	28.8公里 24.0公里

續下頁▼

每週最大跑量114～137公里			
離目標賽事剩幾週	最大跑量百分比	訓練內容	Q 課表里程數
16	90%P	Q1＝28.8公里**E** Q2＝8公里**E**＋6.4公里**T**＋4分鐘**E**＋4.8公里**T**＋3分鐘**E**＋3.2公里**T**＋2分鐘**E**＋1.6公里**T**＋3.2公里**E**	28.8公里 27.2公里
15	90%P	Q1＝3.2公里**E**＋12.8公里**M**＋1.6公里**T**＋3.2公里**M**＋1.6公里**E**＋3.2公里**M**＋3.2公里**E** **Q2＝9.6公里E＋4×（3.2公里T＋2分鐘休息）＋3.2公里E**	28.8公里 25.6公里
14	90%P	Q1＝3.2公里**E**＋2×（3.2公里**T**＋2分鐘休息）＋60分鐘**E**＋3.2公里**T**＋3.2公里**E** Q2a＝12.8公里**E**＋8×（1,000公尺**I**＋2分鐘慢跑）＋3.2公里**E** Q2b＝12.8公里**E**＋5×（1.6公里**I**＋4分鐘慢跑）＋3.2公里**E** Q2a與Q2b擇一進行訓練	28.8公里 27.2公里 27.2公里
13	80%P	Q1＝30.4公里**E** Q2＝11.2公里**E**＋4×（3.2公里**T**＋2分鐘休息）＋3.2公里**E**	30.4公里 27.2公里
12	100%P	Q1＝6.4公里**E**＋12.8公里**M**＋1.6公里**T**＋6.4公里**M**＋3.2公里**E** Q2＝6.4公里**E**＋4.8公里**T**＋4分鐘**E**＋4.8公里**T**＋3分鐘**E**＋3.2公里**T**＋2分鐘**E**＋1.6公里**T**＋3.2公里**E**	30.4公里 24.0公里
11	90%P	Q1＝12.8公里**E**＋4.8公里**T**＋12.8公里**E** Q2＝12.8公里**E**＋6×（1,000公尺**I**＋2分鐘慢跑）＋4×（400公尺**R**＋400公尺慢跑）＋3.2公里**E**	30.4公里 27.2公里
10	80%P	Q1＝32公里**E** Q2＝3.2公里**E**＋22.4公里**M**＋3.2公里**E**	32.0公里 28.8公里
9	100%P	**Q1＝6.4公里E＋9.6公里M＋1.6公里T＋8公里M＋3.2公里E** Q2＝8公里**E**＋2×（4.8公里**T**＋3分鐘休息）＋3.2公里**T**＋4.8公里**E**	28.8公里 25.6公里

續下頁▼

每週最大跑量114～137公里			
離目標賽事剩幾週	最大跑量百分比	訓練內容	Q課表里程數
8	90%P	Q1a＝1.6公里**E**＋4.8公里**T**＋16公里**E**＋4.8公里**T**＋1.6公里**E** Q1b＝6.4公里**E**＋20.8公里**M**＋1.6公里**E** Q2＝12.8公里**E**＋8×（1,000公尺**I**＋2分鐘慢跑）＋3.2公里**E** Q1a與Q1b擇一進行訓練	28.8公里 27.2公里
7	90%P	Q1＝32公里**E** **Q2＝3.2公里E＋12.8公里M＋4.8公里T＋3.2公里E**	32.0公里 24.0公里
6	100%P	Q1＝3.2公里**E**＋12.8公里**M**＋1.6公里**T**＋6.4公里**M**＋1.6公里**T**＋1.6公里**M**＋1.6公里**E** Q2＝6.4公里**E**＋4×（3.2公里**T**＋2分鐘休息）＋3.2公里**E**	18公里 22.4公里
5	90%P	**Q1＝3.2公里E＋3.2公里T＋12.8公里E＋3.2公里T＋3.2公里E** Q2＝9.6公里**E**＋5×（1,000公尺**I**＋2分鐘慢跑）＋4×（400公尺**R**＋400公尺慢跑）＋3.2公里**E**	25.6公里 22.4公里
4	80%P	Q1＝28.8公里**E** Q2＝4.8公里**E**＋3×（1.6公里**T**＋1分鐘慢跑）＋3×（1,000公尺**I**＋2分鐘慢跑）＋3×（400公尺**R**＋400公尺慢跑）＋3.2公里**E**	28.8公里 19.2公里
3	80%P	Q1＝4.8公里**E**＋9.6公里**M**＋1.6公里**T**＋9.6公里**M**＋3.2公里**E** **Q2＝3.2公里E＋4×（3.2公里T＋2分鐘E）＋3.2公里E**	28.8公里 19.2公里
2	70%P	Q1＝3.2公里**E**＋3×（3.2公里**T**＋2分鐘**E**）＋12.8公里**E** Q2＝6.4公里**E**＋1.6公里**T**＋3.2公里**M**＋1.6公里**T**＋3.2公里**M**＋3.2公里**E**	25.6公里 19.2公里
1	—	剩七天：Q1＝90分鐘**E** 剩六天：60分鐘**E** 剩五天：Q2＝6.4公里**E**＋3×（1.6公里**T**＋2分鐘**E**）＋3.2公里**E** 剩四天：50分鐘**E** 剩三天：30～40分鐘**E** 剩二天：0～20分鐘**E** 比賽前一天：20～30分鐘**E**（隔天比賽）	20.8公里 12.8公里 14.4公里 11.2公里 8.0公里 4.8公里 4.8公里

每週最大跑量138～161公里

離目標賽事剩幾週	最大跑量百分比	訓練內容	Q課表里程數
18	80%P	Q1＝8公里**E**＋9.6公里**M**＋1.6公里**T**＋8公里**M**＋1.6公里**T**＋1.6公里**M**＋1.6公里**E** Q2＝12.8公里**E**＋6.4公里**T**＋4分鐘休息＋6.4公里**T**＋3.2公里**E** 如果沒出現「休息」表示中間不停，所以「＋」代表連續跑，中間不休息	32.0公里 28.8公里
17	80%P	**Q1＝6.4公里E＋4.8公里T＋60分鐘E＋4.8公里T＋3.2公里E** Q2＝12.8公里**E**＋5×（1,000公尺**I**＋2分鐘慢跑）＋6×（400公尺**R**＋400 **M**慢跑）＋3.2公里**E**	33.6公里 27.2公里
16	90%P	Q1＝35.2公里**E** Q2＝8公里**E**＋6.4公里**T**＋4分鐘休息＋4.8公里**T**＋3分鐘休息＋3.2公里**T**＋2分鐘休息＋1.6公里**T**＋3.2公里**E**	35.2公里 27.2公里
15	90%P	Q1＝3.2公里**E**＋12.8公里**M**＋1.6公里**T**＋6.4公里**M**＋1.6公里**T**＋3.2公里**M**＋3.2公里**E** **Q2＝9.6公里E＋4×（3.2公里T＋2分鐘休息）＋3.2公里E**	32.0公里 25.6公里
14	80%P	Q1＝3.2公里**E**＋2×（3.2公里**T**＋2分鐘休息）＋60分鐘**E**＋4.8公里**T**＋3.2公里**E** Q2a＝12.8公里**E**＋8×（1,000公尺**I**＋2分鐘慢跑）＋3.2公里**E** Q2b＝12.8公里**E**＋5×（1.6公里**I**＋4分鐘慢跑）＋3.2公里**E** Q2a與Q2b擇一進行訓練	32.0公里 27.2公里 27.2公里
13	90%P	Q1＝33.6公里**E** Q2＝40分鐘**E**＋5×（3.2公里**T**＋2分鐘休息）＋3.2公里**E**	33.6公里 28.8公里
12	100%P	Q1＝6.4公里**E**＋12.8公里**M**＋1.6公里**T**＋9.6公里**M**＋1.6公里**T**＋1.6公里**E** **Q2＝9.6公里E＋6.4公里T＋4分鐘E＋4.8公里T＋3分鐘E＋3.2公里T＋2分鐘E＋1.6公里T＋3.2公里E**	33.6公里 28.8公里

續下頁▼

每週最大跑量138～161公里			
離目標賽事剩幾週	最大跑量百分比	訓練內容	Q課表里程數
11	100%P	Q1＝12.8公里E＋6.4公里T＋16公里E Q2＝12.8公里E＋6×（1,000公尺I＋2分鐘慢跑）＋4×（400公尺R＋400公尺慢跑）＋3.2公里E	35.2公里 27.2公里
10	80%P	Q1＝33.6公里E Q2＝3.2公里E＋24公里M＋3.2公里E	33.6公里 30.4公里
9	100%P	**Q1＝6.4公里E＋9.6公里M＋1.6公里T＋9.6公里M＋1.6公里E** Q2＝4.8公里E＋6.4公里T＋4分鐘休息＋4.8公里T＋3分鐘休息＋4.8公里T＋3.2公里E	28.8公里 24.0公里
8	100%P	Q1a＝3.2公里E＋6.4公里T＋16公里E＋6.4公里T＋1.6公里E Q1b＝8公里E＋22.4公里M＋3.2公里E Q2＝ 12.8公里E＋3×（1.6公里I＋4分鐘慢跑）＋3×（1,000公尺I＋2分鐘慢跑）＋3.2公里E Q1a與Q1b擇一進行訓練	33.6公里 33.6公里 25.6公里
7	90%P	Q1＝35.2公里E **Q2＝3.2公里E＋12.8公里M＋6.4公里T＋3.2公里E**	35.2公里 25.6公里
6	100%P	Q1＝4.8公里E＋12.8公里M＋1.6公里T＋6.4公里M＋1.6公里T＋1.6公里M＋1.6公里E Q2＝4.8公里E＋6.4公里T＋4分鐘E＋3×（3.2公里T＋2分鐘休息）＋3.2公里E	30.4公里 24.0公里
5	80%P	**Q1＝3.2公里E＋4.8公里T＋12.8公里E＋4.8公里T＋3.2公里E** Q2＝9.6公里E＋6×（1,000公尺I＋2分鐘慢跑）＋4×（400公尺R＋400公尺慢跑）＋3.2公里E	28.8公里 24.0公里
4	90%P	Q1＝32公里E Q2＝9.6公里E＋3×（1.6公里T＋1分鐘休息）＋3×（1,000公尺I＋2分鐘慢跑）＋3×（400公尺R＋400公尺慢跑）＋3.2公里E	32.0公里 24.0公里

每週最大跑量138～161公里			
離目標賽事剩幾週	最大跑量百分比	訓練內容	Q課表里程數
3	80%P	Q1＝6.4公里**E**＋9.6公里**M**＋1.6公里**T**＋9.6公里**M**＋3.2公里**E** **Q2＝3.2公里E＋4×(3.2公里T＋2分鐘休息)＋3.2公里E**	30.4公里 19.2公里
2	70%P	Q1＝3.2公里**E**＋3×(3.2公里**T**＋2分鐘休息)＋12.8公里**E** Q2＝6.4公里**E**＋1.6公里**T**＋3.2公里**M**＋1.6公里**T**＋3.2公里**M**＋3.2公里**E**	25.6公里 19.2公里
1	—	剩七天：Q1＝90分鐘**E** 剩六天：60分鐘**E** 剩五天：Q2＝6.4公里**E**＋3×(1.6公里**T**＋2分鐘休息)＋3.2公里**E** 剩四天：50分鐘**E** 剩三天：30～40分鐘**E** 剩二天：0～20分鐘**E** 比賽前一天：20～30分鐘**E**(隔天比賽)	22.4公里 14.4公里 14.4公里 11.2公里 9.6公里 4.8公里 6.4公里

每週最大跑量163～193公里			
離目標賽事剩幾週	最大跑量百分比	訓練內容	Q課表里程數
18	80%P	Q1＝8公里**E**＋9.6公里**M**＋1.6公里**T**＋8公里**M**＋1.6公里**T**＋1.6公里**M**＋3.2公里**E** Q2＝16公里**E**＋6.4公里**T**＋4分鐘休息＋6.4公里**T**＋3.2公里**E** 如果沒出現「休息」表示中間不停，所以「＋」代表連續跑，中間不休息	33.6公里 32.0公里
17	80%P	**Q1＝6.4公里E＋4.8公里T＋60分鐘E＋4.8公里T＋3.2公里E** Q2a＝12.8公里**E**＋5×(1,000公尺**I**＋2分鐘慢跑)＋6×(400公尺**R**＋400公尺慢跑)＋3.2公里**E** Q2b＝12.8公里**E**＋5×(3分鐘**H**＋2分鐘慢跑)＋6×(400公尺**R**＋400公尺慢跑)＋3.2公里**E** Q2a與Q2b擇一進行訓練	33.6公里 27.2公里 27.2公里

續下頁▼

每週最大跑量163～193公里			
離目標賽事剩幾週	最大跑量百分比	訓練內容	Q課表里程數
16	90%P	Q1＝36.8公里**E** Q2＝8公里**E**＋6.4公里**T**＋4分鐘休息＋4.8公里**T**＋3分鐘**E**＋3.2公里**T**＋2分鐘**E**＋1.6公里**T**＋3.2公里**E**	36.8公里 28.8公里
15	90%P	Q1＝3.2公里**E**＋12.8公里**M**＋1.6公里**T**＋6.4公里**M**＋1.6公里**T**＋4.8公里**M**＋3.2公里**E** **Q2＝12.8公里E＋4×(3.2公里T＋2分鐘休息)＋3.2公里E**	33.6公里 28.8公里
14	80%P	Q1＝3.2公里**E**＋2×(3.2公里**T**＋2分鐘休息)＋60分鐘**E**＋4.8公里**T**＋3.2公里**E** Q2a＝12.8公里**E**＋8×(1,000公尺**I**＋2分鐘慢跑)＋4.8公里**E** Q2b＝12.8公里**E**＋5×(1.6公里**I**＋4分鐘慢跑)＋4.8公里**E** Q2a與Q2b擇一進行訓練	32.0公里 28.8公里 28.8公里
13	100%P	Q1＝32公里**E** Q2＝12.8公里**E**＋5×(3.2公里**T**＋2分鐘休息)＋3.2公里**E**	32.0公里 32.0公里
12	100%P	Q1＝6.4公里**E**＋12.8公里**M**＋1.6公里**T**＋9.6公里**M**＋1.6公里**T**＋3.2公里**E** Q2＝9.6公里**E**＋6.4公里**T**＋4分鐘休息＋4.8公里**T**＋3分鐘休息＋3.2公里**T**＋2分鐘休息＋1.6公里**T**＋3.2公里**E**	35.2公里 28.8公里
11	90%P	Q1＝16公里**E**＋6.4公里**T**＋12.8公里**E** Q2＝12.8公里**E**＋6×(1,000公尺**I**＋2分鐘慢跑)＋4×(400公尺**R**＋400公尺慢跑)＋3.2公里**E**	35.2公里 27.2公里
10	80%P	Q1＝33.6公里**E** Q2＝3.2公里**E**＋25.6公里**M**＋3.2公里**E**	33.6公里 32.0公里
9	100%P	**Q1＝6.4公里E＋9.6公里M＋1.6公里T＋9.6公里M＋3.2公里E** Q2＝4.8公里**E**＋6.4公里**T**＋4分鐘**E**＋6.4公里**T**＋4分鐘**E**＋3.2公里**T**＋3.2公里**E**	30.4公里 25.6公里

續下頁▼

每週最大跑量163～193公里			
離目標賽事剩幾週	最大跑量百分比	訓練內容	Q 課表里程數
8	90%P	Q1＝9.6公里**E**＋20.8公里**M**＋3.2公里**E** Q2＝12.8公里**E**＋3×（1,200公尺**I**＋3分鐘慢跑）＋3×（1,000公尺**I**＋3分鐘慢跑）＋3.2公里**E**	33.6公里 27.2公里
7	100%P	Q1＝35.2公里**E** **Q2＝4.8公里E＋12.8公里M＋6.4公里T＋3.2公里E**	35.2公里 27.2公里
6	100%P	Q1＝6.4公里**E**＋12.8公里**M**＋1.6公里**T**＋6.4公里**M**＋1.6公里**T**＋1.6公里**M**＋1.6公里**E** Q2＝4.8公里**E**＋6.4公里**T**＋4分鐘休息＋2×（4.8公里**T**＋3分鐘慢跑 ）＋3.2公里**E**	32.0公里 24.0公里
5	80%P	**Q1＝3.2公里E＋6.4公里T＋12.8公里E＋6.4公里T＋3.2公里E** Q2＝9.6公里**E**＋6×（1,000公尺**I**＋2分鐘慢跑）＋4×（400公尺**R**＋400公尺慢跑）＋3.2公里**E**	32.0公里 24.0公里
4	90%P	Q1＝33.6公里**E** Q2＝8公里**E**＋3×（1.6公里**T**＋1分鐘慢跑）＋3×（1,000公尺**I**＋2分鐘慢跑）＋3×（400公尺**R**＋400公尺慢跑）＋3.2公里**E**	33.6公里 22.4公里
3	80%P	Q1＝6.4公里**E**＋9.6公里**M**＋1.6公里**T**＋9.6公里**M**＋1.6公里**T**＋3.2公里**E** **Q2＝6.4公里E＋4×（3.2公里T＋2分鐘E）＋3.2公里E**	32.0公里 22.4公里
2	70%P	Q1＝3.2公里**E**＋3×（3.2公里**T**＋2分鐘休息）＋12.8公里**E** Q2＝6.4公里**E**＋1.6公里**T**＋3.2公里**M**＋1.6公里**T**＋3.2公里**M**＋3.2公里**E**	25.6公里 19.2公里
1	—	剩七天：Q1＝90分鐘**E** 剩六天：60分鐘**E** 剩五天：Q2＝6.4公里**E**＋3×（1.6公里**T**＋2分鐘休息）＋3.2公里**E** 剩四天：50分鐘**E** 剩三天：30～40分鐘**E** 剩二天：0～20分鐘**E** 比賽前一天：20～30分鐘**E**（隔天比賽）	22.4公里 14.4公里 14.4公里 11.2公里 8.0公里 4.8公里 4.8公里

每週最大跑量超過194公里以上

離目標賽事剩幾週	最大跑量百分比	訓練內容	Q課表里程數
18	80%P	Q1＝8公里**E**＋9.6公里**M**＋1.6公里**T**＋8公里**M**＋1.6公里**T**＋1.6公里**M**＋3.2公里**E** Q2＝16公里**E**＋6.4公里**T**＋1.6公里**E**＋6.4公里**T**＋3.2公里**E** 如果沒出現「休息」表示中間不停，所以「＋」代表連續跑，中間不休息	33.6公里 33.6公里
17	80%P	Q1＝6.4公里**E**＋4.8公里**T**＋60分鐘**E**＋4.8公里**T**＋3.2公里**E** Q2＝12.8公里**E**＋6×（1,000公尺**I**＋2分鐘慢跑）＋6×（400公尺**R**＋400 m慢跑）＋3.2公里**E**	33.6公里 27.2公里
16	90%P	Q1＝36.8公里**E** Q2＝8公里**E**＋6.4公里**T**＋4分鐘**E**＋4.8公里**T**＋3分鐘**E**＋3.2公里**T**＋2分鐘**E**＋1.6公里**T**＋3.2公里**E**	36.8公里 28.8公里
15	90%P	Q1＝3.2公里**E**＋12.8公里**M**＋1.6公里**T**＋6.4公里**M**＋1.6公里**T**＋4.8公里**M**＋3.2公里**E** **Q2＝12.8公里E＋4×（3.2公里T＋2分鐘休息）＋3.2公里E**	33.6公里 28.8公里
14	80%P	Q1＝3.2公里**E**＋2×（3.2公里**T**＋2分鐘休息）＋60分鐘**E**＋4.8公里**T**＋3.2公里**E** Q2a＝12.8公里**E**＋8×（1,000公尺**I**＋2分鐘慢跑）＋4.8公里**E** Q2b＝12.8公里**E**＋5×（1.6公里**I**＋4分鐘慢跑）＋4.8公里**E** Q2a與Q2b擇一進行訓練	32.0公里 27.2公里 27.2公里
13	100%P	Q1＝32公里**E** Q2＝12.8公里**E**＋5×（3.2公里**T**＋2分鐘休息）＋3.2公里**E**	32.0公里 32.0公里
12	100%P	Q1＝6.4公里**E**＋12.8公里**M**＋1.6公里**T**＋9.6公里**M**＋1.6公里**T**＋3.2公里**E** **Q2＝9.6公里E＋6.4公里T＋4分鐘E＋4.8公里T＋3分鐘E＋3.2公里T＋2分鐘E＋1.6公里T＋3.2公里E**	35.2公里 30.4公里

續下頁▼

每週最大跑量超過194公里以上			
離目標賽事剩幾週	最大跑量百分比	訓練內容	Q課表里程數
11	90%P	Q1＝16公里**E**＋6.4公里**T**＋12.8公里**E** Q2＝12.8公里**E**＋8×（1,000公尺**I**＋2分鐘慢跑）＋4×（400公尺**R**＋400 公尺慢跑）＋3.2公里**E**	35.2公里 28.8公里
10	80%P	Q1＝33.6公里**E** Q2＝3.2公里**E**＋25.6公里**M**＋3.2公里**E**	33.6公里 32.0公里
9	100%P	**Q1＝6.4公里E＋9.6公里M＋1.6公里T＋9.6公里M＋3.2公里E** Q2＝4.8公里**E**＋6.4公里**T**＋4分鐘**E**＋6.4公里**T**＋4分鐘**E**＋3.2公里**T**＋3.2公里**E**	30.4公里 25.6公里
8	100%P	Q1＝9.6公里**E**＋20.8公里**M**＋4.8公里**E** Q2＝12.8公里**E**＋3×（1.6公里**I**＋4分鐘慢跑）＋3×（1,000公尺**I**＋2分鐘慢跑）＋3.2公里**E**	35.2公里 27.2公里
7	90%P	Q1＝35.2公里**E** **Q2＝6.4公里E＋12.8公里M＋6.4公里T＋3.2公里E**	35.2公里 28.8公里
6	100%P	Q1＝6.4公里**E**＋12.8公里**M**＋1.6公里**T**＋6.4公里**M**＋1.6公里**T**＋1.6公里**M**＋3.2公里**E** Q2＝4.8公里**E**＋6.4公里**T**＋4分鐘**E**＋2×（4.8公里**T**＋3分鐘休息）＋3.2公里**E**	33.6公里 24.0公里
5	80%P	**Q1＝3.2公里E＋6.4公里T＋12.8公里E＋6.4公里T＋3.2公里E** Q2＝9.6公里**E**＋6×（1,000公尺**I**＋2分鐘慢跑）＋4×（400公尺**R**＋400 公尺慢跑）＋3.2公里**E**	32.0公里 24.0公里
4	90%P	Q1＝33.6公里**E** Q2＝8公里**E**＋3×（1.6公里**T**＋1分鐘慢跑）＋3×（1,000公尺**I**＋2分鐘慢跑）＋3×（400公尺**R**＋400公尺慢跑）＋3.2公里**E**	33.6公里 24.0公里
3	70%P	Q1＝6.4公里**E**＋9.6公里**M**＋1.6公里**T**＋9.6公里**M**＋1.6公里**T**＋3.2公里**E** Q2＝ 3.2公里**E**＋4×（3.2公里**T**＋2分鐘慢跑）＋3.2公里**E**	32.0公里 35.2公里

續下頁▼

每週最大跑量超過194公里以上			
離目標賽事剩幾週	最大跑量百分比	訓練內容	Q課表里程數
2	70%P	Q1＝3.2公里**E**＋3×(3.2公里**T**＋2分鐘休息)＋12.8公里**E** Q2＝6.4公里**E**＋1.6公里**T**＋3.2公里**M**＋1.6公里**T**＋3.2公里**M**＋3.2公里**E**	25.6公里 35.2公里
1	—	剩七天：Q1＝90分鐘**E** 剩六天：60分鐘**E** 剩五天：Q2＝6.4公里**E**＋3×(1.6公里**T**＋2分鐘休息)＋3.2公里**E** 剩四天：50分鐘**E** 剩三天：30～40分鐘**E** 剩二天：30～40分鐘**E** 比賽前一天：20～30分鐘**E**(明天比賽)	22.4公里 14.4公里 14.4公里 11.2公里 9.6公里 8.0公里 4.8公里

此表格由傑克．丹尼爾斯跑步計算器所創建，該計算器出自Run SMART項目。

四週循環訓練計畫

下面這份計畫提供了二十六週的訓練內容，但跑者在執行這份計畫前最好已經規律練跑一段時間。如果之前的基礎訓練夠扎實，用少於二十六週的時間來準備你選定的馬拉松賽是絕對足夠的。我建議你先瀏覽整份訓練計畫以決定何時開始進行訓練，如果你認爲需要幾週的時間來建立體能基礎，那就這麼做吧！

所有「四週循環訓練」的設計中，每週都含兩次的質量課表(Q課表)，連續進行三週後，接著第四週取消所有的Q課表，只進行E配速的輕鬆跑和累積最大里程數即可，並在一週當中選兩天E日加入六到八趟的快步跑(ST)。

在執行這份計畫時，建議將Q1安排在週日進行，或是看你的全馬目標賽事是在星期幾比賽，就把Q1擺在那天。如果是週日練Q1的話，最好選在週三或週四練Q2課表。有時爲了要配合個人行程，你可以自由地重新調整Q1和Q2的訓練時間，但要確認兩次Q課表之間穿插兩天或三天的E日。

通常E日是用來恢復，或是用來累積當週的目標里程數。如果需要的話，E日可以進行一次以上的E強度輕鬆跑。如果你覺得有必要（或單純只是想要休息），也可以偶爾停練一天，再用剩下的E日來達到當週的目標跑量。每週至少在兩次E日最後或過程中進行六到八趟快步跑（ST），快步跑是指以輕巧、迅捷的腳步跑15～20秒，每趟中間休息45～60秒。快步跑的速度雖快，但不是全力衝刺。如果居住地附近有中級坡，你也可在坡道上練快步跑，要比較注意的是每趟折返下坡時要小心，因爲下坡跑有時會對身體形成額外的壓力。

如果你在執行這份計畫的過程中也打算參加其他比賽，你可以直接用比賽來取代當週的Q1課表，再把Q1往後移到週間進行，當週的Q2就停練一次。意思就是那一週的訓練將以週日的比賽開始，幾天後才進行Q1，接著下週就回到常態仍以Q1開始。不管是參加何種比賽，賽前都要安排三天E日，賽後也不要馬上就進行質量課表，至少安排一天以上的E日讓身體有時間恢復，賽後E日的天數可依比賽的里程而定，計算方式是：比賽的距離每增加三到四公里就多排一天E日（例如：比賽是三公里就排一天E日；若比賽是十公里，那賽後應該安排三天E日）。

一份訓練計畫中「最大量週」的「週跑量」以代號「P」表示。我一般都會建議每週的訓練量要在「P」的80%～100%之間變動。舉例來說，如果你預定這份訓練計畫中的最大週跑量爲96公里（P＝96公里），而這週的目標里程爲80%P，這意味著你在該週的跑量是：80%×96＝76.8公里。每週建議的總里程數（週跑量）在表格中的第二欄以「%P」表示。

如果你使用跑力值來決定M、T、I、R的訓練配速，要切合實際情況（因爲你要比全馬），至少要用十公里以上的比賽成績作爲準則，你所選擇用來決定跑力值的比賽時間愈靠近現在、距離愈長，所得出的跑力值與訓練配速就會愈適合你。如果你已經很久沒比賽了，你可以用推估的方式想像一下，當你在目標賽事的地形上進行比賽時能跑出什麼成績，在以此來決定訓練和馬拉松中的目標配速，推估時請盡量保守。在執行這份計畫時，前八週先把跑力值調降「3」，接下來每隔八週加「1」，如果訓練期間參加比賽後所得的跑力值比你原本的值再加一還高，只要你確認比賽的距離是準的，此時就可以使用該場比賽得到的跑力值來設定各級配速。

如果你不是用跑力值來確認訓練配速，也可以先選一個實際可行的全馬目標配速（M配速）。接著你就可以用它來推算其他訓練強度的配速：以每公里的配速爲單位，課表中的T配速將比目標M配速快9秒（00:09／km）；訓練時的I配速每四百公尺將比T配速快6秒（00:06／400m）；R配速也是每四百公尺比I配速快6秒（00:06／400m），兩百公尺就是快3秒（00:03／200m）。舉例來說：假設你目前的M配速爲每公里3分43秒（3:43／km ），那表示你的T配速可以設定爲每公里3分34秒（3:34／km = 01:26／400m），間歇訓練的I配速則爲每一圈四百公尺操場跑80秒（01:20／400m = 3:20／km），最後的R配速則爲74秒（01:14／400m = 00:37／200m）。

剛開始前八週的 M 配速先調降得比目標配速每公里慢6秒（00:06／km），中間八週的每公里配速則比目標配速慢2.5秒（00:02.5／km），最後十週則直接以原訂目標的M配速進行。

表16.4的訓練計畫依里程數從每週最大跑量64到194公里分成六份課表。如果數字沒有標明單位，都是指公里[29]，舉例來說「9.8M」意味著用全馬的M配速跑9.8公里；「3×1.6 T」表示每趟用T配速跑1.6公里，總計三趟。

29. 譯注：原書單位爲英里，中文版已全部換算成公里。

表16.4 這是爲不同跑量所設計的四週循環訓練計畫，每週最大跑量從64～190公里，根據不同的週跑量共分爲六份課表

每週最大跑量64公里			
離目標賽事剩幾週	最大跑量百分比	Q1	Q2
26	90%P	這一週不用進行Q課表，整週都進行**E**強度慢跑 ，其中兩天在最後附加6～8 ST	
25	90%P	**L**長跑＝不要超過19.2公里或90分鐘	3.2公里**E**＋2×（1.6公里**T**＋1分鐘休息）＋3×（3分鐘**H**或**I**配速＋2分鐘慢跑）＋4×（200公尺**R**＋200公尺慢跑）＋1.6公里**E**
24	80%P	30分鐘**E**＋9.6公里**M**	1.6公里**E**＋4.8公里**M**＋1.6公里**E**＋4.8公里**M**＋1.6公里**E**
23	90%P	3.2公里**E**＋4×（1.6公里**T**＋1分鐘休息）＋3.2公里**E**	3.2公里**E**＋3×（1.6公里**T**＋1分鐘休息）＋8×（200公尺**R**＋200公尺慢跑）＋1.6公里**E**
22	100%P	這一週不用進行Q課表，整週都進行**E**強度課表，其中兩天在最後附加6～8 ST	
21	80%P	**L**長跑＝不要超過20.8公里或90分鐘	3.2公里**E**＋2×（1.6公里**T**＋2分鐘休息）＋3×（1,000公尺**I**＋3分鐘慢跑）＋6×（200公尺**R**＋200公尺慢跑）＋1.6公里**E**
20	100%P	30分鐘**E**＋12.8公里**M**	1.6公里**E**＋8公里**M**＋1.6公里**E**＋6.4公里**M**＋1.6公里**E**
19	90%P	3.2公里**E**＋4×（1.6公里**T**＋1分鐘休息）＋3.2公里**E**	3.2公里**E**＋3×（1.6公里**T**＋1分鐘休息）＋8×（200公尺**R**＋200公尺慢跑）＋3.2公里**E**
18	100%P	這一週不用進行Q課表，整週都進行**E**強度課表，其中兩天在最後附加6～8 ST	
17	80%P	**L**長跑＝不要超過23公里或120分鐘	3.2公里**E**＋3.2公里**T**＋2分鐘休息＋3×（3分鐘**H**＋3分鐘慢跑）＋8×（200公尺**R**＋200公尺慢跑）＋1.6公里**E**
16	90%P	4.8公里**E**＋16公里**M**	3.2公里**E**＋9.6公里**M**＋1.6公里**E**＋6.4公里**M**＋1.6公里**E**

續下頁▼

每週最大跑量64公里			
離目標賽事剩幾週	最大跑量百分比	Q1	Q2
15	80%P	3.2公里**E**＋2×（1.6公里**T**＋1分鐘休息）	3.2公里**E**＋4×（1.6公里**T**＋1分鐘休息）＋8×（200公尺**R**＋200公尺慢跑）＋3.2公里**E**＋3.2公里**T**＋2分鐘休息＋1.6公里**T**＋1.6公里**E**
14	100%P	這一週不用進行Q課表，整週都進行**E**強度課表，其中兩天在最後附加6～8 ST	
13	90%P	**L**長跑＝不要超過24公里或120分鐘	3.2公里**E**＋3.2公里**T**＋2分鐘休息＋3×（3分鐘**H**＋2分鐘慢跑）＋8×（200公尺**R**＋200公尺慢跑）＋1.6公里**E**
12	80%P	20分鐘**E**＋19.2公里**M**	3.2公里**E**＋9.6公里**M**＋1.6公里**E**＋8公里**M**＋1.6公里**E**
11	70%P	3.2公里**E**＋2×（1.6公里T＋1分鐘休息）＋3.2公里T	3.2公里**E**＋4×（1.6公里**T**＋1分鐘休息）＋8×（200公尺**R**＋200公尺慢跑）＋3.2公里**E**＋2分鐘休息＋1.6公里**T**＋1.6公里**E**
10	100%P	這一週不用進行Q課表，整週都進行**E**強度課表，其中兩天在最後附加6～8 ST	
9	90%P	**L**長跑＝不要超過24公里或130分鐘	3.2公里**E**＋3.2公里**T**＋2分鐘休息＋3.2公里T＋2分鐘休息＋3×（3分鐘**H**＋2分鐘慢跑）＋6×（200公尺**R**＋200公尺慢跑）＋1.6公里**E**
8	100%P	30分鐘**E**＋19.2公里**M**	4.8公里**E**＋9.6公里**M**＋1.6公里**E**＋6.4公里**M**＋1.6公里**E**
7	80%P	30分鐘**E**＋3×（3.2公里**T**＋2分鐘休息）＋3.2公里**E**	3.2公里**E**＋4×（1.6公里**T**＋1分鐘休息）＋8×（200公尺**R**＋200公尺慢跑）＋3.2公里**E**
6	100%P	這一週不用進行Q課表，整週都進行**E**強度課表，其中兩天在最後附加6～8 ST	
5	90%P	**L**長跑＝不要超過24公里或130分鐘	3.2公里**E**＋2×（1.6公里**T**＋1 分鐘休息）＋3×（3分鐘**H**＋2分鐘慢跑）＋8×（200公尺**R**＋200公尺慢跑）＋1.6公里**E**

每週最大跑量64公里			
離目標賽事剩幾週	最大跑量百分比	Q1	Q2
4	90%P	20分鐘**E**＋19.2公里**M**	4.8公里**E**＋8公里**M**＋1.6公里**E**＋8公里**M**＋1.6公里**E**
3	80%P	60分鐘**E**＋4.8公里**T**＋2分鐘休息＋3.2公里**T**＋3.2公里**E**	3.2公里**E**＋4×(1.6公里**T**＋1分鐘休息)＋8×(200公尺**R**＋200公尺慢跑)＋3.2公里**E**
2	70%P	這一週不用進行Q課表，整週都進行**E**強度課表，其中兩天在最後附加6～8 ST	
1	–	•剩七天：90分鐘**E** •剩六天：60分鐘**E** •剩五天：3×(1.6公里**T**＋2分鐘休息) •剩四天：60分鐘**E** •剩三天：45分鐘**E** •剩二天：30分鐘**E** •比賽前一天：30分鐘**E**(隔天比賽)	

每週最大跑量66～89公里			
離目標賽事剩幾週	最大跑量百分比	Q1	Q2
26	80%P	這一週不用進行Q課表，整週都進行**E**強度慢跑　，其中兩天在最後附加6～8 ST	
25	90%P	**L**長跑＝不要超過20.8公里或90分鐘	3.2公里**E**＋3×(1.6公里**T**＋1分鐘休息)＋3×(3分鐘**H**或**I**配速＋2分鐘慢跑)＋4×(200公尺**R**＋200公尺慢跑)＋1.6公里**E**
24	80%P	30分鐘**E**＋11.2公里**M**	1.6公里**E**＋8公里**M**＋1.6公里**E**＋3.2公里**M**＋1.6公里**E**
23	90%P	3.2公里**E**＋5×(1.6公里**T**＋1分鐘休息)＋3.2公里**E**	3.2公里**E**＋4×(1.6公里**T**＋1分鐘休息)＋4×(400公尺**R**＋400公尺慢跑)＋1.6公里**E**
22	100%P	這一週不用進行Q課表，整週都進行**E**強度課表，其中兩天在最後附加6～8 ST	

續下頁▼

每週最大跑量66～89公里			
離目標賽事剩幾週	最大跑量百分比	Q1	Q2
21	80%P	**L**長跑＝不要超過22.4公里或90分鐘	3.2公里**E**＋3×（1.6公里**T**＋2分鐘休息）＋3×（3分鐘**H**＋2分鐘慢跑）＋4×（200公尺**R**＋200公尺慢跑）＋1.6公里**E**
20	100%P	30分鐘**E**＋14.4公里**M**	3.2公里**E**＋8公里**M**＋1.6公里**E**＋6.4公里**M**＋3.2公里**E**
19	90%P	3.2公里**E**＋5×（1.6公里**T**＋1分鐘休息）＋3.2公里**E**	3.2公里**E**＋4×（1.6公里**T**＋1分鐘休息）＋4×（400公尺**R**＋400公尺慢跑）＋1.6公里**E**
18	100%P	這一週不用進行Q課表，整週都進行**E**強度課表，其中兩天在最後附加6～8 ST	
17	80%P	**L**長跑＝不要超過 24公里或100分鐘	3.2公里**E**＋3×（1.6公里**T**＋3分鐘休息）＋3×（3分鐘**H**＋2分鐘慢跑）＋8×（200公尺**R**＋200公尺慢跑）＋1.6公里**E**
16	90%P	4.8公里**E**＋16公里**M**	3.2公里**E**＋9.6公里**M**＋1.6公里**E**＋8公里**M**＋1.6公里**E**
15	80%P	3.2公里**E**＋2×（3.2公里**T**＋2分鐘休息）＋3.2公里**E**	3.2公里**E**＋4.8公里**T**＋3分鐘休息＋3.2公里**T**＋2分鐘休息＋8×（200公尺**R**＋200公尺慢跑）＋2×（1.6公里**T**＋1分鐘休息）＋1.6公里**E**＋3.2公里**E**
14	100%P	這一週不用進行Q課表，整週都進行**E**強度課表，其中兩天在最後附加6～8 ST	
13	90%P	**L**長跑＝不要超過 26公里或120分鐘	3.2公里**E**＋3×（1.6公里**T**＋1分鐘休息）＋3分鐘休息＋3×（1,000公尺**I**＋3分鐘慢跑）＋4×（400公尺**R**＋400公尺慢跑）＋1.6公里**E**
12	80%P	4.8公里**E**＋20.8公里**M**	1.6公里**E**＋9.6公里**M**＋1.6公里**E**＋8公里**M**＋1.6公里**E**＋3.2公里**M**＋1.6公里**E**

續下頁▼

每週最大跑量66～89公里			
離目標賽事剩幾週	最大跑量百分比	Q1	Q2
11	70%P	3.2公里**E**＋2×（3.2公里**T**＋2分鐘休息）	3.2公里**E**＋4.8公里**T**＋3分鐘休息＋3.2公里**T**＋2分鐘休息＋2×（400公尺**R**＋400公尺慢跑）＋2×（1.6公里**T**＋1分鐘休息）＋1.6公里**E**＋4×（200公尺**R**＋200公尺慢跑）＋1.6公里**E**
10	100%P	這一週不用進行Q課表，整週都進行**E**強度課表，其中兩天在最後附加6～8 ST	
9	90%P	**L**長跑＝不要超過26公里或140分鐘	3.2公里**E**＋3×（1.6公里**T**＋1分鐘休息）＋4×（3分鐘**H**＋2分鐘慢跑）＋6×（200公尺**R**＋200公尺慢跑）＋1.6公里**E**
8	100%P	20分鐘**E**＋22.4公里**M**	1.6公里**E**＋9.6公里**M**＋1.6公里**E**＋11.2公里**M**＋1.6公里**E**
7	80%P	6.4公里**E**＋3×（3.2公里**T**＋2分鐘休息）＋1.6公里**T**＋1.6公里**E**	3.2公里**E**＋2×（3.2公里**T**＋2分鐘休息）＋8×（200公尺**R**＋200公尺慢跑）＋4×（1.6公里**T**＋1分鐘休息）＋3.2公里**E**
6	100%P	這一週不用進行Q課表，整週都進行**E**強度課表，其中兩天在最後附加6～8 ST	
5	90%P	**L**長跑＝不要超過26公里或140分鐘	3.2公里**E**＋2×（4.8公里**T**＋3分鐘休息）＋3.2公里**T**＋3分鐘休息＋4×（3分鐘**H**＋2分鐘慢跑）＋8×（200公尺**R**＋200公尺慢跑）＋1.6公里**E**
4	90%P	10分鐘**E**＋22.4公里**M**	1.6公里**E**＋12.8公里**M**＋1.6公里**E**＋8公里**M**＋1.6公里**E**
3	80%P	60分鐘**E**＋3×（3.2公里**T**＋2分鐘休息）＋1.6公里**T**	3.2公里**E**＋2×（3.2公里**T**＋2分鐘休息）＋2×（1.6公里**T**＋1分鐘休息）＋3.2公里**E** 8×（200公尺**R**＋200公尺慢跑）＋3.2公里**E**
2	70%P	這一週不用進行Q課表，整週都進行**E**強度課表，其中兩天在最後附加6～8 ST	

續下頁▼

每週最大跑量66～89公里			
離目標賽事剩幾週	最大跑量百分比	Q1	Q2
1	—	•剩七天：90分鐘**E** •剩六天：60分鐘**E** •剩五天：3×（1.6公里**T**＋2分鐘休息） •剩四天：60分鐘**E** •剩三天：45分鐘**E** •剩二天：30分鐘**E** •比賽前一天：30分鐘**E**（隔天比賽）	

每週最大跑量90～113公里			
離目標賽事剩幾週	最大跑量百分比	Q1	Q2
26	80%P	這一週不用進行Q課表，整週都進行**E**強度慢跑 ，其中兩天在最後附加6～8 ST	
25	90%P	**L**長跑＝不要超過22.4公里或100分鐘	3.2公里**E**＋3×（1.6公里**T**＋1分鐘休息）＋4×（3分鐘**H**或**I**配速＋2分鐘慢跑）＋6×（200公尺**R**＋200公尺慢跑）＋1.6公里**E**
24	80%P	30分鐘**E**＋12.8公里**M**	1.6公里**E**＋8公里**M**＋1.6公里**E**＋4.8公里**M**＋1.6公里**E**
23	90%P	3.2公里**E**＋6×（1.6公里**T**＋1分鐘休息）＋3.2公里**E**	3.2公里**E**＋5×（1.6公里**T**＋1分鐘休息）＋8×（200公尺**R**＋200公尺慢跑）＋1.6公里**E**
22	100%P	這一週不用進行Q課表，整週都進行**E**強度課表，其中兩天在最後附加6～8 ST	
21	80%P	**L**長跑＝不要超過24公里或105分鐘	3.2公里**E**＋3×（1.6公里**T**＋2分鐘休息＋5×（3分鐘**H**＋2分鐘慢跑）＋8×（200公尺**R**＋200公尺慢跑）＋1.6公里**E**
20	100%P	30分鐘**E**＋16公里**M**	3.2公里**E**＋9.6公里**M**＋1.6公里**E**＋6.4公里**M**＋3.2公里**E**
19	90%P	3.2公里**E**＋3×（1.6公里**T**＋1分鐘休息）＋3.2公里**T**	3.2公里**E**＋6×（1.6公里**T**＋1分鐘休息）＋8×（200公尺**R**＋200公尺慢跑）＋1.6公里**E**＋2×（1.6公里**T**＋1分鐘休息）＋1.6公里**E**

續下頁▼

每週最大跑量90～113公里			
離目標賽事剩幾週	最大跑量百分比	Q1	Q2
18	100%P	這一週不用進行Q課表，整週都進行**E**強度課表，其中兩天在最後附加6～8 ST	
17	80%P	**L**長跑＝不要超過25.6公里或120分鐘	3.2公里**E**＋3×（1.6公里**T**＋3分鐘休息＋5×（3分鐘**H**＋2分鐘慢跑）＋8×（200公尺**R**＋200公尺慢跑）＋1.6公里**E**
16	90%P	6.4公里**E**＋19.2公里**M**	3.2公里**E**＋9.6公里**M**＋1.6公里**E**＋9.6公里**M**＋1.6公里**E**
15	80%P	3.2公里**E**＋3×（3.2公里**T**＋2分鐘休息）	3.2公里**E**＋6×（1.6公里**T**＋1分鐘休息）＋4×（200公尺**R**＋200公尺慢跑）＋2×（1.6公里**T**＋1分鐘休息）＋1.6公里**E**＋4×（400公尺**R**＋400公尺慢跑）＋3.2公里**E**
14	100%P	這一週不用進行Q課表，整週都進行**E**強度課表，其中兩天在最後附加6～8 ST	
13	90%P	**L**長跑＝不要超過27.2公里或130分鐘	3.2公里**E**＋2×（3.2公里**T**＋2分鐘休息）＋5×（3分鐘**H**＋2分鐘慢跑）＋4×（400公尺**R**＋400公尺慢跑）＋1.6公里**E**
12	80%P	**M**＝4.8公里**E**＋22.4公里**M**	1.6公里**E**＋12.8公里**M**＋1.6公里**E**＋9.6公里**M**＋1.6公里**E**
11	70%P	**T**＝6.4公里**E**＋4×（3.2公里**T**＋2分鐘休息）＋3.2公里**E**	3.2公里**E**＋6×（1.6公里**T**＋1分鐘休息）＋4×（200公尺**R**＋200公尺慢跑）＋4×（400公尺**R**＋400公尺慢跑）＋1.6公里**E**
10	100%P	這一週不用進行Q課表，整週都進行**E**強度課表，其中兩天在最後附加6～8 ST	
9	90%P	**L**長跑＝不要超過28.8公里或140分鐘	3.2公里**E**＋4.8公里**T**＋3分鐘休息＋3.2公里**T**＋2分鐘休息＋5×（3分鐘**H**＋2分鐘慢跑）＋6×（200公尺**R**＋200公尺慢跑）＋1.6公里**E**
8	100%P	30分鐘**E**＋24公里**M**	3.2公里**E**＋12.8公里**M**＋1.6公里**E**＋9.6公里**M**＋3.2公里**E**

續下頁▼

每週最大跑量90～113公里			
離目標賽事剩幾週	最大跑量百分比	Q1	Q2
7	80%P	6.4公里**E**＋4×(3.2公里**T**＋2分鐘休息)＋1.6公里**T**＋1.6公里**E**	3.2公里**E**＋3×(3.2公里**T**＋2分鐘休息)＋8×(200公尺**R**＋200公尺慢跑)＋3.2公里**T**＋3.2公里**E**
6	100%P	這一週不用進行Q課表，整週都進行**E**強度課表，其中兩天在最後附加6～8 ST	
5	90%P	**L**長跑＝不要超過28.8公里或 140分鐘	3.2公里**E**＋4.8公里**T**＋3分鐘休息＋3.2公里**T**＋3分鐘休息＋5×(3分鐘**H**＋2分鐘慢跑)＋8×(200公尺**R**＋200公尺慢跑)＋1.6公里**E**
4	90%P	50分鐘**E**＋25.6公里**M**	6.4公里**E**＋16公里**M**＋1.6公里**E**＋9.6公里**M**＋3.2公里**E**
3	80%P	60分鐘**E**＋4×(4.8公里**T**＋3分鐘休息)＋1.6公里**E**	3.2公里**E**＋2×(4.8公里**T**＋3分鐘休息)＋8×(200公尺**R**＋200公尺慢跑)＋3.2公里**E**
2	70%P	這一週不用進行Q課表，整週都進行**E**強度課表，其中兩天在最後附加6～8 ST	
1	—	• 剩七天：90分鐘**E** • 剩六天：60分鐘**E** • 剩五天：3×(1.6公里**T**＋2分鐘休息) • 剩四天：60分鐘**E** • 剩三天：45分鐘**E** • 剩二天：30分鐘**E** • 比賽前一天：30分鐘**E**(隔天比賽)	

每週最大跑量114～137公里			
離目標賽事剩幾週	最大跑量百分比	Q1	Q2
26	90%P	這一週不用進行Q課表，整週都進行**E**強度慢跑，其中兩天在最後附加6～8 ST	
25	90%P	**L**長跑＝不要超過24公里或100分鐘	3.2公里**E**＋4×(1.6公里**T**＋1分鐘休息)＋4×(3分鐘**H**或**I**配速＋2分鐘慢跑)＋8×(200公尺**R**＋200公尺慢跑)＋3.2公里**E**

續下頁▼

每週最大跑量114～137公里			
離目標賽事剩幾週	最大跑量百分比	Q1	Q2
24	80%P	40分鐘**E**＋12.8公里**M**	4.8公里**E**＋8公里**M**＋1.6公里**E**＋4.8公里**M**＋4.8公里**E**
23	90%P	3.2公里**E**＋3×（1.6公里**T**＋1分鐘休息）＋3.2公里**T**＋2分鐘休息＋2×（1.6公里**T**＋1分鐘休息）	3.2公里**E**＋6×（1.6公里**T**＋1分鐘休息）＋8×（200公尺**R**＋200公尺慢跑）＋3.2公里**E**
22	100%P	這一週不用進行Q課表，整週都進行**E**強度課表，其中兩天在最後附加6～8 ST	
21	80%P	**L**長跑＝不要超過27公里或120分鐘	3.2公里**E**＋3×（1.6公里**T**＋2分鐘休息＋5×（3分鐘**H**＋2分鐘慢跑）＋8×（200公尺**R**＋200公尺慢跑）＋3.2公里**E**
20	100%P	30分鐘**E**＋16公里**M**	3.2公里**E**＋9.6公里**M**＋1.6公里**E**＋6.4公里**M**＋3.2公里**E**
19	90%P	3.2公里**E**＋3×（1.6公里**T**＋1分鐘休息）＋3.2公里**T**＋2×（1.6公里**T**＋1分鐘休息）＋1.6公里**E**	3.2公里**E**＋6×（1.6公里**T**＋1分鐘休息）＋8×（200公尺**R**＋200公尺慢跑）＋1.6公里**E**
18	100%P	這一週不用進行Q課表，整週都進行**E**強度課表，其中兩天在最後附加6～8 ST	
17	80%P	**L**長跑＝不要超過29公里或130分鐘	3.2公里**E**＋4×（1.6公里**T**＋1分鐘休息）＋5×（3分鐘**H**＋2分鐘慢跑）＋6×（200公尺**R**＋200公尺慢跑）＋3.2公里**E**
16	90%P	40分鐘**E**＋19.2公里**M**	6.4公里**E**＋9.6公里**M**＋1.6公里**E**＋9.6公里**M**＋1.6公里**E**
15	80%P	3.2公里**E**＋4×（3.2公里**T**＋2分鐘休息）＋3.2公里**T**＋2**E**	3.2公里**E**＋3×（3.2公里**T**＋2分鐘休息）＋8×（200公尺**R**＋200公尺慢跑）＋1.6公里**T**＋3.2公里**E**
14	100%P	這一週不用進行Q課表，整週都進行**E**強度課表，其中兩天在最後附加6～8 ST	

續下頁▼

每週最大跑量114～137公里			
離目標賽事剩幾週	最大跑量百分比	Q1	Q2
13	90%P	**L**長跑＝不要超過 31 公里或 2.5 小時	3.2公里**E**＋5×(1.6公里**T**＋1分鐘休息)＋6×(3分鐘**H**＋2分鐘慢跑)＋4×(400公尺**R**＋400公尺慢跑)＋3.2公里**E**
12	80%P	6.4公里**E**＋22.4公里**M**	3.2公里**E**＋12.8公里**M**＋1.6公里**E**＋9.6公里**M**＋1.6公里**E**
11	70%P	6.4公里**E**＋5×(3.2公里**T**＋2分鐘休息)＋1.6公里**E**	3.2公里**E**＋3×(3.2公里**T**＋1分鐘休息)＋8×(200公尺**R**＋200公尺慢跑)＋3.2公里**T**＋3.2公里**E**
10	100%P	這一週不用進行Q課表，整週都進行**E**強度課表，其中兩天在最後附加6～8 ST	
9	90%P	**L**長跑＝不要超過32公里或2.5小時	3.2公里**E**＋3×(3.2公里**T**＋3分鐘休息)＋3.2公里**T**＋2分鐘休息＋6×(3分鐘**H**＋2分鐘慢跑)＋8×(200公尺**R**＋200公尺慢跑)＋1.6公里**E**
8	100%P	30分鐘**E**＋25.6公里**M**	3.2公里**E**＋12.8公里**M**＋1.6公里**E**＋12.8公里**M**＋1.6公里**E**
7	80%P	6.4公里**E**＋3×(4.8公里**T**＋3分鐘休息)＋3.2公里**T**＋1.6公里**E**	3.2公里**E**＋4×(3.2公里**T**＋2分鐘休息)＋8×(200公尺**R**＋200公尺慢跑)＋1.6公里**T**＋3.2公里**E**
6	100%P	這一週不用進行Q課表，整週都進行**E**強度課表，其中兩天在最後附加6～8 ST	
5	90%P	**L**長跑＝不要超過32公里或2.5小時	3.2公里**E**＋3×(3.2公里**T**＋2分鐘休息)＋6×(3分鐘**H**＋2分鐘慢跑)＋8×(200公尺**R**＋200公尺慢跑)＋3.2公里**E**
4	90%P	30分鐘**E**＋25.6公里**M**	6.4公里**E**＋12.8公里**M**＋1.6公里**E**＋9.6公里**M**＋1.6公里**E**
3	80%P	60分鐘**E**＋3×(4.8公里**T**＋3分鐘休息)＋3.2公里**T**＋1.6公里**E**	3.2公里**E**＋4×(3.2公里**T**＋2分鐘休息)＋8×(200公尺**R**＋200公尺慢跑)＋1.6公里**T**＋3.2公里**E**

續下頁▼

每週最大跑量114～137公里			
離目標賽事剩幾週	最大跑量百分比	Q1	Q2
2	70%P	這一週不用進行Q課表，整週都進行**E**強度課表，其中兩天在最後附加6～8 ST	
1	–	• 剩七天：90分鐘**E** • 剩六天：60分鐘**E** • 剩五天：3×(1.6公里**T**＋2分鐘休息) • 剩四天：60分鐘**E** • 剩三天：45分鐘**E** • 剩二天：30分鐘**E** • 比賽前一天：30分鐘**E**(隔天比賽)	

每週最大跑量138～161公里			
離目標賽事剩幾週	最大跑量百分比	Q1	Q2
26	80%P	這一週不用進行Q課表，整週都進行**E**強度慢跑，其中兩天在最後附加6～8 ST	
25	90%P	**L**長跑＝不要超過25.6公里或120分鐘	3.2公里**E**＋2×(3.2公里**T**＋2分鐘休息)＋5×(3分鐘**H**或**I**配速＋2分鐘慢跑)＋8×(200公尺**R**＋200公尺慢跑)＋3.2公里**E**
24	80%P	40分鐘**E**＋14.4公里**M**	4.8公里**E**＋8公里**M**＋1.6公里**E**＋4.8公里**M**＋4.8公里**E**
23	90%P	3.2公里**E**＋2×(1.6公里**T**＋1分鐘休息)＋2×(3.2公里**T**＋休息2分鐘)＋2×(1.6公里**T**＋1分鐘休息)＋3.2公里**E**	3.2公里**E**＋6×(1.6公里**T**＋1分鐘休息)＋8×(200公尺**R**＋200公尺**E**)＋2×(3.2公里**T**＋2分鐘慢跑)＋3.2公里**E**
22	100%P	這一週不用進行Q課表，整週都進行**E**強度課表，其中兩天在最後附加6～8 ST	
21	80%P	**L**長跑＝不要超過28.8公里或130分鐘	3.2公里**E**＋3×(1.6公里**T**＋2分鐘休息＋5×(3分鐘**H**＋2分鐘慢跑)＋8×(200公尺**R**＋200公尺慢跑)＋1.6公里**E**

續下頁▼

每週最大跑量 138～161 公里			
離目標賽事剩幾週	最大跑量百分比	Q1	Q2
20	100%P	50分鐘**E**＋17.6公里**M**	3.2公里**E**＋9.6公里**M**＋1.6公里**E**＋6.4公里**M**＋3.2公里**E**
19	90%P	3.2公里**E**＋3×（1.6公里**T**＋1分鐘休息）＋2×（3.2公里**T**＋休息2分鐘）＋2×（1.6公里**T**＋1分鐘休息）＋3.2公里**E**	3.2公里**E**＋6×（1.6公里**T**＋1分鐘休息）＋8×（200公尺**R**＋200公尺慢跑）＋3.2公里**E**
18	100%P	這一週不用進行Q課表，整週都進行**E**強度課表，其中兩天在最後附加6～8 ST	
17	80%P	**L**長跑＝不要超過31公里或2.5小時	3.2公里**E**＋4×（1.6公里**T**＋1分鐘休息）＋5×（3分鐘**H**＋2分鐘慢跑）＋6×（200公尺**R**＋200公尺慢跑）＋3.2公里**E**
16	90%P	40分鐘**E**＋20.8公里**M**	6.4公里**E**＋9.6公里**M**＋1.6公里**E**＋9.6公里**M**＋1.6公里**E**
15	80%P	3.2公里**E**＋4×（3.2公里**T**＋2分鐘休息）＋2×（1.6公里**T**＋1分鐘休息）＋3.2公里**E**	3.2公里**E**＋3×（3.2公里**T**＋2分鐘休息）＋8×（200公尺**R**＋200 公尺慢跑）＋3.2公里**T**＋3.2公里**E**
14	100%P	這一週不用進行Q課表，整週都進行**E**強度課表，其中兩天在最後附加6～8 ST	
13	90%P	**L**長跑＝不要超過32公里或2.5小時	3.2公里**E**＋5×（1.6公里**T**＋1分鐘休息）＋6×（3分鐘**H**＋2分鐘慢跑）＋4×（400公尺**R**＋400公尺慢跑）＋1.6公里**E**
12	80%P	30分鐘**E**＋24公里**M**	3.2公里**E**＋12.8公里**M**＋1.6公里**E**＋9.6公里**M**＋1.6公里**E**
11	70%P	6.4公里**E**＋4×（3.2公里**T**＋2分鐘休息）＋3×（1.6公里**T**＋1分鐘休息）＋1.6公里**E**	3.2公里**E**＋3×（3.2公里**T**＋1分鐘休息）＋8×（200公尺**R**＋200公尺慢跑）＋3.2公里**T**＋3.2公里**E**
10	100%P	這一週不用進行Q課表，整週都進行**E**強度課表，其中兩天在最後附加6～8 ST	

續下頁▼

每週最大跑量138～161公里			
離目標賽事剩幾週	最大跑量百分比	Q1	Q2
9	90%P	L長跑＝不要超過35.2公里或2.5小時	3.2公里**E**＋3×（3.2公里**T**＋2分鐘休息）＋3.2公里**T**＋2分鐘休息＋6×（3分鐘**H**＋2分鐘慢跑）＋4×（400公尺**R**＋400公尺慢跑）＋1.6公里**E**
8	100%P	40分鐘**E**＋25.6公里**M**	6.4公里**E**＋12.8公里**M**＋1.6公里**E**＋12.8公里**M**＋1.6公里**E**
7	80%P	6.4公里**E**＋6×（3.2公里**T**＋2分鐘休息）＋1.6公里**E**	3.2公里**E**＋2×（4.8公里**T**＋3分鐘休息）＋8×（200公尺**R**＋200公尺慢跑）＋4×（1.6公里**T**＋1分鐘休息）＋3.2公里**E**
6	100%P	這一週不用進行Q課表，整週都進行**E**強度課表，其中兩天在最後附加6～8 ST	
5	90%P	L長跑＝不要超過 35.2 公里或2.5小時	3.2公里**E**＋3×（3.2公里**T**＋2分鐘休息）＋6×（3分鐘**H**＋2分鐘慢跑）＋4×（400公尺**R**＋400公尺慢跑）＋1.6公里**E**
4	90%P	**M**＝40分鐘**E**＋25.6公里**M**	6.4公里**E**＋12.8公里**M**＋1.6公里**E**＋12.8公里**M**＋1.6公里**E**
3	80%P	60分鐘**E**＋6×（3.2公里**T**＋2分鐘休息）	3.2公里**E**＋3×（3.2公里**T**＋2分鐘休息）＋8×（200公尺**R**＋200公尺慢跑）＋3×（1.6公里**T**＋1分鐘休息）＋3.2公里**E**
2	70%P	這一週不用進行Q課表，整週都進行**E**強度課表，其中兩天在最後附加6～8 ST	
1	—	•剩七天：90分鐘**E** •剩六天：60分鐘**E** •剩五天：3×（1.6公里**T**＋2分鐘休息） •剩四天：60分鐘**E** •剩三天：45分鐘**E** •剩二天：30分鐘**E** •比賽前一天：30分鐘**E**（隔天比賽）	

每週最大跑量163～194公里			
離目標賽事剩幾週	最大跑量百分比	Q1	Q2
26	80%P	這一週不用進行Q課表，整週都進行**E**強度慢跑，其中兩天在最後附加6～8 ST	
25	90%P	**L**長跑＝不要超過27.2公里或120分鐘	3.2公里**E**＋2×(3.2公里**T**＋2分鐘休息)＋1.6公里**T**＋3分鐘休息＋5×(3分鐘**H**＋2分鐘慢跑)＋6×(200公尺**R**＋200公尺慢跑)＋3.2公里**E**
24	80%P	50分鐘**E**＋16公里**M**	4.8公里**E**＋9.6公里**M**＋1.6公里**E**＋6.4公里**M**＋4.8公里**E**
23	90%P	4.8公里**E**＋4.8公里**T**＋3分鐘休息＋3×(3.2公里**T**＋2分鐘休息)＋3.2公里**E**	3.2公里**E**＋4.8公里**T**＋3分鐘休息＋3.2公里**T**＋2分鐘休息＋1.6公里**T**＋2分鐘休息＋8×(200公尺**R**＋200公尺慢跑)＋1.6公里**T**＋3.2公里**E**
22	100%P	這一週不用進行Q課表，整週都進行**E**強度課表，其中兩天在最後附加6～8 ST	
21	80%P	**L**長跑＝不要超過29公里或130分鐘	3.2公里**E**＋5×(1.6公里**T**＋1分鐘休息)＋6×(3分鐘**H**＋2分鐘慢跑)＋6×(200公尺**R**＋200公尺慢跑)＋4.8公里**E**
20	100%P	50分鐘**E**＋19.2公里**M**	4.8公里**E**＋9.6公里**M**＋1.6公里**E**＋9.6公里**M**＋4.8公里**E**
19	90%P	4.8公里**E**＋5×(3.2公里**T**＋2分鐘休息)＋3.2公里**E**	3.2公里**E**＋3×(3.2公里**T**＋2分鐘休息)＋8×(200公尺**R**＋200公尺慢跑)＋3.2公里**T**＋1.6公里**E**
18	100%P	這一週不用進行Q課表，整週都進行**E**強度課表，其中兩天在最後附加6～8 ST	
17	80%P	**L**長跑＝不要超過32公里或2.5小時	3.2公里**E**＋3×(3.2公里**T**＋2分鐘休息)＋6×(3分鐘**H**＋2分鐘慢跑)＋6×(200公尺**R**＋200公尺慢跑)＋3.2公里**E**

續下頁▼

每週最大跑量163～194公里			
離目標賽事剩幾週	最大跑量百分比	Q1	Q2
16	90%P	40分鐘**E**＋22.4公里**M**	6.4公里**E**＋12.8公里**M**＋1.6公里**E**＋9.6公里**M**＋1.6公里**E**
15	80%P	4.8公里**E**＋2×（4.8公里**T**＋3分鐘休息）＋2×（3.2公里**T**＋2分鐘休息）＋1.6公里**T**＋3.2公里**E**	4.8公里**E**＋4×（3.2公里**T**＋2分鐘休息）＋8×（200公尺**R**＋200公尺慢跑）＋3.2公里**T**＋3.2公里**E**
14	100%P	這一週不用進行Q課表，整週都進行**E**強度課表，其中兩天在最後附加6～8 ST	
13	90%P	**L**長跑＝不要超過34公里或2.5小時	3.2公里**E**＋3×（3.2公里**T**＋2分鐘休息）＋6×（3分鐘**H**＋2分鐘慢跑）＋4×（400公尺**R**＋400公尺慢跑）＋3.2公里**E**
12	80%P	40分鐘**E**＋24公里**M**	6.4公里**E**＋12.8公里**M**＋1.6公里**E**＋11.2公里**M**＋1.6公里**E**
11	70%P	6.4公里**E**＋4×（4.8公里**T**＋3分鐘休息）＋3.2公里**E**	3.2公里**E**＋4×（3.2公里**T**＋1分鐘休息）＋8×（200公尺**R**＋200公尺慢跑）＋3.2公里**T**＋3.2公里**E**
10	60%P	這一週不用進行Q課表，整週都進行**E**強度課表，其中兩天在最後附加6～8 ST	
9	90%P	**L**長跑＝不要超過37公里或2.5小時	3.2公里**E**＋4×（3.2公里**T**＋2分鐘休息）＋6×（3分鐘**H**＋2分鐘慢跑）＋8×（200公尺**R**＋200公尺慢跑）＋4.8公里**E**
8	100%P	40分鐘**E**＋25.6公里**M**	6.4公里**E**＋16公里**M**＋1.6公里**E**＋9.6公里**M**＋3.2公里**E**
7	80%P	6.4公里**E**＋3×（4.8公里**T**＋3分鐘休息）＋2×（3.2公里**T**＋2分鐘休息）＋1.6公里**E**	3.2公里**E**＋2×（4.8公里**T**＋3分鐘休息）＋8×（200公尺**R**＋200公尺慢跑）＋4×（1.6公里**T**＋1分鐘休息）＋3.2公里**E**
6	90%P	這一週不用進行Q課表，整週都進行**E**強度課表，其中兩天在最後附加6～8 ST	

續下頁▼

每週最大跑量163～194公里			
離目標賽事剩幾週	最大跑量百分比	Q1	Q2
5	90%P	**L**長跑＝不要超過36.8公里或2.5小時	3.2公里**E**＋2×(4.8公里**T**＋3分鐘休息)＋3.2公里**T**＋3分鐘休息＋6×(3分鐘**H**＋2分鐘慢跑)＋8×(200公尺**R**＋200公尺慢跑)＋1.6公里**E**
4	90%P	40分鐘**E**＋25.6公里**M**	6.4公里**E**＋12.8公里**M**＋1.6公里**E**＋12.8公里**M**＋3.2公里**E**
3	80%P	60分鐘**E**＋3×(4.8公里**T**＋3分鐘休息)	3.2公里**E**＋2×(4.8公里**T**＋3分鐘休息)＋8×(200公尺**R**＋200公尺慢跑)＋3×(1.6公里**T**＋2分鐘休息)＋3.2公里**E**
2	70%P	這一週不用進行Q課表，整週都進行**E**強度課表，其中兩天在最後附加6～8 ST	
1	－	• 剩七天：90分鐘**E** • 剩六天：60分鐘**E** • 剩五天：3×(1.6公里**T**＋2分鐘休息) • 剩四天：60分鐘**E** • 剩三天：45分鐘**E** • 剩二天：30分鐘**E** • 比賽前一天：30分鐘**E**(隔天比賽)	

每週最大跑量在194公里以上			
離目標賽事剩幾週	最大跑量百分比	Q1	Q2
26	80%P	這一週不用進行Q課表，整週都進行**E**強度慢跑，其中兩天在最後附加6～8 ST	
25	90%P	**L**長跑＝不要超過29公里或120分鐘	3.2公里**E**＋4.8公里**T**＋3分鐘休息＋3.2公里**T**＋2分鐘休息＋1.6公里**T**＋1分鐘休息＋5×(3分鐘**H**＋2分鐘慢跑)＋8×(200公尺**R**＋200公尺慢跑)＋3.2公里**E**

續下頁▼

每週最大跑量在194公里以上			
離目標賽事剩幾週	最大跑量百分比	Q1	Q2
24	80%P	60分鐘**E**＋16公里**M**	6.4公里**E**＋9.6公里**M**＋1.6公里**E**＋6.4公里**M**＋4.8公里**E**
23	90%P	4.8公里**E**＋5×(3.2公里**T**＋2分鐘休息)＋4.8公里**E**	4.8公里**E**＋4.8公里**T**＋3分鐘休息＋3.2公里**T**＋2分鐘休息＋1.6公里**T**＋2分鐘休息＋8×(200公尺**R**＋200公尺慢跑)＋3.2公里**T**＋3.2公里**E**
22	100%P	這一週不用進行Q課表，整週都進行**E**強度課表，其中兩天在最後附加6～8 ST	
21	80%P	**L**長跑＝不要超過31公里或135分鐘	4.8公里**E**＋6×(1.6公里**T**＋1分鐘休息)＋6×(3分鐘**H**＋2分鐘慢跑)＋8×(200公尺**R**＋200公尺慢跑)＋3.2公里**E**
20	100%P	50分鐘**E**＋19.2公里**M**	6.4公里**E**＋9.6公里**M**＋1.6公里**E**＋9.6公里**M**＋4.8公里**E**
19	90%P	4.8公里**E**＋3×(4.8公里**T**＋3分鐘休息)＋3.2公里**T**＋3.2公里**E**	4.8公里**E**＋4×(3.2公里**T**＋2分鐘休息)＋8×(200公尺**R**＋200公尺慢跑)＋1.6公里**T**＋3.2公里**E**
18	90%P	這一週不用進行Q課表，整週都進行**E**強度課表，其中兩天在最後附加6～8 ST	
17	80%P	**L**長跑＝不要超過33.6公里或2.5小時	4.8公里**E**＋3×(3.2公里**T**＋2分鐘休息)＋6×(3分鐘**H**＋2分鐘慢跑)＋4×(400公尺**R**＋400公尺慢跑)＋3.2公里**E**
16	90%P	50分鐘**E**＋22.4公里**M**	6.4公里**E**＋12.8公里**M**＋1.6公里**E**＋9.6公里**M**＋3.2公里**E**
15	80%P	4.8公里**E**＋6×(3.2公里**T**＋2分鐘休息)＋3.2公里**E**	3.2公里**E**＋4×(3.2公里**T**＋2分鐘休息)＋8×(200公尺**R**＋200公尺慢跑)＋3.2公里**T**＋3.2公里**E**
14	100%P	這一週不用進行Q課表，整週都進行**E**強度課表，其中兩天在最後附加6～8 ST	

續下頁▼

每週最大跑量在194公里以上			
離目標賽事剩幾週	最大跑量百分比	Q1	Q2
13	90%P	**L**長跑＝不要超過35公里或2.5小時	4.8公里**E**＋4.8公里**T**＋3分鐘休息＋2×（3.2公里**T**＋2分鐘休息）＋6×（3分鐘**H**＋2分鐘慢跑）＋8×（200公尺**R**＋200公尺慢跑）＋1.6公里**E**
12	80%P	50分鐘**E**＋24公里**M**	6.4公里**E**＋12.8公里**M**＋1.6公里**E**＋11.2公里**M**＋3.2公里**E**
11	70%P	6.4公里**E**＋4.8公里**T**＋3分鐘休息＋5×（3.2公里**T**＋2分鐘休息）＋3.2公里**E**	4.8公里**E**＋2×（4.8公里**T**＋3分鐘休息）＋8×（200公尺**R**＋200公尺慢跑）＋2×（3.2公里**T**＋2分鐘休息）＋3.2公里**E**
10	60%P	這一週不用進行Q課表，整週都進行**E**強度課表，其中兩天在最後附加6～8 ST	
9	90%P	**L**長跑＝不要超過37公里或2.5小時	3.2公里**E**＋2×（4.8公里**T**＋3分鐘休息）＋3.2公里**T**＋2分鐘休息＋6×（3分鐘**H**＋2分鐘慢跑）＋8×（200公尺**R**＋200公尺慢跑）＋1.6公里**E**
8	100%P	40分鐘**E**＋25.6公里**M**	6.4公里**E**＋16公里**M**＋1.6公里**E**＋9.6公里**M**＋3.2公里**E**
7	80%P	6.4公里**E**＋3×（4.8公里**T**＋3分鐘休息）＋2×（3.2公里**T**＋2分鐘休息）＋1.6公里**E**	4.8公里**E**＋2×（4.8公里**T**＋3分鐘休息）＋8×（200公尺**R**＋200公尺慢跑）＋4×（1.6公里**T**＋1分鐘休息）＋3.2公里**E**
6	90%P	這一週不用進行Q課表，整週都進行**E**強度課表，其中兩天在最後附加6～8 ST	
5	90%P	**L**長跑＝不要超過37公里或2.5小時	3.2公里**E**＋2×（4.8公里**T**＋3分鐘休息）＋3.2公里**T**＋3分鐘休息＋6×（3分鐘**H**＋2分鐘慢跑）＋8×（200公尺**R**＋200公尺慢跑）＋3.2公里**E**
4	90%P	40分鐘**E**＋25.6公里**M**	6.4公里**E**＋16公里**M**＋1.6公里**E**＋9.6公里**M**＋3.2公里**E**

續下頁▼

每週最大跑量在194公里以上			
離目標賽事剩幾週	最大跑量百分比	Q1	Q2
3	80%P	60分鐘**E**＋3×（4.8公里**T**＋3分鐘休息）	3.2公里**E**＋2×（4.8公里**T**＋3分鐘休息）＋8×（200公尺**R**＋200公尺慢跑）＋3×（1.6公里**T**＋2分鐘休息）＋3.2公里**E**
2	70%P	這一週不用進行Q課表，整週都進行**E**強度課表，其中兩天在最後附加6～8 ST	
1	—	•剩七天：90分鐘**E** •剩六天：60分鐘**E** •剩五天：3×（1.6公里**T**＋2分鐘休息） •剩四天：60分鐘**E** •剩三天：45分鐘**E** •剩二天：30分鐘**E** •比賽前一天：30分鐘**E**（隔天比賽）	

此表格由傑克·丹尼爾斯跑步計算器所創建，該計算器出自Run SMART項目。

五週循環訓練計畫

在準備比賽時如果有必要，這份五週循環課程可以一直重覆練下去。每種項目的訓練量取決於你目前的體能與週跑量。

課表中R強度的總訓練量不應該超過當週跑量的5%，或是週跑量不超過8公里。每趟R配速間歇訓練的休息時間應是R強度跑步時間的兩到三倍。I課表的總訓練量不應該超過當週跑量的8%，以里程數來評估的話每週在I配速的跑步距離最好不要超過10公里。每趟I配速間歇訓練的休息時間應等於（或略小於）I強度的跑步時間。有些課表是「I與R配速混練」，這類課表中R配速和I配速的訓練時數應是單獨練R或I所花時間的一半。

課表中T強度的總訓練量不應該超過當週跑量的10%，以里程數來評估的話每週在T配速的跑步距離最好不要超過24公里。在練T課表時，課表中的T強度訓練最少要有4.8公里的跑量，每趟T配速跑步與休息時間的比例約爲五比一，也就是每多跑五分鐘就多休息一分鐘。

單次M配速的訓練量應該要受到控制，限制標準如下，任一都不能超過：❶如果當週的跑量大於 64 公里，那單次M配速的最高里程數不應超過29公里，或是不超過週跑量的20%；❷如果當週的跑量少於64公里，那單次M配速的最高里程數不應超週跑量的30%。關於R、I、T、M強度訓練的資訊與限制，在第四章中有詳細的說明。

如果週末有比賽的話，當週原訂連續兩天的質量課表，可改換成比較輕鬆的T強度配速跑代替。比賽後課表也需要換成E日，賽後E日的天數可依比賽的里程而定，計算方式是：比賽的距離每增加三到四公里就多排一天E日。例如：完成十公里的比賽後應該安排三天E日，十五公里的比賽應安排五天E日，半馬賽後應安排七天E日，全馬賽後應安排十四天E日。[30]

字母「E」所代表的是輕鬆的體感，或是可以跟朋友邊跑邊聊天的配速，因此E配速被用在長跑（L課表）、熱身、緩和跑與高強度間歇中的恢復跑。單次L課表的訓練量也應該要受到控制，限制標準如下，任一都不能超過：❶如果當週的跑量少於64公里，那L課表的里程數應占週跑量的30%；❷如果當週的跑量超過64公里，那L課表的里程數應調降到25%。簡言之，不論在哪一週期L課表的訓練時數應少於150分鐘，或介於週跑量的25%～30%之間。

字母「T」所代表的意義是「乳酸閾值配速跑」，跑起來有一種既舒服又痛苦的感覺（痛快感）。你可以藉由第五章的跑力表（表5.2）來找

30. 譯注：E日不一定要安排E強度的有氧跑，也可以只做熱身，或是全休日。

到自己的T配速。「巡航間歇」是一種T配速的長間歇，每趟之間會進行短暫的休息。

字母「I」所代表的強度會痛苦很多——這種配速在比賽中大概只能撐10～12分鐘左右。從跑力表中也能找到自己的I配速。

字母「R」代表強度比I強度更高，接近你目前一英里或一千五百公尺比賽時的配速。

字母「M」指你馬拉松比賽時的配速，可以從跑力表中取得，也可以採用你預期的全馬配速。

一般來說，訓練時的I配速每四百公尺將比R配速慢6～8秒（00:06～00:08／400m），而T配速再比I配速慢6～8 秒（00:06～00:08／400m），M配速則比T配速慢7.5秒（00:07.5／km），但對跑比較慢的跑者來說，M配速則比T配速慢 9～12.5 秒（00:09～00:12.5／km）。

「ST」意指以輕快的速度（或上坡）跑15～20秒，每趟間休息45～60秒。

表16.5即是這份五週循環馬拉松訓練計畫的全貌。賽前倒數三週取消ST，而且大部分的課表都在平地訓練，這樣比較容易在路面上跑出輕鬆感。賽前倒數兩週，取消所有坡地訓練，並開始減量，方法是直接採用你在達行訓練計畫時第一週的課表。最後一週的L課表跑90分鐘，不用再進行R強度的訓練，只要專注在L和T課表即可，注意：要將T課表排在賽前的四到五天完成。

表16.5　五週循環的馬拉松訓練計畫

週數	星期	訓練內容
1	星期日	**L**長跑
	星期一	**E**＋8 ST
	星期二	**E**
	星期三	**T**課表
	星期四	**R**課表
	星期五	**E**
	星期六	**E**＋6 ST
2	星期日	**M**課表
	星期一	**E**＋6 ST
	星期二	**E**
	星期三	**T**課表
	星期四	**R** 課表
	星期五	**E**
	星期六	**E**＋8 ST
3	星期日	**L**長跑
	星期一	**E**＋8 ST
	星期二	**E**
	星期三	**T**課表
	星期四	**I**課表
	星期五	**E**
	星期六	**E**＋6 ST
4	星期日	**M**課表
	星期一	**E**＋6 ST
	星期二	**E**
	星期三	**T**課表
	星期四	**R**課表
	星期五	**E**
	星期六	**E**＋8 ST
5	星期日	**L**長跑
	星期一	**E**＋8 ST
	星期二	**E**
	星期三	**T**課表
	星期四	**I**＋**R**課表
	星期五	**E**
	星期六	**E**＋8 ST

此表格由傑克．丹尼爾斯跑步計算器所創建，該計算器出自Run SMART項目。

賽前十八週訓練計畫

跑者在準備馬拉松時，到底要花多少時間才能準備妥當，並無定律可循，一定有某些跑者所需的練習時間比其他人更多。你該練多少天，取決於目前的體能狀況、氣候以及距離比賽的天數，這些因素也將影響訓練時數的需求。我的全馬計畫喜歡設計成十八週，但有些跑者可能會需要更多時間，特別是在訓練途中如果想要參加某些距離較短的比賽，因爲需要減量和恢復，所以訓練週數就需要更長。另外，如果本來體能狀況就很好的跑者，想要參加兩個月後的馬拉松，在這種情況下，他們可以直接從週跑量較大的計畫中段開始練起，或是從中挑選你想練的部分。

有些跑者在準備馬拉松時不喜歡每週進行兩到三次有強度的質量課表，而是以累積跑量爲主。此外，有些跑者喜歡看到課表上的距離以「英里」爲單位，有些跑者則偏好用「公里」，第三種方法是按照不同訓練項目所需完成的「時間」來編寫計畫。

這些需求我都考慮到了，因此我講「賽前十八週訓練計畫」中設計了三種課表，呈現的方式很類似，都是由Q課表和E日組成，只是第一種我用「英里」來表示訓練量，第二種我用「公里」，第三種則不用距離而改用「時間」來表示不同強度間的訓練量。如果跑者不確定哪一種比較適合，也可以在「距離」與「時間」爲單位的計畫之間互相切換，看哪一種對跑者的壓力較小。

以英里爲單位的十八週訓練計畫

這份訓練計畫是專爲十八週後準備要參加全馬的跑者所設計的。在執行這份計畫前你需知道，它假設跑者會花相當長的時間練跑，並且不太喜歡每週兩次的Q課表；因此，在這份計畫中只會安排一次Q課表，而且排在每週的第四或第五天。該計畫預設跑者的週跑量在

100英里以上，並且能夠在單次的訓練中用穩定的配速連續跑兩小時以上。

首先，先決定一個你認爲合理的最大週跑量(P)。在該份訓練計畫中，每週我都會以P的百分比建議當週的週跑量(例如：你決定的P爲每週100公里，那80%P＝80公里)。計畫中的E日是指當天進行一或兩次的E強度課表，但如果覺得需要休息就停練一次（跑者可以運用E日來達到當週的目標里程數)。I配速是你在四到五公里的比賽中所能維持的最快速度，或者直接利用跑力表也可查詢到。每週選兩次E日，在訓練最後進行六到八趟的20秒的高步頻快跑(快步跑的速度跟R配速差不多，接近你在一英里比賽時的配速，所以不是衝刺)。

計畫中的E日主要就是在累積跑量，以達到每週的目標里程數。如果有時覺得需要休息一天，可以從E日中選一天當作休息日，再從其他六天來完成目標里程數即可。如果你只有在週末才有較長的時間可以練較長距離課表，可以微幅調動，但要盡量去完成這份計畫中的每份課表。

表16.6即是以英里爲單位所設計的十八週馬拉松訓練計畫，課程的先後順序是有彈性的，你可以配合你的行程來調整它。最重要的是按照表格中列出的順序來執行質量課表(Q)，盡量不要任意更動次序，即使當天無法全部完成也沒關係。

表16.6　以「英里」爲單位的馬拉松十八週訓練計畫

週數	課表內容
1 週跑量 80%P	• 16～18英里**L**長跑（不要練跑超過2.5小時） • **E**日 • **E**日 • **E**日 • 10分鐘**E**＋10～12英里**M**配速（以目前的實力為主） • **E**日 • **E**日

續下頁▼

週數	課表內容
2 週跑量 90%P	• **E**日 • **E**日 • 10分鐘**E**＋2×(3英里**T**＋休息 3 分鐘)＋60分鐘**E** • **E**日 • **E**日 • **E**日 • **E**日
3 週跑量 80%P	• 10分鐘**E**＋4×(2英里**T**＋2 分鐘休息)＋30分鐘**E** • **E**日 • **E**日 • **E**日 • 17～20 英里**L**長跑（不要練跑超過2.5小時） • **E**日 • **E**日
4 週跑量 90%P	• 30分鐘**E**＋5×(1,000公尺**I**＋3分鐘慢跑)＋4×(400 公尺**R**＋400公尺慢跑)＋30分鐘**E** • **E**日 • **E**日 • **E**日 • **E**日 • 10分鐘**E**＋4 ×(2英里**T**＋2分鐘休息)＋40分鐘**E** • **E**日
5 週跑量 100%P	• **E**日 • **E**日 • 18～20 英里**L**長跑（不要練跑超過2.5小時） • **E**日 • **E**日 • **E**日 • 10分鐘**E**＋10～12英里**M**＋30分鐘**E**
6 週跑量 80%P	• **E**日 • **E**日 • **E**日 • **E**日 • 20分鐘**E**＋4×(2 英里**T**＋2分鐘休息)＋60分鐘**E** • **E**日 • **E**日

續下頁▼

週數	課表內容
7 週跑量 100%P	• **E**日 • **E**日 • 30分鐘**E**＋12 英里**M**＋30分鐘**E** • **E**日 • **E**日 • **E**日 • **E**日
8 週跑量 90%P	• 60分鐘**E**＋6×(1,000公尺**I**＋400公尺慢跑)＋2英里**T**＋10分鐘**E** • **E**日 • **E**日 • **E**日 • **E**日 • 20～23英里**L**長跑（不要練跑超過2.5小時） • **E**日
9 週跑量 90%P	• **E**日 • **E**日 • **E**日 • 30分鐘**E**＋14 英里**M**＋20分鐘**E** • **E**日 • **E**日 • **E**日
10 週跑量 80%P	• 30分鐘**E**＋2×(3英里**T**＋3分鐘休息)＋2×(2英里**T**＋2分鐘休息)＋20分鐘**E** • **E**日 • **E**日 • **E**日 • **E**日 • 30分鐘**E**＋6×1,200公尺**I**＋3分鐘慢跑＋2英里**T**＋30分鐘**E** • **E**日
11 週跑量 90%P	• **E**日 • **E**日 • **E**日 • 20～23英里**L**長跑（不要練跑超過2.5小時） • **E**日 • **E**日 • **E**日

續下頁▼

週數	課表內容
12 週跑量 80%P	•10分鐘**E**＋80～90分鐘**M** •**E**日 •**E**日 •**E**日 •**E**日 •10分鐘**E**＋5×（1英里**T**＋1分鐘休息）＋60分鐘**E** •**E**日
13 週跑量 100%P	•**E**日 •**E**日 •**E**日 •10分鐘**E**＋3英里**T**＋4×（1,000公尺**I**＋400公尺慢跑）＋2英里**T**＋10分鐘**E** •**E**日 •**E**日 •**E**日
14 週跑量 90%P	•20～23英里**L**長跑（不要練跑超過2.5小時） •**E**日 •**E**日 •**E**日 •**E**日 •20分鐘**E**＋6英里**M**＋10分鐘**E**＋3英里**T**＋10分鐘**E** •**E**日
15 週跑量 80%P	•**E**日 •**E**日 •**E**日 •10分鐘**E**＋6英里**M**＋1英里**T**＋6英里**M**＋2英里T＋10分鐘**E** •**E**日 •**E**日 •**E**日
16 週跑量 70%P	•10分鐘**E**＋12～14英里**M**＋50分鐘**E** •**E**日 •**E**日 •**E**日 •**E**日 •10分鐘**E**＋5×（1英里**T**＋1分鐘休息）＋60分鐘**E** •**E**日

續下頁▼

週數	課表內容
17 週跑量 60%～70%P	• **E**日 • **E**日 • **E**日 • 30分鐘**E**＋3×(2英里**T**＋2分鐘休息)＋20分鐘**E** • **E**日 • **E**日 • **E**日
18	• 90分鐘**L** • 60分鐘**E** • 20分鐘**E**＋3～4×(1英里**T**＋2分鐘休息)＋10分鐘**E** • 50分鐘**E** • 30分鐘**E** • 30分鐘**E** 或當成休息日(如果是移動日就要休息) • 30分鐘**E**(隔天就是馬拉松賽)

以公里爲單位的十八週訓練計畫

這份訓練計畫是專爲十八週後準備要參加全馬的跑者所設計的。該計畫預設跑者在開始執行前已經認眞練跑好一段時間，並且吃得下125公里以上的週跑量，以及能夠在單次的訓練中用穩定的配速連續跑兩小時以上。請使用跑力表來找出自己的M配速T配速。E日輕鬆跑可以練一次，也可以練兩次，但如果覺得需要也可以改成全休，再利用其他E日來達成當週的目標里程數。

在這份計畫中，每隔四到五天就會安排一天Q日，如果你只有週末才有時間進行長程訓練，課表的日子可以略微調動，但還是要盡量試著完成計畫中所有排定的訓練內容。

先爲這份十八週的訓練計畫選擇一個合理且適合你的最大週跑量(P)，計畫中每週都會提供建議的週跑量，以P的百分比表示，舉例來說，如果你認爲最大週跑量120公里適合你，而我在某一週建議週跑量爲80%P，那代表你那一週總共要練跑96公里(0.8×120)。

表16.7是一份以公里爲單位所設計的十八週訓練計畫，課程的先後順序是有彈性的，你可以配合你的行程來調整它。最重要的是按照表格中列出的順序來執行質量課表(Q)，盡量不要任意更動次序，即使當天課表的內容無法全部完成也沒關係。

表16.7　以「公里」爲單位的馬拉松十八週訓練計畫

週數	課表內容
1 週跑量 80%P	• 25～30公里**L**長跑（不要練跑超過2.5小時） • **E**日 • **E**日 • **E**日 • 10分鐘**E**＋15～18公里**M** • **E**日 • **E**日
2 週跑量 90%P	• **E**日 • **E**日 • 10分鐘**E**＋2×(5公里**T**＋3分鐘休息)＋60分鐘**E** • **E**日 • **E**日 • **E**日 • **E**日
3 週跑量 80%P	• 10分鐘**E**＋4×(3公里**T**＋2分鐘休息)＋30分鐘**E**(今天也可以安排路跑賽) • **E**日 • **E**日 • **E**日 • 25～30公里**L**長跑（不要練跑超過 2.5 小時） • **E**日 • **E**日
4 週跑量 90%P	• **E**日 • 30分鐘**E**＋5×(1,000公尺**T**＋400公尺慢跑)＋30分鐘**E** • **E**日 • **E**日 • **E**日 • 10分鐘**E**＋4×(3公里**T**＋2分鐘休息)＋40分鐘**E** • **E**日

續下頁▼

週數	課表內容
5 週跑量 100%P	• **E** 日 • **E** 日 • 30 公里 **L** 長跑（不要練跑超過 2.5 小時） • **E** 日 • **E** 日 • **E** 日 • 10 分鐘 **E** ＋ 15 公里 **M** ＋ 30 分鐘 **E**
6 週跑量 80%P	• **E** 日 • **E** 日 • **E** 日 • **E** 日 • 20 分鐘 **E** ＋ 4×（3 公里 **T** ＋ 2 分鐘休息）＋ 60 分鐘 **E** • **E** 日 • **E** 日
7 週跑量 100%P	• **E** 日 • **E** 日 • 30 分鐘 **E** ＋ 18 公里 **M** ＋ 30 分鐘 **E** • **E** 日 • **E** 日 • **E** 日 • **E** 日
8 週跑量 90%P	• 60 分鐘 **E** ＋ 4 公里 **T** ＋ 30 分鐘 **E** ＋ 3 公里 **T** ＋ 10 分鐘 **E** • **E** 日 • **E** 日 • **E** 日 • **E** 日 • 30～35 公里 **L** 長跑（不要超過 2.5 小時） • **E** 日
9 週跑量 90%P	• **E** 日 • **E** 日 • **E** 日 • 30 分鐘 **E** ＋ 20 公里 **M** ＋ 20 分鐘 **E** • **E** 日 • **E** 日 • **E** 日

續下頁▼

週數	課表內容
10 週跑量 80%P	• 30分鐘**E**＋4×(3公里**T**＋2分鐘休息)＋30分鐘**E** • **E**日 • **E**日 • **E**日 • **E**日 • 10分鐘**E**＋4公里**T**＋10分鐘**E**＋4公里**T**＋40分鐘**E** • **E**日
11 週跑量 90%P	• **E**日 • **E**日 • **E**日 • 30～35公里**L**長跑（不要超過2.5小時） • **E**日 • **E**日 • **E**日
12 週跑量 80%P	• 10分鐘**E**＋20公里**M** • **E**日 • **E**日 • **E**日 • **E**日 • 10分鐘**E**＋5×(2公里**T**＋2分鐘休息)＋60分鐘**E** • **E**日
13 週跑量 100%P	• **E**日 • **E**日 • **E**日 • 10分鐘**E**＋4×(3公里**T**＋2分鐘休息)＋10分鐘**E** • **E**日 • **E**日 • **E**日
14 週跑量 90%P	• 30～35公里**L**長跑 • **E**日 • **E**日 • **E**日 • **E**日 • 20分鐘**E**＋10公里**M**＋10分鐘**E**＋4公里**T**＋10分鐘**E** • **E**日

續下頁▼

週數	課表內容
15 週跑量 80%P	• **E**日 • **E**日 • **E**日 • 10分鐘**E**＋5公里**T**＋10分鐘**E**＋4公里**T**＋10分鐘**E**＋3公里**T** • **E**日 • **E**日 • **E**日
16 週跑量 70%P	• 10分鐘**E**＋20公里**M**＋50分鐘**E** • **E**日 • **E**日 • **E**日 • **E**日 • 10分鐘**E**＋4×（2公里**T**＋2 分鐘休息）＋60分鐘**E** • **E**日
17 週跑量 60%～70%P	• **E**日 • **E**日 • **E**日 • 30分鐘**E**＋3×（3公里**T**＋2分鐘休息）＋20分鐘**E** • **E**日 • **E**日 • **E**日
18	• 剩七天：90分鐘**L** • 剩六天：60分鐘**E** • 剩五天：20分鐘**E**＋3×（2公里**T**＋2 分鐘休息）＋10分鐘**E** • 剩四天：50分鐘**E** • 剩三天：30分鐘**E** • 剩二天：30分鐘**E**（如果是移動日就要休息） • 剩一天：30分鐘**E**（隔天就是馬拉松賽）

此表格由傑克·丹尼爾斯跑步計算器所創建，該計算器出自Run SMART項目。

以時數爲單位的十八週訓練計畫

無論對於任何一位跑者來說，將所有訓練內容的長度以「時間」而非「距離」表示其實有好有壞。以距離爲單位的課表，會讓你在心裡面一直在意還有多少公里才跑完，因此會不自覺愈跑愈快；以時數爲單位的課表可以引導跑者更專注在不同強度區間的感覺。能夠精準地感知目前身體在這個強度下所承受的壓力無疑對比賽成績大有幫助，特別是在地形上下起伏的賽道上或是在風大的日子，跑者們就很難只用某段距離所跑出的時間來衡量壓力的大小。我很鼓勵跑者多嘗試各種不同以時間爲單位的課表，甚至在狀況很好的時候也可以只「跑時間」，那會讓你變得對身體的壓力更敏感，你也會更加瞭解跑步的強度與身體感受之間的關係。

這份以時數爲單位的十八週訓練計畫中，各類課表的時常單位都以「分鐘」表示。L是指E強度的長跑。大部分的T強度訓練都可拆成好幾趟，例如：「T40」是指總共進行40分鐘的T強度訓練，你可以拆成8×5分鐘、5×8分鐘、4×10分鐘……以此類推，每趟中間休息1～2分鐘。「TL40-70」是指以T配速總計練跑40分鐘(可以是4×10分鐘T配速，每趟中間休息2分鐘)，再加上70分鐘的長跑(L)或輕鬆跑(E)。

「TIR15-10-5」是指T配速總計要跑15分鐘(例如：3×5分鐘T配速，每趟中間休息1分鐘)，再加上I配速要跑10分鐘(課表可以是5×2分鐘的I配速或H強度，每超中間慢跑2分鐘)，最後進行R配速跑5分鐘(例如：5×1分鐘R配速，也可以是4～5×400m，也可以是8～10×200m，每趟中間的休息時間要是跑步時間的兩倍)。

「M」代表馬拉松配速，所以「MT80-20」是指用M配速跑80分鐘，接著再用T配速跑20分鐘(課表可以是4×5分鐘，每趟中間休息1分鐘；或是2×10分鐘，每趟中間休息2分鐘)。「ME80-60」是指先以M配速跑80分鐘，接著立即以E配速跑60分鐘。「T_{race}最高到25公里」的意思是找一場距離介於15～25公里路跑賽並以T強度完成，如果計畫表中「T_{race}」那一週找不到距離相符的比賽，可以調動一下課表；但如果這段時間都沒有比賽，則可自行測驗。

E課表、L課表與M課表不需要特別熱身，但進行T強度的課表前，熱身是必要的。表格中沒有特別註明訓練內容的都是排E日，訓練量自行控制(你用不著七天都練)，只要能達到當週的目標里程數即可。請從E日中選兩天，在完後E強度課表後隨之進行6～8趟快步跑(ST)。每公里的T配速比M配速快9～12.5秒(00:09～00:12.5／km)，每四百公尺的I配速比T配速快6秒(00:06／400m)，每四百公尺的R配速比I配速快6秒／400公尺(00:06／400m)。

表16.8是一份以「分鐘」爲單位的十八週馬拉松訓練計畫。計畫是有彈性的，課表可以配合你的行程調整，但最重要的原則是不要任意更動Q課表的訓練順序。

表16.8　以「時間」爲單位的馬拉松十八週訓練計畫

週數	課表大綱與訓練時間
1	**L**120～150分鐘 **TIR** 15-10-5分鐘
2	**EM** 60-40分鐘 **TL** 40-60分鐘
3	**TIR** 20-15-6分鐘
4	**MT** 60-15分鐘 **L** 120～150分鐘
5	**TIR** 20-10-10分鐘
6	**TL** 40-70分鐘 T_{race} 最多25公里
7	**MT** 80-15分鐘
8	**TIR** 20-10-8分鐘 **T** 20-20-10-10分鐘
9	**T** 40分鐘
10	**TIR** 20-15-10分鐘 **L** 150分鐘
11	**MT** 80-20分鐘

續下頁▼

週數	課表大綱與訓練時間
12	**TIR** 20-10-10分鐘 **L** 150分鐘
13	**TIR** 20-15-10分鐘
14	Big **T** 20-20-15-12-6分鐘
15	**L** 150分鐘 $\mathbf{I}_{race}$ 5～10公里
16	**ME** 80-60分鐘
17	**TL** 40-80分鐘 **T** 40分鐘
18	**L** 90分鐘 60分鐘**E** 20分鐘**T** 60分鐘**E** 40分鐘**E** 30分鐘**E**(或是完全休息) 30分鐘**E** 馬拉松比賽日

此表格由傑克・丹尼爾斯跑步計算器所創建，該計算器出自Run SMART項目。

最後十二週訓練計畫

這份訓練計畫每週有兩天的Q課表(至於要選哪兩天，你可自由選擇)，其他爲E日，讓你可以累積里程數以達到當週的訓練目標。表16.9中第二欄的數字代表每週最大跑量(P)的百分比。

比如說你設定這十二週當中的最大週跑量爲176公里，那「80%P」代表那週的目標里程數爲140.8公里。所以在執行這份訓練計畫前，要先決定適合你目前體能狀況且合理的最大週跑量。這份訓練計畫是爲居住在平地的跑者所設計的，如果你打算在高地訓練，課表中R配速可以保持不變，但課表中的其他強度要有所調整：如果身處在海拔

7,000英尺（2,130公尺），每公里的M配速、T配速與I配速都要比平地時的配速慢10秒（00:10／km），也就是每四百公尺慢4秒（00:04／400m）。上述配速都可以視情況調整，像是逆風、高溫或腳掌不舒服，配速都可適時調降。

如果課表中的數字後沒有顯示單位的話，都代表公里（例如：「12.8 M」＝12.8公里的M配速訓練）。如果你不使用跑力表，可先選一個符合現況的M配速後再來推算其他強度的配速，課表中每公里的T配速將比M配速快9秒（00:09／km），每四百公尺快4秒（00:04／400m）；以四百公尺為單位，訓練時的I配速將比T配速快6秒（00:06／400m）；以兩百公尺為單位，課表中的R配速將比I配速快3秒（00:03／200m）。舉例來說：假設你目前的M配速為每公里4分整（4分鐘／km），那表示T配速可以設定為每公里3分51秒（3:51／km＝01:32.4／400m），間歇訓練的I配速為86.4秒／400m，最後的R配速為80.4秒／400m（若R課表是兩百公尺的話，也就是00:40.2／200m）。

表16.9是這份十二週的全馬訓練計畫全部內容，這份課表相當具有挑戰性，每週有兩次質量課表（Q課表），這兩次Q課表可以是每個星期的任何一天，你可以根據行程和天氣狀況隨意安排，但要確保在兩次Q課表之間至少相隔兩天的E日。

表16.9　全馬賽前最後十二週訓練計畫

剩餘週數	訓練量	Q課表內容	總訓練里程數	訓練類別
12	80%～100%P	Q1＝6.4公里**E**＋12.8公里**M**＋1.6公里**T**＋9.6公里**M**＋1.6公里**T**＋3.2公里**E** Q2＝3.2公里**E**＋6.4公里**T**＋4分鐘**E**＋4.8公里**T**＋3分鐘**E**＋3.2公里**T**＋2分鐘**E**＋1.6公里**T**＋3.2公里**E**	35.2公里 24.0公里	**MT** **T**
11	90%P	Q1＝3.2公里**E**＋6.4公里**T**＋16公里**E**＋2×(3.2公里**T**＋2分鐘休息)＋3.2公里**E** Q2a＝3.2公里**E**＋6×(1,000公尺**I**＋4分鐘**E**)＋4×(400公尺**R**＋3分鐘**E**)＋3.2公里**E** Q2b＝3.2公里**E**＋4×(1.6公里**I**＋4分鐘**E**)＋4×(400公尺**R**＋3分鐘**E**)＋3.2公里**E** Q2a與Q2b擇一進行訓練	35.2公里 24.0公里 24.0公里	**TLT** **IR** **IR**
10	80%P	Q1＝32公里**E** Q2＝19.2公里漸速跑（在第 14.4公里加逐漸加速到**T**配速且維持4.8公里）＋3.2公里**E**	32.0公里 22.4公里	**L** **T**
9	100%P	Q1＝9.6公里**E**＋9.6公里**M**＋1.6公里**T**＋9.6公里**M**＋1.6公里**T**＋3.2公里**E** Q2＝3.2公里**E**＋8公里**T**＋5分鐘**E**＋6.4公里**T**＋4分鐘**E**＋4.8公里**T**＋3分鐘**E**＋1.6公里**T**＋3.2公里**E**	35.2公里 36.8公里	**MT** Big **T**
8	90%P	Q1＝3.2公里**E**＋6.4公里**T**＋16公里**E**＋6.4公里**T**＋3.2公里**E** Q2＝3.2公里**E**＋3×(1.6公里**I**＋4分鐘**E**)＋3×(1,000公尺**I**＋2分鐘**E**)＋3.2公里**E**	35.2公里 16.0公里	**TLT** **I**
7	70%P	Q1＝35.2公里**E** Q2＝12.8公里**E**＋12.8公里**M**＋1.6公里**T**＋6.4公里**M**＋1.6公里**T**＋1.6公里**M**	35.2公里 36.8公里	**MT** Big **T**

續下頁▼

剩餘週數	訓練量	Q課表內容	總訓練里程數	訓練類別
6	100%P	Q1＝6公里漸速跑（跑到第9.6公里逐漸加速到**T**配速且維持6.4公里）＋3.2公里**E** Q2＝3.2公里**E**＋8公里**T**＋5分鐘**E**＋6.4公里**T**＋4分鐘**E**＋4.8公里**T**＋3分鐘**E**＋3.2公里**T**＋2分鐘**E**＋1.6公里**T**＋3.2公里**E**	19.2公里 33.6公里	**T** Big **T**
5	80%P	Q1＝3.2公里**E**＋6.4公里**T**＋16公里**E**＋2×（3.2公里**T**＋2分鐘休息）＋3.2公里**E** Q2＝3.2公里**E**＋6×（1,000公尺**I**＋2分鐘**E**）＋4×（400公尺**R**＋400公尺慢跑）＋3分鐘**E**	35.2公里 17.6公里	**TLT** **IR**
4	70%P	Q1＝35.2公里**E** Q2＝3.2公里**E**＋3×（1.6公里**T**＋1分鐘**E**）＋3×（1,000公尺**I**＋2分鐘**E**）＋3×（400公尺**R**＋400 公尺慢跑）＋3.2公里**E**	35.2公里 17.6公里	**L** **TIR**
3	70%P	Q1＝9.6公里**E**＋9.6公里**M**＋1.6公里**T**＋9.6公里**M**＋1.6公里**T**＋3.2公里**E** Q2＝3.2公里**E**＋4×（3.2公里**T**＋2分鐘**E**）＋3.2公里**E**	35.2公里 19.2公里	**MT** **T**
2	–	Q1a＝3.2公里**E**＋3×（3.2公里**T**＋2分鐘**E**）＋16公里**E** Q1b＝3.2公里**E**＋2×（4.8公里**T**＋2分鐘**E**）＋16公里**E** Q2＝3.2公里**E**＋3×（3.2公里**T**＋2分鐘**E**）＋3.2公里**E** Q1a與Q1b擇一進行訓練	28.8公里 28.8公里 16.0公里	**TL** **TL** **T**
1	–	• 剩七天：Q1＝90分鐘**E** • 剩六天：60分鐘**E** • 剩五天：Q2＝3.2公里**E**＋4×1,200公尺**T**＋2分鐘**E**＋3.2公里**E** • 剩四天：50分鐘**E** • 剩三天：30～40分鐘**E** • 剩二天：0～20分鐘**E** • 比賽前一天：20～30分鐘**E**（隔天為馬拉松比賽）	20.8公里 14.4公里 11.2公里 11.2公里 9.6公里 4.8公里 4.8公里	**E** **E** **T** **E** **E** **E** **E**

此表格由傑克・丹尼爾斯跑步計算器所創建，該計算器出自Run SMART項目。

CHAPTER 17

超馬

努力讓你所做的一切都對比賽表現有所助益。

近年來，超馬比賽變得愈來愈受歡迎，而且就我所知，關於這種超長時間的比賽研究並不廣泛。毫無疑問，超級鐵人三項(超鐵)屬於「超長」的賽事，但它涉及三種不同的運動；而超級馬拉松(超馬)的比賽內容主要就是跑步(偶爾也會走路)。

我很少有機會指導超馬選手，但我曾有幸在瑪格達蓮娜·雷維－鮑萊特(Magdalena Lewy-Boulet)成爲超馬菁英選手的日子裡擔任她的教練，並有很幸運地親眼見證這位頂尖選手在三十九歲時達到巔峰。她本來就在一千五百公尺、五千公尺和馬拉松比賽中有很傑出的表現，這三種比賽成績所對應出來的跑力值大約都在68左右，你可以在第五章的跑力表中查到成績。事實上，她2小時26分的全馬成績也很優秀，這個成績在當時已經足以代表美國參加奧運。後來瑪格達成爲一名超馬選手，並在美國和世界各地贏得了許多重大賽事的冠軍。

爲了分享瑪格達的豐富經驗，我問過她許多關於超馬訓練和比賽的問題。以下是我們關於超馬訓練的問答對話。

問：在準備超馬賽事時，長跑課表要跑多長或多久呢？

答：這要依你的目標賽事距離而定。如果你準備的是八十公里到一百六十公里的比賽，每週的長跑時間大都會落在2.5～4.5小時之間，至於這段時間可以跑出多少公里，則會因能力和地形的不同而變動。每個月(或兩個月一次)最好進行一次距離更長的訓練，例如練跑五十公里或一百公里，這種超長距離的訓練有時也可以透過參加實際的比賽或活動來完成。偶爾(每個月一次)，我也喜歡連續在週六與週日兩天都進行長跑訓練。像有時我會在週六跑3～4小時，然後週日再跑2～3小時。

問：你多久會進行一次長跑？

答：除非那個星期是特別安排的恢復週，不然每週我都會進行一次長跑，偶爾會跑兩次。

問：長跑訓練的速度有多快？

答：並不快。超馬非常注重花在跑步的時間，因爲時間要很長，所以我會讓自己在這麼長的跑步時間裡盡可能保持舒適。長跑對我來說是一種「學習」(教導身體適應)如何在這麼長時間的運動過程中適當地爲身體補給能量。我有很多長跑訓練是安排在山徑上，特別是當我在爲一個山地賽事做準備時，所以我也會花相當多的時間練習在陡峭的山上進行高效率的健行，那個速度就更慢了。

問：大部分長跑的時間是在哪個時段？

答：我總是喜歡在早上的第一時間進行長跑訓練，這也最符合我一天的行程。然而，爲了能夠好好地準備需要持續20小時以上的比賽，最好也能在傍晚或夜間練跑。大腦在經過一整個白天後，面對跑步的反應也會有所不同，所以晚間的訓練也有助於先行適應那個時間點的精神狀態。晚上的訓練還能先熟悉戴頭燈跑步的感覺。我經常會從家裡跑步去上班，下班也用跑的。在工作一整天之後，我通常會情緒比較低落，精神上比較疲憊，在大腦疲勞時訓練正是模擬超馬比賽最後階段跑者所體驗到的情況。

問：你平均一天跑幾次？

答：通常我一天只跑一次到兩次，每週跑六天，全休一天，以利身體恢復。由於我的行程非常繁忙，所以通常在工作日我會從家裡跑步去上班，然後再跑回家。

問：一週通常花多少時間跑步？

答：我通常每週花10～14個小時來跑步，其中幾乎有一半的時間是在週末，六日我會連著兩天練長跑。

問：你會從事短距離的R強度訓練嗎？（例如：200公尺和400公尺的間歇訓練）？

答：是的，我會。我認爲這是使整體實力保持在較高水準的一種很重要的訓練，從事速度訓練也會使我在較慢的長跑中感覺更強。現在我每週會做一些有速度的間歇訓練，這是一個很好的改變。我主要練的是距離較短的200公尺間歇，每次會跑8～12趟。

問：你有進行I強度的間歇或T強度的閾值訓練嗎？

答：我喜歡T強度的課表，那是我整體訓練的重要組成部分。有時我喜歡在跑步機上先調到一定坡度來練T強度課表，這樣更符合我正在準備的比賽類型。

問：你多久進行一次R和T的訓練，每次的訓練量是多少？

答：我的R配速課表，主要都是距離較短的200公尺間歇，每週一次，每次大約8～12趟。至於T配速課表，也是每週一次，我喜歡在T強度的配速或體感下練30～60分鐘，不是一次跑完，大都拆成5分鐘、10分鐘或15分鐘，分成不同階段來跑。

問：你會參加距離較短的比賽嗎？

答：會！我喜歡參加馬拉松和50公里的比賽，這些比賽有助於我準備距離更長的超馬，像是80或160公里的比賽。

問：多長的距離會被視爲超級馬拉松？

答：嚴格來說，超級馬拉松是指比馬拉松距離(42.195公里)更長的比賽。最常見的入門距離是50公里。

問：你在超馬比賽中會進行特別的補給準備嗎？

答：是的，一定會。在超馬賽中，補給計畫是成功的重要因素之一；比賽時需要確保身體獲得適當的能量和水分補給。跑者必須根據他們的訓練週期和賽事需求制定計畫，並且有目的地進行補給。補給計畫應該根據賽事的距離、地形和天候狀況來調整(例如：50公里與100公里的補給計畫會很不一樣；平地賽和高地賽的補給策略也會很不同；炎熱是很可怕的)。

問：在你日常的訓練行程中，有任何關於營養方面的特別建議嗎？

答：在訓練中執行一份營養計畫非常重要。在適當的時間爲身體提供適量且正確的營養，是加快恢復和主動促進身體產生適應的關鍵。飲食也是訓練的一部分，下面是其他需要注意的地方：

- 策略性地規畫營養攝取時間。時間點是關鍵！在訓練前後減少脂肪、纖維和蛋白質的攝取量，但在其他時間增加攝取量。對於高強度或持續時間很長的運動，碳水化合物是首選，因爲身體偏好在高強度中使用這種能量。如果你在一天當中進行多次訓練，請確保在兩次訓練之間的糖原存量恢復到一定的水準。在訓練量較大的時期，有助恢復的營養補給變得至關重要，攝取足夠的蛋白質以修復肌肉是必不可少的。

- 訓練腸胃的消化與吸收能力(Train the gut)。在訓練時同時也要練習補給關鍵營養素(例如：碳水化合物、水分和電解質)，目的是增加腸道對這些營養素的吸收能力，從而降低胃腸發生問題的風險。
- 針對你的特定賽事擬定補給計畫並加以練習。不要在比賽日賭一把！先擬定你在比賽前、中、後的補給計畫，並在訓練中進行練習與修正。你可以在練習時認識自己最能接受哪種形式的能量補給品(例如：固體、液體或凝膠)，以及哪些口味最適合你。賽前應盡量模擬比賽的環境，當比賽來到關鍵時刻時，這將使你做好最大準備。

問：常年重覆參加同一場超馬賽是常見的嗎？

答：是的，這是很常見的。許多超級馬拉松賽事的組織運作得很出色，就像一個小型社群。很多超馬跑者每年都會固定參加他們社群或其他特別地點的少數幾場賽事。如果他們無法報名參加某個特定的賽事，通常也會擔任志工，在補給站或在賽事的其他地方提供協幫。

問：你有進行其他的輔助的訓練嗎？(例如：重訓和伸展)

答：是的，當然有。我每週至少進行兩到三次的核心、平衡與穩定度的訓練。我也喜歡在長跑後穿著負重背心健行。維持良好的活動度也很重要，爲此，我每週至少主動進行三次單獨的活動度訓練。

問：大型的超馬賽事通常有多少選手參加？

答：在美國，一些最著名的比賽因爲國家公園管理局、美國林務局或土地管理局的限制，只能容納200～400人。辦在美國的超馬賽，很少超過這個人數。大部分較大型的賽事會採用抽籤的方式來決定參賽者，例如「西部百英里耐力賽」(Western States 100 mile)[31]因爲開放的人數很少，可能要好幾年才報得到。另一方面，「環勃朗峰超級越野耐力賽」(Ultra-Trail du Mont-Blanc)這場賽事沿著意大利、法國和瑞士的一條著名徒步路線舉行，被廣泛認爲是世界上最困難的超級馬拉松之一，也是世界超馬賽中規模最大型的之一，每年有超過2,500人參加，它也是法國霞慕尼(Chamonix)長達一週節日中的一場賽事。

問：大多數的超馬賽事是一天的比賽還是多日賽呢？

答：大部分超馬賽事的比賽時間都不到24小時，其中50～100公里之間的賽事最爲常見。一百英里的賽程也非常受歡迎，有許多人需要24小時以上的時間才能完成。我自己也參加過一些多日賽，辦在摩洛哥的「沙漠馬拉松」是其中最有名的比賽，每年大約有1,000位報名參加。就我個人而言，我非

---

31. 譯注：比賽距離大約爲171公里，海拔總爬升大約10,000m。它是歐洲最大的跑步比賽之一，也被廣泛認爲是歐洲最困難的比賽之一。頂尖的越野跑者完成比賽需要20小時多一點，而大部分選手需要30~45小時才能到達終點。

常喜歡科羅拉多州的「TransRockies Run」。這是一場爲期六天、總長120英里(193公里)的分段賽，路線會穿越一些美麗的山區地形。由於籌辦這類賽事時物資問題很難處理，所以這類賽事並不常見，但它們美麗而且很受歡迎。

問：大多數超馬跑者的背景是什麼？有哪些人會參與超馬？

答：超馬通常不是一位跑者的起點。大多數超馬跑者在高中時期開始參加越野跑，或者在人生的後期開始參加路跑賽。目前有很多人在完成了人生目標清單中的全馬比賽後，轉向超馬尋求新的挑戰。絕大多數超馬跑者對與他人競爭不感興趣，他們感興趣的是去探索獨特的地形、完成具有挑戰性的距離以及追求個人的時間目標。這些跑者的體型、年齡和身材都沒有一定。

CHAPTER 18

鐵人三項

有時稍微放慢速度反而能更快抵達終點。

鐵人三項是由三個獨立的運動項目組成，分別是：游泳、自行車和跑步，通常比賽也是按照這個順序進行。因此，在準備鐵人三項賽時需要訓練全方位的身體素質。由於跑步是比賽的最後一項，當運動員來到跑步項目時通常已經到了相當疲勞的狀態，若想要維持有力的跑步表現，就需要有足夠的體能訓練。

大多數的鐵人三項選手都有各自的優勢與劣勢，而且各單項都需要花上大量的時間訓練。我曾以「現代五項運動選手」的身分參加過兩屆奧運會和三次世界錦標賽，現代五項運動包括❶擊劍、❷游泳、❸馬術障礙賽以及最後一項是結合❹手槍射擊和❺越野跑。我花了很多時間想要找出如何將這五項運動以最佳的方式納入到整體的訓練計畫中。

在服役於美國陸軍的四年期間，我在現代五項運動中經歷了各式各樣的訓練方法。陸軍中的訓練要求很嚴格，我在一週六天中花費了大量的時間在訓練上，我們每天早晨從早上六點到八點先進行2小時的馬術訓練，然後有1小時的早餐休息時間，接著進行2小時左右的擊劍訓練。接下來進行1.5小時的游泳訓練，然後是午餐和休息，之後進行幾個小時的手槍射擊訓練，接著進行第二場擊劍或馬術訓練，晚餐後再進行約1小時的練跑，然後就寢。

美國隊的所有成員都必須遵循相同的時間表，不論個人的優勢和劣勢爲何，其中的缺點很明顯：每位運動員都要遵循相同的行程來訓練，當我們的訓練來到最後一項跑步時，會變得非常困難。尤其對於本來跑步能力就比較弱的選手來說，在經過2小時的馬術訓練、2小時的擊劍訓練和1.5小時的游泳訓練後，晚上的跑步課表變得特別艱難。

當我在陸軍服完四年兵役後，我仍繼續練現代五項，也一直有在比賽，同時在兩個不同的國家與各州之間攻讀研究所。我在瑞典學習時，每天會練體操，到秋季學期的每週六會參加定向越野賽，每天的訓練時間變得很少。當時每週的訓練內容通常是：一天練馬術和射擊，兩天練擊劍，有五天早上會練游泳，每天都會練跑，通常是在午休時間進行。儘管訓練時間減少了，但我的騎行和射擊能力卻能保持不變，游泳和跑步能力則反而進步了。這可能是因爲我有了更長的休息與恢復時間，而這在我在陸軍服役期間是不可能發生的。

因爲在我參與現代五項運動的時候，比賽是拆成五天進行，每天只有一項賽事，所以不需要特別考慮不同項目之間的轉換訓練，但「轉換訓練」在鐵人三項中就很重要。毫無疑問，在鐵人三項的訓練中，從游泳轉換到自行車（簡稱「T1」），以及從自行車轉換到跑步（簡稱「T2」）的訓練就非常重要；透過這樣的訓練，就比較能瞭解身體在面對這些轉換需求時會如何反應。

雖然將課表安排成「游→騎」或「騎→跑」看起來很合理，但我們要留意，在鐵人三項的比賽中，跑步是在運動員已經完成游泳與自行車賽後比較疲勞的情況下開始的。這意味著跑步訓練可以在還沒有完全恢復之前進行；然而，有時在完全恢復與感覺狀況很好的情況下進行跑步訓練也是一個好主意。像是T強度或是距離較長的E強度訓練，就比較適合在恢復良好的情況下進行。

鐵人三項賽的訓練需要兩種型態的訓練。第一種，在感覺狀態很好的時候進行訓練，這很重要；第二種則反其道而行，刻意在你感覺比較疲勞的情況下進行訓練。因爲在比賽中，你要在疲勞的狀態下開始騎車或跑步，因此你很有必要在訓練中模擬這些條件，練習游完泳開始騎車，或是在下車後立即進行跑步訓練。表18.1中的訓練計畫中就有許多轉換練習。請留意，在C計畫中的週二到週六，每天早上的訓練跟前一天下午的訓練項目是相同的(例如：週三早上訓練項目是跑步，週二下午也是跑步)。

表18.1　鐵人三項的六週訓練計畫

A計畫	
日子	課表內容
週日	早上：游泳30分鐘**E**強度＋騎車60～90分鐘**E**強度｜輸出要穩定 下午：跑步60分鐘**E**強度｜速度要穩定
週一	早上：游泳**I**強度課表＋跑步 30～45分鐘**E**強度 下午：補強訓練｜細節見第九章
週二	早上：騎車90～120分鐘**E**強度｜輕鬆的踩踏 下午：跑步60分鐘｜前面 **E**強度，最後30分鐘要進入**T**配速
週三	早上：跑步60分鐘**E**強度＋游泳30～60分鐘**E**強度 下午：騎車60～90分鐘**E**強度｜輸出要穩定
週四	早上：游泳2分鐘**H**強度×5＋游泳1分鐘**E**強度 下午：跑步40分鐘**E**強度＋跑步200公尺**R**配速間歇數趟（**R**配速的訓練距離要在1.6～3.2公里之間）
週五	早上：騎車120分鐘**E**強度＋跑步60分鐘**E**強度（練完車後馬上接著練跑）
週六	早上：跑步120分鐘**E**強度｜速度要穩定 早上或下午：游泳60分鐘**T**強度｜速度要穩定

B計畫	
日子	課表內容
週日	早上：游泳**I**課表 下午：跑步**I**課表 ● 游泳**I**課表：數趟（1600公尺**H**強度＋**E**強度慢游） ● 跑步**I**課表：6×（800公尺**H**強度＋2分鐘慢跑）

續下頁▼

週一	早上：游泳60分鐘**E**強度 下午：騎車120分鐘**E**強度｜輸出要穩定
週二	早上：騎車90分鐘**E**強度｜輸出要穩定 下午：跑步**T**課表 跑步**T**課表：5×(1.6公里**T**強度＋1分鐘休息)
週三	早上：跑步90分鐘**E**強度｜速度要穩定 下午：游泳**I**課表 游泳**I**課表：5×(200公尺**H**強度＋100公尺**E**強度慢游)
週四	早上：游泳60分鐘**E**強度＋騎車120分鐘**E**強度 練完游泳後馬上接著練車｜輸出要穩定
週五	早上：騎車120分鐘**E**強度＋跑步**T**課表 跑步**T**課表：2×(20分鐘**T**強度＋3分鐘休息)
週六	早上：跑步120分鐘**E**強度 下午：游泳60分鐘**E**強度（在跑步之後不久就下水）

C計畫

日子	課表內容
週日	早上：游泳**I**課表 下午：跑步**T**課表 游泳**I**課表：5×(200公尺**H**強度＋100公尺**E**強度慢游) 跑步**T**課表：5×(1.6公里**T**強度＋1分鐘休息)
週一	早上：游泳**T**課表 下午：騎車120分鐘**E**強度 游泳**T**課表：5×(300公尺**T**強度＋50公尺**E**強度慢游)
週二	早上：騎車120分鐘**E**強度（加上昨天的練車時數總計4小時待在車上） 下午：跑步**I**課表 跑步**I**課表：6×(3分鐘**H**強度＋1分鐘慢跑)
週三	早上：跑步90分鐘**E**強度｜速度要穩定 下午：游泳**I**課表 游泳**I**課表：5×(200公尺**H**強度＋100公尺**E**強度緩游)
週四	早上：游泳**T**課表 下午：騎車120分鐘**E**強度 游泳**T**課表：3×(300公尺**T**強度＋50公尺**E**強度慢游)

續下頁▼

週五	早上：騎車90分鐘**E**強度 下午：跑步**I**課表 ◐ 跑步**I**課表：6×（3分鐘**H**強度＋1分鐘慢跑）
週六	早上：跑步60分鐘**E**強度 下午：游泳60分鐘**E**強度＋騎車60分鐘**E**強度（練完游泳後馬上接著練車）

你可以先瀏覽表中的各種訓練內容，再從中挑選與組合成一週的課表。你也可以直接從A、B、C計畫中挑選。有些計畫中若有下午課表，那接著隔天早上會再進行同一運動項目的另一次訓練，目的是爲了對同一個系統施壓。由於只經過一個晚上的休息不足以完全恢復前一天下午訓練的疲勞，所以在早上的訓練中，身體會感覺像是在執行一份較具挑戰性的單一課表（從昨天下午到隔天早上像是一個完整的訓練，只是間休比較久）。

像是鐵人三項這樣的多項運動，訓練方式有很多，某個方式對一個選手很有效，可能對另一個選手來說並非最佳。如果你是鐵人，我建議你可以嘗試此處介紹的不同方式，看看哪種對你最有效。

附錄：時間和配速的轉換

表A　時間轉換

分鐘：秒數／400公尺	秒數／400公尺	公尺／秒數	公尺／分鐘	秒數／100公尺	分鐘：秒數／公里
7:00	420	0.95	57	105	17:30
6:45	405	0.99	59	101.3	16:52
6:30	390	1.03	62	97.5	16:15
6:15	375	1.07	64	93.8	15:37
6:00	360	1.11	67	90	15:00
5:50	350	1.14	69	87.5	14:35
5:40	340	1.18	71	85	14:10
5:30	330	1.21	73	82.5	13:45
5:20	320	1.25	75	80	13:20
5:10	310	1.29	77	77.5	12:55
5:00	300	1.33	80	75	12:30
4:50	290	1.38	82	72.5	12:05
4:40	280	1.43	85	70	11:40
4:30	270	1.48	88	67.5	11:15
4:20	260	1.54	92	65	10:50
4:10	250	1.6	96	62.5	10:25
4:00	240	1.67	100	60	10:00
3:50	230	1.74	104	57.5	9:35
3:40	220	1.82	109	55	9:10
3:30	210	1.9	114	52.5	8:45
3:20	200	2	120	50	8:20
3:10	190	2.11	126	47.5	7:55
3:00	180	2.22	133	45	7:30
2:50	170	2.35	141	42.5	7:05
2:40	160	2.5	151	40	6:40
2:30	150	2.67	160	37.5	6:15
2:20	140	2.86	171	35	5:50
2:10	130	3.08	185	32.5	5:25
2:00	120	3.33	200	30	5:00
1:50	110	3.64	218	27.5	4:35
1:45	105	3.81	229	26.3	4:22
1:40	100	4	240	25	4:10

續下頁▼

分鐘：秒數／400公尺	秒數／400公尺	公尺／秒數	公尺／分鐘	秒數／100公尺	分鐘：秒數／公里
1:35	95	4.21	253	23.8	3:57
1:30	90	4.44	267	22.5	3:45
1:25	85	4.71	282	21.3	3:32
1:20	80	5	300	20	3:20
1:15	75	5.33	320	18.8	3:07
1:10	70	5.71	342	17.5	2:55
1:05	65	6.15	369	16.3	2:42
1:00	60	6.67	400	15	2:30
0:58	58	6.9	414	14.5	2:25
0:56	56	7.14	429	14	2:20
0:54	54	7.41	444	13.5	2:15
0:53	53	7.55	453	13.2	2:12
0:52	52	7.69	462	13	2:10
0:51	51	7.84	471	12.8	2:07
0:50	50	8	480	12.5	2:05
0:49	49	8.16	490	12.2	2:02
0:48	48	8.33	500	12	2:00
0:47	47	8.51	511	11.7	1:57

表 B　配速轉換

英里／小時	公里／小時	分:秒／公里	分:秒／英里	秒數／400 公尺
1	1.61	37:17	60:00	895
2	3.22	18:38	30:00	447
3	4.83	12:26	20:00	298
4	6.44	9:19	15:00	224
5	8.05	7:27	12:00	179
6	9.66	6:13	10:00	149
7	11.27	5:20	8:34	128
8	12.87	4:40	7:30	112
9	14.48	4:09	6:40	99
10	16.09	3:44	6:00	89
11	17.70	3:23	5:27	81
12	19.31	3:06	5:00	75
13	20.92	2:52	4:37	69
14	22.53	2:41	4:17	64
15	24.14	2:29	4:00	59.6
16	25.75	2:20	3:45	55.9
17	27.36	2:12	3:32	52.6
18	28.97	2:04	3:20	49.7
19	30.58	1:58	3:09	47.1
20	32.19	1:52	3:00	44.7
21	33.8	1:47	2:51	42.6
22	35.41	1:42	2:44	40.7
23	37.01	1:37	2:37	38.9
24	38.62	1:33	2:30	37.3
25	40.23	1:29	2:24	35.8
26	41.85	1:26	2:18	34.4
27	43.45	1:23	2:13	33.1
28	45.06	1:20	2:09	32
29	46.67	1:17	2:04	30.9
30	48.28	1:15	2:00	29.8
31	49.89	1:12	1:56	28.9
32	51.5	1:10	1:52	28
33	53.11	1:08	1:49	27.1
34	54.72	1:06	1:46	26.3
35	56.33	1:04	1:43	25.6

續下頁▼

英里／小時	公里／小時	分:秒／公里	分:秒／英里	秒數／ 400 公尺
36	57.94	1:02	1:40	24.9
37	59.55	1:00	1:37	24.2
38	61.16	0:59	1:35	23.6
39	62.76	0:57	1:32	22.9
40	64.37	0:56	1:30	22.4
41	65.98	0:55	1:28	21.8
42	67.59	0:53	1:26	21.3
43	69.2	0:52	1:24	20.8
44	70.81	0:51	1:22	20.3
45	72.42	0:50	1:20	19.9
46	74.03	0:49	1:18	19.5
47	75.64	0:48	1:17	19
48	77.25	0:47	1:15	18.6
49	78.86	0:46	1:13	18.3
50	80.47	0:45	1:12	17.9

KFCS　FK3005

丹尼爾斯博士跑步方程式(全新第四版)

從中長跑、馬拉松、越野跑、超馬到鐵人三項，全球最佳跑步教練的訓練全指南

Daniels' Running Formula, 4th Edition

作　　者　傑克．丹尼爾斯（Jack Daniels）
譯　　者　徐國峰
特約主編　徐國峰
責任編輯　謝至平
行銷業務　陳彩玉、林詩玟、李振東、林佩瑜
美術設計　丸同連合

副總編輯　陳雨柔
編輯總監　劉麗眞
事業群總經理　謝至平
發 行 人　何飛鵬
出　　版　臉譜出版
城邦文化事業股份有限公司
台北市民生東路二段141號5樓
電話：886-2-25007696　傳眞：886-2-25001952
發　　行　英屬蓋曼群島商家庭傳媒股份有限公司城邦分公司
台北市中山區民生東路141號11樓
客服專線：02-25007718；25007719
24小時傳眞專線：02-25001990；25001991
服務時間：週一至週五上午09:30-12:00；下午13:30-17:00
劃撥帳號：19863813　戶名：書虫股份有限公司
讀者服務信箱：service@readingclub.com.tw
城邦網址：http://www.cite.com.tw
香港發行所　城邦（香港）出版集團有限公司
香港九龍土瓜灣土瓜灣道86號順聯工業大廈6樓A室
電話：852-25086231　傳眞：852-25789337
新馬發行所　城邦（新、馬）出版集團
Cite(M)Sdn. Bhd.(458372U)
41, Jalan Radin Anum, Bandar Baru Seri Petaling,
57000 Kuala Lumpur, Malaysia.
電話：+6(03)-90563833　傳眞：+6(03)-90576622
電子信箱：services@cite.my

一版一刷　2024年3月
ISBN 978-626-315-448-3（紙本書）
ISBN 978-626-315-447-6（EPUB）

售價：480元

國家圖書館出版品預行編目(CIP)資料

丹尼爾斯博士跑步方程式：從中長跑、馬拉松、越野跑、超馬到鐵人三項，全球最佳跑步教練的訓練全指南／傑克．丹尼爾斯（Jack Daniels）著；徐國峰譯．－一版．－臺北市：臉譜出版，城邦文化事業股份有限公司出版：英屬蓋曼群島商家庭傳媒股份有限公司城邦分公司發行，2024.03
372面；19×24公分．－（KFCS；FK3005）
譯自：Daniel's running formula, 4th ed.
ISBN 978-626-315-448-3（平裝）
1.CST：賽跑　2.CST：運動訓練
528.946　　112021508